Alois Hahn

Körper und Gedächtnis

Wissen, Kommunikation und Gesellschaft.
Schriften zur Wissenssoziologie

Herausgegeben von

Hans-Georg Soeffner
Ronald Hitzler
Hubert Knoblauch
Jo Reichertz

Wissenssoziologinnen und Wissenssoziologen haben sich schon immer mit der Beziehung zwischen Gesellschaft(en), dem in diesen verwendeten Wissen, seiner Verteilung und der Kommunikation (über) dieses Wissen(s) befasst. Damit ist auch die kommunikative Konstruktion von wissenschaftlichem Wissen Gegenstand wissenssoziologischer Reflexion. Das Projekt der Wissenssoziologie besteht in der Abklärung des Wissens durch exemplarische Re- und Dekonstruktionen gesellschaftlicher Wirklichkeitskonstruktionen. Die daraus resultierende Programmatik fungiert als Rahmen-Idee der Reihe. In dieser sollen die verschiedenen Strömungen wissenssoziologischer Reflexion zu Wort kommen: Konzeptionelle Überlegungen stehen neben exemplarischen Fallstudien und historische Rekonstruktionen stehen neben zeitdiagnostischen Analysen.

Alois Hahn

Körper und Gedächtnis

VS VERLAG FÜR SOZIALWISSENSCHAFTEN

Bibliografische Information der Deutschen Nationalbibliothek
Die Deutsche Nationalbibliothek verzeichnet diese Publikation in der
Deutschen Nationalbibliografie; detaillierte bibliografische Daten sind im Internet über
<http://dnb.d-nb.de> abrufbar.

1. Auflage 2010

Alle Rechte vorbehalten
© VS Verlag für Sozialwissenschaften | GWV Fachverlage GmbH, Wiesbaden 2010

Lektorat: Frank Engelhardt

VS Verlag für Sozialwissenschaften ist Teil der Fachverlagsgruppe
Springer Science+Business Media.
www.vs-verlag.de

Umschlaggestaltung: KünkelLopka Medienentwicklung, Heidelberg
Druck und buchbinderische Verarbeitung: Ten Brink, Meppel
Gedruckt auf säurefreiem und chlorfrei gebleichtem Papier
Printed in the Netherlands

ISBN 978-3-531-16924-8

Inhaltsverzeichnis

Einleitung

Dass Gedächtnis etwas mit dem Körper zu tun hat, mag zunächst überraschen, denkt man doch, wenn von Erinnerung die Rede ist, eher an intellektuelle Vermögen. Aber niemand leugnet, dass auch die subtilsten geistigen Kompetenzen eine organische Basis haben.

Meine eigenen Untersuchungen, die sich mit Formen des Gedächtnisses befassen, die nicht einfach kognitiver Natur sind, begannen mit meiner Dissertation.[1] Sie behandelte u.a. die Frage, wie man die Universalität von Trauer und Weiterlebensvorstellungen erklären könnte. Immer wieder hatte man bei der Behandlung dieses Problems selbstverständlich die Abhängigkeit von Trauer und Weiterlebensvorstellungen von der Erinnerung an die Verstorbenen bemerkt, die sich sowohl im Wachbewusstsein als auch in Träumen zeigt. Der entscheidende zusätzliche Punkt scheint jedoch zu sein, dass der verstorbene Andere, bevor er stirbt, sogar ein Moment des Selbst der Überlebenden geworden ist. Wir sind in gewisser Weise nicht nur wir selbst, da die anderen »in uns« existieren und wir in ihnen. Man kann also sagen wir »seien« die anderen. Trauer ähnelt insofern einem »Phantomschmerz«. So wie dort, wo er sich einstellt, ein etwa amputiertes Bein vom Patienten als nach wie vor präsent empfunden wird, so ist es auch mit den Verstorbenen. Ihr Tod tilgt sie nicht als gleichsam verkörperte Dimensionen unserer eigenen Identität. Viele moderne Todesanzeigen, die von Menschen verfasst werden, die im Übrigen keinesfalls an ein Jenseits glauben, thematisieren genau diese Erfahrung: Du bleibst bei uns, obwohl Du tot bist. In diesen Anzeigen geht es freilich nicht nur um jene kontrafaktische Tilgung von Absenz, die mit der Einverleibung und Einverseelung von alter ego in das Dasein seiner Partner zusammenhängt. Hier geht es auch um ein Gedächtnis, das sozial fungiert. Wir existieren eben auch als Strukturmomente von Beziehungen. Wir sind insofern doppelt entäußert. Einmal sind wir Elemente fremden Bewusstseins und der sie tragenden, oft unbewussten, habituellen Organisation. Zum anderen sind wir zumindest als Thema auch immer in Kommunikation präsent. Und beide Formen von Präsenz verschwinden nicht einfach mit unserer körperlichen Abwesenheit, nicht einmal jener, die durch Tod verursacht wird. Alle kulturell sankti-

---

1   Alois Hahn, »Einstellungen zum Tod und ihre soziale Bedingtheit«, Stuttgart 1968, vgl. besonders die Kapitel über »Einstellungen zum fremden Tod«, »Unsterblichkeit und Jenseitsglaube« und »Trauer«.

onierten Vorstellungen eines Weiterlebens ratifizieren diese Basistatsache in freilich höchst widersprüchlicher Weise. Die Weiterlebensvorstellungen der verschiedenen Religionen z.B. unterscheiden sich inhaltlich fundamental. Umgekehrt aber zeigt sich, dass auch diejenigen, die im Sinne der z.B. christlichen Traditionen nicht an ein Weiterleben oder gar an Unsterblichkeit glauben, die Toten nicht einfach »streichen« können.

Es geht also darum, Gedächtnis und Erinnerung nicht als bloßes Wissen misszuverstehen. Vor allem als soziale Tatsache bedarf Erinnerung stets wiederholter Beschwörungen, um nicht zu verschwinden. Ich habe in diesem Kontext zwischen Gedächtnis und Erinnerung unterschieden. Gedächtnis meint dabei jenen Bestand an Ereignissen, die prinzipiell durch Erinnerungen gleichsam »wiederbelebt« werden können. Solche »Wiederbelebungsversuche« sind sehr häufig auf permanente Wiederholungen angewiesen, um ihre individuelle und kollektive Wirklichkeit bestätigt zu finden. Dabei ist der Ausdruck Wiederholung nicht unproblematisch. Er verbirgt den kreativen Aspekt aller Erinnerung. Man könnte geradezu sagen, dass Erinnerung nur dann, wenn sie als Wiederholung erscheint, den Eindruck hinterlässt, was wir erinnern sei wirklich die Vergangenheit selbst, weil uns nicht bewusst wird, dass es sich in gewisser Weise um eine Neukonstruktion von Vergangenheit handelt. Vor allem in komplexen Gesellschaften übersteigt der Umfang dessen, was »im Gedächtnis« als Schatz möglicher Erinnerungen verfügbar ist, die also mit Aufmerksamkeit bedacht werden könnten, die realen Verwirklichungschancen von Aktualisierungen bei weitem. Vor allem seit es Schrift gibt und seit es soziale Speicher, wie z.B. Bibliotheken gibt (von den neuesten Formen unendlicher Datenspeicher ganz zu schweigen), ist konkrete Erinnerung immer selektives »Herbeizitieren« des prinzipiell Gedächtnisfähigen. Es handelt sich dabei um doppelte Konstruktionen: Konstruktionen des Gedächtnisses und Konstruktionen der Erinnerung. In beiden Fällen aber muss es gelingen, die Beteiligten davon zu überzeugen, dass es sich zwar um Selektionen der Aufmerksamkeit handelt, nicht aber um Fiktionen. Das versteht sich für das individuelle Bewusstsein von allein. Wenn ich mich an etwas erinnere, bin ich davon überzeugt, dass ich eine vergangene Realität vergegenwärtige, und zwar genau so, wie ich, wenn ich einen Baum wahrnehme, gewiss bin, dass ich ihn mir nicht nur einbilde. Ein äußerer Beobachter, der ich später auch selbst sein kann, kann diese aktuelle Gewissheit selbstverständlich als Irrtum »erkennen«. Bei sozialen »Inszenierungen der Erinnerung«, von denen das erste Kapitel handelt, wird die Selektivität der Aktualisierung typischerweise sehr viel deutlicher als bei bloß individueller. Zumal unter modernen Verhältnissen kann man von einem Kampf ums Gedächtniswürdige und um die Relevanz des jeweils durch Erinnerung zu Aktualisierenden ausgehen. Zumindest die »Verlierer« in diesem Kampf werden dazu neigen, die Willkür solcher auf Entscheidung zurückgehenden Auswahl zu erkennen und das, was als Erinnerung inszeniert wird, als Darstellung von Fiktion zu empfinden.

Eine besondere Form solcher Inszenierungen stellen ohne Zweifel Riten dar. Der hier als zweites Kapitel abgedruckte Text versucht noch einmal den Kontext zwischen kollektiver Inszenierung und der Konstruktion von individuell und kollektiv verbindlicher Wirklichkeit herauszuarbeiten.

Im dritten Kapitel geht es dann ganz allgemein darum, wie Aufmerksamkeit sozial und individuell erzeugt wird. Aufmerksamkeit ist knapp. Das gilt schon für unseren Körper. Er kann sich nicht an alles erinnern, und er kann sich nicht für alles interessieren. Schon die dem Menschen angeborenen sinnlichen Vermögen sind auch (allerdings fürs operative Funktionieren zu »löchrige«) Filter für Aufmerksamkeit. Sie sind somit die Basis auch für das, was vom Bewusstsein mit Aufmerksamkeit bedacht werden kann. Die körperlichen Habitus entlasten es von ständigen Entscheidungen. Die Investition von Aufmerksamkeit folgt insofern gewohnheitsmäßig eingeübten Vorstrukturierungen. Die werden im Laufe des Lebens durch erinnerte Erfahrungen, rituelle oder sonstige Wiederholungen und durch soziale Anschlussfähigkeit gesteuert und verankert. Davon zu unterscheiden ist die öffentlich erzeugbare Aufmerksamkeit. Hier geht es immer um eine Art von Geltungskampf von Themen, die um Aufmerksamkeit ringen. Knappheit nimmt hier einen ganz anderen Charakter an. Es geht um die soziale Allokation einer knappen Ressource, nämlich die Bindung individueller Lebenszeit an kulturelle Inszenierungen und Programme. Die Situation verschärft sich in dem Maße, wie zum für den Menschen schon natürlicherweise konstitutiven Zwang zur Selektivität bei der Steuerung seiner Engagements die enorme Steigerung der Angebote hinzukommt, die in der Moderne als Folge immer dramatischerer Entfaltung sozialer Komplexität zum Problem wird. Die seit den Zeiten des deutschen Idealismus beschriebene »Gattungsentfremdung«, wie es bei Marx heißt, also das, was bei Simmel als »Tragödie der Kultur« beschrieben wird, könnte auch als Spannung zwischen inkompatiblen Ansprüchen auf Aufmerksamkeitsinvestitionen gelesen werden.

Die oben bereits angedeutete Verbindung zwischen Körper und Gedächtnis wird systematisch im vierten Kapitel (»Habitus und Gedächtnis«) aufgegriffen. Die zentrale Frage lautet hier, wie Gewohnheiten als »Träger« von Gedächtniskompetenzen fungieren. Ganz wesentlich geht es dabei darum, dass Vergangenheit zum Moment aktueller Spontaneität wird. Dabei werden vor allem Überlegungen der Soziologie von Friedrich Tenbruck, Arnold Gehlen und Pierre Bourdieu verknüpft. Die Ereignisse, die dazu geführt haben, dass wir in zahlreichen Situationen vorhersehbar und präzise agieren, also auch in sozialem Kontext anschlussfähig und erwartbar sind, sind typischerweise selbst längst vergessen. Das meinen wir ja, wenn wir sagen, jemand agiere »spontan«. Erfolgreich abgeschlossene Lernprozesse zeichnen sich oft dadurch aus, dass sie selbst aus dem

»Ereignisgedächtnis« getilgt sind. Hier besteht die Erinnerung in der jeweiligen situativen Aktualisierung von z.B. Bewegungskompetenzen, wie sie etwa für das Autofahren, Schwimmen usw. typisch sind. Gerade das Vergessen der Situationen, in denen eine Kompetenz eingeübt wurde, macht sie zum Moment des habituellen Gedächtnisses, das dann bei Bedarf gleichsam »angezapft« oder abgerufen werden kann. Erinnerung nimmt hier den Charakter von aktiver Daseinsführung an, wird zur Bewältigung von Gegenwart, weil der Körper sich erinnerungslos erinnert. Wichtig ist hierbei, dass diese Kompetenzen nicht lediglich auf sogenannte »niedere« Fähigkeiten beschränkt sind. Selbst geniale Kreativität basiert auf solchen aus dem habituellen Gedächtnis mobilisierbaren Ressourcen. Als vielleicht eindrucksvollstes Beispiel für einen solchen Zusammenhang von habituellem Gedächtnis und Spontaneität wird die Sprechkompetenz eingeführt. Dabei wird vor allem die Aphasietheorie von Roman Jacobson theoretisch genützt. Zusätzlich soll in diesem Kapitel erneut veranschaulicht werden, wie sich ein Spannungsbogen von kollektiver Einschärfung von sozialen Bedeutungen, Gedächtnis und Verkörperung ergibt. Die Vergesellschaftung findet sozusagen als »Einschreibung« von »Schreibfähigkeit« ins organische Substrat des Bewusstseins statt. Vielleicht sollte man im Deutschen besser von »Einprägung« als von »Einschreibung« sprechen. Jedenfalls dann, wenn es um Gedächtnis geht. Man sagt ja: »Ich habe es mir eingeprägt«, wenn man sagen will, dass man sich ein Können angeeignet hat, dass man bei sich bietendem Anlass situationsgerecht anwenden kann. Systemtheoretiker würden eventuell von »Interpenetration« sprechen. Anders formuliert: Habitusbildung führt zur Kopplung von Gesellschaft, Bewusstsein und Körper. Die hier von Luhmann entwickelte Dichotomie von »Kondensation« und »Konfirmation« wird in diesem Sinne verändert und aufgegriffen. Gedächtnis fungiert als Kondensation, wenn die Lerngeschichte einer Kompetenz vergessen ist (meistens ist sogar auch vergessen, dass man sie vergessen hat) als Konfirmation, wenn dieser Zusammenhang miterinnert wird.

Das fünfte Kapitel (»Handschrift und Tätowierung«) thematisiert den Prozess impliziter Identifizierung durch Gewohnheitsbildung an einem Beispiel, das erneut den Zusammenhang zwischen Einprägung sozialer Muster und spontaner Selbstaussage belegt. Die Schrift selbst stellt einen objektiven Kontext von Zeichen dar. Irgendwann lernen wir schreiben. Das Schreibenkönnen geht uns, wie man sagt, »in Fleisch und Blut« über. Aber wir aktualisieren diese allgemeine Kompetenz immer so, dass wir uns auch als einzelne beim Schreiben als wir selbst zeigen. Wir alle schreiben dieselbe Schrift, aber jeder tut dies auf je eigene Weise. Dadurch wird er graphologisch identifizierbar. Das Individuellste zeigt sich in dem, was dem Individuellen zunächst extrem entgegengesetzt scheint: in der subjektiven Anverwandlung des für Alle charakteristischen und verbindlichen Zeichensystems. Wir verraten uns geradezu durch unsere Handschrift. Das gilt in noch massiverer Weise für Tätowierungen. Sie immunisieren uns nolens volens gegen das Vergessen. Unser Körper wird selbst zum Gedächtniszeichen, das nur schwer zu tilgen ist

In beiden Fällen handelt es sich natürlich nicht um die Verinnerlichung der Beziehung zu einem anderen Menschen, so wie wir es oben für Trauer und den Glauben an ein Weiterleben beschrieben haben. Gemeinsam ist aber beiden Vorgängen des »Sich-Einprägens«, dass wir auf eigenste Weise wir selbst sind, indem wir uns implizit erinnern an jemanden oder etwas, das wir nicht sind. So wie wir immer auch die Personen »sind«, an die wir uns liebend oder hassend »erinnern«, so »sind« wir in unserem Handeln und Kommunizieren auch das, was an objektiven Kompetenzen und Merkmalen (»Zeichen«) »in uns hineingelegt« ist. Unser Körper und unser Bewusstsein haben die Gestalt von etwas anderem angenommen. Aber wir aktualisieren durch jeden Schriftzug zugleich auch unsere »Jemeinigkeit«, so wie auch die Präsenz der anderen Personen in uns, deren Trauer wir »sind«, eine je meinige Art und Weise ist, diese anderen zu »sein«. Zumeist wissen wir nicht, wie wir im Einzelnen gelernt haben zu schreiben. Wir haben es vergessen. Aber wir haben nicht vergessen zu schreiben. Auch hier also jene implizite Form des vergessenden Erinnerns. Dabei wird in diesem Kapitel allerdings vor allem der damit verbundene Aspekt der Selbstidentifikation unterstrichen. Ein anderer, hier nicht abgedruckter Artikel geht dem gleichen Zusammenhang im Kontext von Stilbildung nach.[2] Das gleiche Kapitel konfrontiert Handschrift als Form der Identifikation, die selbstredend auch sozial in Anspruch genommen wird, mit einer anderen Form von »Einprägung«, nämlich der Tätowierung. Auch dort geht es um eine »Bezeichnung« eines Körpers, die diesen individuell und kollektiv identifizierbar macht. Aber doch in einer anderen Art, als dies bei der Identifikation durch die Handschrift erfolgt. Der Körper ist hier in viel stärkerem Maße bloßes Objekt der Zeichen, die er trägt, und zwar selbst dann, wenn er sich diese Zeichen selbst zugefügt hat oder freiwillig hat zufügen lassen. Aber gleichwohl wird er – wie immer es sich mit seiner Identität verhält – durch diese Zeichen identifizierbar, und zwar bis hin zur Tötung. Gerade die typischerweise schmerzhafte Form der Zufügung von Tätowierungen macht sie im Übrigen geeignet, sie mit anderen Formen von Gedächtnis zu verknüpfen. Vor allem Bourdieu hat darauf hingewiesen, dass Tätowierungen und ähnliche Martern dem Individuum eine Art von character indelibilis verleihen, der die Funktion hat, die kollektiven Normen, welche dem Einzelnen in diesem Kontext eingeschärft worden sind, nie zu vergessen. Der Körper wird somit auch zum Träger kollektiver Identifikation. Einer der zentralen Punkte dieses Kapitels soll gerade die enge Verbindung von Gedächtnis und Schmerz unterstreichen. In

---

2	Alois Hahn, »Soziologische Relevanzen des Stilbegriffs«, in: Hans-Ulrich Gumbrecht/ Karl Ludwig Pfeiffer (Hg.): »Stil. Geschichten und Funktionen eines kulturwissenschaftlichen Diskurselements«, Frankfurt 1986, S. 603-611.

einem hier nicht abgedruckten Aufsatz wird dieser Aspekt auf die Inszenierung von Strafen bezogen. Es wird dort gezeigt, dass gerade auch Strafen immer Formen der Inszenierung von Gedächtnis sind und sein müssen.[3]

Das sechste (»Kann der Körper ehrlich sein?«) und das siebte Kapitel (»Wohl dem der eine Narbe hat. Identifikationen und ihre soziale Konstruktion«) schließen unmittelbar an diese Überlegungen an. Wenn der Körper als Zeichen für die Identität seines »Inhabers« wird, dann kann man versuchen, über die Beobachtung und die »peinliche Befragung« des Körpers herauszubekommen, an was er sich erinnert. In diesem Kontext wird deshalb die Logik der Folter analysiert. Ihr »Sinn« besteht darin, dass man über den direkten Zugriff auf den Körper an erinnerte Wahrheiten gelangen will, die sein »Eigner« erst einmal nicht bereit ist preiszugeben. Der Körper wird somit zum Organ der Wahrheit. In der Folter gesteht der Gemarterte, was er weiß, woran er sich erinnert usw. Man versucht auf diese Weise, die unaufhebbare »Interdependenzunterbrechung« (Luhmann) zwischen dem organischen System und dem Bewusstsein zu unterlaufen. Das Kapitel zeigt auch an historischen Beispielen die Logik und die keinesfalls unschuldige, jedenfalls unheimliche, gleichwohl immer aktuelle Versuchung auf, die dadurch entsteht, dass man den Körper als sozial lesbares Organ der Wahrheit behandelt, dem man aufzwingt, Erinnerungen zu kommunizieren, die das Bewusstsein gerade nicht preisgeben will. Dabei ist die Folter nur das extremste Beispiel. Permanent versuchen wir selbstverständlich, durch Beobachtung dem Körper Geheimnisse zu entlocken, über die der Beobachtete gerade nicht spricht. Der Körper verwahrt sozusagen ein Gedächtnis, das nicht zu sich selbst oder nicht zur Kommunikation gelangt. Der Körper wird somit, auch ohne Folter, zum Zeichenträger, zum Reservoir von Inhalten, die jenseits aller Rede lesbar werden. Der Körper dient somit als Kontrollorgan für das, was verlautbart wird, als Generator von Authentizität. Ob solche »Leseprogramme« entwickelt werden und ob sie benutzt werden, hängt für den Soziologen selbstverständlich von historischen Konstellationen ab. Einige davon greift das sechste Kapitel auf.

Das siebte Kapitel ist ursprünglich in einem von Peter von Moos herausgegebenen Band über Unverwechselbarkeit erschienen, in dem vor allem Mediävisten zu Wort kamen. Der Beitrag beginnt deshalb mit einem Textbeispiel aus einem mittelalterlichen chronikalen Text, in dem es um die Wiedererkennbarkeit eines Menschen geht. Im Zentrum dieses Textes steht die Anagnorisis, wie es in der Poetik des Aristoteles geheißen hat, also die Wiedererkenntnis eines Menschen anhand von als untrüglich angesehenen Zeichen. Neben anderen solcher Indizien (wie z.B. Stimme oder Antlitz) wird vor allem die Bedeutung einer Narbe behandelt. Diese wird im gegebenen Beispielsfall von der Ehefrau eines

---

3   Alois Hahn, »Disziplin im Arsenal der Leidenschaften. Die Kunst des Strafens«, in: Gertrud Koch et al. (Hg.), »Kunst als Strafe. Zur Ästhetik der Disziplinierung«, München 2003, S. 91-107.

Verschollenen als einziges authentisches Zeugnis der Identifikation ihres Ehemanns gedeutet. Die Narbe selbst ist eine eigentümliche Gedächtnisspur. Sie erlaubt zwar selten oder nie einen Rückschluss auf das Wesen einer Person, wohl aber kann sie oft Aufschluss geben darüber, wen man vor sich hat. Insofern verbindet sich die soziologische Analyse der Narbe mit der Interpretation der Tätowierung. Im vorliegenden Text werden dann einerseits historische Vergleiche herangezogen, welche die problematische Beweiskraft solcher Körperspuren belegen. Andererseits wird auf andere, ebenfalls stets fragwürdige Einprägungen eingegangen, die als Identifikationstechniken dienen können, indem sie den Körper und seine Habitus als lesbares Gedächtnis interpretieren. Ganz generell wird hier ein systematischer Versuch unternommen, zwischen sozial gültigen Formen der Identitätskommunikation und solchen, die lediglich der Identifikation dienen, zu unterscheiden.

Man müsste also zwischen Institutionen unterscheiden, die nur der »Detektion« einer Person dienen und solchen, die deren Identität selbst zum Thema machen. Odysseus identifiziert sich nicht selbst über den Hinweis auf seine Narbe. Vielmehr wird er von Eurykleia lediglich durch deren Wahrnehmung als Odysseus erkannt. Er selbst hätte, wie er es bei den Phäaken oder beim Freiermord versucht, über die Darstellung seiner ruhmvollen Identität zeigen können, nicht nur wer er ist, sondern was er ist, also nicht durch ein bloßes Merkmal, sondern durch die Beschwörung seiner Biographie. (Tatsächlich liefert Homer uns denn auch den biographischen Hintergrund mit, der zur Narbe geführt hat. Und Penelope lässt als Identifikation nur die gemeinsame Erinnerung an ein höchst intimes Detail ihrer Beziehung zu Odysseus gelten.) Identifikation kann also mehr oder weniger ausführliche Formen narrativer Schemata verwenden. Fremdidentifikation begnügt sich oft mit Konstatierung von Adressen, obwohl wir uns auch selbst vielfach auf eine solche »abridged version« unserer Identifizierung beschränken, z.B. indem wir uns durch unsere Scheckkarte als berechtigt ausweisen, Geld abzuheben. Man stelle sich vor, wir müssten uns durch unsere Lebensgeschichte identifizieren. Identität als Biographie ist ja potentiell unendlich. Je länger und intensiver man sich mit ihr befasst, desto stärker entzieht sie sich. Schließlich verschwindet sie hinter ihrer Beschwörung. Es gibt also zwei Formen von Präsentation von Differenz. Die Differenz zwischen Meier und Müller kann man durch Fingerabdruck dokumentieren. Hier reichen dann Ausweise, um jemanden auszuweisen (z.B. auch, um ihn eines Landes zu verweisen). Sie sind aber nur Etiketten. Die durch solche »labels« bezeichnete Person bleibt aber bloßer Fluchtpunkt, Horizont für weitere Verweise.

Von solchen »Detektionsdispositiven« unterscheiden sich fundamental Institutionen, die als »Biographiegeneratoren« fungieren. Hier geht es in der Tat darum, eine narrative Wiederbelebung der Vergangenheit zu beschwören, die als

Identität des Sich-Darstellenden oder Dargestellten gilt. Als in vieler Hinsicht
proto-typische Form eines solchen Biographiegenerators habe ich schon vor
etlichen Jahren die Beichte dargestellt. Sie ist eine der wenigen schon früh verfügbaren Institutionen gewesen, die prinzipiell jeden und jede zwingt, eine
Selbstdarstellung als sozial signifikante Identifikation seiner selbst vorzulegen.
Der Aufsatz »Zur Soziologie der Beichte und anderer Formen institutionalisierter
Bekenntnisse: Selbstthematisierung und Zivilisationsprozess« wird hier noch
einmal abgedruckt, um den Kontrast dieser beiden Formen von Erinnerung zu
veranschaulichen. In der Beichte muss das »Beichtkind« sich seiner Sünden
erinnern und sie dem Beichtvater mitteilen. Die Bereitschaft der Beichtenden,
die Sünden nicht zu verschweigen, wird dabei auch dadurch gefördert, dass ihnen zugesagt wird, der Beichtvater werde über das im Bekenntnis Aufgedeckte
schweigen. Seine Geheimhaltungspflicht wirkt also wie ein Generator biographischer Erinnerungsbereitschaft. Die Generalisierbarkeit dieses Verfahrens beruht
natürlich auch darauf, dass nahezu alle Menschen über Sünden berichten können,
wohingegen Ruhmestaten sich eher für Eliten als Moment biographischer
Selbstvergewisserung eignen. Auch bei der Beichte, zumal der Generalbeichte,
die eine Art von »Sündenbiographie« darstellt, käme man selbstverständlich nie
an ein Ende, wenn es nicht feste Strukturen gäbe, Beichtspiegel z.B., die als
Selektionshilfen für Mitteilungswürdiges fungieren.

Die folgenden drei Kapitel befassen sich mit »Kultur«. Das neunte Kapitel
diskutiert zunächst systematisch, inwieweit »Kultur« in den Kontext der Theorien von Niklas Luhmann integrierbar ist. Der Vorschlag geht dahin, Kultur wie
ein »Medium«, also ähnlich wie Schrift zu behandeln. Inhaltlich geht es darum,
zu belegen, dass Kultur wie auch die Sprache zwischen höchst unterschiedlich
operierenden Systemen wie dem Körper, dem Bewusstsein und der Kommunikation »vermittelt«. So können wir ja auch nur deshalb sprechen und verstehen,
weil zunächst eine organische Kompetenz, und zwar in jeder Sprachgemein-
schaft anders, als sinnliches Vermögen ausgebildet wird. Kultur wird also Moment unseres Körpers, insofern ja nicht nur sprachliche, sondern eine Menge
anderer Fertigkeiten als bereitliegende, spontan verfügbare Ressourcen zur Verfügung stehen. Das Gleiche lässt sich auch für unser Bewusstsein sagen: Es verfügt nicht nur über Sprachkompetenz im Allgemeinen, sondern über eine Fülle
von kulturspezifischen Kenntnissen, Texten, Situationsdefinitionen, Normen,
Lektüren, Techniken und Umgangsformen mit Sachen und Menschen, gemeinsamen Erinnerungen usw., die in Kommunikationen erworben sind und nicht in
jeder neuen Situation neu erlernt werden müssen. Sie stehen kollektiv erwartbar
zur Verfügung, weil man sich erst einmal darauf verlassen kann, dass sie einem
selbst und den Handlungspartnern geläufig sind. Kultur ist eigentlich eine Art
von Gedächtnis, das sowohl als Verkörperung und Bewusstsein von Personen als

auch als Struktur von Kommunikation vorausgesetzt werden kann. Jedes dieser Systeme greift zwar in je eigener Weise operativ auf diesen Fundus zu, ist aber, um an die anderen Systeme anschließen zu können, auf Kultur als Gedächtnisumwelt angewiesen.

Das zehnte Kapitel versucht an einem Beispiel, nämlich der »Bürgerlichen Kultur« des deutschen Idealismus, dem Zusammenhang von einer solchen Art von Kultur und spezifischen Bildungsprozessen konkreter Personen nachzuspüren.

Das letzte Kapitel schließlich stellt eine Detailstudie zur Soziologie des Sammlers dar. Dabei ist evident, dass die Sammlungen selbst individuelle oder soziale »Kultur« repräsentieren. Sie stellen oft Gegenstände, z.B. Briefmarken«, die auch jenseits der Sammlung konkrete Funktionen haben oder hatten, in einen neuen Kontext, eben den der Sammlung. Der so entstehende neue Sinn verdankt sich aber der Sammlung als solcher. Er erzwingt beim Betrachter eine neue Form von Aufmerksamkeit und eine neue Art nicht nur des bewussten Zugangs zu den Exponaten, sondern auch einer anderen körperlichen Nähe oder Distanz zu ihnen. So werden wir etwa »gezwungen«, eine rein betrachtende Haltung einzunehmen und auf übliche Umgangsformen mit den Dingen zu verzichten usw.. Aber fast immer muss man sich, um den musealen Sinn eines Exponates zu erfassen, des Sinns erinnern, den es jenseits der Sammlung hat. Der neue Sinn baut auf dem früheren, hier lediglich eingeklammerten, auf.

Selbstredend stellen auch Textsammlungen wie diese hier vorgelegte Sammlungen dar. Wie etwa in einem Museum haben auch hier die einzelnen Beiträge einen Sinn, der unabhängig von der Konstellation, in der sie hier erscheinen, wirksam ist. Bei Artikeln in Zeitschriften z.B. kann es zur Erfassung ihres Sinns als Voraussetzung gehören, dass ein Sinn zum vorhergehenden oder nachfolgenden Aufsatz gerade nicht besteht und auch nicht gesucht wird. Der Sinnanspruch dieser Sammlung ist es indessen, dass das sie einigende Band nicht allein die gemeinsame Herkunft aus der Feder eines Autors ist, sondern dass sie Momente eines übergreifenden thematischen und systematischen Argumentationszusammenhanges werden, dass sie aus Beiträgen zu Kapitel werden. Ob das gelingt, hängt freilich vom Leser ab. Ganz so wie auch bei einer Ausstellung der Betrachter darüber entscheidet, ob sie eine thematische Einheit ist oder als bloße disjecta membra, als Sammelsurium, erscheint. Wie generell Erinnerungen niemals bloße Wiederholungen von Früherem sind, sondern neue Sinnaktualisierungen, so gilt das auch für Sammlungen. Der Autor kann nur hoffen, dass sein Ariadnefaden einen erfolgreichen Theseus findet.

Zu danken habe ich für das Zustandekommen des Buches zuerst Hans-Georg Soeffner und Hubert Knoblauch, von denen die Anregung dazu ausging. Des Weiteren den Verlagen, welche die Abdruckrechte bereitgestellt haben und Herrn Frank Engelhardt vom VS-Verlag für die freundliche Begleitung des Projektes. Nicht zuletzt danke ich meinem Assistenten Matthias Hoffmann für die kritische und genaue Diskussion der Einleitung und meiner wissenschaftlichen Hilfskraft Rebecca Weber für die vielen praktischen Arbeiten bei der Fertigstellung des Manuskripts.

Alois Hahn
Trier, im Mai 2009

Inszenierung der Erinnerung

Vorbemerkung

Die soziologische Tradition führt eine Reihe von Theorien zur Erklärung und Funktionsweise von Gedächtnis und Erinnerung einerseits und zur Logik der Inszenierung andererseits. Was m.W. weitestgehend fehlt, ist eine Theorie, die beides aufeinander bezieht. Dieser Versuch soll hier im Ansatz unternommen werden. Dabei beginne ich zunächst mit einigen Anmerkungen zum Gedächtnis und zur Erinnerung, um dann Möglichkeiten zu diskutieren, ob und wie sie Gegenstand von Inszenierung werden können. Ich gehe dabei zunächst vom individuellen Gedächtnis, also einer Leistung des Bewusstseins, aus, um schließlich auch Gedächtnis und Erinnerung als Kommunikation, also als Leistung sozialer Systeme, zu erörtern.

1 Gedächtnis und Erinnerung als Leistungen des Bewusstseins

Wer oder was verfügt eigentlich über die Kriterien, nach denen ein Gedächtnis Inhalte festhält oder eliminiert? Wonach richtet sich, ob etwas für längere oder kürzere Zeit bewahrt wird? Ob es im Kontext von vorgängigen oder nachfolgenden Ereignissen und/oder im Verein mit begleitenden Umständen, Anlässen, Problemen sich einprägt? Jedenfalls sind die Individuen nicht Herr über ihre Gedächtnisinhalte, zumindest nicht vollständig, wenn auch natürlich durch bewusste Anstrengungen Gedächtnisleistungen gesteigert, bestimmte Inhalte durch wiederholtes Memorieren gegen das Vergessen abgeschirmt werden können. Aber wir können trotzdem nicht beliebig darüber entscheiden, was wir speichern und was wir tilgen wollen; denn auch das Vergessen folgt teilweise einer Eigenlogik, ist Resultat von Strukturen, die von der Gehirnphysiologie oder der Psychologie aufgedeckt werden mögen, die aber jedenfalls nicht in die Kompetenz der freien Selbstreflexion des Bewusstseins gegeben sind. Der Gedächtnisinhalt ist möglicherweise verstehbare Gegebenheit, aber ob etwas als solche fungiert, hängt von nicht selbst verstehbaren Voraussetzungen ab. Die Soziologie hat stets behauptet, dass schon die Wahl dessen, was ein individuelles Bewusstsein als gedächtniswürdig speichert, von sozialen Relevanzstrukturen abhängig ist. Vor allem die Sprachlichkeit vieler, wenn nicht der meisten sinnhaften Erlebnisse bindet deren Speicherung im Gedächtnis an soziale Ordnungsstrukturen. Aber auch da, wo das Gedächtnis Wahrnehmungen optischer, akustischer, z.B. musikalischer, oder olfaktorischer Art registriert, sind diese nicht frei von kulturellen Überformungen. Auch Bilder, an die wir uns erinnern, sind typischerweise mit Bedeutungen durchwebt. Dass wir uns an bestimmte Tonsequenzen besser als an andere erinnern können, hängt einerseits von unserer musikalischen Kultur und unserer diesbezüglich größeren oder geringeren Kompetenz ab, andererseits von der Häufigkeit, Intensität oder eben auch der lebensgeschichtlich bedingten Assoziation von Tönen und biographisch relevanten Ereignissen.[4] Individuelle Erinnerungen haben ihren Sitz im Leben, und das heißt, sie vollziehen sich im Kontext von Handlungen und Erwartungen, die durch die Gesellschaft vorgezeichnet sind. Selbst wenn kein Individuum dieselben Erinnerungen hätte wie ein anderes – was so gewiss nicht stimmt –, wären doch die, so unterstellen wir einmal, einzigartigen Inhalte des jemeinigen Gedächtnisses Folgen von Auseinandersetzungen mit sozialen Begegnungen, Lektüren, Ängsten, Kämpfen, Siegen und Niederlagen.

Die Rede vom »Speichern« ist dabei metaphorisch aufzufassen. Denn Speichern im Zusammenhang von Gedächtnis und Erinnerung heißt zunächst nur, dass das Bewusstsein sich in bestimmten Situationen eines Inhalts bewusst ist, den es sich als zwar vergangenes, aber doch wirkliches Geschehnis vorstellt, also nicht als bloße Phantasie oder Erfindung. Es mag sich zwar aus der Perspektive eines Beobachters um eine Illusion handeln, aber derjenige, der sich erinnert, empfindet das anders. Er hat den zwingenden Eindruck, dass seine »Gedächtnisvorräte« wirkliche Gegebenheiten der Vergangenheit repräsentieren, auf die er aktuell zugreift. Ihm erscheint sein Gedächtnis wirklich als Speicher, dessen »Bestände« er besser oder schlechter »wiederfindet«, die sich vermehren oder vermindern, über die er eine genauere oder ungenauere Übersicht hat usw. Mit dieser Selbstauffassung von sich als einem »Speicher«, in dem sich etwas befinden muss, wenn man es wieder finden können soll, verbirgt sich das Gedächtnis seine eigene konstruktive Leistung.

Vom Gedächtnis möchte ich die Erinnerung unterscheiden. Wenn das Gedächtnis bereits eine Auswahl aus den im Laufe der Zeit erlebten Ereignissen bildet, so könnte man die Erinnerung als jene Auswahl bezeichnen, die aktuell für einen Augenblick aus den Beständen des Gedächtnisses getroffen wird. Für Computerfreunde: Die Erinnerung wäre der »retrieval function« analog. Denn

---

4   Den Typen des Hörers, wie sie etwa Adorno unterschieden hat, entsprechen durchaus auch
     Typen des musikalischen Gedächtnisses. Das simple Wiedererkennen von Einzelmotiven beim
     »Bildungskonsumenten« und das strukturelle Hören des musikalischen Experten wären denk-
     bare Alternativen des Erinnerungsvermögens. Die Differenz korrespondiert mit sozial fundier-
     ten Unterschieden der Hörgewohnheiten und der musikalischen »Kultur«. Vgl. Theodor W.
     Adorno, »Einleitung in die Musiksoziologie«, Frankfurt a. M. [2]1977, S. 14-34.

wenn auch der Umfang des Gedächtnisses noch so groß sein mag, im jeweiligen Moment kann es niemals als Ganzes herbeizitiert werden. Die Erinnerung wäre also eine Auswahl aus einer Auswahl. Sie wird nicht – jedenfalls nicht primär – vom Gedächtnis selbst gesteuert, sondern folgt den Zwängen der gegenwärtigen Situationen. Diese entlassen gleichsam Suchaufträge an das Gedächtnis, das sich dann einer solchen Vergegenwärtigungsintention fügen oder verweigern kann. Der Strom unserer Erinnerungen, der bewussten Thematisierungen von Gedächtnisinhalten, die u.U. nicht nur für uns, sondern auch für andere produziert werden, ist also sorgfältig vom bloßen »Vorrat« des Gedächtnisses zu scheiden, der vielleicht niemals »angezapft« wird. Andererseits ist stets damit zu rechnen, dass unsere Erinnerungen nicht die Vergangenheit so wiedergeben, wie sie damals für uns wirklich war. Die vergegenwärtigte Vergangenheit sieht stets anders aus als die Vergangenheit, als sie noch Gegenwart war, eine Einsicht, die sich bereits bei Augustin in der Unterscheidung von praesens praeteritum und praeteritum praesens findet. Das ist so, nicht nur weil unsere Erinnerung uns direkt täuscht, uns also Ereignisse als Erlebnisse vorspiegelt, die wir damals nie hatten. Vielmehr entsteht die Differenz zwischen der Vergangenheit als Erinnerung und der jetzt vergangenen früheren Gegenwart auch dann, wenn die Einzelereignisse je für sich korrekt wieder auftauchen. Die Inkommensurabilität ergibt sich aus der Nichtidentität der Horizonte, in denen die Ereignisse im Erleben und in der Erinnerung erscheinen. Nicht nur, dass die Totalität der vergangenen Umstände, unter denen das erinnerte Moment sich ereignet hat, nicht miterinnert werden kann, spielt hier eine Rolle. Wichtiger ist wohl, dass das, was aus den damaligen Möglichkeiten geworden ist, was wir aber damals nicht wissen konnten, und ganz generell: das, was wir inzwischen erlebt haben, die erinnerte Vergangenheit in ein anderes Licht stellt.

Sich erinnern kann also niemals heißen, eine Vergangenheit so zu vergegenwärtigen, wie sie als Gegenwart war. Wenn man unter der Mahnung, etwas wiederzugeben, so wie es wirklich gewesen ist, eben jenes versteht, verlangt man Unmögliches. Und das gilt nicht erst, wenn es sich um die Geschichte eines Staates oder auch nur einer Schlacht, einer Debatte etc. handelt, sondern bereits bei der Vergegenwärtigung individuellen Erlebens. Allerdings machen wir uns diese Differenz im Alltag normalerweise nicht klar. Wir sind vielfach subjektiv überzeugt, dass unsere Erinnerung die Wiederbelebung der Vergangenheit ist, zumindest was ihren inhaltlichen Bestand – ihre Noëmata im Husserl'schen Sinne – betrifft; denn dass die noëtische Gegebenheit eine andere ist, das wissen wir immer schon, also dass wir es jetzt bloß erinnern, damals aber erlebt haben.

Ich will noch eine andere Differenz zwischen aktuellem Erleben und Erinnern erwähnen. Ein großer Teil unserer Erinnerungen erscheint uns in der Form einer Selbsterzählung. Damit sind sie, und zwar nicht nur dann, wenn wir sie anderen mitteilen wollen, an narrative Form gebunden. Mit dieser Trivialität ist etwas nicht ganz so Triviales verknüpft: Die narrative Form zwingt dem Dargestellten seine Gesetze auf. Das Dargestellte ist schon, weil es das Dargestellte ist, nicht dasselbe wie das, was es vor aller Darstellung war. Und zumindest ein großer Teil unserer Erinnerungen hat auch für *uns selbst*, also wenn wir nicht *anderen* etwas erzählen, die Form einer Erzählung, ist Selbstgespräch. Damit soll gewiss nicht behauptet werden, alle Erinnerung sei so beschaffen. Von der sprachlich-logischen Erinnerung könnte man eine ikonische unterscheiden. Und vielleicht sollte man auch eine dritte Variante nicht vergessen, die man als »deiktische« bezeichnen könnte. Kommunikativ wird sie dann aktiviert, wenn wir etwa einem anderen nicht ein konkretes Ereignis berichten, sondern lediglich auf etwas verweisen, von dem wir annehmen, dass der andere schon weiß, was wir meinen. In Wirklichkeit mögen dann in seinem Bewusstsein Erinnerungen aufsteigen, die sich himmelweit von denen unterscheiden, auf die wir verweisen wollten. Da man aber darüber nicht weiter redet, bilden sich u.U. lebenslange Konsensfiktionen in Bezug auf die Gemeinsamkeit geteilter Erinnerungen aus. Oft sind es pure Zufälle, die solche Fiktionen blitzartig als solche enthüllen.[5] Hier besteht die Fiktionalität primär in der Unterstellung der interindividuellen Gemeinsamkeit von Erinnerung. Aber auch ohne dass andere beteiligt sind, ist der subjektive Glaube, die eigene Erinnerung sei deckungsgleich mit der Vergangenheit, auf die sie sich bezieht, eine Fiktion, oft allerdings eine notwendige und jedenfalls unvermeidliche. Sie sollte deshalb nicht etwa mit Täuschung oder Lüge verwechselt werden.

Man kann das auch so ausdrücken: Alle Erinnerung ist Konstruktion. Sie lässt die Vergangenheit nicht einfach wieder aufleben. Diese Einsicht ist phänomenologisch evident. Aber auch die soziologischen Analysen der Erinnerung, z.B. die von Maurice Halbwachs, haben das stets betont.[6] Die Erinnerung an Vergangenes hat stets die Gegenwart gleichsam »im Rücken«. Von ihr her springt sie in ihrer Vergangenheit hin und her, ohne an die ursprüngliche Reihenfolge ge-

5   Für empirische Belege solcher Fiktionen vgl.: Alois Hahn, »Konsensfiktionen in Kleingruppen. Dargestellt am Beispiel von jungen Ehen«, in: Friedhelm Neidhardt (Hg.), »Gruppensoziologie. Perspektiven und Materialien«, Opladen 1983, S. 210-232. Literarische Veranschaulichungen dafür finden sich in besonders ausgeprägter Weise bei Marcel Proust. Vgl. hierzu: Alois Hahn, »Mißverständnisse und Irreführungen – oder die Logik des Unausgesprochenen bei Marcel Proust«, in: Karl Hölz (Hg.), »Marcel Proust. Sprache und Sprechen«, 6. Publikation der Marcel Proust Gesellschaft, Frankfurt a. M., Leipzig 1991, S. 84-100.
6   Vgl. Maurice Halbwachs, »Les cadres sociaux de la mémoire«, Paris 1976 (1925), S. 27-39. Halbwachs war unter Soziologen auch in Deutschland eigentlich stets bekannt, durch die vergleichsweise frühe Übersetzung (1966) sogar eher als sein Lehrer Durkheim. Populär geworden ist er aber bei uns wohl erst, seit Aleida und Jan Assman ihn in den letzten Jahren auch für ein nicht-soziologisches Fachpublikum wieder entdeckt und adaptiert haben: Interdisziplinarität als Generator von Erinnerung.

bunden zu sein, ohne die Fülle der Kopräsenzen der vergangenen Gegenwart berücksichtigen zu müssen. Das ist im Falle von Erinnerung an *Schmerzen* normalerweise ein Segen. Aber auch *Glücksgefühle* lassen sich erinnernd nicht »live« rekonstruieren. Vor allem aber geht in die Erinnerung bereits das intellektuelle »Gepäck« ein, das wir uns nachträglich angeeignet haben. Nie wird aus der gegenwärtigen Vergangenheit eine vergangene Gegenwart. Zitieren wir Halbwachs:

> »[...] quand nous nous souvenons, nous partons du présent, du système d'idées générales qui est toujours à notre portée, du langage et des points de repère adoptés par la société, c'est-à-dire de tous les moyens qu'elle met à notre disposition, et nous les combinons de façon à retrouver soit tel détail, soit telle nuance des figures ou des événements passés, et, en général, de nos états de conscience d'autrefois. Mais cette reconstruction n'est jamais qu'approchée.«[7]

Überlegungen dieser Art finden sich dann bei Luhmann radikalisiert, wenn er schreibt:

> »Platon hatte zwar recht, daß Ideen mit Gedächtnis zusammenhängen. Aber die Erinnerung führt nicht zurück zum eigentlichen, fast vergessenen Sinn des Seienden, seinen Wesensformen, den Ideen, sondern das Gedächtnis konstruiert Strukturen nur für momentanen Gebrauch zur Bewahrung von Anschlußfähigkeit. Es ist eine Selbstillusionierung sinnkonstituierender Systeme, wenn sie meinen, zeitüberdauernde Identitäten habe es immer schon gegeben und werde es weiter geben, und man könne sich daher auf sie wie auf Vorhandenes beziehen. Alle Orientierung ist Konstruktion, ist von Moment zu Moment reaktualisierte Unterscheidung.«[8]

Ähnlich wie die *Wahrnehmung* für die *Gegenwart* bringt das *Gedächtnis* für die *Vergangenheit* jene erstaunliche Leistung zustande, dass das Bewusstsein Veränderungen seiner eigenen Zustände nicht auf sich selbst, sondern auf die Umwelt bezieht und so zwischen bloßen Phantasien und wahrgenommenen bzw. erinnerten Wirklichkeiten unterscheidet. Obwohl es sich also um Konstruktionen des Bewusstseins handelt, kann dieses sich nicht *beliebig* einbilden, etwas wahrzunehmen oder zu erinnern. Es stößt auf mit seiner eigenen Struktur gegebene Widerstände. Für die Systemtheorie ist es aber zentral, dass diese Widerstände

> »[...] nicht in der Außenwelt, sondern nur im System selbst liegen. Und darin sind sich konstruktivistische und dekonstruktivistische Theorien einig: Die Operationen eines Systems finden Widerstand an anderen Operationen desselben Systems. Das Gedächt-

---

7   Ebd., S. 25.
8   Niklas Luhmann, »Die Gesellschaft der Gesellschaft«, 2 Bde., Frankfurt a. M. 1997, S. 44f.

nis im neurophysiologischen Sinne besteht aus jeweils aktuell durchgeführten Konsistenzprüfungen. Das Bewußtsein glaubt nicht an alles, was es denken kann.«[9]

Der gleiche Typus von Widerstand findet sich auch für alle Formen des *sozialen* Gedächtnisses: Auch hier kann nicht Beliebiges als erinnerte Vergangenheit behauptet werden. Was als Erinnerung sozialen Kurswert beanspruchen will, muss sozial kreditwürdig sein. Die Kriterien dafür variieren allerdings von Gesellschaft zu Gesellschaft erheblich. Immer aber ist es so, dass nicht die Wahrheit der Vergangenheit selbst sich gegen falsche Inanspruchnahme wehrt. Es sind die sozial gültigen Regeln der Beschwörung dessen, was war, die den Horizont dessen bilden, was als Vergangenheit beschworen werden kann. Zumindest für moderne Gesellschaften sind diese nicht einheitlich, so dass wir mit gleichzeitig kursierenden, aber einander widersprechenden Vergangenhei*ten* konfrontiert sind. Doch davon später. Immerhin haben diese Bemerkungen schon angedeutet, dass Gedächtnis nicht ausschließlich etwas Privates und Individuelles ist, sondern auch etwas Kollektives.

2   Kollektives Gedächtnis

Dem schon erwähnten Halbwachs verdankt die Soziologie den Begriff des »kollektiven Gedächtnisses«. Er schließt sich mit diesem Konzept eng an Vorstellungen seines Lehrers Durkheim an. Dieser hatte zwischen individuellem und kollektivem Bewusstsein unterschieden. Das kollektive Bewusstsein meint aber bei Durkheim keinesfalls ein *jenseits* individueller Hirne operierendes Mysterium, sondern jene Inhalte des *individuellen* Bewusstseins, die eine gegebene Person mit den anderen Mitgliedern ihrer Gruppe oder Gesellschaft teilt. Dabei bezieht sich dieses »Teilen« nicht nur auf die Inhalte rein als solche, sondern auch auf die Struktur ihres Zusammenhanges, auf die Sprache, in der sie ausdrückbar wären, auf die Ordnung ihrer Details, auf die emotionale Stimmung und die moralische oder religiöse Färbung ihrer Empfindung. Halbwachs spricht in diesem Zusammenhang von den »cadres sociaux«. Für Durkheim nun ist klar, dass die Kollektivvorstellungen nicht etwa die Vorstellung eines Kollektivs sind, sondern Vorstellungen von *einzelnen*, die einem bestimmten Kollektiv *angehören* und auf Grund der gemeinsamen Erziehung und Tradition ähnliche Formen und Inhalte des aktuellen Empfindens und Erinnerns aufweisen. Halbwachs hat das eindringlich »ausbuchstabiert« und die kollektiven Strukturen des Gedächtnisses von

---

9   Niklas Luhmann, »Gesellschaftsstruktur und Semantik. Studien zur Wissenssoziologie der modernen Gesellschaft«, 4. Bde., Frankfurt a. M. 1995, S. 168.

Mitgliedern der gleichen Familie[10], Religionsgemeinschaft[11] oder Klasse, bzw. des gleichen Standes, wie z.b. des Adels, der Bourgeoisie oder bestimmter Berufsgruppen, beschrieben. Durkheim selbst war sich indessen zunehmend mehr der Tatsache bewusst, dass das kollektive Gedächtnis für die Moderne eine immer geringere Rolle spielen kann, dass es also eigentlich eher eine *historische* Formation des Bewusstseins ist. Mit wachsender Arbeitsteilung müssen die kollektiv gemeinsamen Inhalte der Bewusstseine aller Individuen zunehmend reduziert werden. Die Säkularisierung führt zu einer Abnahme der religiösen, die Privatisierung der Familie und der Bedeutungsverlust der Verwandtschaft zu einer Erosion der privaten Formen des Kollektivbewusstseins. Für Schichten und Klassen ließe sich das Gleiche zeigen.[12] Für Durkheim war überdies wichtig, dass alle Formen der kollektiven inneren Wirklichkeit der permanenten äußeren Bestätigung und vor allem der rituell inszenierten und wiederholten Demonstration ihrer Gültigkeit bedürfen. Auch für das Gedächtnis gilt,

»[...] daß der Mensch für die Realität seiner Vorstellungen und Emotionen weitgehendst auf die sozialen Gruppen angewiesen ist. So wie das Kind zum Erwerb geformter Vorstellungen und Empfindungen der menschlichen Gruppe bedarf, so bedarf der Erwachsene ihrer, um sich der Realität seines Bewußtseins zu versichern. Je weniger konkret die Gegenstände von Bewußtseinsinhalten sind und je weiter diese von der formlosen und impulsiven Basis individuellen Erlebens entfernt liegen, d.h., je stärker sie kultureller Erwerb sind, um so mehr ist ihre Realität in der Gruppe investiert. Ihrer Wirklichkeit versichert sich der Mensch, indem er die mit ihnen gesetzten Formen sprachlich, emotionell, vorstellungshaft und in Handlungen am sozialen Gegenüber erlebt, und diese wiederholt und vorhersehbar zu erleben und mitzuteilen sind. Die soziale Realität vertritt die objektive Realität.«[13]

---

10 Maurice Halbwachs, »Les cadres sociaux de la mémoire«, Paris 1976 (Paris 1925), S. 146-177.

11 Ebd., S. 178-221.

12 Das heißt nicht, dass es nicht immer wieder neue Gruppierungen gibt, deren Mitglieder partiell kongruente Auffassungen hätten. Aber jedes der beteiligten Individuen gehört eben zahlreichen anderen Kreisen an, in denen andere Vorstellungen gelten. Simmel hat das so sich konstituierende Individuum deshalb als »Kreuzungspunkt sozialer Kreise« beschrieben. Die These Durkheims meint folglich, dass es immer weniger Inhalte gibt, die von allen Individuen einer Gesellschaft geteilt werden. Man könnte den gleichen Tatbestand auch so formulieren: Die Schwächung des Kollektivbewusstseins ergibt sich daraus, dass es sich pluralisiert, und zwar sowohl bezogen auf die Gesellschaft als Ganzes als auch im Hinblick auf die heterogenen Kombinationen von Kollektivbewusstsein*en*, die ein Einzelbewusstsein prägen. Ausführlicher zu diesem Thema: Cornelia Bohn, Alois Hahn, »Selbstbeschreibung und Selbstthematisierung: Facetten der Identität in der modernen Gesellschaft«, in: Herbert Willems, Alois Hahn (Hg.), »Identität und Moderne« Frankfurt a. M. 1999, S. 33-61.

13 Friedrich H. Tenbruck, »Die Kirchengemeinde in der entkirchlichten Gesellschaft. Ergebnisse und Deutungen der ›Reutlingen-Studie‹«, in: Dietrich Goldschmidt et al. (Hg.), »Soziologie der Kirchengemeinde«, Stuttgart 1960, S. 122-131, hier S. 131.

Damit dies aber möglich ist, bedarf es spezifischer »reality maintaining procedures«. Berger und Luckmann[14] hatten diesen Begriff geprägt für soziale Institutionen, die angesichts schwerer Krisen – z.b. Tod oder Katastrophe oder Invasionen durch »foreign interpretations of reality« – ein sozial konstruiertes Wirklichkeitsverständnis plausibel erhalten. Für die Aufrechterhaltung des Realitätsstatus von kollektiven Gedächtnissen sind aber *permanente* Prozeduren erforderlich, deren Ziel es sein muss, immer zahlreicheren und heterogener geprägten Bewusstseinen die gleichen Inhalte als Memorabilien einzuschärfen.

Natürlich kann man auch Selbsterlebtes vergessen oder verdrängen. Die kollektiv »erinnerte« Vergangenheit bezieht sich aber zum größten Teil auf Ereignisse, die vor der eigenen Geburt oder außerhalb der aktuellen Reichweite des eigenen Erlebens geschehen sind. Dass man an sie glaubt, setzt also voraus, dass man den Mitteilungen vertraut, durch die wir von ihnen erfahren. Die Wahrheit kollektiv akkreditierter tradierter Erinnerungen zu leugnen, heißt also immer auch, die Gültigkeit verpflichtender Auffassungen von Wirklichkeit zu bezweifeln. Im 16. Jahrhundert war die Leugnung bestimmter Offenbarungen, z.B. dass Christus selbst dem Heiligen Petrus die Schlüsselgewalt verliehen habe, gleichbedeutend mit einer empörenden Herausforderung der etablierten Autorität. In dem Maße, wie kollektiv sanktionierte Inhalte zu identitätsrelevanten Beständen eines sozialen Systems, z.B. eines Staates oder einer Kirche, werden, löst ihre Bestreitung denn auch Empörung und Sanktionsbereitschaft aus. Diese Reaktion ist von der historischen Wahrheit der Bestände, wie sie ein äußerer Beobachter feststellen könnte, ganz unabhängig. Galileis Thesen wirkten empörend, obwohl sie aus unserer Sicht eher den Tatsachen entsprachen als die tradierten Auffassungen seiner Gegner. Umgekehrt würde uns heute jemand kaum übermäßig aufregen, der das geozentrische Weltbild propagieren würde, obwohl wir es für falsch halten. Wir würden darauf vertrauen, dass solche »offensichtlichen« Irrtümer im Prozess der wissenschaftlichen Auseinandersetzung von allein korrigiert würden. Das Gleiche trifft auf die Behauptung zu, drei Jahrhunderte der europäischen Geschichte des Mittelalters seien schlicht erfunden. Das heißt aber nicht, dass wir unsererseits bereit wären, *alle* Bestände kollektiven Gedächtnisses der schlichten Prüfung der in ihren Ergebnissen ja unberechenbaren historischen Forschung auszusetzen. Wir könnten es auch gar nicht, weder individuell, noch kollektiv. Denn bestimmte Erinnerungen werden nicht dadurch verzichtbar, dass sie in Einzelheiten mit dem akuten Stand falsifizierbarer empirischer Forschung inkompatibel sind.[15]

---

14   Peter L. Berger, Thomas Luckmann, »The Social Construction of Reality. A Treatise in the Sociology of Knowledge«, New York 1966, S. 143.

15   Diese These ist selbstredend nicht normativ, sondern empirisch gemeint, also als selbst falsifizierbare Behauptung.

Da, wo es unter modernen Bedingungen überhaupt noch kollektives Gedächtnis gibt, wird der Anteil an planvoll inszenierter Arbeit, es herzustellen, immer größer werden. Man kann auch sagen: Angesichts der enormen Heterogenität dessen, was gegenwärtig Moment des individuellen Bewusstseins ist, sind die Chancen für jeden einzelnen Inhalt, Moment des kollektiven Bewusstseins zu werden, extrem gering. Und das gilt auch für das Gedächtnis. Hier herrscht Knappheit! Herstellung von kollektivem Gedächtnis ist deshalb gegenwärtig nur durch Inszenierungen zu bewerkstelligen, die Massenaufmerksamkeit binden. Kollektives Gedächtnis wird deshalb im Gegensatz zu vormodernen Gesellschaften kürzere Verfallszeiten aufweisen.

Auch heute noch gilt gewiss, dass kollektives Gedächtnis institutionalisiert sein muss. Damit meine ich, dass seine Bestände nicht einfach gegeben sind, sondern ihnen eine Art von *Verbindlichkeit* eignet. Sie haben insofern *kanonischen* Charakter. Ob man z.b. einen Dichter oder Gelehrten vergisst oder nicht, hängt dann nicht mehr bloß an individuellen Vorlieben. Man ist *verpflichtet*, eine ganz bestimmte Vergangenheit in der Form zu kennen, in der sie in einem Volk, einem Staat oder einer religiösen oder wissenschaftlichen Gemeinschaft als Wahrheit gilt. Man definiert seine Zugehörigkeit zu dieser Gruppierung dann u.a. durch die Kenntnis bzw. den Glauben an diese Vergangenheit. Das Gedächtnis als *gemeinsames* ist insofern eine wesentliche Basis der Gemeinsamkeit selbst. Sie wird geradezu durch jenes gestiftet. Dabei geht es nicht bloß um die gleichsam zufällige interindividuelle Konstanz von Bewusstseinsbeständen, sondern um deren *ausdrückliche* und zum Thema gemachte Gleichheit. Die *sanktionierte* Identität des Gedächtnisses der Gruppenmitglieder wird bisweilen sogar als Voraussetzung für die Identität der Gruppe selbst proklamiert. Dabei spielt es nicht unbedingt eine Rolle, ob die Inhalte sich auf selbst Erlebtes stützen oder aber weit zurück in einer Vergangenheit liegen, die kein einziges Gruppenmitglied noch erlebt hat. Entscheidend ist, dass die Kriterien für die Institutionalisierung von kollektivem Gedächtnis, als deren profiliertesten Fall man Kanonbildungen[16] ansprechen könnte, nicht in der realen Vergangenheit selbst liegen. Nicht weil es *geschehen* ist, ist es schon bedeutsam. Nicht weil es *wahr* ist, muss es auch erinnert werden. Die Institutionalisierung ratifiziert nicht *reale* Bedeutsamkeiten, sondern *kreiert* sie. Bisweilen ist diese Schöpfung sogar eine creatio ex nihilo.

---

16 Vgl. hierzu Alois Hahn, »Kanonisierungsstile«, in: Aleida Assmann, Jan Assmann (Hg.), »Kanon und Zensur. Archäologie der literarischen Kommunikation«, II. Bd., München 1987, S. 28-37 und Alois Hahn, »Einführung«, in: Renate von Heydebrand (Hg.), »Kanon Macht Kultur. Theoretische, historische und soziale Aspekte von Kanonbildungen«, Stuttgart, Weimar 1998, S. 459-466 und zahlreiche weitere Beiträge dieser beiden Bände.

3   Soziales Gedächtnis

An dieser Stelle soll ein weiterer Begriff eingeführt werden, nämlich der des *sozialen* Gedächtnisses. Das soziale Gedächtnis, man könnte auch vom »objektivierten« oder »archivierten« sprechen, so wie es hier verstanden wird, darf nicht mit dem kollektiven verwechselt werden. Letzteres ist ja stets ein Moment individueller Bewusstseine. Das soziale Gedächtnis hingegen kann sich – zumindest seit es Schrift und andere Formen der Aufzeichnung von Kommunikation gibt – vom Gedächtnis der Individuen völlig unabhängig machen. Während für das kollektive Gedächtnis gilt, dass es Moment *aller* Bewusstseine eines gegebenen Kollektivs ist, kann ein Text in einer Bibliothek für Jahrhunderte überdauern, ohne während dieser Zeit Moment auch nur *eines* Gedächtnisses zu sein. Mit anderen Worten: Im sozialen Gedächtnis befinden sich Kommunikationen, auf die unter bestimmten Bedingungen zurückgegriffen werden kann. Geht man vom Gesamtbestand aller Inhalte von Gedächtnis aus, so stellen alle anderen Formen des Gedächtnisses schon rein quantitativ nur einen Bruchteil des virtuell Erinnerbaren zur Verfügung. Die »Speicher«, um die es sich hier handelt, sind also größtenteils bewusstseinsextern: Bibliotheken, Archive, Disketten, Festplatten, Filme usw. Das heißt nicht, dass in Gesellschaften dieser Art Aktualisierungen von Gedächtnis, also Erinnerung, von psychischen Gedächtnisleistungen unabhängig würde. Fast ist man versucht zu sagen: Im Gegenteil! Denn gerade Schriftkulturen können ja nur funktionieren,

> »[...] wenn alle Teilnehmer sich laufend daran erinnern können, wie geschrieben und gelesen wird. Ein soziales Gedächtnis muß sich außerhalb – was nicht heißt: unabhängig von – psychischen Gedächtnisleistungen bilden. Es besteht denn auch allein in der *Verzögerung* von Wiederverwendungen der Worte und des mit ihnen gebildeten Aussagesinns. Psychische Systeme werden gleichsam nur als Zwischenspeicher benutzt. Entscheidend für das soziale Gedächtnis ist das Abrufen von Gedächtnisleistungen in späteren sozialen Situationen, wobei das psychische Substrat über längere Zeit durchaus wechseln kann.«[17]

Einige der vorstehenden Überlegungen über Gedächtnis und Erinnerung lassen sich trotz der Unterschiede der involvierten Systeme auch auf das soziale Gedächtnis anwenden. Auch »soziale Speicher« sind selektiv, obwohl die Menge des prinzipiell Gedächtnisfähigen in der Gegenwart gegen unendlich gehen mag. Jetzt erst existiert ein Gedächtnis, das sich unabhängig gemacht hat von seiner Verankerung in einem individuellen Bewusstsein. Die Bestände des objektiven Gedächtnisses entspringen zwar in letzter Instanz subjektivem Bewusstseinsle-

---

17   Niklas Luhmann, »Die Gesellschaft der Gesellschaft«, 2 Bde., Frankfurt a. M. 1997, S. 216f.

ben, aber sie können weiter existieren ohne Moment eines individuellen Gedächtnisses zu sein. Um sich ihrer zu erinnern, bedarf es freilich ihrer Reinkarnation in ein individuelles Bewusstsein oder einer aktuellen Kommunikation. Aber ihre virtuelle Unsterblichkeit hängt nicht mehr vom ununterbrochenen Strom der Tradition von Bewusstsein zu Bewusstsein ab. Sie können nach einem langen Dornröschenschlaf immer noch wieder erweckt werden. Mit der Vervielfältigung des objektiven oder archivierten Gedächtnisses wächst nicht nur die Differenz zwischen dem, was ein Einzelner wissen kann und dem, was virtuell als aktualisierbares Wissen zur Verfügung stünde. Es reduziert sich auch die Wahrscheinlichkeit, dass irgendein Inhalt zum Moment des kollektiven Gedächtnisses wird, vor allem, dass dies auf Dauer geschieht, wird für immer weniger Inhalte vorstellbar. Spontan kann sich die Transformation von archiviertem in kollektives Gedächtnis ohnehin nicht vollziehen. Es bedarf der Veranstaltung, des Kampfes um Aufmerksamkeit. Und die ist ohne Inszenierung nicht zu haben.

Doch bevor wir uns mit dieser vielleicht allzu skeptischen Ansicht abfinden, möchte ich noch eine Alternative prüfen. Könnte nicht die Selektion des Erinnerungswürdigen – also dessen, was vom bloß Archivalischen mit Recht zum Moment der lebendigen kollektiven Erinnerung wird – mit Qualitäten des Erinnerten selbst zu tun haben?

4   Kulturbedeutung und Objektivität

Wenn es darum geht, die Gründe zu bestimmen, die etwas Vergangenes bedeutsam machen, so ließen sich verschiedene Kriterien denken. Man könnte zunächst vielleicht glauben, dass es so etwas wie *objektive* Bedeutsamkeit gibt. Man würde dann über ein Kriterium verfügen, bei dem die Auswahl des Gedächtniswürdigen nicht aus den Prägungen des *Gedächtnisses*, sondern aus den Eigenschaften und Strukturen seiner *Gegenstände* folgt. Bekanntlich hat Max Weber mit aller Entschiedenheit diese Möglichkeit für die Erkenntnis der Kulturwirklichkeit bestritten. Ich darf das einschlägige Zitat aus dem »Objektivitätsaufsatz« ins Gedächtnis zurückrufen:

»Alle Erkenntnis der Kulturwirklichkeit [...] ist eine Erkenntnis unter spezifisch besonderen Gesichtspunkten. Wenn wir von dem Historiker und Sozialforscher als elementare Voraussetzung verlangen, daß er Wichtiges von Unwichtigem unterscheiden könne, und daß er für diese Unterscheidung die erforderlichen ›Gesichtspunkte‹ habe, so heißt das lediglich, daß er verstehen müsse, die Vorgänge der Wirklichkeit – bewußt oder unbewußt – auf universelle ›Kulturwerte‹ zu beziehen und danach die Zusammenhänge herauszuheben, welche für uns bedeutsam sind. Wenn immer wieder die Meinung auftritt, jene Gesichtspunkte könnten dem ›Stoff selbst entnommen‹ werden, so entspringt das der naiven Selbsttäuschung des Fachgelehrten, der nicht beachtet, daß er von vornherein kraft der Wertideen, mit denen er unbewußt an den Stoff herangegangen ist, aus einer absoluten Unendlichkeit einen winzigen Bestandteil als das herausgehoben hat, auf dessen Betrachtung es ihm allein ankommt.«[18]

Weber hat hier zunächst nur die notwendig selektive Vorgehensweise der Kulturwissenschaft im Auge, die sich auf Gegenstände der Geschichte richtet. Aber die Geschichte der Kulturwissenschaft unterliegt gewiss dem gleichen Prädikament. So wie die Wirklichkeit des Wirklichen kein Kriterium für die Stoffauswahl, so enthält auch die Wahrheit des Wahren keines für das Gedächtnis der Wissenschaft. Nicht einmal für sie! Geschweige denn für die Gesellschaft als Ganze oder irgendeine Kollektivität, welche auch immer. Weber zweifelt nicht an der Möglichkeit wahrer Erkenntnis, wohl aber an der Ableitbarkeit der Gedächtniswürdigkeit aus der Wahrheit.

5   Vergessen[19]

Angesichts eines solchen Dilemmas zeigt sich nicht nur die Erinnerung als Doppelselektion, sondern auch das Vergessen. Etwas kann deshalb vergessen sein, weil es in keinem Speicher steckt, weil es weder im Bewusstsein eines Menschen noch in irgendeiner Bibliothek aufgezeichnet ist. Das aber scheint aus gegenwärtiger Sicht die harmloseste Form des Vergessens zu sein. Eine andere Form des Vergessens hängt gerade nicht mit der Begrenztheit der Speicher, sondern deren Unermesslichkeit zusammen. Man könnte zwischen der Vergesslichkeit des Gedächtnisses und der der Erinnerung sprechen. Man stelle sich einen Computer vor, der alles nur Wissbare irgendwo als Datei verzeichnet hätte, aber keine verlässliche »retrieval function« besäße. Es wäre dieser Computer die subtilste Form des Vergessens, die sich denken ließe. Bereits Nietzsche hatte geahnt, dass das Gedächtnis selbst eine Form des Vergessens sein könnte. Das trifft auch auf die robusteste Form der Inszenierung des kollektiven Gedächtnisses zu, auf die Historie. Freilich kann man im Gegensatz zu Nietzsche heute sagen: Die Historie ist *keine* Gefahr für das Leben. Wer den Staub der Quisquilien frisst, tut dies auf

---

18   Max Weber, »Gesammelte Aufsätze zur Wissenschaftslehre«, 3. erweiterte und verbesserte Aufl., hg. von Johannes Winckelmann, Tübingen 1968, S. 181.

19   Mir sind keine soziologischen Analysen zu diesem Thema bekannt, die sich ausschließlich mit dem Vergessen befassen. Im Allgemeinen wird aber in den Untersuchungen über Erinnerung immer auch das Vergessen mitbehandelt. Die eindrucksvollste Arbeit, die ich speziell zu dieser Thematik kenne, stammt von einem Philologen: Harald Weinrich, »Lethe. Kunst und Kritik des Vergessens«, München 1997.

eigenes Risiko und jedenfalls als Spezialwissenschaftler. Das Maximum an Gedächtnis, das heute erreichbar ist, die moderne Geschichtswissenschaft, entzieht
sich als solches aller *kollektiv verbindlichen* Erinnerung. Wenn Erinnerungen
von Bedeutung für das kollektive Gedächtnis werden, so verdanken sie das politischen Inszenierungen, mediengestützten öffentlichen Veranstaltungen, säkularen Riten, beflissener Besorgtheit pädagogischer Bemühungen und intellektuellen Aufgeregtheiten, moralischen Kampagnen und bisweilen auch strafrechtlich
geschützten Formen der political correctness, teils kontroversen, teils allgemein
konsensfähigen Engagements, Anstrengungen jedenfalls, die aus tiefer Sorge um
das Gemeinwesen ebenso entspringen mögen wie aus der Werbung für höchst
partikuläre Interessen oder schlicht aus der Absicht, mediale Aufmerksamkeit zu
erzeugen. Die *Wissenschaft* der Geschichte kann allenfalls als Bollwerk gegen
die Beliebigkeit des Inszenierbaren fungieren. Aber sie verfügt nicht aus sich
heraus über ein Relevanzsystem, das die Auswahl des aktuell zu Erinnernden aus
dem Schatz dessen, was als historische Wahrheit legitimiert ist, steuern könnte.[20]
Die Archivierung des Gedächtnisses immunisiert die Erinnerung, die nun nach
eigenen Relevanzkriterien ihren Zugriff auf das Gedächtnis selektiv steuern
kann. Diese aber sind stets aktuelle. Und ihre Form entspricht der auch sonst
üblichen, wenn es um temporäre Fesselung knapper Aufmerksamkeit geht. Im
Zitieren von Geschichtlichem aktiviert sich Erinnern und Vergessen uno actu.

Im allgemeinsten Sinne gilt das natürlich für alle Formen der Erinnerung:
Jede impliziert ein Vergessen, zumindest im operativen Sinne: Indem ich in
einem bestimmten Augenblick an X erinnere, beziehungsweise mich selbst daran
erinnere, kann ich nicht gleichzeitig Y mit Aufmerksamkeit bedenken. Die Beziehung zwischen Erinnern und Vergessen lässt sich insofern mit der zwischen
Reden und Schweigen vergleichen: Nur das Schweigen ermöglicht das Reden, so
wie nur durch Vergessen Erinnern gelingen kann. Das Ermöglichende ist virtuell

---

20   Im Gegenteil! Kollektive Kanonisierung von Vergangenheit blockiert oft für lange Zeit die
      Zivilcourage der Historiker – auch der Soziologen selbstverständlich –, durch empirische De-
      tailforschung an Tabus zu rühren. Als mir bekanntes Beispiel verweise ich etwa auf die öffent-
      liche Empörung, die dem Buch von Nanda von der Zee entgegenschlug. Sie hatte belegt, dass
      die Ermordung einer großen Zahl holländischer Juden durch die Nazis ohne niederländische
      Kollaboration nicht möglich gewesen wäre. Vor allem hatte sie eine Ikone des holländischen
      kollektiven Gedächtnisses, dass die Mehrzahl der Bevölkerung zumindest passiv gegen die
      Vernichtungspolitik der Nazis gerichtet gewesen sei, beschädigt. Die holländische Historiogra-
      phie hatte etliche Jahrzehnte lang wenig getan, um die Nachgeborenen aus diesem Dornrö-
      schenschlaf zu erwecken. Vgl. Nanda von der Zee, »Um Schlimmeres zu verhüten... Die Er-
      mordung der niederländischen Juden: Kollaboration und Widerstand.«, München 1999 sowie
      die Rezension dieses Werkes von Horst Lademacher, »Die Vernichtung der Juden als Folge
      der Kollaboration. Ein Buch lässt die Wogen in den Niederlanden hoch schlagen«, in: Frank-
      furter Allgemeine Zeitung, 21.3.2000, S. 10. Beispiele aus anderen Ländern ließen sich leicht
      nennen.

unendlich, das Ermöglichte endlich, zeitpunktfixiert, operativ und dissipativ (im Sinne der Theorie von Prygogines dissipativen Strukturen). Angesichts der unendlichen Fülle dessen, woran man erinnern könnte, ist jedes faktische Erinnern eine Auswahl gegen *anderes* Erinnern – davon ganz abgesehen, dass Erinnern auch eine zumindest temporäre Alternative zu Nicht-Erinnern ist –, also eine mehr oder minder gesteuerte Operation des Vergessenmachens.

Natürlich kann das Vergessenmachen auch selbst absichtlich inszeniert werden, etwa bei der römischen »damnatio memoriae« oder der Zensur oder der Bücherverbrennung oder der Morddrohung gegen einen Autor. Dies geschieht immer wieder, wenn der Versuch unternommen wird, das herrschende Gedächtnis den Interessen des Gedächtnisses der Herrschenden dienstbar zu machen oder aber wenn die Sicherung kollektiver Identität über institutionalisierte Formen der »mémoire collective« abgesichert werden soll. Die Paradoxie der Wirkungen ist aber unübersehbar: Eines der wichtigsten systematischen Probleme in diesem Kontext scheint zu sein, dass kollektive Identität nicht nur gemeinsame Erinnerungen braucht, sondern auch kollektiv konsensfähiges Vergessen. Das aber ist nicht so einfach zu institutionalisieren. Man kann z.B. Gedächtnisfeiern veranstalten, aber keine Vergessenszeremonien. Denn indem man etwas als endgültig vergessen zelebrierte, müsste man es ja beim Namen nennen. Das hilft freilich den Opfern nicht. Selbst wenn ihre Namen, Bücher und Ideen überleben, sind sie selbst nur noch als Erinnerung für das zitierbar, woran sie erinnern wollten und gegen das sich die Inszenierung derer wandte, die sie aus dem kollektiven Gedächtnis tilgen wollte.

6   Inszenierung von Erinnerung im Rahmen von Identitätsgeneratoren

Ohne Erinnerung läßt sich keine Identität denken. Das gilt für Personen und für soziale Systeme. Aber selbst einzelne Individuen können ihre biographische Identität nicht ohne sozial gestiftete Formen der Erinnerung aufrecht erhalten. Biographische Identität variiert historisch und im Vergleich zwischen den Kulturen je nach den jeweils institutionalisierten »Biographiegeneratoren«. Es handelt sich dabei um Einrichtungen, in denen Personen in sozial mehr oder weniger standardisierter Form sich selbst über ihr Leben Rechenschaft abgeben, um soziale Inszenierungen, in denen die eigene Vergangenheit thematisiert und rekonstruiert wird, in denen ein »Lebenslauf« in eine Biographie transformiert wird.[21] Die in vieler Hinsicht für die Entwicklung des Selbstbewusstseins in Europa

---

21   Eine systematische Analyse des Unterschieds zwischen Biographie und Lebenslauf findet sich
      in: Hartmann Leitner, »Lebenslauf und Identität. Die kulturelle Konstruktion von Zeit in der
      Biographie«, Frankfurt a. M., New York 1982.

repräsentative Form der Autothematisierung der Gesamtbevölkerung war die Beichte. Sie kann als Modell für zahlreiche andere Biographiegeneratoren angesprochen werden, man denke etwa an die Psychoanalyse, die Autobiographie oder andere Institutionen, in denen Bekenntnisse und Geständnisse möglich sind oder erzwungen werden.[22] Sie sind nicht nur einfach Dispositive der individuellen Erinnerung. Sie können in vielerlei Hinsicht auch als Orte begriffen werden, in denen institutionelle Inszenierungen von Erinnerung zum Zwecke der Herstellung von persönlicher Identität stattfinden. Es gibt zunächst schon einmal eine für die Erinnerungsdarstellung spezialisierte Bühne: den Beichtstuhl oder die Couch. Sie sichern schon durch die räumliche Anordnung eine gegenüber dem alltäglichen Leben extraterritoriale Sphäre, so wie es die Bühne im Theater ebenfalls garantiert. Es gibt darüber hinaus eine mehr oder weniger ausgearbeitete Choreographie der Körperhaltungen, welche die relative Position des knienden Beichtkindes und des sitzenden Beichtvaters, die Blickrichtung, die Haltung der Hände usw. bestimmt. Die dazu gehörigen rituellen Vorschriften sind in den Handbüchern der Rubrizistik festgelegt.[23] Es gibt sozusagen kodifizierte Regieanweisungen. Es gibt ferner Texte, welche alle möglichen Bekenntnisse gleichsam als Formulare enthalten, nämlich die Beichtspiegel, in denen eine Folie für die Sünden und ihre Motive und bei der Generalbeichte sogar für Typen von Biographien vorstrukturiert sind. Sie stellen eine Art Drehbuch dar. Die Relevanzkriterien für die Auswahl der erinnerungswerten Ereignisse des eigenen Lebens sind vorgegeben. Selbstredend lassen diese Rahmen hinlänglich viel Raum für individuelles Rollenspiel. Wir sind zwar allzumal Sünder, aber wir haben andere Sünden als andere zu beichten, andere Motive und andere biographische Schicksale, aus denen sie erwachsen. Die Psychoanalyse stellt in ganz ähnlicher Weise nicht nur eine Bühne, sondern ebenfalls Regieanweisungen,

---

22 Ich kann hier nicht im einzelnen auf die Geschichte und die soziologische Analyse dieser Dispositive zur Bindung des Einzelnen an eine von ihm selbst erzählte Biographie eingehen, für die ich – mangels eines besseren Ausdrucks – vor fast 20 Jahren den Ausdruck Biographiegenerator vorgeschlagen habe. Ich verweise auf einige Arbeiten, in denen ich dies versucht habe: Alois Hahn, »Identität und Selbstthematisierung«, in: Alois Hahn, Volker Kapp (Hg.), »Selbstthematisierung und Selbstzeugnis: Bekenntnis und Geständnis«, Frankfurt a. M. 1987, S. 9-24 und Alois Hahn, »Partizipative Identitäten«, in: Herfried Münkler (Hg.), »Furcht und Faszination. Facetten der Fremdheit«, Berlin 1997, S. 115-158 und in diesem Band: »Zur Soziologie der Beichte und anderer Formen institutionalisierter Bekenntnisse: Selbstthematisierung und Zivilisationsprozess«, S. 165-197.

23 Für weitere Einzelheiten zur Logik der Rubrizistik vgl.: Alois Hahn, »Sakramentale Kontrolle«, in: Wolfgang Schluchter (Hg.), »Max Webers Sicht des okzidentalen Christentums. Interpretation und Kritik«, Frankfurt a. M. 1988, S. 229-253.

Motive und Drehbücher zur Verfügung.[24] Der Unterschied zum Theater liegt bei diesen beiden Aufführungen von Erinnerung allerdings in der Geheimhaltung der Inhalte. Es ist zwar kein Geheimnis, dass man beichtet, wohl aber sind es die Geständnisse im Einzelnen. Man kann sogar davon ausgehen, dass die Kommunikation der eigenen Vergangenheit so nicht zustande käme, wenn die Beichtenden nicht davon ausgehen könnten, dass die Zusicherung der Geheimhaltung auch eingehalten wird. Aber es gibt selbstverständlich auch Biographiegeneratoren wie etwa die Autobiographien oder andere Formen öffentlicher Erinnerungen, Geständnisse oder Bekenntnisse, bei denen der Einzelne sich mit einer von ihm selbst nach bestimmten Gattungsregeln des Erzählens *coram publico* inszeniert und mit einer Vergangenheit identifiziert, freiwillig oder gezwungenermaßen. Die Auswahlkriterien, denen solche Darstellungen folgen, sind allerdings jeweils andere. Im Falle der Beichte ist es die Schuld, und zwar die eigene, die bekannt werden muss. Was die Zunge löst und zur Aufarbeitung der eigenen Geschichte veranlasst, ist die Hoffnung auf jenseitiges Heil durch die Vergebung der bereuten Sünden, im Falle der Psychoanalyse oder anderen Formen medizinischer Anamnese ist es das seelische Leiden und die Hoffnung auf diesseitige Heilung. Man könnte sich aber auch Selbstthematisierungen denken, die der Erinnerung an eigene Erfolge, außerordentliche Leistungen, Helden- oder Ruhmestaten dienen. Die meisten Menschen würden sicher viel lieber ihre Biographie als Heldenepos denn als Sündenbekenntnis inszenieren. Das Problem ist nur, dass es sehr viel weniger Helden als Sünder gibt. Zumindest in vormoderner Zeit ist deshalb auch die Erinnerung an den eigenen Ruhm nur wenigen als Möglichkeit zur Generierung ihrer Identität vorbehalten gewesen, wohingegen die Beichte gerade deshalb als massenhaft verfügbarer Biographiegenerator verwendbar war, weil Sünden im Gegensatz zu Ruhm generalisierbar sind. Überspitzt könnte man formulieren: Die Geburt der abendländischen Biographie aus dem Geiste der Erinnerung an die eigene Schuld.

Wir haben zwischen Gedächtnis und Erinnerung für Personen unterschieden. Lässt sich eine analoge Unterscheidung auch für das »kollektive Gedächtnis« treffen? Was würde in diesem Falle der Inszenierung der individuellen Erinnerung entsprechen? Ich möchte vorschlagen, hier von öffentlichem »Gedenken« zu sprechen. Kollektive Identitäten stiften sich durch Gedenken, durch mehr oder minder verpflichtende Formen des Bekenntnisses zu einer kollektiven Vergangenheit. Das trifft schon für kleine Kollektive zu wie etwa Familien oder Vereine. Durch Gedenktage, Familiengeburtstage, Jahrestage, Photoalben, Grabstätten, Feste, Denkmäler, Ahnenkulte, Gedenkgottesdienste usw. identifizieren

---

24   Im Hinblick auf die psychische Autopoiesis im therapeutischen Kontext vgl. Herbert Willems, »Psychotherapie und Gesellschaft. Voraussetzungen, Strukturen und Funktionen von Individual- und Gruppentherapien«, Opladen 1994.

sie sich mit einer Geschichte. Das Gedenken wird so zum Generator kollektiver Identität. Für die Moderne dürfte eine der wichtigsten kollektiven Identitäten, die sich über diese Art von Erinnerung »erschafft«, die Nation sein oder gewesen sein. Ein diesbezüglich ebenso folgenreicher wie charakteristischer Analytiker der Nation als einer historischen Identität war Ernest Renan. So wie Halbwachs die Funktion des Gedächtnisses vom Bewusstsein auf das Kollektiv überträgt, so setzt auch Renan Nation und Seele in eine Analogiebeziehung. Auch für die Nation wird Identität zum Resultat von Erinnerung. Ihr Gegenstand sind zwar einerseits Heldentaten und ruhmreiche Ahnen, in deren Kult sich die Nation ihrer selbst versichert. Wichtiger aber als all dies ist für Renan das Gedenken an gemeinsames Leid. Während für das europäische Individuum die eigene Identität auch in ruhmreichen Nationen stark an die Vergegenwärtigung seiner Schuld gebunden war, lässt Renan die Identität der Nation als Erinnerung an ihre Leidensgeschichte, wenn auch Ruhm und Heldentum nicht fehlen, entspringen. Auch Renan ist freilich durchaus bewusst, dass es sich hierbei um eine Entscheidung handelt. Die Nation hat nicht einfach eine Geschichte, sondern wählt sie im Lichte eines Zukunftsprojekts. Nicht als könnte sie dabei einfach Beliebiges erfinden. Sie bleibt an Historisches gebunden. Gleichwohl verfügt sie »willentlich« über die Vergegenwärtigungen ihres vergangenen Geschicks in ihrer jeweiligen Gegenwart. Im Zentrum steht aber für sie (nach Renan!) die Idee der Schicksalsgemeinschaft, die stärker bindet als »Rasse«, Sprache oder Religion. Ihr Zentrum ist gemeinsame Leiderfahrung.[25]

Die Beschreibung Renans trifft gewiss den dominanten Typ nationaler Identifikation mit Erinnerungen, wenn auch die Verteilung von Ruhm und Leid in den verschiedenen nationalen Erinnerungen zu verschiedenen Epochen durchaus unterschiedlich sein dürfte. Renan hat die zitierte Rede nach der Niederlage

---

25 »Une nation est une âme, un principe spirituel. Deux choses qui, à vrai dire n'en font qu'une, constituent cette âme, ce principe spirituel. L'une est dans le passé, l'autre dans le présent. L'une est la possession en commun d'un riche legs de souvenirs; l'autre est le consentement actuel, le désir de vivre ensemble, la volonté de continuer à faire valoir l'héritage qu'on a reçu indivis. La nation, comme l'individu, est l'aboutissant d'un long passé d'efforts, de sacrifices et de dévouements. Le culte des ancêtres est de tout le plus légitime [...] Un passé héroïque, des grands hommes, de la gloire [...], voilà le capital social sur lequel on assied une idée nationale. [...] Dans le passé, un héritage de gloire et de regrets à partager, dans l'avenir un même programme à réaliser; avoir souffert, joui, espéré ensemble [...] voilà ce que l'on comprend malgré les diversités de race et de langue [...] oui, la souffrance en commun unit plus que la joie. En fait de souvenirs nationaux, les deuils valent mieux que les triomphes, car ils imposent des devoirs, ils commandent l'effort en commun. Une nation est donc une grande solidarité, constituée par le sentiment des sacrifices qu'on a fait et ceux qu'on est disposé à faire encore.« Ernest Renan: »Qu'est-ce qu'une nation? Conférence faite en Sorbonne, le 11 mars 1882«, zitiert nach: Ernest Renan, »Qu'est-ce qu'une nation? Et autres essais politiques. Textes choisies et présentés par Joël Roman«, Paris 1992, S. 54.

Frankreichs im Krieg gegen Deutschland gehalten. Ein sicherlich noch stärker überzeugendes Beispiel könnte heute das moderne Israel und dessen Kultur des Gedenkens an den Holocaust sein.

Was in Renans Überlegungen nicht auftaucht, ist die Möglichkeit, dass auch Nationen analog zu den oben dargestellten Verhältnissen bei Individuen ihre Identität aus der öffentlichen Inszenierung der Erinnerung an unvergessliche Schuld gewinnen könnten. Gibt es so etwas wie Schulderinnerung als Generator nationaler Identität? Ich glaube ja. Das berühmteste Beispiel könnte man eben-falls aus der Geschichte Israels entnehmen, und zwar aus der theologischen Ver-arbeitung des babylonischen Exils. Auch hier ergeben sich Identifikationen aus gemeinsamem Leid und der erinnerten Klage. Aber es kommt ein Moment hinzu, das sich sonst im Kontext nationaler Erinnerung nicht findet: die Interpretation des Verhängnisses als Strafe Gottes und als Folge von Schuld, von Untreue ge-genüber Gott. Im Elend zeigt sich die Allmacht Gottes. In der Anerkenntnis der Schuld ihm gegenüber liegt die Begründung von Hoffnung auf Erlösung. Beides aber: Leiderfahrung und Schuldeingeständnis gegenüber JHWH begründen die Ausnahmestellung Israels unter den Völkern und befestigen seine Identität als durch die Schließung des Bundes mit Gott auserwählte Gemeinschaft.[26] Man kann es als makaber ansehen, dass diese selbst anerkannte Schuld vor Gott sich nach dem Sieg des Christentums und der aufgezwungenen Existenz in der Dias-pora mit dem von außen erhobenen antijudaischen Vorwurf des Gottesmordes verbindet – der eine der historischen Wurzeln des Antisemitismus ist –, der dann als krude Rechtfertigung für Verfolgung und Ermordung instrumentalisiert wird.

Das bezeichnendste Beispiel für ein kollektives Gedächtnis, das auf der Er-innerung an nationale Schuld und am Gedenken daran aufbaut, dürfte aber die Bundesrepublik Deutschland – zumindest bis zur Wiedervereinigung – (gewe-sen?) sein. Ähnlich wie für das moderne Israel das einzigartige Leid, so dürfte

---

26 Vgl. hierzu etwa: »Der Sieg Babylons war nach dessen eigenem Verständnis der Sieg seiner Götter. Für jede nationale Religion [...] mußte das das Ende bedeuten. Für Israel und sein Ü-berleben war die wichtigste Voraussetzung, daß nach dem Zeugnis der Prophetie wie des Deu-teronomiums die Katastrophe als vom eigenen Gott herbeigeführt verstanden werden konnte und mußte. Nicht andere Götter, JHWH selbst hatte das alles bewirkt. Die Bestätigung der großen Unheilspropheten von Amos bis Jeremia und Ezechiel war erfolgt. Ihre Bücher wurden in dieser Zeit gesammelt und bearbeitet, kommentiert und neu gedeutet. [...] In dieser Zeit ent-steht das große Geschichtswerk, das die Bücher Josua bis 2. Kön. umfaßt und das man das deu-teronomische nennt [...] Es versucht [...] auf die Frage nach dem Warum Antwort zu geben. Wie konnte es zu dieser Katastrophe kommen? Seine Antwort wird mit den theologischen Grundkategorien des Deuteronomium gefunden [...] Das Opfern auf den ›Höhen‹, also die Nichtbeachtung des einen Gottes mit dem einzigen legitimen Heiligtum, wird als Hauptgrund für die Katastrophe gesehen.« Zitiert nach: Frank Crüsemann, »Geschichte Israels als Ge-schichte der Bibel«, in: Erich Lessing (Hg.), »Die Bibel. Das Alte Testament«. München 1997, S. 133-170, hier S. 159f.

für die BRD die Erinnerung an die einzigartigen Verbrechen, die sich mit dem Namen Holocaust verbinden, zumindest für die öffentliche nationale Identität konstitutiv gewesen sein.

Es gab keine Nation mehr, außer in jenem negativen Sinne der Identifikation mit der Scham über die Morde, die, wie man zunächst euphemistisch sagte, »in deutschem Namen« begangen worden waren. Deren Einzigartigkeit stand allgemein fest. Gewiss, auch andere Völker mochten Böses verbrochen haben. Aber nichts Vergleichbares. Dabei war schon die Suche nach einem Vergleich selbst ein Sakrileg. Denn die Einzigartigkeit der Verbrechen war nicht eine bloß objektive, keine Einzigartigkeit an sich, sondern eine Einzigartigkeit für uns.[27] Bei *uns* war dies geschehen, im Lande Kants, Goethes usw. *Unsere* Väter waren es gewesen. Zugleich stiftete diese kollektive Scham eine neue moralische Gemeinschaft: eine Nation, die keine mehr sein wollte. In gewissem Sinne kann man schon sagen, dass »Auschwitz«, das als pars pro toto für die Naziverbrechen schlechthin stand, das Moment der kollektiven Erinnerung war, das für die alte Bundesrepublik identitätsstiftend war. So wie in Freuds »Totem und Tabu« die Mörder nach dem Vatermord aus dem Abscheu über das Verbrechen selbst eine prekäre tabugeschützte moralische Gemeinschaft entstehen lassen. Für die Shoah und Israel ließe sich »seitenverkehrt« ähnliches sagen: Die überlebenden Opfer gründen ebenfalls eine moralische Gemeinschaft, in der auch das »So etwas darf nicht wieder geschehen« bei allen moralischen Konflikten im einzelnen einen Grundkonsens stiftet, der gegen jedes Begründungsansinnen immun ist, der als Erinnerung ständig beschworen wird und eine nationale Identität erzeugt, so wie sie Renan beschrieben hat.

Für Deutschland könnte man nun vielleicht sagen, dass die Stiftung kollektiver Identität durch Inszenierungen des Gedenkens an die Verbrechen der Nazis

---

27 Einzigartigkeit soll hier also nicht im positivistischen Sinne als numerische Qualität, als dem factum brutum inhärente Eigenschaft fetischisiert werden. Sie stellt vielmehr einen Relevanzbegriff dar, nämlich den einer singulären moralischen Referenz. Nur als solche entzieht sie sich allem Vergleich. Sie steht folglich auch nicht im Widerspruch etwa zu vergleichenden Strukturuntersuchungen über »totalitäre« Führerdiktaturen oder Analysen, die die Anwendbarkeit des Konzepts der charismatischen Herrschaft auf das Hitlerregime untersuchen. (Zu solcher Art von Vergleichen ist es selbstredend auch schon sehr bald gekommen. Man denke nur an die einschlägigen Arbeiten von Hannah Ahrendt u.v.a.m.) Wenn man diesen Referenzcharakter von Einmaligkeit in diesem Zusammenhang nicht berücksichtigt, verwickelt man sich m.E. in fatale Schlingen, aus denen man sich dann nur noch mit bedenklichen – to put it mildly! – argumentativen »Befreiungsschlägen« lösen kann. So wenn etwa versucht wird, die Einzigartigkeit der Naziverbrechen daraus abzuleiten, dass hier die Opfer zu Tode gequält wurden, während die Sowjets – es ging um Buchenwald – ihre zwar ebenfalls unschuldigen Opfer verhungern ließen, wie Eberhard Jäckel vor einigen Jahren in der FAZ unterschied. Wenn das das einzige relevante Unterscheidungsmerkmal wäre, dann müsste man mit Jäckel wohl in eine Debatte darüber eintreten, wie vergleichsweise weniger inhuman es ist, Opfer »lediglich« verhungern zu lassen, statt sie auf andere Weise zu ermorden.

mit der Einzigartigkeit des Leids zusammenhängt, das die Deutschen anderen angetan haben. Mir scheint das aber nicht schlüssig. Schon das Beispiel der ehemaligen DDR oder auch Österreichs zeigt, dass die Identifikation mit belastenden Vergangenheiten nicht zwingend ist. Ob man sich als in die Kontinuität der Verantwortung gestellte Nation empfindet oder nicht, hängt von Entscheidungen ab, die sich aus den Tatsachen keinesfalls automatisch ergeben. Man kann sich als Opfer statt als Erbe der Täter fühlen. Vielfach sind solche Entscheidungen selbstredend auch nicht freiwillig. Das Gedenken an die Naziherrschaft in der BRD hängt vermutlich ebenso mit der Reeducation zusammen, wie die österreichische Alternative mit deren Fehlen. Man braucht sich im übrigen – so gräßlich der Gedanke auch ist – nur für einen Augenblick vorzustellen, die Nazis hätten den Krieg gewonnen, um zu sehen, dass es keine Zwangsläufigkeit in der Verknüpfung von Verbrechen, Schuldbewusstsein und nationaler Erinnerung an zugefügtes Leid gibt. Wie auch andere Genozide[28] zeigen, ist das Verbrechen und das unermessliche Leid, dass man anderen angetan hat, vielleicht eine notwendige, nicht aber eine hinreichende Bedingung für entsprechendes Gedenken der Schuldigen bzw. ihrer Nachfahren. Die Niederlage muss hinzukommen. Sieger identifizieren sich so gut wie nie über ihre Schuld.

---

28 Selbst wenn zuzugeben ist, dass sie an Furchtbarkeit nicht mit denen der Nazis vergleichbar sind, ändert das am hier vorgetragenen Argument nichts.

Kultische und säkulare Riten und Zeremonien in soziologischer Sicht

1 Ritus, Körperkontrolle und Zeremoniell

Wenn wir an Riten denken, stellt sich zunächst die Assoziation an bestimmte Formen hochgradig formalen, ausdruckskontrollierten zeremonialen Verhaltens ein. Sind Riten Zeremonien?

Eine der wichtigeren jüngeren Arbeiten zu diesem Thema ist Mary Douglas' »Ritual, Tabu und Körpersymbolik. Sozialanthropologische Studien zur Industriegesellschaft und Stammeskultur«[29]. Douglas versucht den Ritenbegriff vor allem als sozial stereotypisierte Form der expressiven Körperkontrolle zu bestimmen. Sie geht dabei davon aus, dass das Bedürfnis, alle Schichten der Erfahrung miteinander in Einklang zu bringen, eine allgemeine Abstimmung der Ausdrucksmittel aufeinander erzeugt. »Der Körper wird also sozial als Ausdrucksmittel anerkannt. Zugleich aber setzt diese Anerkennung eine soziale Kontrolle des Körpers voraus.«[30]

Es geht zunächst einmal darum, sozial verbindlich eine körperliche Normalhaltung zu definieren. Das heißt, es muss der Nullwert des Körpers als Ausdrucksmittel festgelegt sein. Dieser Nullpunkt kann interkulturell sehr verschieden bestimmt sein. So kann z.B. eine Kultur ein hohes Maß von gestikulatorischer Motilität als normales Begleitmoment alltäglicher Reden institutionalisieren, wohingegen in anderen Gesellschaften die Alltagskommunikation relativ bewegungsarm verläuft. Nehmen wir z.B. an, dass Erregung ausgedrückt werden soll und dass als Mittel der körperlichen Darstellung dieser Erregung ein gesteigertes Maß von sichtbarer gestikulatorischer Demonstration akzeptiert ist. Die Gesellschaft mit normalerweise geringerem Ausmaß gestikulatorischer Motilität wird dann vielleicht Erregung so ausdrücken wie die Vergleichsgesellschaft ihre Normalkommunikation. Das gleiche gilt entsprechend für Grade der äußerlichen Reinlichkeit, der Kontrolle der Körperausdünstungen oder Körperausscheidungen, der Kleidung, der Haar- und Barttracht, den Schmuck, die Behandlung des Lachens und Weinens usw. So hat das Weinen z.B. eine andere Bedeutung in einer Gesellschaft, in der selbst dem Helden häufiges Weinen wohl ansteht, wie

---

29   Mary Douglas, »Ritual, Tabu und Körpersymbolik. Sozialanthropologische Studien zur Industriegesellschaft und Stammeskultur«, Frankfurt a.M. 1974.
30   Ebd., S. 101f.

z. B. im Griechenland Homers, als in einer Gesellschaft wie der unseren, die öffentliches Weinen zumindest für Männer normalerweise streng aus der Normalkommunikation ausscheidet. Wenn der hl. Benedikt in der Regula den Mönchen als instrumentum bonorum operum empfiehlt: »Mala sua praeterita cum lacrimis vel gemitu cotidie in oratione Deo confiteri« (4,67), so wird hier natürlich ein ganz bestimmter Normalstatus der Tränen und des Stöhnens vorausgesetzt, den unsere Gesellschaft so nicht hat. Auf uns würde tägliches Weinen und Stöhnen von Männern eher unschicklich wirken, und zwar gerade im Umgang mit Gott, da Weinen als so extremer Gefühlsausdruck gilt, dass er nur in seltenen und ganz außerordentlichen Situationen zulässiges, dann allerdings u.U. auch sozial erwartetes Ausdrucksmittel sein kann. Das jeweils erwartete normale Maß von Körperkontrolle, der jeweils als Nullpunkt körperlichen Ausdrucks geltende äußere Habitus kann natürlich auch von Schicht zu Schicht innerhalb einer Gesellschaft variieren. Für Europa hat Norbert Elias in seinem bedeutenden Buch über den Prozess der Zivilisation[31] ein stetiges Wachsen der Körperkontrolle nachgewiesen. Das gilt z.B. auch für die Körperausscheidungen. Die Peinlichkeitsschwelle wird vorverlegt. »Der ganz andere Standard der Gesellschaft in der Zeit des Erasmus wird deutlich, wenn man liest, wie selbstverständlich es ist, dass man jemandem begegnet, qui urinam reddit aut alvum exonerat. Und die große Unbefangenheit, mit der man offenbar um diese Zeit seine Bedürfnisse vor anderer Augen verrichtet und mit der man auch davon spricht, erinnert an Verhaltensweisen, denen man heute noch allenfalls im Orient begegnen kann. Aber das Feingefühl gebietet, jemanden, den man in dieser Lage trifft, nicht zu grüßen.«[32] Je nachdem, wo solche Schamschwellen gesellschaftlich fixiert sind, werden bestimmte körperliche Verrichtungen oder Bewegungen Ausdrucksmittel. Wir könnten uns z.B. nicht mehr vorstellen, dass der König selbst bei wichtigen Amtshandlungen in Gegenwart des Hofes auf dem Toilettenstuhl sitzt. Wenn wir etwa die Mémoires des Herzogs von St. Simon lesen, so ist durchaus in selbstverständlichem Ton davon die Rede, dass Ludwig XIV. auf der chaise percée in Gegenwart der höchsten Würdenträger Staatsgeschäfte abwickelt. Mary Douglas schreibt:»Jedes Kind lernt im Laufe des Sozialisationsprozesses, seine körperlichen Vorgänge unter Kontrolle zu bringen. Die unter dem Gesichtspunkt des formalen sozialen Umgangs relevantesten und unerwünschtesten sind die Ausscheidungsprozesse, die Defäkation, das Urinieren, das sich Erbrechen, diese Vorgänge haben auch im Kontext des sozialen Umgangs durchgängig einen pejorativen Sinn (...). Andere körperliche Vorgänge müssen unter Kontrolle gehalten werden, wenn sie nicht in den Interaktionszusammenhang

---

31   Norbert Elias, »Über den Prozeß der Zivilisation. Soziogenetische und psychogenetische Untersuchungen«, 2 Bde., München – Bern ²1969
32   Ebd., Bd. 1, S. 183.

gehören – z.B. Niesen, sich Räuspern, Husten usw. Für den Fall, daß sie sich nicht unterdrücken lassen, gibt es formale Ausklammerungsprozeduren, die ihren natürlichen Ausdrucksgehalt suspendieren und eine ungestörte Fortsetzung des Austausches ermöglichen.«[33]

Aus den obigen Ausführungen ist sichtbar, dass diese Thesen von Mary Douglas nur sehr bedingt richtig sind. Ob ein Widerspruch zwischen den aufgeführten Körpervorgängen und einer feierlichen oder auch nur alltäglichen Kommunikation besteht, hängt von der sozial unterschiedlichen Scham- und Peinlichkeitsschwelle ab. Sie stellt gleichsam den Nullpunkt der Bedeutung dar. Mit dieser Einschränkung ist indessen sehr leicht einzusehen, warum der Körper und seine Kontrolle als Sprachmoment fungieren. Kants These:»das ›Ich denke‹ muss alle meine Vorstellungen begleiten« ließe sich in unserem Kontext variieren in: Mein Leib begleitet alle meine Handlungen und Äußerungen. Es liegt daher nahe, dass eine Verrichtung, die in besonderem Maße als feierlich und bedeutsam gilt, nicht gleichzeitig auftritt mit körperlichen Gegebenheiten, die als peinlich gelten. Es ist also diese notwendige Kopräsenz des Leibes bei noch so vergeistigten Tätigkeiten, die eine mögliche Verunsicherung oder Störung dieser Handlung hervorrufen kann. Jede Handlungssituation setzt nämlich eine gewisse Konzentration der Aufmerksamkeit voraus. Es gibt jeweils bestimmte Themen, um die es geht. Anderes soll ausgeblendet sein: Beim Schachspiel sollen die Spieler nicht beten oder Vorträge halten, beim Gebet nicht schachspielen. Eine Situation bricht dann zusammen, wenn gleichzeitig mit ihr Ereignisse auftreten, die die Aufmerksamkeit gleichsam zwanghaft vom Zentralthema der Situation ablenken. Der menschliche Leib ist insofern ständig eine Störquelle, die ganz überraschend den geplanten und geregelten Verlauf einer Interaktion unterbrechen kann. In einer Gesellschaft z.B., in der ein hohes Maß von Geruchsempfindlichkeit institutionalisiert ist, wird der Beter durch Schweißausbrüche seines Banknachbarn in der Kirche von der eigentlichen thematischen Situationsorientierung abgelenkt. Jemand, der bei einer Beerdigung Witze erzählt, droht die Definition der Situation zum Zusammenbruch zu bringen. Insofern also in einer Gesellschaft wichtige Situationsdefinitionen in bestimmten zeitlichen Rahmen gegen solche Ablenkungen der Aufmerksamkeit geschützt werden sollen, ist eine bestimmte Kontrolle des Körperausdrucks erforderlich. Im Gegensatz zu Mary Douglas würde ich diese Körperkontrolle jedoch nicht als definitorisches Kriterium für den Ritus wählen. Denn *jede* Situation setzt eine gewisse Körperkontrolle voraus. Je wichtiger es ist, dass eine Situation nicht aus ihrem thematischen Rahmen fällt, desto wichtiger auch die Vorkehrungen, die auf eine Diszip-

---

33 Mary Douglas, »Ritual, Tabu und Körpersymbolik. Sozialanthropologische Studien zur Industriegesellschaft und Stammeskultur«, Frankfurt a.M. 1974, S. 109.

linierung der als relevant angesehenen körperlichen Ausdrucksfunktionen zielen. Man könnte diese Vorkehrungen auch zeremoniale Vorkehrungen nennen.

Das Ausmaß solcher zeremonialen Vorkehrungen hängt, wie gesagt, einerseits von der Bedeutung der Situation und andererseits von ihrer Störungsanfälligkeit ab. So sind z.b. Situationen, in denen ätherisch-platonische Liebe ausgedrückt werden soll, störungsanfällig gegen alles, was an eine eher physische Form der Erotik erinnern lässt. Je stärker eine Situation als vergeistigte definiert ist, desto peinlicher das Eindringen körperlicher Relevanzen. Normalerweise sichern sich Gesellschaften und Gruppen gegen solche Interferenzen durch eine Anzahl zeremonieller Techniken: Die Disziplinierung des Körpers ist nur eine davon. Ebenso wichtig ist die genaue Vorbereitung der Situation, das Üben für den Ernstfall, die statio vor dem Chorgebet. Diese Vorbereitung schließt im allgemeinen eine vorherige Zurichtung des Ortes mit ein. Geschlossene Räume z.b. lassen sich gegen Störungen leichter schützen als freie. So entstehen z.b. bei vielen Prozessionen Störungen und Peinlichkeiten durch Dritte, durch Geräusche oder auch durch plötzliche Witterungsveränderungen (wenn z.b. ein Regenguss zu Verhaltensformen zwingt, die mit der Würde der Situation nicht vereinbar sind). Wichtig ist auch die zeitliche Begrenzung der Situation, welche eine ausschließliche Konzentration erleichtert. Das Zeremonial begleitet in der Tat fast immer den Ritus, es findet sich aber auch in sehr vielen anderen Situationen. Das Zeremonial hat die Funktion, Situationen klar gegeneinander abzugrenzen, anzudeuten, dass z.b. jetzt die Versammlung, Unterrichtsstunde, Messe beginnt oder aufhört bzw. dass hier der Ort ist, an dem dies und nicht jenes geschieht. Es verhindert, dass die Situationsdefinitionen verschwimmen. Während der ablaufenden Situation sichert das Zeremonial die Aufrechterhaltung der Definition gegen Störungen durch alternative Themen und Aufmerksamkeitsobjekte. Dass gerade kultische Riten in besonderem Maße zeremoniell gesichert sind, ist natürlich kein Zufall. Einerseits sind kultische Handlungen sehr häufig Antworten auf entscheidende Bedrohungen des Daseins, andererseits haben kultische Riten einen – wie noch auszuführen sein wird – extra-empirischen Bezug, d.h. eine schwache direkte Realitätsverankerung. Sie erfordern insofern zeremoniellen Schutz für die stets prekäre Situationsdefinition, die in ihnen aufrechterhalten werden muss. Dass diese Definition aber aufrechterhalten wird, ist entscheidend, weil vom Gelingen des Ritus so besonders viel abhängt. So sind natürlich auch in durchaus unrituellen Situationen die zeremoniellen Vorkehrungen um so größer, je mehr von dieser Situation individuell oder sozial abhängt. Bei einer Operation z.b. sind die hygienischen Zeremoniale ausgesprochen metikulös. Auch hier geht es darum, Unpassendes fernzuhalten, um die in diesem Falle technische Handlung nicht durch konkurrierende Aufmerksamkeitsträger zu stören. Das soll an zwei Beispielen, den Reinheitszeremonien und den Grußsitten, illustriert werden.

1.1 Reinheitszeremonien

Die ungeheure Bedeutung, welche rituelle Reinheitsgebote haben, lassen sich so erklären: Unreinheit meint nun in unserem Kontext stets die Kopräsenz von störenden Momenten, die aber nicht zur verbindlich thematischen Situation gehören. Das Unreine ist das in eine Situation Einbrechende oder störend Vorhandene. Es muss deshalb entweder an seinem Auftreten gehindert werden oder – wenn es bereits anwesend ist – beseitigt werden. Das, was jeweils als störend gilt, ist natürlich je nach Situationsdefinition sehr verschieden, entsprechend unterschiedlich sind folglich auch die Formen der Bannung solcher Unreinheiten. Man könnte das Störende auch als das Unpassende oder Nicht-Zugehörige definieren. Wie gesagt: Die Ausschaltung von Störendem und Unpassendem findet sich auch in alltäglichen praktischen Situationen. Das Störende wird dann durch technische Vorkehrungen ferngehalten oder beseitigt. Das beste Beispiel wären etwa die hygienischen Schutzvorkehrungen, die Sauberkeitsvorschriften und die Sicherheitsmaßnahmen. Insofern der Körper als Störquelle bei allem Handeln und allem Ausdrucksgeschehen potentiell stets zugegen ist, ist seine Kontrolle auch von enormer Wichtigkeit. Das gleiche gilt aber auch von den unkontrollierbaren Störungen durch räumliche Gegebenheiten, Witterungsumstände, andere Menschen, Geräusche, Gerüche usw., unpassende Anwesenheiten nicht-zugehöriger Personen. Außerdem ist die hier gemeinte Form von Unreinheit nicht nur auf einzelne Situationen, sondern auch auf Situationsketten, besondere Orte, Zeiten und vor allem auf sozialen Status beziehbar: So ist z.B. die Berührung des Königs durch Gemeine in vielen Gesellschaften eine Form von Unreinheit. In anderen Gesellschaften wird die Verrichtung bestimmter Tätigkeiten den Angehörigen bestimmter Kasten als Unreinheit angerechnet, so z.B. der Umgang mit Toten den Brahmanen in Indien. Diese Tätigkeiten stehen im Widerspruch zur Statusdefinition des Königs bzw. Brahmanen, er verunreinigt sich durch sie. Aber selbstverständlich gibt es Analoges auch in unserer Gesellschaft. So ist z.B. das, was wir als Anstand bezeichnen, eine Art von Statusreinheit. Zum Anstand gehören bestimmte Körperkontrollen, Kleidungsgebote, Meidung bestimmter Worte oder Orte usw., alles das, was die zum jeweiligen Status gehörige Selbstdarstellung stört. Zu jeder sozialen Rolle gehören insofern bestimmte Reinheitsgebote: Ihre Mißachtung befleckt den Rolleninhaber, insofern sie seine Rollendarstellung diskreditiert. Ähnlich wie einzelne Situationen muss folglich auch Rollenhandeln durch zeremoniale Vorkehrungen geschützt werden, welche die Aufrechterhaltung der jeweiligen Statuswürde schützen. So sehen z.B. viele Schulen besondere Toiletten für das Lehrpersonal, viele Betriebe besondere Kantinen für Vorgesetzte vor usw. Korrelativ zu solchen Vorkehrungen zur Sicherung der Statusreinheit sind Verhaltensvorschriften, die einmal aufgetretene

Verunreinigungen kontrollieren. Die wichtigste generelle Zeremonialvorschrift dieser Art ist etwa der *Takt*. Soziologisch gesehen, ist der Takt die Anweisung, Störungen einfach zu übersehen: d.h., eine misslungene Selbstdarstellung nicht zur Kenntnis zu nehmen. Eine Kamera, welche das Gähnen eines Parlamentariers bei der Rede seines Parteivorsitzenden festhält, verhält sich insofern eigentümlich taktlos. Anstandsregeln, der gute Ton, Umgangsformeln, Begrüßungs- und Abschiedsformeln haben also fast alle einen zeremonialen Kern, d.h., sie sichern die sozialen Situationen gegen abweichende Interpretation, sie erhalten die Würde einer Selbst- oder Situationsdarstellung, weisen Lächerlichkeit ab, markieren die Grenzen zwischen unterschiedlichen Situationsdefinitionen. Man muss sich dabei stets vergegenwärtigen, dass die Reinheit, um die es hier geht, nicht notwendig einen moralischen Aspekt haben muss. Sie kann ihn haben, braucht ihn aber nicht. Es geht zunächst einmal um die Aufrechterhaltung der Situationsdefinition durch entsprechende Verhaltensweisen und angemessene Begleitumstände, um die Ausschaltung von Peinlichkeit. Dabei kann Peinlichkeit sowohl dadurch entstehen, dass in als lustig definierten Situationen Zwang, Ernst und Würde zum Ausdruck kommen wie auch umgekehrt durch die Vereinigung ernster Situationen mit komischen Elementen. Jede dieser Formen von Unreinheiten führt zu eigentümlichen Verlegenheiten; und das sind stets Handlungshemmungen, die den normalen Fluss des Geschehens stören. Gewiss kann auch moralische Schuld ein Unreinheit erzeugendes Moment sein. Die Reaktion kann dann von bloßer Verlegenheit zu Entrüstung und Empörung gesteigert werden. Die Reinigungszeremonie geht dann über ein bloßes »Entschuldigen Sie bitte!« weit hinaus und kann komplexe Reueprozeduren, Ausschluss aus der Gruppe usw. erfordern.

1.2 Grußzeremonien

Die angeführten Beispiele verdeutlichen bereits, dass Reinheitszeremonien nur unter ganz bestimmten Bedingungen als Riten zu klassifizieren sind: Wenn eine Verlegenheit erst einmal entstanden ist, wenn das Handlungshemmnis nicht direkt durch technische Vorkehrungen zu beseitigen ist, dann gewinnt die Zeremonie rituellen Charakter. Die handlungslose Zeit wird durch Ersatzhandlungen unterbrochen. Die Verbeugung löst die Verlegenheit in Handlung auf. Möglicherweise ist der Großteil der Begrüßungs- und Abschiedsformeln einerseits eine technische Vorkehrung zur Markierung von wechselnden Situationsdefinitionen, insofern Zeremonie, andererseits und gleichzeitig Überbrückung einer Handlungshemmung, insofern Ritus. Denn jeder Situationswechsel erfordert – seien es noch so kurzfristige – innere Umstellungen, Neukoordinationen von Bewegungen und

Änderungen von Handlungsbereitschaften, eine Verschiebung der Aufmerksam-keitshorizonte und der Relevanzkriterien, die zunächst gleichsam ein Loch im Handlungsstrom verursachen, folglich auch als, wenn auch geringe, Handlungs-störung wirken. In diesen »Zwischenraum« schieben sich dann die Gruß- und Abschiedsformeln. Das gilt schon für die säkularen Grußzeremonien, verstärkt natürlich für alle kultischen Zeremonien, die den Beginn und das Ende einer Sak-ralhandlung symbolisieren. Die Umstellung von den säkularen auf die kultischen Bezüge bedarf immer Umdispositionen, die Zeit kosten. Dem trägt z.b. der Sa-kralbau durch Vorhalle usw. Rechnung. Anrufungszeremonien und Formeln, die die Rückkehr ins säkulare Geschehen andeuten, sind deshalb in allen Religionen überaus häufig. Man kann also einerseits zwischen kultischen und nicht-kultischen (Säkular-)Riten unterscheiden, andererseits zwischen rituellen und nicht-rituellen Zeremonien.

2 Ritus als bewusst extra-empirische Handlung

Ich möchte also – wie angedeutet – den Ritus nicht von seiner zeremoniellen Komponente her bestimmen. Ritus soll nicht primär von seiner Ausdrucks-, sondern von seiner Handlungsbedeutung her erläutert werden. Die zunächst einleuchtendste Definition des Ritenbegriffs verdanke ich Jean Cazeneuve. Nach ihm ist ein Ritus »un acte qui se repète et dont l'efficacité est, au moins en partie, d'ordre extra-empirique«[34]. Dabei schließt der Begriff »acte« nicht nur positive Handlungen, sondern auch Vermeidungen ein, ganz in dem Sinne, in dem Mar-cel Mauss von negativen und positiven Riten gesprochen hatte. Riten wären also regelmäßige Handlungen oder Vermeidungen, die sich nicht ohne weiteres als technisches Mittel zur Erreichung eines empirischen Zweckes interpretieren lassen. Diese Definition ist gewiss nicht unproblematisch. Denn von welchem Standpunkt aus soll denn entschieden werden, ob etwas ein technisches Mittel zur Zielerreichung ist? Vom jeweils letzten Kenntnisstand einer Wissenschaft z.b. sind ja alle früher für wahr gehaltenen, jetzt aber überholten Annahmen Irrtümer. Dennoch würde man wohl kaum jedes Handeln, das – sich auf irrige Annahmen stützend – unwirksame Mittel benützt, als Ritus bezeichnen. Wir müssen deshalb den Ritus-Begriff einschränken auf die Fälle, in denen die Han-delnden selbst die Trennung zwischen rituellem und nicht-rituellem Verhalten ziehen. Nun gibt es in jeder Gesellschaft den Unterschied zwischen solchen Auf-gaben, die sich durch den direkten individuellen oder sozialen technischen Zugriff lösen lassen, und solchen, die auf diese Weise nicht bewältigt werden

---

34 Jean Cazeneuve, »Les Rites et la condition humaine«, Paris 1958, S. 4.

können. Es gibt in jeder Gesellschaft Situationen, die zunächst einmal den Handelnden als ohnmächtig erscheinen lassen, und zwar so, dass der Handelnde sich seiner eigenen Inkompetenz auch mehr oder weniger bewusst ist. Häufig allerdings verknüpfen sich in einer Handlungssequenz kontrollierbare und unkontrollierbare Elemente. Wenn nun den unkontrollierbaren Elementen eines solchen Handlungsablaufs rituell begegnet wird, kann leicht der Eindruck entstehen, als sei nahezu das gesamte Handeln rituell durchsetzt. Der Eindruck der frühen Beobachter primitiver Gesellschaften war denn auch, dass diese Gesellschaften durch und durch religiös orientiert seien und dass es dort den Unterschied zwischen empirisch-technisch zu bewältigenden und magisch-rituell zu begegnenden Situationselementen gar nicht gebe. Solchen Auffassungen hatte bereits B. Malinowski widersprochen. Er konnte am Beispiel der von ihm untersuchten Trobriander zeigen, dass auch in primitiven Gesellschaften sehr wohl eine Fülle technischer Kenntnisse und Fertigkeiten vorhanden ist, dass ein umfänglicher Schatz an Einsichten in Kausalverhältnisse vorliegt und zur Beherrschung der natürlichen Lebensprobleme angewendet wird. Die Trobriander, so wie sie in Malinowskis Analyse erscheinen, trennen sehr sorgfältig zwischen solchen Problemen, die sie mit ihren technischen Möglichkeiten direkt lösen können, und solchen Situationen, denen sie hilflos ausgesetzt sind, ohne dass sie selbst die Kontrolle des Erfolges in der Hand haben. Malinowski konnte nun zeigen, dass die Trobriander nur in solchen Situationen zu magischen und rituellen Praktiken greifen, in denen sie sonst ohnmächtig bleiben müssten. Malinowski hat das an einem berühmten Beispiel dargestellt. Im Gegensatz zum Fischfang in der Lagune, der ungefährlich ist und kein Element des mit Regeln technischen Handelns nicht zu Bewältigenden enthält, bedeutet für die Trobriander der Hochseefischfang ein Risiko, dessen Gefährlichkeit sie nicht allein durch technisch effiziente Vorkehrungen kontrollieren können. Sie wissen, dass sie den Gefahren des Meeres bis zu einem gewissen Grade hilflos ausgeliefert sind. In dieser Situation suchen sie sich dieser Gefahren mit Hilfe ritueller Techniken zu erwehren.

　　Aber man braucht nicht zu den Südseeinsulanern zu gehen, um Illustrationen für diesen Tatbestand zu finden. Überall z.B. wissen Bauern, dass der Erfolg der Ernte teils vom eigenen Fleiß und Geschick, teils aber auch von nicht kontrollierbaren Einflüssen der Witterung abhängt. Niemals wäre ein Bauer auf die Idee kommen, die Mühe der Aussaat, des Jätens, Pflügens usw. durch Gebet und Opfer zu *ersetzen*. Der Ritus kommt hier stets ergänzend zum zweckdienlichen Handeln hinzu. Die Erkennbarkeit des Ritus kann freilich dadurch eingeschränkt sein, dass der Ritus nicht einfach ein Zusatz zur zweckdienlichen Handlung ist, sondern die Form und den Ablauf dieser Handlung gleichsam durchdringt, so dass die unmittelbar zielstrebigen und die extra-empirisch rituellen Elemente sich zu einer einheitlichen Bewegungsfigur zusammenschließen. Insofern auf diese Weise feste Gewohnheiten entstehen, können sie sich u.U. durchhalten, auch wenn die ursprünglich rituelle Komponente völlig aus dem bewussten Raum der Intentionen geschwunden ist. Ein ursprünglich rituelles, d.h. absichtsvoll auf die extra-empirische Beherrschung der Situation gerichtetes Handlungsmoment wird dann zur bloßen Gewohnheit, zum Brauch. »Man pflügt eben so«, heißt es dann. So zeigt sich denn vielfach, dass ursprünglich rituelle Handlungsformen, die von dem Handelnden intentional auf die Bewältigung unkontrollierbarer Situationen gerichtet waren, zu bloßen Umfangsformen werden. Es kommt zur Funktionsverschiebung: Das Kreuz, das man segnen ließ und um den Hals trug, weil man Gottes Schutz erstrebte, wird zum bloßen Schmuck. Die in einen Gegenstand eingegrabenen magischen Zeichen verlieren ihren Sinn und werden zum gebräuchlichen Ornament.

3 Ritus und Mythos: empathische Vorstellungen

Der Ritusbegriff ist somit eng am Handlungsbegriff verankert. Eine soziologisch-anthropologische Erklärung des Ritus wird somit immer auch handlungstheoretisch vorgehen müssen. Insofern menschliches Handeln immer von Vorstellungen begleitet ist, jedenfalls in einem Horizont von impliziten oder expliziten Annahmen über Voraussetzungen, Möglichkeiten, Wünschbarkeiten, Beeinflussbarkeiten und Absichten eingelagert ist, ist auch rituelles Handeln an bestimmte Vorstellungen gebunden, mit Annahmen über die Verfasstheit der Welt und die in ihr wirkenden Kräfte verknüpft. Die Religionswissenschaften haben diese Tatsache auch stets berücksichtigt, indem sie den Riten bestimmte Mythen zuordneten.

Als soziologischen Zeugen für diese Auffassung möchte ich Émile Durkheim zitieren: »Très souvent ... le mythe ne fait que dessiner le rite sur lequel ensuite il réagit. Les deux éléments ne peuvent être séparés.«[35] Für Durkheim waren ganz generell der Ritus und das zugehörige System von Vorstellungen die beiden Zentralbestandteile jeder Religion. Und es ist ja auch kaum zu leugnen, dass der Ritus – wenn es auch außerreligiöse Riten gibt – zunächst einmal und vor allem ein religiöses Phänomen ist. Im Umgang mit Göttern oder Geistern, mit als übermenschlich und übermächtig erfahrenen Mächten oder Wesenheiten bedient sich der Mensch ritueller Praktiken. Dieser Adressat der Riten könnte mit Durkheim als das Heilige schlechthin verstanden werden. Es ist das Außeralltägliche, Nicht-Verfügbare, in dessen Macht wir uns wissen. Einerseits ist es insofern stets das Bedrohliche, Gefährliche und deswegen u.U. zu Meidende. Andererseits ist es das, wovon wir selbst und unsere Ordnung letztlich abhängen,

---

35   Émile Durkheim, »Textes«, 2. Bd., Paris 1975, S. 39.

dasjenige, das wir für uns einnehmen müssen, das wir, um zu überleben, zum Bundesgenossen haben wollen, die Kraft, mit der wir uns vereinigen wollen. Das Heilige ist, wie Rudolf Otto es formulierte, als Adressat der Riten abwechselnd das fascinosum und das tremendum. Dementsprechend haben die Riten bald den Charakter von Kommunion, bald den von Tabus. Sie distanzieren und sind die Überwindung von Distanz. Entscheidend für unser Argument ist hier vor allem: Riten sind Handlungsformen, die einen beeinflussbaren Adressaten voraussetzen. Dieser Adressat muss nicht als personales Wesen gedacht werden, aber irgendwelche Rudimente von Intentionalität, von Sympathie und Antipathie müssen ihm doch zugeschrieben werden.

Insofern rituelles Handeln vorkommt, kommt folglich auch jene zumindest implizite Annahme zum Tragen, dass die Dinge nicht nur die Dinge sind, dass in ihnen eine Kraft wirkt, die beeinflussbar ist. Eine solche Annahme ist natürlich da weniger zwingend, wenn auch nicht prinzipiell ausgeschlossen, wo wir die Dinge voll beherrschen, sie absolut in der Hand haben. Aber sie zwingt sich auf, wo wir mit starken Affekten gesetzte Ziele verfolgen, ohne den Erfolg technisch effizient zu kontrollieren. Wenn deshalb die Techniker vor dem Start der ersten Atlas-Rakete auf Cap Canaveral wie bei der Anrufung eines Gottes oder Heiligen in einer Litanei, unter rhythmischen Zuckungen schreien: »Go, Atlas, go!«, so bricht sich die Annahme der implizit in den Dingen steckenden Intentionalität Bahn, und zwar gegen die sonst in unserer Kultur gültige Realitätsauffassung[36]. Natürlich würden die Raketentechniker – fragte man sie – nicht wirklich »glauben«, dass die Rakete ein lebendes Wesen ist, das auf Beschwörungsformeln reagiert. Aber in dem Augenblick höchster Spannung vor dem Start, in dem die Techniker zur ohnmächtigen Handlungslosigkeit verurteilt waren, da führt der Stau von Energien zum Ausbruch in verbale und motorische Akte, deren Vorstellungskorrelat jene archaische Weltauffassung von der Allbelebtheit aller Dinge und von der Unmöglichkeit des puren Zufalls ist.

Wir haben es hier mit einem ganz generell von der Religionssoziologie festgestellten Phänomen zu tun, nämlich, dass Menschen, die bei intensivem Handeln auftretenden Affekte auf die Objekte ihres Handelns ableiten. Die Basis solcher spontanen Transzendenz-Annahmen ist offenbar eine anthropologische Konstante. Bei Kindern stellen wir grundsätzlich fest, dass sie allen Gegenständen der äußeren Welt ein Inneres zuschreiben, eine sei es auch nur situativ wirksame Intentionalität. Der ursprüngliche Weltbezug des Menschen ist ein sympathetischer: Die soziale Welt beschränkt sich nicht auf mitmenschliche Mitspieler. Prinzipiell können alle Umweltdaten als Mithandelnde projiziert werden. So schlägt z. B. das Kind den Stein, über den es gestolpert ist, und schimpft mit

---

36   Dieses Beispiel und die entsprechende anthropologische Erklärung finden sich in F. H. Tenbrucks unveröffentlichter Habilitationsschrift: »Geschichte und Gesellschaft«, Freiburg 1963.

ihm. Aber noch bei erwachsenen Menschen kommen ähnliche Phänomene vor. Verstehbar bleiben uns solche Haltungen auch da, wo wir sie nicht mehr aktuell zur Basis unseres Handelns machen. Die Verstehbarkeit von Dichtung basiert z.b. auf dieser Voraussetzung. Wenn Goethe in dem bekannten Gedicht den Mond anredet »Füllest wieder Busch und Tal still mit Nebelglanz«, so haben wir uns angewöhnt, diese Anrede an den Mond als bloß metaphorisch zu verstehen. Aber diese Abschwächung ins Metaphorische setzt einen ursprünglich ernst gemeinten Kommunikationsbezug zwischen dem Menschen, der den Mond anschaut, und dem Mond selbst voraus.

Diese Unterstellung von Subjekteigenschaften gegenüber den Gestirnen ist ja typisch für eine Fülle von Religionen. Und die Märchen, die von unseren Kindern geglaubt werden, halten diese archaische Bewusstseinslage fest. Diese ursprünglich empathische Welteinstellung hat die Völkerkunde zu animistischen Erklärungen veranlasst: Die Allbeseeltheit der Welt, von der so viele einfache Gesellschaften überzeugt sind, sei als abwegige intellektuelle Fehlhaltung zu interpretieren. Demgegenüber hatte bereits Max Scheler 1913 die fundamentale Ähnlichkeit kindlicher und primitiver Weltauffassung gedeutet als Zeichen für eine anthropologisch universale Bereitschaft des Menschen, ja einen Zwang, den Dingen der äußeren Welt ein Inneres, ein Wesen, eine Kraft, eine Intention zuzuschreiben. Scheler formuliert: »Primär ist überhaupt alles ›Ausdruck‹, und das, was wir Entwicklung durch ›Lernen‹ nennen, ist nicht eine nachträgliche Hinzufügung von psychischen Komponenten zu einer vorher schon gegebenen gegliederten Körperwelt, sondern eine fortgesetzte Enttäuschung darüber, dass sich nur einige sinnliche Erscheinungen als Darstellungsfunktionen von Ausdruck bewähren – andere aber nicht. ›Lernen‹ ist in diesem Sinne zunehmende Entseelung – nicht aber *Be*-seelung. Man darf weder dem Kinde noch darf man den Primitiven das Weltbild des Erwachsenen und Zivilisierten unter- oder einlegen, um dann reale Prozesse anzunehmen, die dieses Weltbild zu dem des Kindes und des Primitiven erst umzugestalten hätten.«[37]

Diese Weltauffassung des Kindes verliert sich zwar in unserer Gesellschaft, sie wird auch nicht unterstützt von der in unserer Kultur gültigen Realitätsauffassung der Erwachsenen: Aber in bestimmten Situationen setzt sich jene ursprüngliche Weltauffassung gegen die gelernte durch. Dann nämlich, wenn entweder als Handlungspartner keine Menschen zur Verfügung stehen (Menschen darf ja nach unserer Kulturauffassung die Intentionalität ausschließlich zugeschrieben werden), so wenn einsame Menschen nicht nur mit Tieren, sondern buchstäblich mit den Wänden sprechen, oder aber wenn die erstrebten Handlungsziele, die mit hoher Affektspannung erstrebt werden, nicht von eigener Handlungskompetenz

---

37   Max Scheler, »Wesen und Form der Sympathie«, Frankfurt a.M. [5]1948, S. 257/58.

noch von fremden Handlungspartnern, sondern vom unwägsamen »Mitspielen«
der Dinge abhängen.

Das Beispiel mit der Atlas-Rakete mag das verdeutlichen. Ich selbst habe
ein vielleicht noch deutlicheres, für unser Thema jedenfalls wichtigeres Beispiel
bei meinen Untersuchungen zur Einstellung des modernen Menschen gegenüber
dem Tode gefunden. In einer Befragung hatte ich zunächst die Personen ermit-
telt, die nach eigener Auffassung nicht an ein Weiterleben nach dem Tode glauben. Aber auch diese Menschen, die der Überzeugung sind, dass mit dem Tode
alles aus ist, können den Leichnam von Angehörigen nicht einfach wie eine
Sache, einen animalischen Kadaver ansehen. Er wird immer noch wie ein Lebewesen behandelt: Man spricht mit ihm, man pflegt sein Grab, fühlt sich ihm
verpflichtet, macht ihn zum Adressaten ritueller Zuwendung, und zwar auch
dann, wenn die Rücksicht auf die soziale Kontrolle durch Dritte ausgeschlossen
ist. Der Leichnam bleibt gewissermaßen noch der Handlungspartner, der der
verstorbene Angehörige einmal war. Die Affekte, die sich im Lebenden aufbau-
en, werden auf den Leichnam übertragen. Er wird nicht einfach zur Sache, so
wie er es etwa für den sezierenden Anatomen ist.

4   Funktionen der Riten

4.1 Malinowskis These: Riten reduzieren Angst

Riten, so sagten wir, seien extra-empirische, wiederholte Handlungen, die vorzüglich da auftreten, wo eine technische Kontrolle der Handlungsumstände zur
Erreichung affektbesetzter Ziele auch subjektiv als unmöglich erscheint, in erfahrenen Ohnmachtssituationen also. Dabei waren wir davon ausgegangen, dass
rituelle Handlungen dann unwahrscheinlich sind, wenn diese unkontrollierbaren
Handlungsumstände nicht mit der Vorstellung einer wie schwach und flüchtig
auch immer sich ausprägenden Intentionalität der Sachen verknüpft werden.
Dabei braucht uns hier noch nicht unbedingt zu interessieren, ob diese »animistischen« Vorstellungen die Riten ermöglichen oder ob umgekehrt das rituelle
Handeln solche Vorstellungen erzeugt. Diese Bestimmung des Ritenbegriffs lässt
auf Anhieb bestimmte Funktionen rituellen Handelns für den Menschen erkennen. Wie aus dem oben gegebenen Beispiel ersichtlich, hatte Malinowski z.B.
den Riten der Trobriander die Funktion zugeschrieben, dass sie in existenzbe-
drohenden, unkontrollierbaren Situationen angstreduzierend wirken. Die Beschwörung der für die Seestürme verantwortlichen Mächte ist natürlich nach
unseren Standards technisch völlig nutzlos, insofern *wir* ja die metereologischen
Gesetze kennen und wissen, dass Beschwörungen, wie sie die Trobiander ver-

wenden, tatsächlich einflusslos sind. Aber – und das war Malinowskis These – in der Situation der faktischen Ohnmacht vermitteln sie den Trobiandern doch das Gefühl, nicht tatenlos zusehen und handlungslos auf ein schicksalsschweres Ereignis, das der Zufall zuteilt, warten zu müssen.

4.2 Gegenthese: Riten können auch Angst erzeugen

Man hat gegen diese Erklärung Malinowskis erhebliche Einwände geltend gemacht. So kann man z.B. in der Tat bei vielen Riten daran zweifeln, ob sie die ihnen von Malinowski zugeschriebene Funktion der Angstbewältigung wirklich haben. Ist es nicht ganz im Gegenteil gerade so, dass die Riten und die mythischen Vorstellungen, mit denen sie verknüpft sind, neue Ängste erzeugen, die u.U. viel schlimmer sind als die, gegen welche die Riten schützen sollten? Wird z.B. die Todesfurcht wirklich bewältigt durch Bestattungszeremoniale und die mit ihnen verknüpften Glaubensannahmen? Ist die Vorstellung einer ewig zu ertragenden Hölle nicht weitaus schrecklicher als die Hinnahme eines alles Leid beendenden Todes? In diesen Fragen steckt ein Missverständnis, an dem freilich Malinowski nicht unschuldig ist. Riten sichern in der Tat keine angstfreien Zustände. Sie sind keine Garantie für Glück. Das ist auch ganz allgemein keineswegs die Funktion von Religion. Wer die Fülle ritueller Praktiken und religiöser Vorstellungen in primitiven Gesellschaften auch nur ein bisschen kennt, muss die Inadäquatheit der durch die Malinowskische »Theologie des Optimismus« (Nadel) nahegelegten Funktionsbestimmung der Riten schnell einsehen. Clifford Geertz hat das sehr drastisch formuliert: »Over its career religion has probably disturbed men as much as it has cheered them; forced them into a head-on unblinking confrontation of the fact that they are born to trouble ... With the possible exception of Christian Science, there are few if any religious traditions in which the proposition that life hurts is not strenuously affirmed and in some it is virtually glorified.«[38] Und nach ergreifenden Beispielen für den gerade nicht tröstenden Charakter vieler religiöser Riten und Mythen kommt Geertz zu der These: »As a religious problem, the problem of suffering is, paradoxically, not how to avoid suffering but how to suffer, how to make of physical pain, personal loss, worldly defeat, or the helpless contemplation of others' agony something bearable, supportable – something, as we say, sufferable.«[39]

---

38   Clifford Geertz, »Religion as a Cultural System«, in: Michael Banton (Hg.), »Anthropological Approaches to the Study of Religion«, New York – Washington 1966, S. 18.
39   Ebd., S. 19.

4.3 Riten ermöglichen Handeln überhaupt in Ohnmachtssituationen

Doch wie sichern Riten diese »Erträglichkeit«, ohne damit schon die pure Vor-
läufigkeit des Leids und die letztendliche Erlösung zu verheißen? Da Riten – wie
wir erwähnten – einerseits ein Handlungselement sind, gleichsam eine motorische Komponente darstellen, andererseits eng verknüpft sind mit mythischen
Vorstellungen, können wir die Funktion des rituell-mythischen Syndroms auch
auf zwei Ebenen untersuchen. Einerseits können wir den Handlungsaspekt, andererseits den mit ihm gegebenen Vorstellungskomplex untersuchen. Untersuchen
wir zunächst den Handlungsaspekt. Riten ermöglichen Handlungen auch da, wo
eine technische Bewältigung der äußeren Lage nicht möglich ist. Die Bestattungsriten beheben sicher nicht den Trennungsschmerz, sie beseitigen nicht Todesfurcht, aber sie geben an, was zu tun ist. Riten sind insofern Handlungsanwei-
sungen für Situationen, in denen sonst nichts zu tun ist, in denen man nichts tun
kann. Riten bieten folglich nicht notwendig Immunität gegen Furcht, Angst,
Schmerz und Verzweiflung, aber sie überbrücken die sonst handlungslos bleibenden Situationen. Sie sind eine Reaktion auf den horror vacui des Handelnden.
Für den Bereich der *Natur* ist diese Handlungslosigkeit angesichts der Überwäl-
tigung durch die Natur erheblich zurückgedrängt durch Wissensfortschritte: Wir
können mehr tun als die Trobriander. Da aber, wo objektiv nichts mehr zu tun ist,
entsteht auch bei uns u.U. jener archaische Handlungszwang erneut. Die Affekte,
die sich in solchen Situationen bilden, müssen in der einen oder anderen Form
abreagiert werden. Wenn schon keine zweckdienliche Handlung zur Verfügung
steht, so muss eine symbolische »Ersatzhandlung«[40] an ihre Stelle treten. An die
Stelle der Handlungslosigkeit oder blinder ungerichteter Ausbrüche treten sozial
geregelte und als solche vorhersehbare Akte. Am deutlichsten lässt sich das wiederum an der Reaktion des Menschen auf den Tod eines nahen Angehörigen
zeigen. Der Tod eines Gruppenmitgliedes bedroht nicht nur, sondern zerstört den
geregelten Verlauf des normalen Lebens. Aber es steht keine Handlung zur Verfügung, die den Tod selbst rückgängig machen könnte. Die Riten ermöglichen es
jedoch, sinnhaft auf diese Situation zu reagieren, handelnd zu antworten, so dass
es nicht zur völligen Desorganisation der Person kommt. In dem Maße, wie solche Riten nicht sozial vorgegeben sind, kommt es deshalb zu stärkeren, oft pa-

---

40 Der Terminus »Ersatzhandlung« drückt das hier Gemeinte nur unvollkommen aus. Er suggeriert
    eine nicht gemeinte Wahl von bewussten Alternativen und verdunkelt den oft spontanen Charak-
    ter der rituellen Handlung. Insbesondere verhüllt dieser Ausdruck, dass es Bereiche gibt, in denen
    technische Problembewältigungen gar nicht das eigentliche Ziel sind, z.B. da, wo es uns um die
    Zuneigung eines anderen geht: Hier ist die kommunikative Beeinflussung nicht einfach ein »Er-
    satz« für unmöglichen technischen Zwang. Vielmehr liegt es im »Sinn« der erstrebten Zuneigung,
    dass sie nicht erzwungen, sondern »frei« gewährt wurde. Wo im folgenden der Ausdruck »Ersatz-
    handlung« gleichwohl verwendet wird, sind diese Einschränkungen mitgedacht.

thologischen Zerstörungen der personalen Stabilität, wenn nicht das Individuum eigenständig individuelle Riten ad hoc erfindet. Es setzt dann die nicht durch zweckdienliches Handeln absorbierbare Affektenergie in gleichsam leer laufende Motorik um. Es kommt dann zu persönlich geschaffenen »neurotischen« Ersatzhandlungen anstelle von kollektiv vorgegebenen standardisierten Ersatzhandlungen. In diesen Ersatzhandlungen fängt sich das Individuum gleichsam selbst. Doch ist das nur ein Aspekt der Ritenfunktionen: F. H. Tenbruck hat darauf hingewiesen, dass es nicht nur um die bloße Ableitung der affektiven Energie durch Motorik geht, »sondern um die Steuerung der Affekte und die Bildung von Emotionen«[41].

Stehen wir vor höchst wichtigen, in ihrem Ausgang aber unsicheren, jedenfalls nicht voll in unsere Hand gegebenen Entscheidungen, so werden zunächst einmal Affekte erzeugt. Das Problem ist, wie diese Affekte verarbeitet und kanalisiert werden. Tenbruck schreibt dazu: »Das überströmende Glücksempfinden bei günstigem Ausgang bedarf dabei ebenso solcher Verarbeitung wie die negativ getönten Affekte bei widrigem Ausgang. Gewiß können solche Affekte sich in der expressiven Entladung erschöpfen oder als Stimmungen, welche aus der neuen Lage resultieren, abgesondert stehenbleiben. Es besteht jedoch offenbar ein Druck, sie in den Duktus der innerlich noch nicht abgeschlossenen Handlung und überhaupt der weiteren Handlungsführung hineinzunehmen. So bleibt der Affekt auf den Vorgang gelenkt, auf den die Erwartungsspannung gerichtet ist. Hängt ein wichtiger Ausgang vom Handeln eines anderen ab, so adressieren sich also die bei Ausgang auftretenden Affekte an diesen Mitspieler. Das Glücksempfinden wird zu einem spontanen Dankbarkeitsgefühl, das Misserfolgserlebnis zu einem Abhängigkeitsgefühl.«[42] Es bleibt also nicht nur bei einer Abreaktion der handlungsmäßig nicht absorbierten Energien durch Ersatzhandlungen, sondern in der rituellen Handlung wird ein beeinflussbarer Mitspieler gleichsam kreiert. Diese Mitspieler können natürlich auch Sachen, Konstellationen von Bedingungen, Naturtatsachen sein. Die bereits oben dargestellte Notwendigkeit, den Dingen Mitspieler- bzw. Gegenspieler-Qualitäten spontan zuzuschreiben, wirkt sich hier aus. Das heißt: Der Handlungszwang, der die rituelle Handlung auslöst, drängt nun seinerseits zur Integration dieser Handlungen in eine das übrige Handeln leitende Vorstellungswelt. Die Affekte dürfen nicht bloße Selbstempfindungen bleiben, sondern müssen über die von ihnen ausgelösten Handlungen gedeutet werden. Die nächstliegende Deutung ist es nun, darauf hat Tenbruck hingewiesen, dass diese zunächst nur als Affektabfuhr interpretierbaren Handlungen als an Adressaten gerichtete kommunikative Akte empfunden werden: »Affekti-

---

41 Friedrich H. Tenbruck, »Geschichtserfahrung und Religion in der heutigen Gesellschaft«, in: Ders., »Spricht Gott in der Geschichte?«, Freiburg 1972, S. 85.
42 Ebd., S. 85 f.

ve Erwartungsenergie wird auf das Objekt der Erwartung abgeleitet, und die Zielerwartung findet Ausdruck in der Ansprache an das Objekt.«[43] Hier schließt sich dann der Kreis von ritueller Handlung und korrespondierender Vorstellung: Situationen der sachlichen Ohnmacht lassen Handlungsenergien frei werden, diese werden durch rituelle Akte abgeführt und gebunden. Diese zunächst so sinnlos erscheinenden, gleichsam ziellosen Handlungen erhalten ihren Sinn dadurch, dass sie als auf einen Mitspieler gerichtete kommunikative, beschwörende, beeinflussende, liebende oder hassende Gebärde empfunden werden. Der im Gehlenschen Sinne durch Handlungsüberschuss charakterisierbare Mensch ist eben nicht ohne weiteres in der Lage, die Umstände, von denen er objektiv abhängt, als bloße sachliche Gewalten zu empfinden. Er braucht die Vorstellung, dass hinter den Dingen ein Zauber liegt, damit seine den Zauber vollziehenden Handlungen einen Sinn bekommen.

5   Rites de Passage

Wenn meine bisherigen Überlegungen richtig sind, dann wären Riten überall da zu erwarten, wo die Umstände des Handelns nicht voll kontrollierbar sind. Das kann aber auch angesichts der Abhängigkeit von überlegenen sozialen Zwängen, angesichts der Ohnmacht gegenüber dem Mitmenschen der Fall sein. Schließlich kann eine solche Riten erzwingende Situation bei plötzlichem Hereinbruch von Neuem, Unerhörtem, Niedagewesenem entstehen. Jean Cazeneuve hat ganz generell die Riten als Antwort auf Regelverletzungen interpretiert: »Tout ce qui se révèle au dehors des règles, dans la société comme dans l'univers, est une sorte d'épiphanie du numineux. Par rapport à l'idéal d'une vie sous angoisse et conforme à un ordre immuable, le numineux et ses symboles apparaissent, comme des impuretés que l'on tend à écarter.«[44]

Handlungsverunsicherung folgt also aus Regellosigkeit, ergibt sich, wenn der sichere Gang der Gewohnheiten unterbrochen wird, wenn das, worauf man alltäglich oder doch durch hinlänglich kontinuierliche Wiederholung sich innerlich oder äußerlich eingestellt hat, durch neue Lagen überholt wird oder jedenfalls vorübergehend nicht mehr gilt. Dabei gilt es allerdings zu beachten, dass viele Ereignisse, die für eine Gesellschaft als ganze durchaus regelmäßig und gewöhnlich sind, auf die die Gesellschaft folglich eingestellt ist, für die jeweils akut betroffenen Mitglieder den Charakter des Neuen und Gewohnheiten Sprengenden haben können. So ist z.B. jede Gesellschaft auf den ständigen Tod ihrer Mitglieder institutionell vorbereitet. Für den einzelnen Menschen bleibt der Tod

---

43   Ebd., S. 87.
44   Jean Cazeneuve, »Les Rites et la condition humaine«, Paris 1958, S. 38.

eines nahen Angehörigen aber immer noch ein Schock. Er reißt eine Lücke in das bisherige Interaktionsnetz. Gefühle des Verlustes bilden sich. Bisher übliche Formen des gemeinsamen Handelns werden unmöglich, weil ihnen der Partner fehlt. Der Typus der Handlungen erlaubt auch keinen sofortigen Ersatz des Verstorbenen, da z.B. das Verhältnis zwischen Ehepaaren ja nicht ausschließlich eine arbeitsteilig sachliche Beziehung zwischen im Prinzip austauschbaren Funktionsträgern ist, sondern eine Bindung von sich wechselseitig als einmalig, unverwechselbar und unaustauschbar definierenden Personen. Dies gilt übrigens auch dann, wenn die ehelichen Beziehungen nicht ausschließlich durch Liebe und Freundlichkeit, sondern durch Ambivalenz oder gar offenen Haß charakterisiert waren. Auch der permanente Adressat des Hasses ist nicht beliebig austauschbar. Riten, die sich auf den Tod eines Gruppenmitgliedes beziehen, sind deshalb historisch universal: Es gibt keine Gesellschaft, die solche Riten nicht besitzt. Dabei ist freilich die Form, die solche Riten annehmen, von Gesellschaft zu Gesellschaft und innerhalb einer Gesellschaft von Epoche zu Epoche höchst unterschiedlich. Bestattungsriten können verknüpft sein mit kultischen Elementen. Sie sind es zumeist auch. Sie müssen es aber nicht sein. Auch in den sich selbst als atheistisch definierenden kommunistischen Staaten fehlen zum Teil sogar sehr elaborierte, auf den Tod bezogene Riten keineswegs, selbst wenn die Beteiligten keineswegs religiöse Empfindungen oder gar Auferstehungshoffnungen hegen. Totenzeremoniale können also sehr wohl säkulare Riten sein. Die Grundfunktion des Todesritus ist immer, den Überlebenden nicht allein zu lassen in einer ihn zur Handlungsunfähigkeit verdammenden Situation, das Leben weitergehen zu lassen, Handlungen vorzuschreiben, Ausdrucksformen für die entstehenden Affekte zur Verfügung zu stellen, die aus den blinden, ungerichteten Affekten geformte Emotionen der Verzweiflung, der Trauer oder der Hoffnung entstehen lassen. Der oft festgestellte iterative Zug vieler Riten lässt sich so erklären. Sigmund Freud stellte bei kindlichen Patienten, die ihre Mutter verloren hatten, fest, dass sie einen bestimmten Gegenstand bald sichtbar werden, bald verschwinden ließen. Freud deutete diesen Vorgang als symbolische Wiederholung des traumatischen Erlebnisses des Verschwindens der Mutter. Ähnlich deutete er auch die Wiederholung von Tod und Begräbnis verstorbener Angehöriger im Traum seiner Patienten. Die Wiederholung des traumatischen Ereignisses befördert dessen innere Bewältigung beim Individuum. Wir leben normalerweise in Situationen, die wir beherrschen, weil sie sich wiederholen. Situationen, die wir ihrer Natur nach nur selten oder nur einmal erleben können, berauben uns deshalb des Fundamentes bereitliegender Einstellungen und Gefühle und erprobter motorischer Reaktionen. Im Ritus kann das so entstehende Vakuum handlungsmäßig ausgefüllt werden. In der symbolischen Wiederholung des Traumas wird das Einmalige oder Seltene verfügbar.

Das, was hier in kurzen Anmerkungen zur rituellen Behandlung des Todes ausgeführt wurde, lässt sich auch auf andere Formen des Statuswechsels ausdehnen. Nicht nur der Tod konfrontiert uns ja mit der Notwendigkeit, Handlungen und Gefühle umzustrukturieren. In gewisser Weise gilt das für jede neue Lebensphase, in die wir eintreten. Der Eintritt in die Ehe, die Geburt eines Kindes, der Schulanfang, eine große Reise, ein Abschied, Aufstieg in eine neue Klasse, die erste Liebe, eine neue Leidenschaft erfordern alle solche Neuanpassungen der Handlungen und der korrespondierenden inneren Einstellungen und Bereitschaften, neue Gefühle und Vorstellungen. In der Zwischenzeit, in der wir diese neuen Dispositionen noch nicht erworben haben, die alten aber unanwendbar bleiben, würde sich, gäbe es keine Riten, zumindest partielle Handlungslosigkeit einstellen. Die Kulturanthropologie hat denn auch in allen Gesellschaften Riten entdeckt, welche die jeweiligen Statusübergänge begleiten. A. von Gennep hat in einer bereits 1908 erschienenen großen vergleichenden Untersuchung über die rites de passage[45] deren interkulturell gemeinsame Züge herausgearbeitet. Er zeigte, dass diese Riten drei Phasen aufweisen: 1. die Trennung, die in symbolischen Verhaltensfiguren besteht, welche die Ablösung des Handelnden von der vorherigen sozialen Position versinnbildlichen, 2. das Zwischenstadium (période de marge), in dem die Zweideutigkeit seiner Stellung durch rituelle Aktionen zugleich ausgedrückt und erträglich gemacht wird, 3. die Integration in die neue Gruppe, in der der rechtlich bereits vollzogene, aber handlungs- und einstellungsmäßig erst vorbereitete Eintritt in den neuen Status rituell vorweggenommen wird. Dabei gilt es natürlich zu berücksichtigen, dass solche Riten als kollektive Veranstaltungen in dem Maße möglich werden, wie die entsprechenden Statusübergänge gesellschaftlich einigermaßen voraussehbar ablaufen. Für die gesamte Gesellschaft verbindliche Riten setzen eine gewisse Ähnlichkeit der Situation der einzelnen voraus, die dann trotz des *für sie* einmaligen biographischen Ereignisses von der Gesellschaft als typischer und sich wiederholender Fall angesehen werden können. Die Chance von religiösen Sonderinstitutionen, wie z.B. den Kirchen, liegt u.a. auch darin, dass sie ihre rituellen Dienste ohne Ansehen der Person anbieten können.

6　　Von ritueller zu therapeutischer Krisenbewältigung

Das kirchliche Ritenmonopol wird da gefährdet, wo die Umstände der einzelnen so differenziert und unvergleichbar werden, dass kollektiv bereitliegende rituelle Handlungsangebote keine hinlängliche Verbindung mit den Problemen der Ritenbedürftigen behalten. In solchen Situationen müssen entweder die einzelnen ad hoc nur für sie selbst gültige Riten entwickeln. Einen großen Teil der Neurosen könnte man als solche individuellen Rituale interpretieren. Das Problem

---

45　　vgl. A. von Gennep, »Übergangsriten«, Frankfurt a.M. 2005.

solcher Individualriten ist jedoch, dass sie ihrer Natur nach nicht auf soziale Bestätigung und Anerkennung stoßen. Das heißt, die Handlungspartner empfinden dann solche Individualriten als interaktionsstörende Tics, als Absonderlichkeiten, im schlimmsten Falle sogar als Krankheit oder Verbrechen. Die andere Alternative zu kollektiven Riten sind deshalb kollektiv gebilligte therapeutische Veranstaltungen, bei denen im weitesten Sinne als Mediziner zu klassifizierende soziale Funktionsträger individuelle Behandlungen vornehmen. Diese Behandlungen haben dann den Auftrag, eine den rites de passage analoge Wirkung zu erzielen: Handlungsvakua auszufüllen. Im Gegensatz zu der im engeren Sinne rituellen Alternative kann hier das Einzelindividuum mit seiner jeweils einmaligen, u.U. untypischen Biographie berücksichtigt werden. Eine Nebenfolge dieser Ersetzung von Riten durch Therapie ist freilich eine mehr oder minder umfassende Kontrolle des einzelnen durch den therapeutischen Agenten. Der Patient hat zwar keine Kontrolle über seine Situation und sich selbst, aber die Gesellschaft übernimmt diese Kontrolle *für* ihn, indem sie die Kontrolle *über* ihn gewinnt. Bis zu einem gewissen Grad erklärt dieser Prozess, weshalb mit dem Beginn der umfassenden therapeutischen Überwachung eine Abnahme der Bedeutung der Riten einhergeht. Wir hatten ja gesehen, dass Riten eine Antwort auf unkontrollierbare, handlungsunfähig machende Situationen darstellen. Durch die Verbreitung der therapeutischen Überwachung der Individuen lässt sich die *Handlungsunfähigkeit* des Handelnden in von ihm nicht kontrollierbaren Situationen beantworten durch seine *Be-handlungsfähigkeit* in Situationen, in denen er kontrollierbar wird.

7 Vom Ritus zur disziplinierenden Kontrolle (historische Illustration am Beispiel des Strafrituals)

Eine sehr detaillierte Analyse dieser Entwicklung hat Michel Foucault in seinem Buch über die Entstehung der Gefängnisse geliefert. Ausgangspunkt seiner Überlegung ist die Darstellung des rituellen Charakters der Kapitalstrafen im Ancien Régime. Charakteristisch für diese Epoche ist die relativ geringe Überwachbarkeit des Einzelnen durch die staatliche Gewalt. Insofern Riten die Antwort auf unkontrollierbare Regelverletzungen sind, ist der Strafritus, der sich im »supplice« äußert, nicht eine technisch effiziente Bekämpfung des Verbrechens, sondern die lediglich symbolische Wiederherstellung der verletzten Ordnung. Tatsächlich hatten denn auch im Ancien Régime alle sozialen Gruppen eine mehr oder weniger umfängliche »marge d'illégalisme toléré«[46]. Die Strafe stellt somit einen eklatanten Ritus dar, eine Ersatzhandlung, die nicht Abweichung technisch effizient kontrol-

---

46   Michel Foucault, »Surveiller et punir«, Paris 1975, S. 34.

liert, sondern lediglich angesichts faktisch relativer Ohnmacht demonstriert, dass man gleichwohl nicht zur Tatenlosigkeit verurteilt ist. Foucault illustriert das beispielhaft: »Aux yeux de tous, la justice fait répéter le crime par les supplices, le publiant dans sa vérité et l'annulant en même temps dans la mort du coupable.«[47] Nicht wirkliche Beherrschung der Kriminalität, sondern ihre symbolische Annullierung durch zeichenhafte, dem Verbrechen spiegelbildliche öffentliche Grausamkeit ist die Antwort der Herrschaft auf die Unkontrollierbarkeit der Einhaltung der Gesetze, »d'un pouvoir qui, à défaut d'une surveillance ininterrompue cherche le renouvellement de son effet dans l'éclat de ses manifestations singulières.«[48] Der Protest der Aufklärer gegen diese Form der Strafen ist denn auch nur auf den ersten Blick gesteuert von der Empörung gegen die unmenschliche Grausamkeit öffentlicher Hinrichtungsszenen, in denen der Leib des Delinquenten geviertelt wird, wo einzelne Glieder unter den furchtbarsten Qualen bei lebendigem Leibe ausgerissen werden usw., sondern er ist Protest gegen den Ritus überhaupt. Denn der Ritus als solcher ist für die Aufklärung ein Ärgernis. Der Ritus ist das Vernunftwidrige schlechthin. Das hängt teils damit zusammen, dass die Aufklärung im Ritus nur ein Zeichen für jahrhundertealten Priesterbetrug, für archaische Dummheit zu sehen vermag, ein besonderes Relikt der selbstverschuldeten Unmündigkeit des Menschen. Andererseits sieht die Aufklärung aber auch die Ohnmacht des Menschen angesichts unkontrollierbarer Situationen als etwas Vorläufiges an: rituelles Verhalten verhindert es gerade, das Maß von Kontrollen zu erreichen, das möglich wäre. Insofern geht der Protest der Aufklärer gegen die barbarischen Strafrituale einher mit der Empfehlung, die Unkontrollierbarkeit der Kriminalität durch vernünftige Maßnahmen aufzuheben. Foucault fasst diese Ziele zusammen: »Faire de la punition et de la répression des illégalismes une fonction régulière, coextensive à la société; non pas moins punir, mais punir mieux; punir avec une sévérité atténuée peut-être, mais pour punir avec plus d'universalité et de nécessité; insérer le pouvoir de punir plus profondément dans le corps social.«[49] Ritus, so könnten wir für unseren Kontext formulieren, soll abgelöst werden durch Kontrolle, Abhängigkeit durch Mündigkeit. Wenn der Ritus die Reaktion auf unkontrollierbare Situationen ist, so gilt es also, jene Situationen selbst durch praktisches Handeln, nicht durch symbolische Ersatzhandlungen, zu beseitigen. Das Mittel zu dieser Kontrolle ist die Überwachung, die rationale Erfassung und Beobachtung und die Disziplinierung. Diese Vorstellung nimmt vielleicht die deutlichste Gestalt in Benthams Plan für ein Panoptikum an. Hier sollen in einem Mauerkreis Einzelzellen erbaut werden, die von einem im Hof errichteten Turm aus ständig einsehbar sind, ohne dass die Zelleninhaber selbst sehen können, ob der Turm besetzt ist oder

---

47   Ebd., S. 49.
48   Ebd., S. 60f.
49   Ebd., S. 84.

nicht. Da der Zelleninsasse nie weiß, ob er beobachtet wird oder nicht, muss er sich stets so verhalten, als würde er beobachtet, selbst dann, wenn tatsächlich niemand sich im Aufsichtsturm befindet. An die Stelle des unregelmäßigen überdimensionalen Strafrituals tritt die permanente Überwachung, die schließlich sogar Strafe weithin überflüssig macht, da der Zelleninsasse sich selbst diszipliniert. Herrschaftsrituale, die ihre Notwendigkeit der stets prekären, jedenfalls nicht sicher vorauszusetzenden Gefügsamkeit der Beherrschten verdankten und in der symbolischen, zwar überdimensionierten, aber zugleich intermittierenden Sichtbarkeit des Herrschers und seiner Gewalt Gestalt gewannen, werden abgelöst durch die kontrollierte Sichtbarkeit der Beherrschten und die kontrollierende Unsichtbarkeit des Herrschers, der auf die Selbstdisziplinierung der Beherrschten bauen kann. In dieser Utopie der totalen Kontrolle, wie sie in negativen Zukunftsvisionen etwa bei Orwell in »1984« oder in Huxleys »Brave New World« literarische Gestalt wird – wird das Ausmaß der Abschaffbarkeit von Riten durch Situationsbeherrschung sicher überschätzt. Immerhin wird hier eine Tendenz deutlich. Die moderne Gesellschaft ist in der Tat durch ein viel größeres Ausmaß von Kontrollen charakterisierbar als die meisten vormodernen Gesellschaften. Dabei spielt für die Frage nach der Notwendigkeit der Riten die Frage nach dem punitiven oder therapeutischen Zweck der Verfügung über die Kontingenz der Handlungen anderer eine geringe Rolle. Entscheidend ist die sichere Verfügung als solche.

8   Von der rituellen zur wissenschaftlich-technischen Antwort auf die Ohnmacht gegenüber der Natur

Der hier skizzierte Prozess wachsender Beherrschbarkeit des Menschen ließe sich natürlich erst recht für die Natur zeigen. Alle archaischen Gesellschaften haben vor dem Problem der unmittelbaren Auseinandersetzung mit der Natur gestanden. Die Natur als Mithandelnder bzw. als Gegenspieler war den meisten Mitgliedern dieser Gesellschaft stets präsent. Selbst so elementare Regelmäßigkeiten wie täglicher Aufgang der Sonne mussten angesichts der zwar seltenen, aber erfahrbaren Sonnenfinsternisse als prekär erscheinen. Die Idee einer Naturgesetzlichkeit ist keineswegs eine allen Gesellschaften geläufige Vorstellung. Ein großer Teil der Riten hat deshalb die Funktion, trotz der immer wieder erfahrenen Unregelmäßigkeiten des Naturgeschehens die Natur im Sinne der eigenen Wünsche festzulegen. Die dabei herrschende Vorstellung ist nicht eine Festlegung, die sich aus einem unpersönlichen Gesetz ergibt, sondern genau umgekehrt, sondern es geht darum, eine Berechenbarkeit herzustellen, die Folge der persönlichen Beeinflussung der für den Naturablauf verantwortlichen intentionalen Mächte ist. Es geht darum, die Götter zu bestechen, sie nach dem Prinzip des »do ut des« zu verpflichten oder sie magisch zu zwingen oder aber auch ihr

Wohlwollen zu erbitten. Erst im Zuge einer fortschreitenden Ethisierung der Götterwelt lässt sich dann die Vorstellung von einer Systematik der Natur entwickeln. Die Unregelmäßigkeiten des Naturverlaufs lassen sich dann nicht mehr als göttliche Launen interpretieren, da das den Göttern bzw. dem einen Gott zugeschriebene Prädikat der Weisheit eine sprunghafte göttliche Laune undenkbar werden lässt. Jedenfalls ist der Annahme eines Naturgesetzes ein logischer Entwicklungsprozess vorausgegangen, indem die Weisheit oder Wahrhaftigkeit der Götter den Glauben an die Nicht-Zufälligkeit der Welt verbürgt. Noch in der Naturwissenschaft des 16. Jahrhunderts in Europa ist die Vorstellung vom Naturgesetz aufs engste mit dem Gedanken an Gottes Weisheit und Güte verknüpft. Noch Galilei sieht in der Natur eine göttliche Offenbarung, die noch klarer als die dem Irrtum der Überlieferungen ausgesetzten heiligen Schriften Auskunft über Gottes Wesen geben. So weist Galilei beispielsweise in einem Brief an Castelli von 1613 darauf hin, die Heilige Schrift wie die Natur entstammten beide dem göttlichen Wort, die erste als Eingabe des Heiligen Geistes, letztere als eine »Ausführung der Anordnungen Gottes (ordini di Dio)«[50]. Die trotz gegenteiligen Anscheins stabile Weltordnung ist Folge und Zeichen der Unwandelbarkeit Gottes. Die Welt ist eine Schrift, in der Gott sich ausspricht.

So schreibt etwa Paracelsus: »Den alles was got erschaffen hat dem menschen zu gutem und als sein eigentumb in seine hent geben, wil er nit das es verborgen bleib und ob ers gleich verborgen, so hat ers doch nicht unbezeichnet gelassen mit auswendigen sichtlichen zeichen, das dan eine sondere präedestination gewesen. Zu gleicher weis als einer, der ein schaz eingrebt, in auch nicht unbezeichnet laßt mit auswendigen zeichen, damit er in selbst wider finden könne.«[51] Foucault interpretiert diese Naturauffassung deshalb so: »Es gibt (sc. in der Naturwissenschaft des 16. Jahrhunderts) keinen Unterschied zwischen jenen sichtbaren Zeichen, die Gott auf der Oberfläche der Dinge gesetzt hat, um uns deren innere Geheimnisse erkennen zu lassen, und den lesbaren Wörtern, die die Bibel oder die Weisen der Antike, die durch ein göttliches Licht erleuchtet worden sind, in ihren Büchern... niedergelegt haben. Die Beziehung zu den Texten ist von gleicher Natur wie die zu den Dingen, hier wie dort nimmt man Zeichen auf.«[52]

Deshalb wirken auf uns viele Verfahrenstechniken dieser frühen Wissenschaft wie eine magische Beschwörung, wie ein Ritus. Die Natur ist hier noch

---

50   Zitiert nach Edgar Zilsel, »Die sozialen Ursprünge der neuzeitlichen Wissenschaft«, Frankfurt a. M. 1976, S. 82.

51   Theophrastus Paracelsus, »Die 9 Bücher der Natura rerum«, in: Ders., »Sämtl. Werke«, München u. Berlin, S. 1923-1933, 11. Bd., zitiert nach Michel Foucault, »Ordnung der Dinge«, Frankfurt 1974, S. 57.

52   Ebd., S. 64f.

nicht entzaubert. Vielmehr steckt sie voller Zauber. Wissenschaft soll nicht den Zauber als Schein entlarven, sondern den Zauber systematisch erfassen.

Besonders schön zeigt das Foucault an einem weiteren Paracelsus-Zitat: »lieber so sag mir doch, woher kompt es, das ein Schlang in Schweiz, Algeu oder Schwaben die griechische sprach, osy, osya, osy versteht? auf welchen universiteten haben sie so vil studirt, das sie so sie solche Wort hören mit dem schwanz ire oren verstopfen, damit die wort nit von inen gehört werden sollen? dan so balt sie die Wort hören, von stunt an ligt sie wider ir natur und art still, tut dem menschen weder mit vergift noch mit stechen keinen schaden ... so du dise wort auf ein pergament oder papir schreibest zu seiner zeit und legst es auf ein schlangen, so bleibt sie gleicher gestalt als ob du die wort laut dazu redest.«[53]

Die Gegenstände der Natur, die Pflanzen, Tiere und Steine erweisen sich, wenn auch in verborgenem Sinne, als Ausdruck eines zu findenden Sinns. Ihre Gestalt und Farbe, ihre Formen oder Bewegungen sind Elemente einer Sprache, zu der auch die menschliche Sprache, die menschlichen Symbole gehören. Deshalb z.B. glaubt Crollius, dass die äußere Ähnlichkeit, welche die Samenkörner des Eisenhutes mit dem menschlichen Auge haben, darauf verweist, dass der Eisenhut gut gegen Augenkrankheiten ist[54].

Die technische Ohnmacht wird hier kompensiert durch Kommunikation mit der Natur, die zumindest auf uns wie ein Ritus wirkt, obwohl sie es vielleicht nicht wirklich ist.

Jedenfalls ist unsere Auffassung von der Natur eine fundamental andere: Diese ist nicht Handlungspartner, sondern reines Objekt. Der Gesetzesbegriff, den wir auf die Natur anwenden, hat seine theologischen Ursprünge abgestreift. Aber ursprünglich entsprang diese Auffassung, dass die Natur nicht lügt, sondern zuverlässig ist, dem Glauben an einen wahrhaftigen Urheber der Natur. In dem Maße, wie sich der Gesetzesbegriff von seiner theologischen Wurzel löst, die Natur nur noch sachliches Erkenntnisobjekt wird, wird sie kein Objekt für Riten mehr sein können. Ihre Rätsel werden als Aufgaben für die Forschung interpretiert. Wir sind so zwar immer noch häufig ohnmächtig gegenüber der Natur. Aber wir kompensieren diese Ohnmacht nicht durch Riten, sondern durch Forschung. Ebensowenig wie der rituell auf die Übermächtigkeit der Natur reagierende Mensch bleiben wir tatenlos, nur die Handlungen haben einen anderen Charakter. Sie sind ein fortlaufender, als prinzipiell unendlich aufgefasster Prozess wachsender Kontrolle und Beherrschung der Natur, nicht ein Beschwörungsritus.

Der Glaube an Gottes Allmacht und Weisheit führt nicht schon von allein zur Vorstellung von Naturgesetzen im Sinne der frühneuzeitlichen Wissenschaft.

---

53   Theophrastus Paracelsus, »Archidoxis magicae libri VII«, in: Ders., »Sämtl. Werke«, 14. Bd., S. 438, zitiert nach Michel Foucault, »Ordnung der Dinge«, Frankfurt 1974, S. 64.
54   Ebd., S. 58.

Das zeigt Edgar Zilsel recht eindringlich. Der die gesamte mittelalterliche Theologie durchziehende Begriff des ewigen Gesetzes ist viel stärker im Sinne einer moralischen als einer naturwissenschaftlichen Weltordnung zu verstehen. Und selbst da, wo wie bei Thomas von Aquin der Begriff der lex aeterna explizit auch die Phänomene der Natur miteinbezieht, ist nicht primär an eine kausale, sondern vor allem an eine teleologische Gesetzmäßigkeit gedacht. Insofern ist dieser Gesetzesbegriff der Vorstellung einer intentional gestifteten und folglich auch intentional beeinflussbaren Ordnung noch sehr nahe: Er verbannte deshalb etwa das Gebet um gute Ernten keineswegs ins Reich des Aberglaubens. Aber auch diese Gesetzesvorstellung war keineswegs die »leitende Vorstellung des mittelalterlichen Katholizismus. Die Vorstellung der göttlichen Vorsehung war sicherlich wichtig, soweit die Schicksale der Menschen betroffen waren, denn sie gibt Trost und Hoffnung. Sofern sie jedoch ewige Gesetze der Natur umfasst, ist ihre Erwähnung auf die gelehrten Theologen beschränkt. Das Mittelalter nahm die Herrschaft Gottes viel stärker in Wundern als im gewöhnlichen Lauf der Natur wahr.«[55]

Erst die kartesianische Weltauffassung hat den Begriff eines Naturgesetzes entwickelt, wie er für den Beginn der neuzeitlichen Naturwissenschaft leitend wurde. Aber auch Descartes kommt zu diesem Gesetzesbegriff nur durch die Verknüpfung der Gesetze der neuzeitlichen Physik mit der theologischen Gesetzesvorstellung. Die Tatsache etwa, dass Wissenschaftler wie Isaac Newton eben auch Theologen waren, ist ja kein Zufall: Die frühneuzeitliche Wissenschaft hat sich nicht als Ersetzung der Theologie, sondern als Fortsetzung der Theologie mit anderen Mitteln empfunden. Nur deshalb, weil auch und gerade die Naturwissenschaft als Beleg für eine unverbrüchliche Ordnung stand, konnte sie als neue Form der Sinnstiftung und nicht als bloße Entzauberung der Welt wirken. Erst die Entwicklung der Wissenschaften gegen Ende des 19. und zu Beginn des 20. Jahrhunderts hat diesen Anspruch obsolet werden lassen. Freilich nicht ohne erhebliche Konsequenzen. Mit dem Verlust ihrer sinnstiftenden Funktion hat die Wissenschaft ihren eigenen »Trivialisierungsprozess« eingeleitet (F. H. Tenbruck). Mit der Reduktion der Natur auf kontrollierbare Gegenständlichkeit ist jener Respekt vor den Ressourcen der Natur geschwunden, der der rituellen Beziehung zu ihr zumindest rudimentär anhaftete. In dem Maße, wie wir zum »maître et possesseur de la nature« wurden, zu kontrollierenden Ausbeutern der Natur, lassen sich Kontrollen dieser Ausbeutung selbst nur noch auf Umwegen rechtfertigen.

Zilsel weist im übrigen darauf hin, dass der Begriff des Naturgesetzes gleichzeitig und nicht unabhängig von der Entstehung des modernen Staates entstanden ist: Die Regelmäßigkeit und Vorhersehbarkeit, die »Rationalität« des

---

55 Edgar Zilsel, »Die sozialen Ursprünge der neuzeitlichen Wissenschaft«, Frankfurt a. M. 1976, S. 94.

Staatshandelns und der politischen Gesetzgebung habe auch Gott als rationalen Gesetzgeber allererst denkmöglich werden lassen. Kontrollierbarkeit der Natur und des Menschen zeigen sich so also schon bei der Entstehung der modernen Wissenschaft aufs engste verknüpft. Das neue Problem, die Kontrolle über die Kontrolle und ihre sinngebende Rechtfertigung, werden indessen zunehmend weniger lösbar.

Die zumindest partielle Ersetzung der Riten durch technisch-wissenschaftliche Beherrschung der Natur und die therapeutische Kontrolle und organisatorische Disziplinierung des Menschen wirft Folgeprobleme auf, die zunächst als Sinngebungsprobleme des Handelns und als Legitimationskrisen der Institutionen sichtbar werden, teilweise aber auch die Gestalt von Remythisierung der Wissenschaften annehmen, der dann eine neue Form wissenschaftlicher Magie und scientifischer Rituale entspricht.

Aufmerksamkeit

1 Aufmerksamkeit und Sinnbildung

Mindestens seit Max Weber wird der Soziologie die Aufgabe zugewiesen, gesellschaftliche Vorgänge zu »verstehen«. Das setzt voraus, dass menschliches Handeln und Erleben, dass Bewusstsein und Kommunikation »sinnhaft« operieren. Damit ist zunächst nur gemeint, dass Handeln sich von bloßem Verhalten dadurch unterscheidet, dass sowohl die Handelnden selbst als auch ihre Partner mit dem äußeren Geschehen einen Sinn, eine Intention verbinden. Nur weil das so ist, kann man versuchen zu verstehen. Wäre unser Umgang mit der Welt als bloß mechanische Reaktion auf Umweltstimuli angemessen zu beschreiben, könnte man sich das Verstehen sparen. Statt dessen gehen wir davon aus, dass Handelnde sich sinnhaft in Situationen orientieren, dass nicht nur ihre Reden, sondern auch ihre Taten insofern Kommunikation sind, als sie eine Auswahl aus anderen Möglichkeiten darstellen, die jedenfalls zum Teil ihnen selbst zugerechnet werden. In der Luhmannschen Fassung wird daraus, dass der Verstehende erfasst, dass der andere nicht einfach – gleichsam wie ein Spiegel – durch Taten und Reden den, der ihn beobachtet, über die gegebene Lage informiert, sondern dass er aus den verschiedenen Möglichkeiten, die er hätte, etwas zu sagen oder zu tun, eine Auswahl trifft, die als Mitteilung verstanden werden kann. Was für Tun und Mitteilen gilt, trifft auch auf unser Wahrnehmen und Denken zu. Unser Bewusstsein ist nicht einfach nur das Doppelbild der uns umgebenden Wirklichkeit, sondern selbstverursachte Selektion, eine aktive Zuwendung. Das hat man seit der Antike so gesehen: Die Sinnbildung erfolgt über eine »Hinwendung der Seele« zu den Dingen, heißt es schon bei Lukrez, der sich seinerseits schon auf Aristoteles bezieht. Aufmerksamkeit ist eine »attentio«, eine Form des Umgangs mit der Welt, die sich aus der Welt für sich noch nicht ergäbe. Für den Soziologen ist dabei wichtig, dass auch schon die bloße Wahrnehmung und die für sie konstitutive selektive Investition von Aufmerksamkeit nicht bloß organisch gesteuert werden, sondern von im Prozess der Erziehung explizit und implizit gelernten Bedeutungen und Relevanzstrukturen. Für die Systemtheorie Luhmanns zeigen sich in diesem Zusammenhang bei der Beschreibung von Sinn und Aufmerksamkeit deutliche Abhängigkeiten von der Phänomenologie Husserls.

Ausgangspunkt der Husserlschen Überlegungen ist die Annahme, dass bei aller akuten Wahrnehmung uns stets mitbewusst ist, dass es sich um die Aktualisierung einer auf Kosten von anderen Möglichkeiten handelt, die zwar nicht jetzt verwirklicht wurden, die aber einer künftigen Wahl offenstehn, insofern sie auf diese als Virtualität verweisen. Es wird also unterschieden zwischen dem direkt Gemeinten, das einem deutlich und klar als Wahrnehmung oder Empfindung, Absicht oder Wollen im Bewusstsein gegeben ist, und dem bloß »Mitgegenwärtigen«, von dem Husserl schreibt, es bilde einen »beständigen Umring des aktuellen Wahrnehmungsfeldes«. Die meinem Wachbewusstsein gegebene Welt beschränkt sich nicht auf Aktuelles und Mitgegenwärtiges: »Sie reicht vielmehr in einer festen Seinsordnung ins Unbegrenzte. Das aktuell Wahrgenommene, das mehr oder minder klar Mitgegenwärtige und Bestimmte (oder mindestens einigermaßen Bestimmte) ist teils durchsetzt, teils umgeben von einem *dunkel bewussten Horizont unbestimmter Wirklichkeit*. Ich kann Strahlen des aufhellenden Blickes der Aufmerksamkeit in ihn hineinsenden, mit wechselndem Erfolge. Bestimmende, erst dunkle und dann sich verlebendigende Vergegenwärtigungen holen mir etwas heraus, eine Kette von solchen Erinnerungen schließt sich zusammen, der Kreis der Bestimmtheit erweitert sich immer mehr und eventuell so weit, dass der Zusammenhang mit dem aktuellen Wahrnehmungsfelde als der *zentralen* Umgebung hergestellt ist. Im allgemeinen ist der Erfolg aber ein anderer: ein leerer Nebel der dunklen Unbestimmtheit bevölkert sich mit anschaulichen Möglichkeiten oder Vermutlichkeiten, und nur die ›Form‹ der Welt, eben als ›Welt‹ ist vorgezeichnet. Die unbestimmte Umgebung ist im übrigen unendlich, d.h. der nebelhafte und nie voll zu bestimmende Horizont ist notwendig da.«[56]

Husserl weist dann darauf hin, dass dieser Zusammenhang von Horizont und aktuellem Zentrum nicht nur in der räumlichen Dimension gegeben ist, sondern auch in zeitlicher. So wie jeder Punkt räumlicher Präsenz von ins Unendliche gehenden Horizonten umringt ist, so auch der gegenwärtige Augenblick: »Diese jetzt, und offenbar in jedem wachen Jetzt, vorhandene Welt hat ihren zweiseitig unendlichen zeitlichen Horizont, ihre bekannte und unbekannte, unmittelbar lebendige und unlebendige Vergangenheit und Zukunft. In freier Betätigung des Erfahrens, das mir das Vorhandene zur Anschauung bringt, kann ich diesen Zusammenhängen der mich unmittelbar umgebenden Wirklichkeit nachgehen. Ich kann meinen Standpunkt in Raum und Zeit wechseln, die Blicke dahin und dorthin, zeitlich vorwärts und rückwärts richten, ich kann mir immer neue, mehr oder minder klare und inhaltreiche Wahrnehmungen und Vergegenwärtigungen verschaffen, oder auch mehr und minder klare Bilder, in denen ich mir das in den festen Formen räumlicher und zeitlicher Welt Mögliche und Vermutliche veranschauliche.«[57]

---

56   Edmund Husserl, »Ideen zu einer reinen Phänomenologie und phänomenologischen Philosophie. Erstes Buch«, Husserliana, III. Bd., hg. von Walter Biemel, Haag 1950, S. 58f.
57   Ebd., S. 59.

Luhmann geht, wie gesagt, von dieser Beschreibung des Bewusstseinslebens aus. Er knüpft seinen Sinnbegriff an die stets nötige Selektion, die in jeder Zuwendung des Bewusstseins sich konkretisiert. Aber es handelt sich um eine Auswahl, die das aktuell nicht Gewählte nicht eliminiert, sondern lediglich in den Horizont schiebt. Man kann darauf zurückkommen. Was jetzt Horizont ist, kann schon im nächsten Moment zum Zentrum der Aufmerksamkeit werden. Sinnstiftung vollzieht sich also zunächst als unentwegte Folge solcher Aufmerksamkeitszuwendungen, dadurch also, dass man seinen Blick auf dieses und nicht auf anderes richtet, dabei aber stets eingedenk, dass man die Richtung wechseln kann, so dass jede einzelne Zuwendung eine prinzipiell revidierbare Wahl bleibt.

Charakteristisch für diese Art der Betrachtung ist, dass Bewusstsein als Strom oder als Bewegung konzipiert wird. Die Aufmerksamkeit richtet ihren Strahl unentwegt auf stets anderes, ohne dass freilich ein Zurückkehren ausgeschlossen wäre. Diese Bewegung kann sowohl räumlich veranschaulicht werden, und zwar etwa am Beispiel des Blickes, der von Ort zu Ort hin und her geht, wie auch am Beispiel der Zeit. Auch hier richtet sich unser Aufmerksamkeitsstrahl bald auf Gegenwärtiges, bald auf Vergangenes oder Zukünftiges, allerdings stets so, dass der Blick, der sich auf Vergangenes oder Zukünftiges richtet, selbst stets ein gegenwärtiger Blick bleibt: »Jedes Erlebnis ist in sich selbst ein Fluss des Werdens, es ist was es ist, in einer ursprünglichen Erzeugung von einem unwandelbaren Wesenstypus; ein beständiger Fluss von Retentionen und Protentionen, vermittelt durch eine selbst fließende Phase der Originarität, in der das lebendige Jetzt des Erlebnisses gegenüber seinem ›Vorhin‹ und ›Nachher‹ bewusst wird. Andererseits hat jedes Erlebnis seine Parallelen in verschiedenen Formen der Reproduktion, die wie ideelle ›operative‹ Umformungen des ursprünglichen Erlebnisses angesehen werden können: jedes hat sein ›genau entsprechendes‹ und doch durch und durch modifiziertes Gegenstück in einer Wiedererinnerung, ebenso in einer möglichen Vorerinnerung, in einer möglichen bloß reproduktiven Phantasie und wieder in den Iterationen solcher Abwandlungen.«[58] Es wird also zwischen Retentionen und Protentionen einerseits, Wiedererinnerung und Vorerinnerung andererseits unterschieden. Die Retentionen bezeichnen den im akuten Erleben stets mitgegebenen »Nachhall« des unmittelbar Vergangenen, ohne den keine Kontinuität des Erlebens denkbar wäre. Ihnen entsprechen die Protentionen als die stets gegenwärtigen Erwartungen, die sich aufs unmittelbar Folgende richten. Auch sie sind Garanten und Voraussetzungen für den »Strom« des Bewusstseinslebens, seine Kontinuität und basale Fortsetzbarkeit.

Wiedererinnerungen sind demgegenüber etwas ganz anderes. Sie bezeichnen die Möglichkeit des Bewusstseins, sich auf vergangene Bestände rückzubeziehen,

---

58 Ebd., S. 182.

und zwar unter Überspringung der konkreten zeitlichen »Umgebungen«, in denen sie ursprünglich aufgetaucht sind. Sie sind nicht Aspekte der basalen Selbstreferenz im Sinne Luhmanns, sondern gehören in den Bereich der Reflexion, wie sowohl Luhmann als auch Husserl in diesem Kontext formulieren. Ich kann reflexiv einzelne Erlebnisse als einzelne mit Aufmerksamkeit bedenken und mich dabei frei in meiner ganzen Erinnerung hin und her bewegen und von der Zeitstelle, in der diese Erlebnisse ursprünglich aufgetaucht sind, abstrahieren. Wir »richten« uns reflektierend auf Bewusstseinsinhalte oder natürlich auch auf den Bewusstseinsstrom als ganzen in abstracto, und mit diesem »Richten« ist stets Selektion impliziert; denn die Erinnerung reproduziert den Bewusstseinsstrom natürlich nie in der gleichen Weise (mit allen Retentionen und Protentionen), wie er ursprünglich abgelaufen ist. Andererseits ist aber nur durch solche Reflexion ein Wissen von unserem Bewusstseinsstrom möglich. Husserl schreibt: »Durch reflektiv *erfahrende* Akte allein wissen wir etwas vom Erlebnisstrom [...]«[59] Die Reflexion stellt aber stets eine »Modifikation« der ursprünglichen Erlebnisse dar.

Auch Luhmann weist auf diesen Aspekt des Fließens hin: »In alles Sinnerleben und damit auch in jede Art von Beschreibung und begrifflicher Arbeit, die dieses Phänomen zu beschreiben sucht, ist jedoch als Grundtatsache ein Moment der Unruhe eingebaut. Sinn zwingt sich selbst zum Wechsel.«[60] Es handelt sich um einen »Selbstveränderungszwang«, der dann mit kulturell divergierenden Begriffen beschrieben werden kann. Insofern sind Bilder wie Fluss oder Bewegung für Luhmann nicht ganz unproblematisch, weil sie bereits eine semantische Verarbeitung des grundlegenden Tatbestandes darstellen, »die dem eigentlichen Sachverhalt schon nicht mehr voll gerecht wird; schon hier muss man deshalb bei allen interkulturellen Vergleichen vorsichtig sein, denn Kulturen können schon in der Semantik der Erstverarbeitung dieses Selbstveränderungszwanges divergieren«[61].

Aber ob man nun von Fluss oder Bewegung, von Prozess oder ständiger Veränderung spricht, immer geht es doch darum, dass Sinn, wie Luhmann formuliert, »basal instabil« ist. Man könnte sich fragen, warum dieser Charakter der basalen Instabilität von Sinn in der europäischen Geistesgeschichte nicht von Anfang an empfunden wurde. Tatsache ist, dass die abendländische Philosophie in ihrer Weltauffassung weniger von der steten Selbstveränderung allen Sinns ausgegangen ist. Sie hat vielmehr im Gegenteil durch die Betonung der Substantialität der Wesensbegriffe gerade die Stabilität von Sinneinheiten betont. Nicht das stete Übergehen des einen ins andere, nicht der unaufhörliche Wechsel des Blicks

---

59 Ebd., S. 184.
60 Niklas Luhmann, »Soziale Systeme. Grundriß einer allgemeinen Theorie«, Frankfurt a. M. 1984, S. 98.
61 Ebd.

oder der Themen stand im Vordergrund, sondern die scharfe Konturierung und Beharrlichkeit der substantiellen Formen, die sich nicht gut als Ergebnis der nach Husserl und Luhmann für Sinnstiftung konstitutiven Unruhe fassen ließen.

Während Luhmann Husserl bei der Beschreibung sinnhaften Operierens weitestgehend folgt, schließt er sich ihm in einem zentralen Punkt nicht an. Für Husserl bleibt das Bewusstsein das einzige Subjekt sinnhafter Operation. Für Luhmann stellen auch soziale Systeme sinnverarbeitende Systeme dar. Sie teilen insofern wesentliche Eigenschaften mit Bewusstseinssystemen, wenn freilich auch ihre Basisoperation nicht Denken oder Wahrnehmen ist, sondern Kommunizieren. Für beide Systemtypen ist also die von Augenblick zu Augenblick wechselnde Zuwendung von Aufmerksamkeit charakteristisch, der Zwang zur permanenten Selbstveränderung. Aber selbst im jeweiligen Augenblick der Festlegung des Aufmerksamkeitsstrahls auf ein Zentrum des Interesses verschwinden die nicht im Zentrum liegenden zeitlichen, sachlichen oder sozialen Relevanzen nicht ins Nichts. Sie bleiben ein ständig mitschwingender Horizont von Verweisungen oder implizit Mitgemeintem. Sinnwahl durch Steuerung der Aufmerksamkeit stellt zwar eine Engführung unserer Weltzugewandtheit dar, vernichtet aber nicht den Rest, hält ihn vielmehr als offenen Raum zukünftiger Zuwendungen von Aufmerksamkeit bereit.

2 Aufmerksamkeit und Unwahrscheinlichkeit: das Beispiel der Wahrnehmung

Selbst wenn also Aufmerksamkeit ihre Horizonte offen hält, muss sie gleichwohl stets dosiert werden. Kein Lebewesen wäre existenzfähig, wenn es dauernd auf alles aufmerksam wäre, wenn es alles, was in seiner Umwelt stattfindet, wahrnähme und sich ihm zuwenden müsste. Das gilt bei aller Weltoffenheit unserer Sinne auch für den Menschen. Die Normallage unseres Wahrnehmens ist Gleichgültigkeit gegenüber den allermeisten Gegebenheiten, die andere Systeme sehr wohl konstatieren oder konstatieren könnten. Wollten oder müssten wir gar auf jede Veränderung in uns selbst oder unserer natürlichen oder sozialen Umgebung reagieren, wir kämen an keine Ende. Alles kommt also darauf an, nur die Differenzen wahrzunehmen, die in der einen oder anderen Hinsicht »bedeutsam« sind oder, wie Bateson das formuliert hat, was zählt, sind »differences that make a difference«: Alles andere darf uns nicht bekümmern. Wie für andere Lebewesen wird auch für den Menschen ein Teil dieser Aufgabe von der Struktur der Wahrnehmung selbst gelöst. Unsere Augen sehen, unsere Ohren hören und unsere Nasen riechen nicht alles, was um uns herum passiert. Sie versorgen uns sozusagen mit einer eingebauten Unaufmerksamkeit. Der Extremfall in dieser Hinsicht wäre die Zecke, so wie sie von Uexküll in seinem berühmten Beispiel beschrieben hat: Sie reagiert in ihrer Normallage auf gar nichts. Die einzige relevante Ausnahme ist der »Geruch« von Buttersäure. Nur der provoziert eine Reaktion. Alles übrige lässt sie gewissermaßen kalt. Beim Menschen ist die Situation natürlich nicht entfernt so schlicht. Wir können zwar auch das meiste von dem, was ein göttlicher Beobachter wahrnehmen könnte, nicht registrieren. Aber das, was uns tatsächlich in die Sinne fällt, ist immer noch mehr, als wir handlungsmäßig verarbeiten können. Die Schwellen, unterhalb oder oberhalb derer bei uns die Aufmerksamkeit »abgeschaltet« werden muss, werden folglich nicht hinlänglich durch unsere natürliche Sinnesorganisation aufgerichtet. Es sind zusätzliche Schwellen notwendig. Diese sind das Resultat von Kombinationen sozialer Normierungen, Gewohnheitsbildungen und – auf beiden beruhend – individueller Erfahrung bzw., da es sich ja nicht nur um Individuen, sondern auch um soziale Systeme handelt, von Systemgeschichte. Die Schwellen sind folglich historisch und im Vergleich verschiedener Gesellschaften variabel und sogar innerhalb der gleichen Gesellschaft rollenspezifisch differenziert. Frauen müssen in allen Gesellschaften auf anderes aufmerksam sein als Männer, Bauern auf anderes als Handwerker, Priester auf anderes als Könige. Von besonderer Bedeutung sind in diesem Zusammenhang natürlich berufliche Arbeitsteilungen. Sie führen – wo es sie gibt – zu spezialisierten, nur für die Angehörigen des jeweiligen Berufs überhaupt verständlichen Definitionen von Situationen und damit verbundenen Unterscheidungen, auf die zu achten ist. In oft jahrelangem Training wird die Kompetenz zu Sonderaufmerksamkeiten erworben und eingeschärft, so sehr, dass sie bisweilen wie eine natürliche Gabe und als zusätzlicher »Sinn« erscheint.

Dort, wo es funktional ausdifferenzierte Subsysteme gibt, regelt der jeweilige Operationsmodus des Subsystems, was mit Aufmerksamkeit bedacht werden muss und was gerade nicht. Ein ausdifferenziertes Kunstsystem z.B. reagiert nicht auf die Religion des Malers eines Bildes, und zwar ebenso wenig wie das Wirtschaftssystem, das sich eben – wenn es wirklich funktional ausdifferenziert ist – nur für Fragen interessiert, die wirkliche oder mögliche Zahlungen betreffen. Wie bereits diese Beispiele zeigen, setzt funktionale Ausdifferenzierung einer Lebenssphäre neben den auch hier erforderlichen professionellen Sonderkompetenzen neue Typen allgemeiner, gesellschaftsweit verbreiteter Kompetenzen voraus. Am Wirtschaftssystem partizipieren ja nicht nur die Banker, sondern wir alle. Alle aber müssen wir lernen, Ökonomisches als solches von anderem zu unterscheiden. Die Aufgabe besteht eben darin, sich nicht von irrelevanten Aspekten irritieren zu lassen. Geht es also im Fall von beruflicher Spezialisierung vor allem um oft virtuose Formen des Hinsehenkönnens, so im Fall der funktionalen Ausdifferenzierung von Subsystemen eher um generalisierte Fähigkeiten des Wegsehenkönnens, um habitualisierte Indifferenz gegenüber den in einer bestimmten Situation nicht pertinenten Umständen. Das, was gelernt werden muss, sind neben Schärfungen auch Drosselungen der Aufmerksamkeit. Doch davon später mehr.

Bleiben wir zunächst noch bei der Wahrnehmung selbst. Was sie auszeichnet, ist ihre Ansprechbarkeit durch Formen. Dabei liegt die eigentümliche Leistung unseres Bewutsseins zunächst einmal darin, dass es das, was ihm auffällt, was also insofern eine Selbstveränderung ist, gerade nicht sich selbst zuschreibt, sondern der äußeren Welt, dass es sich also nicht als Erschaffer dieser Formen empfindet, sondern als passiv Erlebendes. Mit Luhmann gesprochen, dass es diese Formen nicht selbstreferentiell, sondern fremdreferentiell deutet. Formen sind im Kontext der Umwelt unserer Sinne unwahrscheinliche Gestaltungen. Die Kombination von Unwahrscheinlichkeiten hat als erste Folge für unsere Sinne die Erzeugung spezifischer Aufmerksamkeitszuständlichkeiten. Das Unwahrscheinliche ist das Auffällige.

An dieser Stelle ergibt sich nun eine frappante Parallele zu den Ergebnissen der modernen Verhaltenslehre einerseits, zur Gestalttheorie andererseits. Die Arbeiten von Konrad Lorenz und seinen Schülern und Nachfolgern haben gezeigt, dass die Instinktbewegungen der Tiere zwar endogene Reizerzeugungen voraussetzen, jedoch in der Regel nur in spezifischen, für eine Tierart jeweils festliegenden Auslösesituationen ablaufen können. Diese Auslösesituationen bestehen aus prägnanten Schlüsselreizen optischer, akustischer, olfaktorischer oder taktiler Art und sind experimentell durch Attrappen nachkonstruierbar. Obwohl nun die jeweiligen Auslösereize nur für jeweils eine Tierart spezifisch sind, lassen sich doch einige universale Merkmale funktioneller Art für Schlüsselreize überhaupt formulieren. Als diese grundsätzlichen Eigenschaften, die sich beim Vergleich überhaupt vorkommender Schlüsselreize allgemein zeigen, werden von Lorenz Unwahrscheinlichkeit und Einfachheit genannt. Nur wenn die Auslösereize genügend unwahrscheinlich sind, besteht die Chance, dass sie sich vom Horizont des gewohnten Wahrnehmungsfeldes mit genügender Deutlichkeit abheben, so dass sie Aufmerksamkeit erregen können, und zwar im Modus der Eindringlichkeit. Nur durch die Unwahrscheinlichkeit der Auslösemomente ist auch gewährleistet, dass die durch sie inszenierten motorischen Akte (also etwa die der Verteidigung, der Balz, des Beuteangriffs) nur in den tatsächlich »vorgesehenen« artdienlichen Situationen produziert werden und nicht ins Leere greifen. Was aber sind diese unwahrscheinlichen Merkmale, die sich vom natürlichen Hintergrund detachieren und als Schlüsselreize fungieren? Lorenz nennt vor allem die reinen Spektralfarben, die sich vom Schwingungschaos des weißen Lichts sondern und in der organischen Natur so selten sind. Ferner »[...] aus der unendlichen Fülle unregelmäßiger Formen die regelmäßigen, symmetrischen, aus der Unzahl möglicher Bewegungen die rhythmisch geformten [...]«[62].

Tatsächlich zeigt sich nun, auch darauf hat bereits Lorenz aufmerksam gemacht, dass auch die menschliche Wahrnehmung in besonderer Weise von solchen natürlichen Unwahrscheinlichkeiten stark affiziert wird. Er schreibt: »Alle diese Dinge rufen beim Menschen die Empfindung des Schönen hervor.«[63] Und es war Arnold Gehlen, der diese Lorenzsche These zu einer Physiologie der Kunst ausgedehnt hat. Jedenfalls sieht Gehlen im Ansprechen der menschlichen Wahrnehmung auf regelmäßige (und daher unwahrscheinliche), einfache (und daher seltene) natürliche Farbqualitäten »[...] eine biologische Unterschicht der eigentlich künstlerischen Erlebnisse«. Er weist darauf hin, »dass es in erster Linie die optischen Auslöser der Tiere [sind, die wir] selbst schön finden, wie die zahllosen grellfarbigen, gebänderten und gestreiften Prachtkleider so vieler Vögel und Fische, die bizarren und auffallenden Gehörne, Geweihe, Mähnen usw., mit denen sich seit uralten Zeiten Menschen zu schmücken pflegen, um in liebenswürdiger, reizvoller, majestätischer oder furchteinflößender Weise auf ihresgleichen Eindruck zu machen, wobei sie so etwas wie eine soziale Auslösewirkung anstreben.«[64]

Tatsächlich gibt es jedoch auch akustische Unwahrscheinlichkeiten, auf die der Mensch wahrnehmungsmäßig anspricht, denn »[...] der Ton bzw. Klang vom sinusförmigen Schwingungsverlauf ist sehr viel unwahrscheinlicher und seltener als ein Geräusch ...«[65]. Deutlich ist auch die ausgezeichnete Stellung rhythmischer Bewegungsverläufe, die sich vom normalen Bewegungshabitus so prägnant unterscheiden, in der Tanzkunst. Jedes der künstlerischen Medien also weist je eigene Typen und unwahrscheinliche Gestaltungen, eben Formen auf, die in bestimmter Beziehung zu den Voraussetzungen der Erregung spezifischer Aufmerksamkeitsintensitäten stehen. Jedenfalls ist die Verwandtschaft zwischen den künstlerisch *erzeugten* Wahrnehmungsunwahrscheinlichkeiten in den menschlichen Objektivationen etwa als Bild, als Ornament, als Akkord und Melodie und der bloß wahrgenommenen Unwahrscheinlichkeit von Formen in der Natur deutlich. Die Beobachtung Kants »Die Natur war schön, wenn sie zugleich als Kunst aussah, und die Kunst kann nur schön genannt werden, wenn wir uns bewusst sind, sie sei Kunst, und sie uns doch als Natur aussieht«[66] scheint in diesem Zusammenhang verständlich: Die Kunst ist die absichtliche Erzeugung von Unwahrscheinlichkeiten, die wir als in bestimmter Weise erregend empfinden. Hier-

---

62   Zitiert nach: Arnold Gehlen, »Anthropologische Forschung«, Hamburg 1961. S. 109.
63   Ebd.
64   Ebd., S. 108.
65   Ebd., S. 110.
66   Immanuel Kant, »Kritik der Urteilskraft«, Ausgabe Vorländer, Hamburg 1959.

in ahmt sie die Natur nach, in der ebenfalls solche Momente der Unwahrscheinlichkeit gegeben sind. Aber zugleich ist diese Nachahmung keine vollständige,
denn es werden nur »kunstmäßige« Elemente in die künstlerische Produktion
aufgenommen, eben jene Unwahrscheinlichkeiten, die in der Natur die Ausnahme sind, so wie die Kunst die Ausnahme des alltäglichen Lebens ist, insofern in
ihr das Unwahrscheinliche Bedingung ihrer Möglichkeit ist.

Dass tatsächlich eine quasi instinktive Beziehung zwischen bestimmten
Formen und unserer Wahrnehmung besteht, hat unabhängig von der Verhaltens-
forschung auch die Gestaltpsychologie gezeigt. Ihre Ergebnisse machen deutlich,
dass in unserer Wahrnehmung selbst eine Tendenz zur Bevorzugung bestimmter
»guter Gestalten« liegt. Dabei ist es offenbar möglich, diese Affinität von apper-
zeptorischer Erregung von Aufmerksamkeit einerseits und Form andererseits
experimentell als sinnliche zu belegen, als Qualität also, die ihre Entstellung
nicht lediglich und nicht primär dem Gleichklang sozialer Überformung von
Probanden gleicher Kulturzugehörigkeiten verdankt.

Der Parallelismus zwischen dem Auftreten von unwahrscheinlichen Elementen in der Auslösesituation tierischen Instinktverhaltens und der ebenfalls in
besonderer Weise auf Unwahrscheinlichkeiten der Wahrnehmungswelt reagie-
renden menschlichen Sinnlichkeit ist jedoch keineswegs perfekt. Bei Tieren
lösen die Schlüsselreize ein aktuelles Verhalten aus, bei Menschen jedoch nicht.
Bei Tieren folgt auf die Wahrnehmung des Reizes nicht eine ästhetische Empfindung, sondern eine artspezifisch angelegte zweckdienliche Handlung wie z.B.
die Balzbewegung oder der Angriff. Die menschliche Reaktion auf Seltenes in
der Wahrnehmung besteht aber gerade nicht in Instinkthandlungen zweckdienli-
cher Art. Die moderne Anthropologie führt diesen Tatbestand auf die Instinktre-
duktion des menschlichen Antriebssystems zurück. Anders als bei der Mehrzahl
tierischer Organismen, bei denen ein bestimmter Satz inhaltlich bis ins einzelne
fixierter Instinkthandlungen je nach Auslösesituation ausgeklinkt wird, charakterisiert den Menschen eine permanente Triebhaftigkeit, deren Antriebsrichtung
und Ausdrucksgestalt gerade nicht instinktiv fixiert, sondern kulturell erworben
sind. Nur sehr rudimentär, gleichsam als Residuen, sind solche Instinktfiguren,
wie sie für Tiere charakteristisch sind, beim Menschen vorhanden. Stammesge-
schichtlich vielleicht gegebene instinktiv geregelte Auslöser haben sich beim
Menschen weitgehend entdifferenziert. Sie sind ebenso wie die ihnen korrespondierende Erregungsenergie diffus geworden. Arnold Gehlen hat diese Tatbestände wohl als erster und am prägnantesten beschrieben: Der Satz von der Entdiffe-
renzierung des menschlichen Antriebslebens bedeutet die »[...] Verwischung
angeborener, scharf profilierter Unterschiede. Es gibt in der Unmittelbarkeit
unserer Wahrnehmung zwar noch einige Felder von Auslösergestalten, von denen die mimischen und sexuellen, die charakteristischen Formen des anderen

Geschlechts bezeichnenden die wichtigsten sind. Aber auch hier beschränkt sich die Auslöserwirkung auf einen Gefühlsstoß, der übrigens genauso gegenüber Darstellungen und Abbildungen erfolgen kann, wovon bekanntlich die bildende Kunst, die Reklame, und was die Mimik betrifft, die Karikatur umfassenden Gebrauch machen. Die Emanzipation dieser Gefühlsstöße von der Handlung geht also bis zu einer biologisch ganz belanglosen Verselbständigung des Zusammenhangs zwischen dem optischen Eindruck auf der einen Seite und einer instinktähnlich unmittelbaren Gefühlsreaktion auf der anderen. Diese Verselbständigung wird nun ihrerseits ausgenützt, um durch künstlerisch hergestellte optische Attrappen solche Gefühlsstöße nach Belieben und zum Vergnügen zu provozieren.«[67] Die Unwahrscheinlichkeiten in der Wahrnehmung erzeugen also beim Menschen – von wenigen elementaren Ausnahmen abgesehen – lediglich diffuse emotionale Befindlichkeiten, die mehr oder weniger lustvoll oder schmerzhaft sind, jedoch keineswegs unmittelbar handlungsauslösend wirken. Vielmehr sind diese Intensitätssteigerungen der Antriebe multivalent funktional. Das heißt: Sie können zum Vehikel der unterschiedlichsten sozial-kulturell überformten Artikulationen werden, und zwar sowohl in Hinsicht auf mögliche Akte als auch in Bezug auf mögliche semantisch-symbolische Kanalisierungen, die durch soziale Setzung an die instinktiven Auslöser attachiert sind. Das, worauf es uns hier zunächst ankommt, ist die Fundierung von sinnlicher Aufmerksamkeit in gegenüber der Normallage seltenen Provokationen der Aufmerksamkeit.

Zweierlei ist jedoch hier zu bedenken. Einmal knüpft keinesfalls an alle derart gegebene Unwahrscheinlichkeiten eine sozial anschließbare Bedeutung an. Diese bilden gleichsam nur ein naheliegendes Material für mögliche Schwellen der Aufmerksamkeit. Erst durch die soziale Verwendung solcher Formen für kommunikative Zwecke können sich dauernde Regelungen dafür einspielen, was Aufmerksamkeit erregt, erregen soll oder nicht erregen darf. So mag man etwa feststellen, dass die phonetische Distinktivität bestimmter Laute, also dass sie sich voneinander unterscheiden lassen und dass sie sich vom bloßen Geräusch natürlicher Umgebungen abheben, sich für Sprachen nutzen lässt. Ob dies aber geschieht und welche Distinktionen verwendet werden, ergibt sich aus Lautverschiedenheit als solcher noch nicht. Weshalb wir typischerweise auch den Lautdifferenzen fremder Sprachen, selbst wenn wir sie eben wegen ihrer Verschiedenheit von Geräuschen sehr wohl als »Sprache überhaupt« zu identifizieren in der Lage sind, nur geringe Aufmerksamkeit zollen. Ja, wir sind dazu oft kaum in der Lage, weil erst der mit ihnen verbundene Sinn und die aus den Sinnunterschieden resultierenden Differenzen als Bezugspunkt für Aufmerksamkeit stabilisierbar sind. Zweitens aber ist der Sinn selbst und sind damit die möglichen

---

67   Arnold Gehlen, »Anthropologische Forschung«, Hamburg 1961, S. 117 f.

Kommunikations- und Handlungsfolgen, die sich an Wahrnehmungsunterschiede knüpfen, aus diesen nicht deduzierbar. Und das gilt entsprechend für die Aufmerksamkeit, die sie dauernd beanspruchen können.

3 Aufmerksamkeit und Unwahrscheinlichkeit: das Beispiel der Kunst

Wie wir gesehen haben, gibt es formale Eigenschaften, die im Kontext von Wahrnehmung Aufmerksamkeit erzeugen. Es geht dabei um die spezifische Unwahrscheinlichkeit bestimmter Formen, die sich der Wahrnehmung aufdrängen, und zwar zunächst ganz unabhängig davon, ob und wie sie gedeutet werden. Darauf basiert unter anderem die Bindung von sinnhaften Zeichen an unterscheidbare Formen. Darauf beruht auch die alltägliche Unterscheidung relevanter von nicht relevanten Situationen. Und selbst da, wo funktional ausdifferenzierte Subsysteme, wie etwa das der Wirtschaft, auf binären Codes wie etwa dem von Zahlung oder Nicht-Zahlung aufbauen, verwenden sie sinnfällig wahrnehmbare Symbole (im Falle der Wirtschaft zum Beispiel Geld). Immer aber verbinden sich dort mit den Unterschieden mehr oder minder pragmatische Folgen, welche die Aufmerksamkeit steuern, z.B. Bereicherung oder Geldverlust, Prestigesteigerungen oder Aussicht auf Heilsgewinn. Auch die Kunst basiert auf solchen Wahrnehmungsunwahrscheinlichkeiten. Aber hier stehen gerade nicht praktische Konsequenzen im Vordergrund sondern die Erzeugung bestimmter Aufmerksamkeitszustände rein als solcher. Gewiss kann auch Kunst höchst handfesten Zwecken dienstbar gemacht werden. Ihre Emanzipation von anderen als künstlerischen Funktionen ist im Gegenteil erst eine späte Evolution. Dennoch lässt sich das »Kunsthafte« der Kunst zumindest ex post intellektuell herausdestillieren, so wie sich das Religiöse oder Wirtschaftliche in einfachen Kulturen ja auch nur als Moment sozialer Totalphänomene begrifflich isolieren lässt (im Sinne der »phénomènes sociaux totaux« von Marcel Mauss). Das hier Gemeinte ließe sich an Kants Bestimmung vom »interesselosen Wohlgefallen« festmachen, wenn nicht das Insistieren auf »Wohlgefallen« eine zu starke Verengung wäre (im Sinne des Rilkeschen »Das Schöne ist nur des Schrecklichen Anfang« und der für die Gegenwart eben oft nicht mehr »schönen« Künste). Es geht um die absichtliche Herbeiführung »interesseloser« Irritiertheit durch unwahrscheinliche Formen. Kunst in diesem Sinne wäre uns also hinsichtlich ihres *universalen* Moments eine Struktur des Unwahrscheinlichen, insofern sie als Aufmerksamkeitsgenerator fungiert, und zwar ohne Rücksicht darauf, ob sich an diese Aufmerksamkeit religiöse, erotische, rechtliche oder wirtschaftliche Folgen anschließen. Vielleicht ließe sich das hier Gemeinte als handlungsfreie Selbstfaszination der Sinne durch ihre eigene Aufgeregtheit beschreiben. Die Unwahrscheinlichkeit der künstlerisch produzierten Zeichen bezieht sich auf die normale und alltägliche Wahrnehmungslage unserer Sinne, das heißt, an ihnen haftet immer ein Moment der Außeralltäglichkeit. Die speziell künstlerische »Nutzung« von Unwahrscheinlichkeitsqualitäten hat daher als erste Folge für unsere Sinne die Erzeugung spezifischer außeralltäglicher Aufmerksamkeitszuständlichkeiten. Das Unwahrscheinliche ist das Auffällige.

Die rein innerästhetische Provokation, die sprachlos bleibt, nicht in eine feste semantische Assoziation treibt, sich unter Umständen auch von Bedeutungen überhaupt nicht in Dienst nehmen lässt, ist als solche ein modernes Phänomen. Deshalb könnte man einwenden, dass die Definition von Kunst, die ihren Universalitätscharakter von der reinen Wahrnehmungsdimension her begreift, auf einem zeitgenössischen Vorurteil beruht, dass also typisch moderne Züge der Kunst illegitimerweise als Essenz von Kunst überhaupt ausgegeben werden. Dass wir dennoch die Universalität von Kunst an einem solch »typisch modernen« Merkmal verankern, verdient daher eine besondere Begründung.

Kunst zwar hat es immer gegeben, jedoch war die rein ästhetische, intraperzeptive Dimension in aller vormodernen Kunst an andere Momente gebunden: Die rein ornamentale Formierung von Farbe, Linie etc. war semantischen Bezügen untergeordnet, war jedoch ständig vorhanden, wenn auch nicht als Absolutum. Ihre Wirkung blieb deshalb als solche auch weithin unbewusst, vereinte sich als »Steigerungseffekt« mit den dargestellten Sinngehalten. Die in der modernen Malerei als losgelöst gebotene rein sinnliche Erregung war in aller vormodernen Malerei gekoppelt, sei es mit dem Effekt des Wiedererkennens von bekannten Gegenständen oder mit Konnotationen. Aber die Veränderung des Erlebniszustandes, die auch jene Kunst erzielte, war nicht primär den darstellenden bzw. konnotativen Aspekten als solchen verdankt, sondern entsprang eben jener Aufmerksamkeit erzeugenden Schockierung der rezeptiven Kapazitäten durch die Emission von Unwahrscheinlichkeiten. Man kann auch sagen: Kunst als Kunst ist ein evolutionär gesehen spätes Differenzierungsergebnis. Wenn man Kunst – wie hier geschehen – funktional definiert, dann ist es durchaus nicht verwunderlich, dass diese Funktion in vielen Gesellschaften nicht »rein« vorkommt, als einzige Aufgabe spezifischer Institutionen. Das, was sich vollzogen hat, ist eine allmähliche Ausdifferenzierung und funktionale Verselbständigung der Kunst.[68]

Der Formcharakter der Kunst hat also eine bestimmte diffuse Erregungskapazität. Die *Richtung*, die diese Erregung nimmt, folgt weitgehend außerbiologischen Gesetzlichkeiten. Es ist jedoch festzuhalten, dass das, was Kunst von anderen Ausdrucks- oder Mitteilungsmedien trennt, eben diese Erregungskapazität ist, die in bezug auf die intendierte Inhaltlichkeit der Ausdrucksform ein

---

68 Vgl. zu analoger funktionaler Definition des Rechts: Niklas Luhmann, »Rechtssoziologie«, 1. Bd., Reinbek 1972, S. 105 f.

überschüssiges Moment darstellt. Die Bedingung der Möglichkeit für Kunst qua
Kunst ist eine spezifisch anthropologische Gegebenheit, nämlich das ästhetische
Empfinden, das heißt die Erregung von inneren Zuständen und Gefühlslagen, die
jedoch nicht eindeutig handlungsmäßig gerichtet sind, sondern gleichsam im
Inneren verbleiben. Gehlen erklärt diesen Tatbestand vor allem dadurch, dass die
Formung der Wahrnehmungswelt, die Kunst bietet, die sonst für den Menschen
konstitutiven, nach außen gerichteten, formenden Handlungsimpulse ins Innere
zurücklenke: »[…] es entsteht angesichts rein ästhetischer Ornamentgestalten
oder ähnlicher optischer Reize auch nicht einmal im Ansatz das sonst im Hintergrund unseres Erlebens kaum je fehlende Eingriffs- und Tatbedürfnis, oder anders gesagt, der Zustand wird als verpflichtungslos und deswegen in erhöhtem
Grade als geradezu befreiend lustvoll erlebt.«[69]

Indessen scheint mir diese Formulierung zu weit zu gehen. Zwar vermag
durchaus der erste Schritt des ästhetischen Erlebens dieses interesselose, diffuse
Wohlgefallen zu sein. Aber durch die Verknüpfung des ästhetischen Reizes mit
sozial vermittelten Thematiken kann gerade die Kunst zum Movens für Handlungen besonderer Intensität werden. Nur folgen diese Handlungen nicht unmittelbar aus der künstlerisch produzierten Erregung als solcher, sondern sie ergeben sich aus der epochal und gruppenmäßig wandelbaren Besetzung und Richtung dieser Gefühle auf benannte Ziele.

Wenn wir in diesem Punkte ein wenig innehalten, so werden wir gewahr,
dass jene anthropologische Basis der Kunst als solche nicht Deutung ist, sondern
Probleme schafft, die gedeutet werden müssen. Anders ausgedrückt: Die Affizie-
rung der Aufmerksamkeit durch Neues und Unwahrscheinliches entspringt dem
Antriebsüberschuss, der gerade noch nicht durch soziokulturelle Mechanismen
resorbiert ist. Die hier aufgezeigte Wurzel der Ansprechbarkeit durch Kunst liegt
»vor« aller Bedeutung bzw. »jenseits« des schon Gedeuteten, stellt also einen
Ausbruch, eine Transzendierung aus den »routines« des geregelten Daseins dar.
Aber gerade diese Erregung, die zunächst ihrem eigentlichen Charakter nach
angedeutet ist, stellt eine verunsichernde Orientierungs- und Handlungslosigkeit
dar, die nach Deutung und Interpretation drängt, so dass die in der noch unge-
deuteten Sphäre der Offenheit erlebten Enervationen integriert werden müssen
mit der strukturierten sonstigen Erfahrung.

Es ist dieser Punkt der Argumentation, an dem die soziologisch-anthropologische Erörterung im weitesten Sinne in eine im engeren Sinne soziologische
übergeht: Wenn die Unwahrscheinlichkeiten der Wahrnehmung relativ zur je gegebenen Umwelt sind, dann muss die Tatsache, dass Menschen nicht ausschließlich in natürlichen, sondern weitgehend in künstlich produzierten Umwelten leben,

---

69   Arnold Gehlen, »Anthropologische Forschung«, Hamburg 1961, S. 123.

entscheidende Konsequenzen auch auf der sinnlichen Ebene haben. Als unwahrscheinlich vermag dann empfunden zu werden, was bestimmten, durch soziale Regelungen vermittelten Wahrnehmungsgewohnheiten widerspricht. Nicht mehr allein die biologisch konstanten Seh- und Hörgewohnheiten, sondern die für jede Gesellschaft, jede Kultur, ja jede Gruppe und vielleicht sogar jeden einzelnen unterschiedlichen Wahrnehmungshabitus werden dann zum Adressaten künstlerischer Beeinflussung. Es ist dabei durchaus möglich, dass die artspezifischen und angeborenen, quasi instinktiven Reaktionen sich nicht mehr durch die Produktion der natürlichen Schlüsselreize erzeugen lassen, oder doch nur sehr bedingt. In einer Welt zum Beispiel, deren wahrnehmbare Struktur nahezu durchgängig durch die zwar unnatürlichen, aber durch Gewöhnung als natürlich empfundenen Geometrisierungen und Rhythmisierungen von natürlicher Weise höchster Unwahrscheinlichkeit charakterisiert ist, vermag vielleicht gerade das Ungeometrische, Unharmonische, Arhythmische, die Erlebnisqualität des Unwahrscheinlichen zu erhalten und so Aufmerksamkeit zu erzeugen.

Grundsätzlich lässt sich jedenfalls bereits aus der Tatsache der Künstlichkeit und Wandelbarkeit menschlicher Umwelten auch der Wandel der Mechanismen, sinnliche Aufmerksamkeit zu erzeugen, ableiten. Das gilt, wie gesagt, besonders für die Kunst. Sie steht in gewissem Sinne stets in inverser Beziehung zur gegebenen Umwelt. Sie ist die Aufhebung der gewöhnlichen Lebens- und Wahrnehmungsrhythmik auf Zeit, eine Durchbrechung der Alltäglichkeitsschicht des Daseins. Soll diese Spannung nicht aufgehoben werden, so darf Kunst nicht selbst zum Alltäglichen werden, darf sich der Blick, das Ohr nicht an sie gewöhnen. Insbesondere die beliebige Reproduzierbarkeit z.B. akustischer Kunstwerke führt heute zur Nausea, das ästhetische Erlebnismoment entfällt dann. Auch diese Tatsache lässt sich durch einen Rückgriff auf die Untersuchungen der Tierpsychologie erläutern. Normalerweise läuft, wie schon erwähnt, das tierische Instinktverhalten nur, aber dafür auch immer dann ab, wenn die geeigneten Schlüsselreize geboten werden. In natürlicher Umgebung ist in der Regel gesichert, dass die Häufigkeit der äußeren Reizung zur Intensität der endogenen Reizerzeugung in angemessenem Verhältnis steht. Im Experiment lassen sich diese natürlichen Bedingungen jedoch verändern. So kann z.B. das balzauslösende Schlüsselzeichen als Attrappe beliebig oft hintereinander geboten werden. Die Folge ist, dass sich die korrespondierende Reizenergie erschöpft. Das Tier spricht auf die Schlüsselreize nicht mehr an. Die menschliche Reaktion auf das Häufigwerden des Seltenen scheint analog zu sein.

Das Alltäglichwerden bestimmter Kunstprodukte scheint jedoch bei bestimmten Verteilungsformen schneller vor sich zu gehen als bei anderen. So ist z.B. deutlich, dass eine Beethoven-Symphonie im neunzehnten Jahrhundert allenfalls einmal jährlich gehört werden konnte, während ich sie heute als Schallplatte beliebig oft hintereinander hören kann. Wenn man davon ausgeht, dass die Objekte der Kunst, akustische wie optische, einen entsprechenden Lusteffekt haben, so ist durchaus damit zu rechnen, dass eine Wiederholung des lusterzeugenden Reizes erfolgt, wenn sie möglich ist. Die Folge ist freilich die schnellere »Erledigung« des Kunstwerkes, seine Veralltäglichung.

Man kann sich freilich die Frage stellen, ob alle Kunstwerke gleichermaßen diesem Verschleiß unterliegen. Hier taucht das Problem der Klassizität von Kunstwerken auf. Die Lösung dieses Problems auf soziologischem Gebiet könnte auf zweierlei Weisen erfolgen: Einmal könnte man die Verlangsamung des »Abnutzungseffekts« auf die enge Verschmelzung der im engeren Sinne »sinnlichen« Basis der Kunst mit bestimmten Konnotationen zurückführen. Diese Konnotationen könnten einen hohen Grad von Mehrdeutigkeit aufweisen (Verschlüsselung?), so dass selbst bei längerer Beschäftigung mit diesem Kunstwerk die Nausea nicht allzuleicht aufträte, weil selbst beim bekannten Gedicht immer neue Konnotationen »entdeckt« werden könnten. Es scheint aber gewiss, dass, je stärker sich die Kunst völlig von Konnotationen trennt, dieser »Klassizitätseffekt« schwindet. Eine zweite Erklärung von Dauer trotz Intensität wäre gerade in den gebotenen sinnlichen Erregungsdaten selbst zu suchen: Ihre relative Unabnützbarkeit könnte in ihrer intraoptischen, intraakustischen usw. Komplexität liegen, die es gestatten würde, die rein sinnliche Erregung selbst bei häufigem Sehen oder Hören zu erhalten, weil man beim gleichen Kunstwerk immer »etwas Neues« sieht oder hört. Der Begriff intraoptischer bzw. intraakustischer Komplexität kann jedoch hier nicht weiter erläutert werden. Letztlich kann er nur exemplarisch an den Kunstwerken selbst veranschaulicht werden.

Dennoch bleibt es eine Aufgabe, den empirisch nicht zu leugnenden Tatbestand der »longue durée« der Kanonizität einiger weniger Texte zu erklären. Soziologisch läge es nahe, hier bestimmte intraästhetische Qualitäten zu vermuten, die polyvalente Anschlussmöglichkeiten über ganze Epochen und verschiedene soziale Schichtungen hinweg ermöglichen. Solche Anknüpfungsvielfalt kann paradoxerweise sowohl auf hoher textinterner Komplexität als auch auf erst einmal ganz schlichter eindrucksvoller Anschaulichkeit von Texten oder Bildern beruhen. In beiden Fällen öffnen sich die künstlerischen oder literarischen Artefakte höchst heterogenen Kanonisierungsinteressen. Im Übrigen lässt sich vermuten, dass bei Ausdifferenzierung ästhetischer Felder oder Subsysteme ästhetische Normen und Traditionen ein Eigengewicht und eine zumindest begrenzte Autonomie gewinnen, die ihre schlichte Deduktion aus außerästhetischen Interessen zu einer Übersimplifikation werden ließe. Haben sich erst einmal Kanones gebildet, sind damit Ausgangsunterscheidungen gesetzt, hinter die man nur mit Mühe zurückgehen kann. Luhmann spricht im Zusammenhang von Wissenschaft in Anschluss an Kahneman und Tversky[70] vom »anchoring effect«, um diese Abhängigkeit von den Ausgangsunterscheidungen zu beschreiben: »Je radikaler diese angesetzt sind, desto schwieriger [...] der Neubeginn; man probiere das mit Unterscheidungen wie Sein und Denken oder Objekt und Subjekt.«[71] Kanonische Texte wären in diesem Sinne Ankerpunkte, auf die man sich immer wieder beziehen muss. Man kann also die Langlebigkeit bestimmter Kanonisierungen verstehen, ohne die Auffassung von deren Vorzüglichkeit teilen zu müssen. Oder mit Richard Wagner zu sprechen: »Wie fang ich's nach der Regel an? Du stellst sie auf und folgst ihr dann.« Die Selbstreferentialität des Kanons ist der Grund für seine »longue durée«. Trotz solcher rein innerästhetischer Mechanismen fehlen drastischere Formen machtgestützter Kanondurchsetzung so gut wie nie. Dass die Sicherung von Kanonreinheit auf Zensur nicht verzichten kann, wird häufig deshalb nicht bemerkt, weil der kanonische Geschmack habitualisiert ist und als Natur empfunden wird. Fast immer jedenfalls kann man das Vorliegen eines Kanons an der Existenz von Zensur feststellen.

Auch unabhängig von der der modernen Technik und den Mechanismen der Kommerzialisierung entspringenden Beschleunigung der Abstumpfungseffekte scheint eine gewisse Erschöpfung der Reizkapazität jedoch für Kunstwerke überhaupt wesentlich zu sein. Künstlerische Produktionen verlieren dann ihren ästhetischen Appeal, weil die von ihnen gesetzten Zeichen nicht mehr genügend unwahrscheinlich sind. Sie sind zu sehr integriert in die Struktur des routinisierten Erwartungsfeldes. Eine Tendenz zur Innovation und zum Experiment scheint daher künstlerischer Tätigkeit von Anfang an angehaftet zu haben. So wie die Kunst der Antialltag und die Gegenwelt ist, so entbindet sie in wechselnden Periodizitäten stets auch gegen ihre eigene Alltäglichkeit gerichtete Kräfte. Die enge Verwandtschaft zwischen Kunst, Mode und Reklame wird hier deutlich. Ähnlich wie die Kunst reizt ja auch die Mode ein bestimmtes diffuses Wohlbefinden, das aber ebenso wie Kunst auch an die Empfindung der Unwahrscheinlichkeit der präsentierten Signale geknüpft ist. Oft freilich ist die Mode mit der unmittelbaren Steigerung des Appeals der Person verknüpft, die sich modisch kleidet, wie andererseits auch der Besitz des Kunstwerkes nicht nur der unmittelbaren ästhetischen Freude des Besitzers selbst dient, sondern seine Bedeutung Dritten gegenüber steigern soll. Wichtig ist nun, dass dieser gesuchte Effekt in dem Maße variiert, wie die modisch gesetzten Zeichen mangels Unwahrscheinlichkeit ineffizient werden, also ihre Funktion, Aufmerksamkeit zu erregen, nicht mehr erfüllen können.

---

70 Daniel Kahnemann, Amos Tversky, »Choice, Values, and Frames«, in: American Psychologist, 39, 1984, S. 341-350.
71 Niklas Luhmann, »Die Wissenschaft der Gesellschaft«, Frankfurt a. M. 1990, S. 236.

Man mag mit Fug darauf hinweisen, dass die Mode wie auch der Wechsel literarischer, musikalischer oder bildnerischer Traditionen weitgehend kommerziell gesteuert wird. Zweifellos führt die Kommerzialisierung zu einer Beschleunigung der Perioden des Wechsels von Stilen. Aber die Basis, auf der die Moden ruhen, scheint vor aller Kommerzialisierung zu liegen. In einfachen Gesellschaften scheinen sich Moden deshalb nicht oder nur kaum zu finden, weil die Kunst durch ihre Seltenheit ihren außeralltäglichen Charakter leichter bewahren kann. Bei der bekannten Anspannung aller Kräfte zur Erhaltung des unmittelbar physischen Lebens ist in der Regel für ausschließlich künstlerische Betätigung und deren Genuss ebenso wenig Zeit wie Gelegenheit. Die künstlerische Produktion und Darbietung bleibt daher in der Regel viel stärker auf die seltenen festlichen Anlässe beschränkt, die es in diesen Gesellschaften gibt. Der Ausnahmecharakter der Kunst ist so ausgeprägt, dass er zu seiner Erhaltung permanenter Innovation weniger bedarf als da, wo Kunst zum regelmäßig genossenen Konsumgut wird. Es ist etwas anderes, ob man jeden Abend zum Tanzen geht, oder ob man nur einmal im Jahr, die gewohnte Routine durchbrechend, an gemeinschaftlichen Tänzen teilnimmt. Die Kunst verbindet sich deshalb auch in einfachen Gesellschaften oft oder sogar zumeist mit der zwar jährlich regelmäßigen, aber doch sehr seltenen Unterbrechung des Alltagslebens. Sie wird zum Moment religiös-festlicher Umkehrung der Welt, zum Rausch und zur Ekstase, zum Sakralen, das sich gegen das Profane als sein Anderes absetzt.

Das ändert sich bereits in den Hochkulturen, wo zumindest die Oberschichten in erheblichem Maße freigestellt sind von der alltäglichen Routine der elementaren Daseinsfürsorge. Hier entsteht dann auch die Position des Künstlers als Beruf. Der Künstler nimmt teil an der Freistellung vom physischen Existenzkampf und wird Pfründner. Er beliefert die Angehörigen der Oberschicht mit seinen Erzeugnissen. Auf ihre ästhetischen Bedürfnisse nimmt er Rücksicht, zu ihrem Lebens- und Daseinsgefühl setzt sich seine Kunst in Beziehung. Aber mit der Freisetzung des Künstlers ergibt sich automatisch eine Vermehrung der künstlerischen Produkte, ergibt sich für die Oberschichten die relative Permanenz ästhetischer Beanspruchung und damit die Möglichkeit der Gewöhnung. Der Tendenz nach fängt daher bereits hier der Wechsel der Rhythmen, die periodische Ablösung von Kunsttraditionen an, hat hier die Mode ihre erste Stunde.

Freilich gibt es gleichzeitig eine gegenläufige Tendenz. Die Kunst der Hochkultur ist eben nicht autonom. Sie hat dienende Funktion. Sie ist mehr oder minder unmittelbar den hierarchischen Interessen sakraler oder profaner Art verpflichtet. Die an sich abstrakten Ideen, Werte und Normen, auf denen die Existenz hochkultureller Reiche beruht, gewinnt erst Gestalt durch ihre Veranschaulichung in der Kunst. So war z.B. der größte Teil der abendländischen Kunst des Mittelalters damit befasst, die tragenden Inhalte der Religion zu vergegenwärtigen, das

Unsichtbare sichtbar, das Gestaltlose konkret, greifbar, verständlich, sinnlich-real zu machen. Die ästhetisch-sinnliche Funktion verknüpfte sich hier also mit der außerästhetischen, religiösen oder politischen Ausdrucks- und Deutungsaufgabe zu einer mehr oder weniger unlöslichen Einheit. Insofern die Form der Darstellung der zentralen Ideen, auf denen die Legitimation von Reich und Kirche beruhte, für das betrachtende Bewusstsein von diesen Ideen selbst nicht mehr zu trennen war, musste jede Wandlung der bloßen Darstellungsform zugleich auch als eine Bedrohung der von ihnen verkörperten gedanklichen Gehalte empfunden werden, von deren Unantastbarkeit der Bestand der jeweiligen gesellschaftlichen Gefüge abhing. Die Tendenz zum Stilwechsel wurde in Gesellschaften dieser Art daher entscheidend eingedämmt. Die Spielbreiten für Variation und Experiment wurden von zensierenden Traditionen streng begrenzt. Diese Eingrenzung war um so entschiedener, je enger die Verknüpfung von Darstellungsauftrag und religiöser Indienstnahme war, innerhalb des christlichen Bereichs vielleicht am deutlichsten ausgeprägt in der ostkirchlichen Ikonenmalerei, wo jede Form der Abweichung vom Darstellungskanon zugleich als Form der Heterodoxie, der Auflehnung gegen die heilige Lehre galt. Die Monopolstellung, die bestimmte ostkirchliche Mönchsränge in Bezug auf die Ikonenmalerei innehatten, sicherte die religiösen Inhalte zusätzlich gegen unerwünschte Veränderung durch neue Formen ihrer Repräsentation ab. Demgegenüber ergab sich im Westen schon aus der stärkeren Konkurrenz von weltlicher und geistlicher Macht und aus der deutlicheren Fragmentierung innerhalb der einzelnen Bereiche, zumal nach der Entstehung eines eigenständigen, selbstbewussten Bürgertums, ein größerer Spielraum. Jedoch bleiben einschränkende Einflüsse durch die Traditionen lange bestehen. Sie überdauern auch die im eigentlichen Sinne feudale Epoche bei weitem. Denn selbst da, wo Kunst sich von im engeren Sinne religiösen Zielsetzungen trennt, insofern also autonom wird, vermag sie sich nicht ohne weiteres von traditionellen Normierungen ihrer selbst zu emanzipieren. Das, was als Kunst gelten kann, wird nie allein durch den innerästhetischen Appeal allein entschieden, sondern stets auch durch bindende gesellschaftliche Wert- und Geschmacksvorstellungen, »die z.B. bei der Malerei nicht nur einen Kanon möglicher und unmöglicher Gegenstände der Darstellungen umfasste, sondern sich bis auf die erlaubten Größenformate erstreckte.«[72] Das heißt nun für die Logik der Erzeugung von Aufmerksamkeit, dass die gleichsam physiologische Grundschicht der Empfindung von Seltenheit in Kulturen immer überlagert und überformt ist von Bedeutungssphären. Was normal ist, ergibt sich eben aus den kulturell gesetzten Schwellen. Die Aufmerksamkeit erregende Provokation entspringt dann gerade der begrenzten Übertretung der Regel oder aber – bei Einhaltung der Regeln – dem im Kontext der Regeln absolut unerhörten neuen

---

72   Arnold Gehlen, »Zeit-Bilder«, Frankfurt a. M. u. Bonn, 1960, S.11.

der Regeln absolut unerhörten neuen Spielzug, also einer noch nie dagewesenen Form der Anwendung der Regeln.

Der Konflikt Rembrandts mit seinen Auftraggebern oder die Schwierigkeiten Feuerbachs mit seinen Bestellern sind in dieser Hinsicht kaum anders zu beurteilen als die Empörung der Gemeinde von Trastevere über die von ihr bei Caravaggio bestellte Arbeit »Tod der Maria«, die der Künstler in streng realistischer Manier gemalt hatte. Auch der Protest der Pariser Akademie gegenüber Poussins »Eliezer und Rebecca« gehört hierher: Man beschwerte sich darüber, dass auf diesem Bild sowenig darstellungswürdige Wesen wie Kamele abgebildet waren. Jedenfalls war die Unduldsamkeit der Académie royale de peinture et sculpture in Paris kaum geringer als die der Inquisition. Man muss diesen Eindruck erhalten, wenn man die Konferenzberichte der Tagungen dieser Akademie liest«[73]. So veröffentliche z.b. Henri Testelin, der Sekretär der Akademie, sechs Tabellen, in denen die rechte und verbindliche Form, wie le trait, l'expression, les proportions, le clair et l'obscur, l'ordonnance und la couleur darzustellen seien, bekannt gemacht wurde. Die Lehre vom rechten malerischen Ausdruck der Leidenschaften, wie sie von Lebrun dargestellt wurde[74], stellt eben nicht nur eine beliebige Kunsttheorie dar. Sich ihr zu fügen war mehr oder weniger unausweichlich für den, der reüssieren wollte. Schließlich stand hinter der Akademie die staatliche Macht und ihr Anspruch auf adäquate Repräsentation. Selbst bei der ersten Ausstellung »Unabhängige Künstler« (10. April bis 6. Mai 1917 in New York) war man trotz aller Ablehnung des Traditionellen, die die Ausstellergruppe charakterisierte, nicht bereit oder nicht mutig genug, das von Marcel Duchamp eingesandte Ready-Made, ein Urinoir, öffentlich zu zeigen.

Der innerästhetische Zug zur Durchsetzung neuer formaler Mittel in Europa hat sich aber zumindest in beschränktem Maße immer bemerkbar gemacht, so dass eine gewisse Elastizität der Toleranzgrenzen der Tradition der Individualität gewisse Chancen gab. Und spätestens seit Giottos Zeiten bestand auch eine gewisse Nachfrage nach überraschenden Neuerungen. Eine Kunst, die nicht mehr in der Lage wäre, Aufmerksamkeit zu erregen, würde auch nicht mehr für andere als ästhetische Zwecke dienstbar gemacht werden.

Die entscheidende Phase für die Mode und den Wechsel der Stile, für die permanente Hektik der Veränderung der Ausdrucksmittel und Techniken bringt jedoch erst die Moderne, in der einerseits Kunst für die Massen produziert wird, andererseits jedoch Experten der Kunstbeurteilung, Kritiker von Beruf, sei es in Galerien und Museen, an den Theatern oder in der Presse, oder auch in den Universitäten als Relais zwischen Künstler und Publikum stehen. Es sind im wesent-

---

73 Vgl. Jovin, »Conférences de l'Académie royale de peinture et sculpture«, Paris 1883.
74 »Abbild oder Vorstellung der Gemütsregungen«. Nach Aufzeichnungen des vortrefflichen Mons. Le Brun und von Mt. Le Clerc in Kupfer gebracht. Nürnberg 1721.

lichen ihr Kunstempfinden und die daraus entspringende professionelle Aufmerksamkeit, die entscheidend werden für die Orientierung größerer Publika. Andererseits sind sie es, die in Dauerbeanspruchung durch Ästhetisches stehen, so dass Erregungsenergien nur noch bei neuen Provokationen mobilisiert werden. Nicht die festlich-exzeptionelle Hingabe an ästhetische Evokationen, sondern das kontinuierliche Vis-à-vis charakterisiert ihre ästhetische Lage. Freilich ist ihr Urteil nur verbindlich für die Top-Layers der Produktion und Abnehmerschaft. Der passagenweise hektische Innovationsdrang, der nicht nur die moderne *Kunst* charakterisiert, ist allerdings wiederum kein rein innerästhetisches Phänomen, er spiegelt passagenweise die generelle Innovationsverpflichtung, der das moderne Marktgeschehen unterliegt. Mit der berufsmäßigen Ausübung künstlerischer Tätigkeiten, mit der Vermehrung der Zahl produzierender Künstler und der marktmäßigen Vertriebsform von Kunst ergibt sich zwangsläufig ein gewisser Trend zur Produktdifferenzierung. Aufmerksamkeit wird hier also nur noch durch Abweichung von Regeln oder Neuartigkeit der gebotenen Reize erzeugbar. Dass dieser Trend ganz analog auch im Wissenschaftsbetrieb herrscht, sei hier nur angemerkt.[75] Aber was als neu oder provokativ erlebt werden kann, variiert selbstredend nach dem jeweiligen Rezipienten einer künstlerischen oder wissenschaftlichen Botschaft.

Neben der »Four-Part-Sculpture Nr. 2« von William Tucker, dem »Yellow Brushstick II« von Roy Lichtenstein oder der »Gefräßigen Zeit« von Konrad Klapheck in der 4. Documenta finden sich nach wie vor Abendstimmungen, röhrende Hirsche und Heidelandschaften in bürgerlichen Wohnzimmern. Wäh-

---

75   Für die Literaturwissenschaft hat Ulrich Schulz-Buschhaus hierfür deutliche Worte gefunden: »Je mehr den Literaturwissenschaftlern bewußt wird, sich auf einem Markt statt vor den Ansprüchen eines disziplinären Kanons behaupten zu müssen, um so mehr dringt auch Reklame in ihre Schriften und Auftritte ein. [...] Zu den Attitüden, die eine solche Einstellung manifestieren, gehören auf einer grundsätzlichen Ebene der imponierende Gestus von ›apodiktischen statements‹ und die Tendenz zur ›Verallgemeinerung‹ eines jeden, auch des partikularen Befunds; Züge, welche im Konkurrenzkampf der Theorien selbst dort auftreten, wo sie – wie bei Paul de Man – nach dem spezifischen Gehalt der Theorie an sich auf keinen Fall auftreten dürften« (Ulrich Schulz-Buschhaus, »Die problematische Internationalität der Literaturwissenschaft. Kritische Anmerkungen zu einer verunsicherten Disziplin«, in: Sprachkunst, 27, 1996, S. 313-334, hier S. 327 f.). Übertreibungen, »catch-words«, »overinterpretations« und die Exzessivität der Thesen dienen hier ähnlich wie überoptimale Attrappen in einem Lorenzschen Tierversuch als Verstärker von Aufmerksamkeit. Den gleichen Zweck erfüllen häufig auch Neuartigkeitsfiktionen. Da die Innovationsressourcen nicht ausreichen, muss man Altes für neu ausgeben oder durch Verrätselung der Texte Neuigkeit der Gedanken suggerieren. Allein die schiere Fülle des Angebots erleichtert auch wieder solche Strategien. Gerade weil niemand alles lesen kann, ist stets damit zu rechnen, dass zumal ältere Einsichten längst vergessen sind und ungestraft als Neuheiten vermarktet werden können. Das Vergessen stellt – so gesehen – geradezu eine lebenswichtige Funktion für das auf ständige Neuheit angewiesene Wissenschaftssystem dar.

rend die Avantgarde diskutiert, ob Yves Klein noch »in« ist, ob der »Nouveau Réalisme dans l'Art actuelle« schon passé ist, ob die »Cardinal Numbers« von Robert Indiana nicht zu angepasst, ob die »Ratimsäule 7-68« von Erich Hauser nicht zu konventionell monumental sei, hängen in zahlreichen Schlafzimmern immer noch Kleinformatdrucke der Sixtinischen Madonna. Während die Experten die neuesten Erzeugnisse Stockhausens diskutieren, erleben die Mozartplatten-Hersteller Rekordauflagen, kennt jeder die wichtigsten Platten der Beatles oder Rolling Stones. Während die einen das, was auf der letzten Documenta als dernier cri galt, heute schon für hoffnungslos obsolet halten, hat sich der Geschmack der anderen seit Jahrzehnten nicht gewandelt. Hier sei zunächst völlig vom Bedeutungscharakter der Kunst abgesehen, sondern nur die diffuse ästhetisch-emotionale Resonanz ins Auge gefasst: Es zeigt sich, dass die Periodizitäten, mit denen Stile veraltern, ihren Unwahrscheinlichkeitscharakter verlieren, gruppenspezifisch different sind. Je näher die unmittelbare Konfrontation mit der aktuellen Top-Produktion, desto kurzfristiger die Stilperioden. Es gibt nicht nur die Ungleichzeitigkeit des Gleichzeitigen, sondern auch die Ungleichzeitigkeit der ästhetischen Dauer von Gleichzeitigem und Ungleichzeitigem.

Man kann jedenfalls von einer starken Stufung der ästhetischen Produktion sprechen, die teils, wie angedeutet, auf die Zwänge des Marktverteilungsmechanismus, teils aber auch auf die Differenzierung der Gesellschaft generell zurückgeht. Die jeweiligen Ausdrucksbedürfnisse, diffusen emotionalen Lagen, kognitiven Horizonte, affektiven Interessen, Geschmackstraditionen, Tabuisierungen und Offenheiten sind unterschiedlich auf die gesellschaftlichen Gruppen verteilt. Der je anders akzentuierten Rhythmik des Daseins entsprechen je andere Formen künstlerischer Repräsentation. Das, was ästhetisch aufmerksam macht, variiert entsprechend. Es mag also zwar durchaus sinnvoll sein, ein ästhetisches Schichtmodell zu verwenden. Jedoch sollte man sich stets vergegenwärtigen, dass die Qualitätsbeurteilungen der künstlerisch Produzierenden keinen gültigen Allgemeinanspruch mehr erheben können, dass also die Stratifikation der Gesamtgesellschaft nicht homolog zur Schichtung des ästhetischen Geschmacksniveaus verläuft, wenn man als Kanon dieser Niveaustufungen die Normen der künstlerischen Avantgarde nimmt. Der Demokratisierung im politisch-gesellschaftlichen Bereich entspricht durchaus eine Demokratisierung im Ästhetischen, die dazu führt, dass die verbindlichen Normen der ästhetischen Beurteilung verschwinden und die Diskussion solcher Normen nur noch innerhalb bestimmter Gruppen zur Einigung führt. Der Inhalt solcher Übereinstimmungen wechselt jedoch von Gruppe zu Gruppe.

Es ist im übrigen bemerkenswert, dass diese Ungleichzeitigkeit des Gleichzeitigen sich nicht nur in der vertikalen Verteilungslinie findet, sondern durchaus auf der horizontalen ebenso. So fanden sich auf der 4. Documenta in Kassel neben den im archaisch-natürlichen Sinne unwahrscheinlichen Geometrisierungen (z.B.

»Date Line« von Kenneth Noland 1967, »16 asymmetrische Farbstufengruppen innerhalb eines symmetrischen Systems« 1963 von Richard Paul Lohse, der »Voice of Fire« 1967 von Barnet Newman oder der »Vibration grünblauschwarz« 1966/68 von Günther Fruhtrunk), deren ornamentaler Charakter unverkennbar ist, auch die Evokationen des Alltäglichen selbst, etwa im »Ambiente Roxy« von Edward Kienholz oder dem Interieur »Woman washing her feet in a sink« von George Segal. Es scheint, dass der ästhetische Effekt der Arbeiten Segals vor allem darin liegt, dass die vorherrschende ästhetische Betrachtungsweise frustriert wird, und zwar dadurch, dass innerhalb eines Erwartungsfeldes, nämlich dem durch den Assoziationsbereich »Ausstellung, Museum« gegebenen, etwas Alltägliches geboten wird. In der Sphäre des Unalltäglichen ist aber gerade das Alltägliche unalltäglich, weil das Unalltägliche alltäglich geworden ist.

Dabei ist diese Tendenz an sich auch nicht völlig neu. Spätestens mit den Aktionen der Dadaisten wird sie zum ständigen Begleiter der neueren Kunst. Man denke an das schon erwähnte Ready-made von Duchamp von 1917 oder an die berühmte Ausstellung »Galerie-Au-Sans-Pareil«, die auf Einladung von André Breton 1921 in Paris zustande kam. Hier spielte z.B. der Dichter Aragon im Keller stundenlang ein Känguru, während Soupault mit Zara sich und die Zuschauer (vielleicht) mit ununterbrochenen Versteckspielen amüsierten, während Péret und Charcune ohne Unterbrechung einander 1½ Stunden lang die Hände schüttelten. Schließlich bestieg Tristan Tzara einen Stuhl und verkündete, dass in eines der Weingläser ein Abführmittel gegeben worden sei.[76]

Gerade dieser Wechsel der Perspektive ist aber das Außeralltägliche und Unwahrscheinliche, wodurch das Alleralltäglichste zum Außeralltäglichsten und Unwahrscheinlichsten wird. Das »All is pretty« Warhols ergibt sich erst bei einer Verlagerung des ästhetischen Blickwinkels, der ungewöhnlich und selten ist und eben dadurch Aufmerksamkeit provoziert.

Unsere These, in aller Kunst lasse sich die Emission unwahrscheinlicher Zeichen erkennen, wird also keineswegs durch die Evokation des Alltäglichen in der modernen Kunst widerlegt.

Die Unwahrscheinlichkeit, um die es hier geht, ist freilich keine beliebige der bloßen Willkür, jedenfalls in der Regel nicht. So ist z.B. zwar der Reim oder Rhythmus eines Gedichtes unwahrscheinlich in Bezug auf die normale Sprechweise. Die bildhafte Ausdrucksweise stellt eine unwahrscheinliche Kombination von Worten dar usw. Trotzdem verbleiben auch die unwahrscheinlichsten lyrischen Produkte innerhalb der durch Grammatik und Syntax gebotenen Grenzen. Die Unwahrscheinlichkeit ist eine relative. Sie hat einen Rahmen.

---

76   John Russell, »Max Ernst, Leben und Werk«, Köln 1966.

Dieser – wenn man so will – dialektische Charakter ist bei allem, was in der Folge über Unwahrscheinlichkeiten als Erreger von Aufmerksamkeit gesagt wird, stets mitzudenken.

Denkt man z.b. an die in einem Computer erzeugten Gedichte, so wird deutlich, dass die ästhetische Wirkung unwahrscheinlicher Wortfolgen nicht durch jede beliebige Kombination ausgelöst wird. Es findet stets eine Auswahl von »noch ankommenden« und schlechthin sinnlosen Kombinationen statt. Dort jedenfalls, wo das Gedicht etwa zu einer bloßen Anzahl sinnloser Silben würde, etwa im Sinne der Ebbinghausschen Experimente, könnte sich ein ästhetischer Effekt nur noch als optischer oder musikalischer (wenn überhaupt) einstellen, jedenfalls nicht mehr als lyrischer.

Diese Rahmengrenzen der Wahrscheinlichkeiten sind selbst teils physiologisch, teils soziokulturell gegeben. So besteht der als ästhetisch empfundene Reiz etwa eines romanischen Bildwerkes in der bravourösen Handhabung der begrenzten Mittel, die zugelassen sind. Der bloße Wechsel des »Rahmens«, der »Spielregeln«, wäre demgegenüber »sinnlos«. Der ästhetische Reiz einer schönen Schachpartie beruht z.b. darauf, dass bei Einhaltung der Spielregeln neue und unwahrscheinliche, verblüffende Lösungen gefunden werden. Der begrenzende Einfluss von Regeln hindert also nicht einfachhin Originalität, sondern gibt ihr einen historischen Raum, der größer oder geringer, jedenfalls nicht unendlich sein kann. Je enger die Grenzen gesteckt sind, desto »schwieriger« sind Neukombinationen, desto subtiler die Reize.

Die Ablösung von Stilen als Regelwelten wird eigentlich immer erst dann Notwendigkeit, wenn sich innerhalb ihrer keine Unwahrscheinlichkeiten mehr produzieren lassen, wenn sie ihr Unwahrscheinlichkeitspotential erschöpft haben. Die Ablösung des realistischen Stils etwa um 1900 lässt sich deshalb auch so verstehen, dass innerhalb der mit ihm gebotenen Mittel keine unwahrscheinlichen Effekte mehr erzielt werden konnten. Gehlen schreibt hierzu: »So waren spätestens um 1900 die überhaupt erreichbaren Sujets durchgespielt, zum Teil seit Jahrhunderten. Das Genrebild hatte den Alltag in seiner Beliebigkeit dargestellt, das Stilleben beliebige Einzelheiten aus dieser Beliebigkeit. Tierbilder waren entstanden, Sportbilder, Dorfansichten, Hausansichten, Türansichten [...]. Alle thematischen Möglichkeiten waren schlechterdings erschöpft.«[77]

Inzwischen scheint sich eine neue Erschöpfung zumindest vorübergehend anzubahnen, für die das Schlagwort »Postmoderne« als Indiz gelten mag. Nicht nur einzelne Reize werden durch Wiederholung erschöpfbar, so dass sie auf Neuerungen drängen. Die Permanenz der Erneuerung selbst kann als ermüdend empfunden werden. Hier ergibt sich dann ein paradoxer Effekt: Die erneuernde

---

77 Vgl. Arnold Gehlen, »Zeit-Bilder«, Frankfurt a. M. und Bonn, 1960, S. 41.

Alternative zur ständigen Erneuerung könnte im überraschenden Verzicht auf sie bestehen. Neu wäre dann, absichtlich nichts Neues mehr zu bieten. Aber selbst dieser anti-avantgardistische Gestus wäre nur innerhalb der Avantgarde verständlich, bleibt insofern nolens volens auf sie bezogen. Die Wiederholung ist vor dem Hintergrund der wiederholten Nicht-Wiederholung etwas Neues. Das Dilemma der Selbstreferentialität des Kunstsystems wird unaufhebbar: Das E-wig-Neue ist nichts Neues mehr, und das dagegen gesetzte definitiv Nicht-Neue ist doch etwas Neues. Und gerade darin zeigt sich, dass die Postmoderne vielleicht ein Postavantgardismus ist, gleichwohl den Zwängen der Moderne nicht entrinnt. Ulrich Schulz-Buschhaus hat deshalb ebenso einleuchtend wie scharfsinnig vorgeschlagen, die mit »Postmoderne« apostrophierten Phänomene eher als Postavantgardismus anzusprechen.[78]

Jedenfalls lässt sich die gesamte vormoderne Kunst im wesentlichen dadurch charakterisieren, dass sich die erzeugten Unwahrscheinlichkeiten *innerhalb* mehr oder weniger bekannter Regelsysteme abspielten, während mit der Moderne und dem zunehmenden Subjektivismus der künstlerischen Produktion die Regelinnovation selbst an Bedeutung gewinnt. Und damit verschieben sich selbstredend die Strukturen der kunstspezifischen Generatoren von Aufmerksamkeit.

4   Aufmerksamkeit und Erwartung

Die bisherigen Überlegungen könnten den Schluss nahelegen, Aufmerksamkeit sei grundsätzlich an die Konfrontation mit Unwahrscheinlichkeit gebunden. Das wäre jedoch eine grobe Verzerrung. Der gesellschaftliche Normalfall ist die

---

78   Vgl. Ulrich Schulz-Buschhaus, »Critica e recupero dei generi – Considerazioni sul ›Moderno‹ e sul ›Postmoderno‹«, in: Problemi, 101, 1995. Die Avantgarde muss, um es zu bleiben, postavantgardistisch werden: vgl. Ders., »Postavanguardismo, non contra avantguardismo. Intervista a Ulrich Schulz-Buschhaus«, in: V. Spinazzola (Hg.), Tirature '94. Mailand 1995. Als besonders eindrucksvollen Beleg verweist er in diesem Kontext auf die Romane von Umberto Ecco: »Ich denke etwa an einen der gewitztesten und kenntnisreichsten Autoren des Novecento, der 1963 als kluger Theoretiker der ›neo-avanguardia‹ berühmt und seit 1980 als noch klügerer Praktiker einer romanesken Post-Avantgarde noch berühmter wurde.« Ulrich Schulz-Buschhaus, »Funktionen des Kriminalromans in der post-avantgardistischen Erzählliteratur«, in: Ders. und Karlheinz Stierle (Hg.), »Projekte des Romans nach der Moderne«, München 1997, S. 336. Als eindrucksvoll selbstreflexives Beispiel für die zur Institution gewordene Avantgarde zitiert Schulz-Buschhaus Philippe Sollers mit einer Intervieweinlassung von 1980: »C'est devenu académique, l'avant-garde, vous comprenez. Le poète d'avant-garde est parfaitement prévu sur l'échiquier, il n'a plus aucune fonction subversive, on lui demande de faire son petit truc [...], d'être un tout petit peu hermétique, érotique, ésotérique, mais de ne pas poser de questions gênantes. C'est pour çà que je ne suis plus d'accord avec ce concept d'avant-garde.« Philippe Sollers, »Improvisations«, Paris 1991, S. 175. Zitiert nach Schulz-Buschhaus, a. a. O., S. 117.

direkte Regelung der Aufmerksamkeit selbst. Das kann in schlichten Normen geschehen, die einem sagen, worauf man aufmerksam sein muss und worauf man unter Umständen keine Aufmerksamkeit verschwenden darf, wovon man also absehen muss. Das ist ein universales soziales Phänomen. Da in Grenzen gilt, dass jede Zuwendung von Aufmerksamkeit Energie kostet, geht die Aufmerksamkeit die man A zuwendet, B verloren. Es muss also Kriterien der Wichtigkeit geben, welche die entsprechenden Investitionen steuern. Liegen diese erst einmal fest und sind sie verinnerlicht, dann kann das entsprechende Engagement weithin dem Prinzip der »rational choice« folgen. Ich schade dann meinen Interessen, wenn ich einer bestimmten Aktivität zu viel oder zu wenig Aufmerksamkeit widme[79]. Viele Klugheitslehren tadeln denn auch die Verschwendung oder Vernachlässigung der Aufmerksamkeit für bestimmte Lebensbereiche. Klassisch für Europa war etwa die Klage der Theologen, dass man sich zu intensiv dem Weltlichen widme, obwohl doch die irdischen Schätze im Jenseits keinen Bestand hätten.

Das ändert sich in verschiedener Hinsicht mit Beginn der Neuzeit. Als Beispiel für die Politik erwähne ich Machiavelli. Er formuliert deutlich, dass der Politiker Schiffbruch erleidet, wenn er religiösen oder moralischen Gesichtspunkten zu viel Aufmerksamkeit schenkt. Im Kontext des Politischen bildet sich so ein Erfolgsziel aus, in diesem Fall der Erhalt der politischen Macht (bzw. die Machtmehrung, soweit sie dem Machterhalt nicht schadet), das die Richtschnur abgibt für das, worauf man achten muss und das, was man vernachlässigen kann. Im siebzehnten Jahrhundert bilden sich in England entsprechende Doktrinen für die Wirtschaft aus. Und die These des »l'art pour l'art« formuliert im neunzehnten Jahrhundert den gleichen Gedanken für die Kunst. Die Subsysteme treten als Konkurrenten legitimer Aufmerksamkeit auf.

---

79 Man kann dieses Prinzip das »ökonomische« nennen. Im Grunde aber handelt es sich nur um die Berücksichtigung des Prinzips der Knappheit, das sich auch jenseits der Sphäre der Ökonomie findet. In der Ökonomie s e n s u s t r i c t o geht es um eine ganz besondere Knappheit, nämlich um die der Zahlungsmöglichkeiten. Vgl. hierzu: Alois Hahn, »Soziologische Aspekte der Knappheit«, in: Klaus Heinemann (Hg.), »Soziologie des wirtschaftlichen Handelns«, Opladen 1987, S. 119-132. Die Zuweisung der Konkurrenz um Aufmerksamkeit in die Sphäre der Ökonomie verwendet deshalb einen metaphorischen Begriff von Wirtschaft. Dies scheint mir durchweg der Fall zu sein in dem ansonsten anregenden Werk von Georg Franck, »Ökonomie der Aufmerksamkeit. Ein Entwurf«, München u. Wien 1998. Aber die Aufmerksamkeit ist keinesfalls die »Währung« der Ökonomie. Die »Währung der Ökonomie« ist die Währung. Aufmerksamkeit z.B. auf Produkte, Angebote, Rohstoffe, spielt zwar eine große Rolle in der Wirtschaft, aber nur unter dem Aspekt, dass sie die reale Zahlungen beeinflusst, z.B. Gewinnchancen erhöht. Nur für das Subsystem Öffentlichkeit gilt, dass für sie die »Währung« Aufmerksamkeit ist. Man könnte auch sagen, hier wird Aufmerksamkeit selbstreferentiell: Alle Aufmerksamkeit richtet sich darauf, Aufmerksamkeit zu erregen. Sie ist hier nicht mehr bloß Mittel zum Zweck.

Dabei verschiebt sich der Begriff von Aufmerksamkeit selbst. Er meint nicht mehr lediglich die Bindung von Bewusstseinsenergie, sondern spezifische Formen des beobachtenden und kontrollierenden Engagements überhaupt. Die Aufmerksamkeit meint dann z.b. die systematische Kontrolle bestimmter empirischer Ereignisse unter dem Aspekt, ob sie gegebenen Erwartungen entsprechen oder nicht. Das können Kriminalitätsraten oder Konjunkturzyklen, Beichtfrequenzen oder Schulabschlüsse, Verkehrsunfälle oder Todesursachen sein. Es kann sich auch um persönliche Kontrolle der eigenen Leistungen und Versagen handeln: Man kann seine Sünden, sein Gewicht oder seine erotischen Erfolge überwachen. Die Aufmerksamkeit wird dabei an Daten orientiert, die nur in seltenen Fällen direkter Wahrnehmung unterzogen werden müssen. Insofern lässt sich auch die an ihr entwickelte Logik nicht mehr einfach fortsetzen und generalisieren. Die sorgfältige Beobachtung richtet sich auf die Einhaltung von Messgrößen oder auf deren permanente Steigerung. Dabei entsteht ein dialektischer Zusammenhang zwischen Aufmerksamkeit und Erwartungsbildung. Nur dadurch, dass man bestimmte Verläufe regelmäßig unter bestimmten subsystemspezifischen Kriterien aufmerksam beobachtet, können sich überhaupt Erwartungswerte und Sollgrößen bilden, die dann ihrerseits die Richtung für die jeweilige Aufmerksamkeit bestimmen. Charakteristisch wird dabei die Ablösung vom direkt gesehenen oder miterlebten Ereignis. Erfahrung zweiter Hand, verschriftlichte oder maschinell erhobene und gespeicherte Daten sind der typische Gegenstand der Aufmerksamkeit, die ihrerseits auch wiederum zur Leistung von Beobachtungsmaschinen (die solche Aufgaben längst vor der Erfindung des Computers erledigen konnten) werden. Das Feld derart entpersönlichter Systemaufmerksamkeit reicht von komplexen automatisch gesteuerten Produktionsanlagen in der Industrie bis zu von Robotern ausgeführten medizinischen Operationen, von Marktbeobachtungssystemen bis zu vielgliedriger Überwachung und Regelung kybernetisch verbundener Kontrollapparaturen.

Was auffällt, ist einerseits die starke funktionale Ausdifferenzierung der Kriterien, nach denen die Welt beobachtet wird, um Abweichungen von Erwartungswerten festzustellen, die dann zum Auslöser korrigierender oder verstärkender Maßnahmen werden können. Im Wirtschaftssystem können das z.B. die Marktpreise sein, für die Politik die Ergebnisse von Umfragen, für den Gesundheitsbereich Leberwerte. Dabei gilt grundsätzlich, dass diese Erwartungswerte einen Normalbereich konstruieren, innerhalb dessen kein Handlungsbedarf entsteht, und leichtere oder schwerere Abweichungszonen und Extremwerte, also Krisenzonen, die, wenn erreicht, natürlich nicht nur Aufmerksamkeit, sondern Panikstimmung auslösen können. Aber nicht nur die Kriterien, nach denen beobachtet wird, sind in der Gegenwart extrem spezialisiert, sondern auch die Aufmerksamkeit generierenden Verfahren selbst haben sich ausdifferenziert. Die

Überwachungsfunktionen haben sich in allen Lebensbereichen seit Beginn der Neuzeit nicht nur vermehrt, sondern auch zusehends verselbständigt. Natürlich hat es auch in vormodernen Gesellschaften Aufseher und Überwacher gegeben. Fast immer aber waren sie mit der Ausübung der Funktionen verknüpft, die sie überwachten, sieht man von seltenen Ausnahmen wie den Sklavenaufsehern einmal ab. Die Moderne hat demgegenüber in allen Funktionsbereichen spezifische seismographische Institutionen der Überwachung etabliert, die als legitimierte Generatoren sozialer Aufmerksamkeit fungieren. Im Hintergrund dieser Entwicklung stehen einerseits säkulare Prozesse der funktionalen Ausdifferenzierung von sozialen Subsystemen, die seit dem Beginn der Neuzeit zunehmend den Charakter der gegenwärtigen Gesellschaft bestimmen. Sie erlauben es erst, präzise Kriterien der Überwachung als systemspezifische Eigentümlichkeiten auszubilden und je eigene Werte von Normalität und Abweichung zu konstituieren. Gleichzeitig damit haben sich eben neuartige Formen der die Normalität definierenden und beobachtenden Dispositive herausgebildet.

Gemeint sind damit diskursive Komplexe und regulierende Verfahren, durch die in okzidentalen Kulturen seit Beginn der Neuzeit, aber verschärft seit Beginn des neunzehnten und zwanzigsten Jahrhunderts »Normalitäten« produziert und reproduziert werden. Michel Foucault hat diese Normalisierung als Normalisierung der Subjekte vor allem unter dem Gesichtspunkt von »panoptisch« regulierenden Institutionen, z.B. der Strafjustiz, der Kliniken, der therapeutischen Überwachung, behandelt: Aufmerksamkeit als Verknüpfung von »Surveiller et Punir«. Im Gegensatz zu diesen eher an Fremdüberwachungen orientierten Normalisierungsprozessen widmen sich neuere Forschungen von Jürgen Link vornehmlich dem Aspekt der flexiblen Selbst-Normalisierung moderner Personen. Die leitende Vorstellung ist dabei, dass die Individuen selbst sich auf Verlaufskurven unterstellter Normalität beziehen und an diesen orientiert ihr eigenes Verhalten, ihre Gesundheitsvorsorge, ihr Berufsleben oder die Gestaltung ihrer ehelichen Beziehungen zu gestalten versuchen. »Dabei dient die Vorstellung von Normalitätsgrenzen den Subjekten als entscheidendes Kriterium, um die entsprechenden Kurvenverläufe zu regulieren: Es geht darum, ein Ausscheren ins ›Anormale‹ zu vermeiden bzw. ggf. eine zu ›enge‹ Normalität durch Verschiebung der Grenze zu erweitern.«[80] Eine der Pointen des Konzepts besteht darin, Normalität von Normativität terminologisch strikt zu unterscheiden. Normalität soll sich dabei auf erwartbare Verläufe oder Verteilungen beziehen, die als Resultate von Messungen oder Annahmen üblicher Gegebenheiten,

---

80 Jürgen Link u. a., »Leben in Kurvenlandschaften. Flexibler Normalismus in Arbeitsleben und Alltag, Medien, elementarer und belletristischer Literatur. DFG-Antrag«, Dortmund 1998, S. 5. Vgl. hierzu auch Jürgen Link, »Versuch über den Normalismus. Wie Normalismus produziert wird«, Opladen 1997.

und zwar einschließlich der Abweichungen von Normen, als gegeben unterstellt werden. So mag z.B. die (religiöse oder moralische) Norm gelten, keinen Ehebruch zu begehen, obwohl gleichzeitig bekannt ist, dass üblicherweise lediglich 30% der Bevölkerung sich an dieses Gebot halten. Ein Abweichungsgrad von 70% würde in diesem Falle der (normwidrigen) Normalität entsprechen. Die zentrale These Links ist nun, dass die Moderne (im Gegensatz zu vormodernen Gesellschaften) nicht nur auf Normverstöße (im Sinne der Abweichung von normativen Regeln) reagiere, sondern in hohem Maße auch für die Einhaltung und Verschiebung von Normalitätsgrenzen sensibilisiert sei. Diese Aufmerksamkeit auf Normalität zeige sich etwa in der Pathologisierung von Anomalien im Sexualbereich, in der Sphäre der Kriminalität usw. So hatte Durkheim z.B. eine bestimmte Rate von Kriminalität für gegebene Typen von Gesellschaft für »normal« gehalten und Abweichungen (nach oben und nach unten) von dieser Rate für »krankhaft« erklärt. Trotz der Differenz zwischen Normativität und Normalität ist leicht zu sehen, dass die Normalität ihrerseits nicht ohne Bedeutung für die Aufrechterhaltung oder Veränderung normativer Standards geblieben ist. Normalität wird sowohl in der belletristischen Literatur als auch in den Humanwissenschaften seit dem neunzehnten Jahrhundert in zunehmendem Maße zum Thema, vor allem etwa in der Psychologie, der Soziologie, der Pädagogik oder der Jurisprudenz. Dabei führt das Überschreiten von Normalitätsgrenzen typischerweise zu spezifischen »Ausgrenzungstendenzen«. Link spricht in diesem Zusammenhang von der Phase der »Protonormalität«, also einer Phase, in der Abweichungen von der Normalität mit exkludierenden Sanktionen (Ausweisung, Einweisung in Kliniken, Behandlungen aller Art usw.) belegt werden. Dabei folgt er der Sache nach Überlegungen von Foucault. Das gilt auch für die zweite von ihm identifizierte Phase der Normalitätssicherung, die er als »flexible (Selbst-) Normalisierung« bezeichnet, in der die Subjekte selbst sich an neue Normalitäten anzupassen versuchen, z.B. indem sie ihre Ernährung, ihr Sexualleben, ihren Erziehungsstil usw. in die Grenzen der »Normalität« einbinden, sich notfalls therapieren lassen, um das zu erreichen. Es liegt auf der Hand, dass solche Orientierungen vitaler Aufmerksamkeiten an Kurvenverläufen nicht möglich waren, bevor es nicht die Institutionen der Statistik, der Volksbefragung und der permanenten Datenerhebung in allen Bereichen gab. Die mathematischen Formeln solcher Verteilungen, etwa die Gaußsche Normalverteilung, hätten ohne solche Sozialtechniken gar keinen Anwendungsbereich. Seit es aber beides gibt, werden institutionalisierte Veranstaltungen zur Messung von Normalität die dominanten Aufmerksamkeitsgeneratoren unserer Gesellschaft.

5   Aufmerksamkeit und Öffentlichkeit

5.1 Konsens und Dissens

Wenn man über die Logik sozialer Steuerung von Aufmerksamkeit unter modernen Gegebenheiten etwas sagen will, kann man an der zentralen Bedeutung der Öffentlichkeit nicht vorbeigehen. Sie ist der Generator für gesamtgesellschaftliche Aufmerksamkeit. Was sich in ihr nicht abspielt, findet gesellschaftlich nicht statt. Es mögen noch so bedeutsame Dinge geschehen, Erfindungen oder Katastrophen; solange sie nicht öffentliche Aufmerksamkeit auf sich ziehen, sind sie nur in dem begrenzten sozialen Kreis Wirklichkeit, wo sie Gegenstand von Kommunikation sind.

Öffentlichkeit präjudiziert als solche weder Konsens noch Dissens, und zwar weder in Bezug auf Themen noch auf Meinungen, sondern nur unterstellbare generalisierbare Bekanntheit einer Nachricht[81]. Dissens kann sich bereits an der Tatsache der Publizität als solcher entzünden: »Dass man so etwas veröffentlichen kann! Pfui Teufel!« Die öffentliche Meinung stellt eine Themenressource dar. Zustimmungen oder Ablehnungen lassen sich aus ihr noch nicht eindeutig ableiten. Sie ist lediglich, aber das ist bereits sehr viel, die Institutionalisierung allgemeiner Aufmerksamkeit. Dass die publizierte Meinung allein aufgrund ihrer Publizität eine größere Chance hat, Konsens zu finden, als eine andere, scheint mir nicht besonders wahrscheinlich. Aber das ist eine empirische Frage. Grundsätzlich kann man ja zu jeder einem bekannten These »Ja« und »Nein« sagen. Publizität enthält aber immer wenigstens ein Dissensangebot (natürlich auch ein Konsensangebot). Schon dass einem widersprochen wird, kann einem ja schmeicheln (man denke an Herostratos oder vielleicht an Wilhelm Busch: »... hoff ich außerdem auf Widerspruch, der mir genehm«). Nicht Publikes kann nicht einmal öffentlich angegriffen werden. Wer an generalisierten Wirkungen seiner Kommunikation interessiert ist, muss deshalb an deren Öffentlichkeit interessiert sein. Falls er den Konsens sucht, ist die mit Öffentlichkeit naturgegebene Chance, massenhaft Dissens auszulösen, eben ein unvermeidliches Risiko. In der Selbstdarstellung der Öffentlichkeit, und zwar sowohl durch professionelle Agenten wie Journalisten usw. als auch (wenn auch gebremster) durch Sprecher der partizipierenden Institutionen wie Politiker, Kirchenleute usw., überwiegt allerdings eine eher Habermassche Vision der Dinge. Hier wird Wert gelegt auf die kritische Funktion der Öffentlichkeit. Dissens ist dann zwar der Ausgangspunkt einer publizierten Ereignisreihe. Am Ende aber steht die helle Wahrheit, an der es nichts zu deuten gibt und vor der die Bösen zittern und nur die lichtscheuen

---

81   In diesem Sinne: Niklas Luhmann, «Öffentliche Meinung«, in: Ders., »Politische Planung. Aufsätze zur Soziologie von Politik und Verwaltung«, Opladen 1971, S. 9-34.

Gesellen sich zu fürchten haben. Selbst Rufmord oder anscheinend unauflösliche Fälle von Dissens erscheinen hier als bloß vorübergehend. Die Bedeutung solcher Images für die Öffentlichkeit als sozial integrierendes Subsystem der Gesellschaft liegt auf der Hand, so sehr, dass kontrafaktische Stabilisierungen höchst wahrscheinlich werden. Auch historisch leuchtet die Überzeichnung der Konsensbildungs-Fiktion ein: Die bürgerliche Gesellschaft sieht sich selbst – und das ist geschichtlich einigermaßen neu – im achtzehnten Jahrhundert vor die Aufgabe gestellt, alle gültigen Normen selbst zu begründen, also sich selbst normativ zu konstituieren. Hoffnung auf heteronome Hilfen oder Zwänge (religiöse Offenbarungen z.B.) sind ausgefallen. In dieser Lage kann nur das Gespräch erweisen, was tragfähig ist. Man muss mit allen Verständigen im kritischen Dialog bleiben. Und Öffentlichkeit erscheint gerade als der Inbegriff eines solchen Dialogs[82]. Natürlich zeigt sich bald, dass empirisch gegebene Öffentlichkeit die Konsensbildung nicht leistet.

Was tun? Eine Lösung wäre allemal, die ideale Öffentlichkeit gegen die bloß empirische auszuspielen und vielleicht oder notfalls die eine gewaltsam aufzuheben, damit die andere als gewaltlose möglich werde. Eine andere stützt sich historisch auf die Toleranzidee: Auch wenn wir einsehen, dass wir auf Dauer mit Knappheit von Konsens zu rechnen haben, bietet Öffentlichkeit einen Raum friedlicher Verständigung. Man kann den anderen nicht überzeugen, aber man paktiert auf Zeit (Permanenz der Dissensausklammerung zum Zwecke friedlicher Verständigung). Gerade die Nicht-Herstellbarkeit sachlich begründbaren politischen Konsenses bedingt dann den bloß vorübergehenden Pakt: Öffentlichkeit als Permanenz von Aufkündbarkeit. Aber gerade in dieser Form bleibt das umstrittene Thema Objekt von Aufmerksamkeit. Der Konsens hat insofern eine Tendenz, einem Gegenstand die allgemeine Aufmerksamkeit zu entziehen. Er wird Moment des Hintergrunds unserer Interessen, wenn er nicht völlig in die Latenz des zwar Vorausgesetzten, aber kaum Thematisierbaren versinkt.

5.2   Bekanntmachung als öffentliche Aufmerksamkeit stiftendes Ereignis

Öffentlichkeit erzeugt sich durch den ununterbrochenen Strom von Bekanntmachungen. Bekannte machen Unbekannten Unbekanntes bekannt. Denn zumeist sind diejenigen, die etwas bekanntmachen, selbst bereits bekannt, in jedem Fall sind sie nicht völlig anonym, als Reporter oder Journalisten kennt man sie schon, zumindest das Medium, Fernsehen oder Zeitung oder Illustrierte, schränkt den Suchraum für unbekannte Publizisten ein. Oder: Nur weil der Bekanntmacher

---

82   Vgl. hierzu auch: Friedrich H. Tenbruck, »Die kulturellen Grundlagen der Gesellschaft«, Kap. 12, Opladen 1989.

bekannt ist (»prominenter Politiker«), interessiert uns, was er uns bekanntmacht. Natürlich: Auch der Bekanntmacher muss erst bekannt gemacht werden. Wir sind immer schon aufmerksam auf die, von denen wir bereit sind, uns auf etwas aufmerksam machen zu lassen. Insofern erzeugt die Öffentlichkeit diejenigen, die sie erzeugen. Die Differenz zwischen »Publizisten« und »Publikum« scheint als mit Öffentlichkeit unvermeidlich gegeben. Man könnte sagen, dass das Publikum nicht die Öffentlichkeit selbst ist, sondern deren notwendige Umwelt. Umgekehrt ist die Öffentlichkeit natürlich stets die innere Umwelt des Publikums. Diese konstituiert für jenes virtuell die Repräsentation der Gesellschaft, so wie das Publikum für die Öffentlichkeit auf indistinkte Weise der Inbegriff der Gesellschaft ist.

Aus dem Gesagten ergibt sich, dass die »Meinung« des Publikums nicht als solche schon »öffentliche Meinung« ist, sondern erst als »veröffentlichte«. Natürlich kann zwischen beiden ein großer Unterschied bestehen. Der empirische Nachweis dieser Behauptung führt aber zu Paradoxien. Von dieser Differenz wissen wir nur etwas, weil sie veröffentlicht worden ist. Aber andererseits scheint diese Differenz als Selbstthematisierung der Öffentlichkeit nahezu unvermeidlich: Innerhalb des Systems wird hier die Differenz des Systems zu seiner Umwelt formuliert, aber natürlich nur in Begriffen *des* Systems. Unbekanntes gibt es eben *auch* nur als Bekanntmachung, und die Öffentlichkeit kennt nur öffentliche Geheimnisse, keine geheimen. Sie »weiß«, dass es Geheimnisse gibt. Von deren Enthüllung »lebt« sie gerade. Enthüllungen aber sind nur möglich im Horizont des schon mit Aufmerksamkeit ausgeleuchteten Raumes des Interessanten. Sie generieren diese nicht, sondern konkretisieren oder aktualisieren sie lediglich.

Aus dem eben Ausgeführten ergibt sich auch, dass im Sinne des hier vorgelegten Begriffsvorschlags nicht *jede* Kommunikation zwischen Unbekannten Öffentlichkeit produziert. Das Gespräch mit unbekannten Abteilnachbarn etwa wäre, für sich genommen, kein öffentliches Ereignis. Es fehlt die Unterstellbarkeit von unbestimmter, aber virtuell universaler Generalisierbarkeit. Öffentlichkeit im strengen Sinn richtet sich potentiell an »alle«. Gewiss hören nie alle zu, schauen nicht alle hin. Aber dass sie es *könnten*, gehört zu den konstitutiven Merkmalen von Öffentlichkeit.

In gewisser Weise ist damit bereits auch deutlich, dass Öffentlichkeit und Massenmedien nicht voneinander zu trennen sind. Öffentlichkeit und Schrift, und a fortiori Druckerpresse, sind historisch eng verknüpft. Öffentlichkeit hängt eben an der fiktiven Unterstellbarkeit von gesellschaftsweiter Zugänglichkeit der Nachricht. Diese ist als face-to-face-Beziehung nur unter *einer* Bedingung zu konstruieren: als Massenversammlung (Parlamentsrede, Vorlesung, Predigt usw.). Und tatsächlich ist in archaischen Gesellschaften die Gesellschaft als ganze nur als Volksversammlung präsent, als Gleichzeitigkeit gemeinsamer Aufmerksamkeit auf dasselbe. Von diesem Sonderfall abgesehen, ist Öffentlichkeit mit ihrem Publikum räumlich und (bei der Presse auch zeitlich) nicht in direkter Fühlung. Die Massen sind nicht *da*. Und doch gilt die bei der Volksversammlung real gegebene Gemeinsamkeit der Aufmerksamkeit im Raum der Öffentlichkeit als virtuell vorhanden. Man darf folglich mit ihr rechnen und muss sich nicht entschuldigen, wenn man sich auf sie bezieht. Öffentlichkeit ist der symbolische Ort universaler Aufmerksamkeitsverpflichtung.

5.3 Öffentlichkeit und Öffentlichkeiten

An dieser Stelle wird auch deutlich, dass je nach unterstellter Zuhörer-, Leser- oder Zuschauergemeinde unterschiedliche Aufmerksamkeitskontexte gegeben sind. Ein Wissenschaftler richtet sich an seine Fachgenossen, der Vorsitzende des Kaninchenzüchterverbandes an seine Mitglieder und der Autor, der im »Vorwärts« schreibt, an seine Genossen. Man könnte von verschiedenen »Öffentlichkeiten« sprechen, wenn man sich der Unterschiede zu der Öffentlichkeit bewusst bleibt, die gerade keine Teilnahmevoraussetzungen an ihr Publikum stellt (natürlich nur idealiter: dass de facto etwa das sprachliche Niveau über dem Verständnisniveau der Mehrheit der Zuschauer liege, wird immer wieder zum Gegenstand empirischer Studien erhoben). Virtuell sind »alle« angesprochen.

Damit ist zumindest grundsätzlich sowohl für die Thematik als auch für die Form der Präsentation der Bekanntmachungen ein zentrales Selektionskriterium gegeben: Die Botschaft muss allgemein interessant und allgemein verständlich sein. Geht man davon aus, dass in der modernen Gesellschaft der Modus der Kommunikation und die Strukturen der Relevanz per definitionem nicht gesellschaftsweit generalisierbar sind, sieht man, warum schon die Themenwahl als solche unaufhörlicher Konfliktstoff sein kann. Aus der Sicht des Mediziners kann es immer so scheinen, als komme die Medizin zu selten und dann nicht mit den wichtigsten Nachrichten im Fernsehen zu Wort. Außerdem sei alles zu einseitig und undifferenziert dargestellt worden. Von den möglichen Klagen eines Soziologen schweige ich hier. Das Problem ist aber nicht sauber lösbar: Der Sinn der Ausdifferenzierung hängt ja damit zusammen, dass die Subsysteme über Selbstbeschreibungsformen (z.B. Theorien) verfügen, die nicht gesamtgesellschaftlich verkehrsfähig sind. Und das heißt nichts anderes, als dass sie nicht von sich aus Aufmerksamkeit beanspruchen können. Aber andererseits sind alle Subsysteme auf gesamtgesellschaftliche Repräsentation angewiesen, und die ist nur über Öffentlichkeit möglich. Man muss sich also so darstellen, wie man nicht ist, damit sichtbar wird, dass man wirklich da ist, z.B. wie wichtig man selbst, wie gefährlich der Kollege, wie moralisch die eigene, wie blamabel die Position des

Konkurrenten. So wie es schon in kleinen Gruppen nicht nur einen ständigen Kampf ums Wort, sondern ganz generell um Aufmerksamkeit gibt, so in der Gesellschaft den Kampf der Subsysteme um Öffentlichkeit, und zwar deswegen, weil sie eben der Inbegriff allgemeiner Aufmerksamkeit ist.

5.4 Öffentlichkeit als Gesellschaft

Man könnte die hier in Rede stehende Paradoxie auch so ausdrücken: Die Öffentlichkeit soll *die* Aspekte der Wirklichkeit der anderen Subsysteme zur Bekanntmachung auswählen, die allgemein, also für die Gesamtgesellschaft, relevant sind. Die Gesellschaft selbst ist aber ihrerseits auch nur durch ein Subsystem, eben die Öffentlichkeit, vertreten. Die Paradoxie entspringt also aus der Integrationsfunktion, die hier als Darstellungsfunktion sichtbar wird: Das Ganze soll von einem Teil repräsentiert werden. Dieser Konflikt ist sachlich nicht zu lösen. Was *sachlich* unmöglich ist, muss deshalb nicht *schlechthin* unmöglich sein. Hier hilft die Zeitlichkeit: Was *gleichzeitig* unvereinbar ist, wird vereinbar durch *Sukzessivität*. Oder noch schlichter: Jeden Morgen kommt eine neue Zeitung. Jede Darstellung verschwindet gleich wieder und mit ihr die dargestellte Kritik an der früheren Darstellung. Man kann nicht immer auf dasselbe aufmerksam sein. Darin liegt die Chance für Nicht-Etablierte, für ihre Themen Aufmerksamkeit zu erzeugen. Das gilt vor allem dann, wenn Krisen oder Katastrophen beschworen werden können.

Im Übrigen gilt aber hier wie sonst, dass nichts bekannter macht, als bekannt zu sein. Die Aufmerksamkeit wird nämlich nicht nur direkt durch Aufregendes entzündet. Vielmehr gilt gerade für öffentliche Kontexte, dass unsere Aufmerksamkeit durch die Aufmerksamkeit anderer, auf die wir bereits aufmerksam sind, ausgelöst wird. Ähnlich wie Girard in seinem Buch über »Vérité des romans et mensonge romantique« für die Liebe bemerkt hat, dass sie nicht durch die vorzüglichen Eigenschaften des Geliebten ausgelöst wird, sondern dadurch, dass er geliebt wird oder, wie Luhmann für den gleichen Zusammenhang feststellt, dass man liebt, weil man geliebt wird, ließe sich auch für Aufmerksamkeit eine solche Form von »Autopoiesis« annehmen. Man könnte von Aufmerksamkeitsaufmerksamkeit oder reflexiver Aufmerksamkeit sprechen. Nicht nur im öffentlichen Raum, sondern auch in direkter Interaktion ist das natürlich möglich. Wir haben zunächst alter Ego im Blick, stellen fest, dass ihm etwas auffällt und richten uns dann erst auf das, was dieser sieht. Oder gerade umgekehrt: Wir wählen alter Egos Aufmerksamkeitsstrahl als negative Richtschnur, sei es dass wir nicht sehen wollen, sei es dass wir nicht sehen dürfen, was er sieht (z.B. weil er ein Kopierverbot errichtet hat). Im Bereich öffentlicher

Kommunikation sind diese Anschlussaufmerksamkeiten allerdings meist nicht durchführbar. Alter Egos Blick bleibt die letzte Instanz. Nur über seine Mitteilung erfahren wir, worauf er seine Aufmerksamkeit gerichtet hat. Wer also erst einmal, sei es als Person z.B. durch hohen Status oder durch Verfügung über oder Dauerpräsenz in einem Medium Objekt von Aufmerksamkeit ist, für den gilt das Matthäusprinzip (im Sinne von Robert K. Merton). Und auch das war den Lesern der Bibel, dem Jahrhunderte alten Zentrum der Aufmerksamkeit, seit langem bekannt: »Qui enim habet, dabitur ei, et abundabit, qui autem non habet, et quod habet auferetur ab eo« (Mt. 13,12). Und das trifft natürlich auch auf die Aufmerksamkeit zu, die der Leser mir bis jetzt dankenswerterweise geschenkt hat.

Habitus und Gedächtnis[83]

Im Allgemeinen denkt man an *bewusste* Prozesse, wenn man von individuellem Gedächtnis und persönlicher Erinnerung spricht. Hier soll aber gerade davon die Rede sein, dass es sich bei Gedächtnisleistungen häufig darum handelt, dass bestimmte Lernerfahrungen gar nicht mehr bewusst, sondern gleichsam zum weitestgehend unbewussten Moment geistiger und vor allem auch körperlicher Kompetenzen geworden sind. Diese wirken vielfach gerade deshalb, weil man sich an die Situation, in der sie gelernt wurden, nicht mehr erinnert. Aber dieses Nicht-Erinnern darf nicht schlechterdings als Vergessen beschrieben werden.

---

83   Aleida Assmann hat zahlreiche wichtige und eindrucksvolle Monographien und Aufsätze zum Thema Gedächtnis und Erinnerung publiziert, z.B. »Erinnerungsräume. Formen und Wandlungen des kulturellen Gedächtnisses«, München 1999. »Das kulturelle Gedächtnis an der Millenniumsschwelle. Krise und Zukunft der Bildung«, Konstanz 2004; »Geschichtsvergessenheit – Geschichtsversessenheit. Vom Umgang mit deutschen Vergangenheiten nach 1945«, Stuttgart 1999. Sie hat auch – teils zusammen mit ihrem Mann Jan Assmann – etliche Sammelbände zur Problematik ediert, in denen alle einschlägigen Disziplinen aus der je ihren Perspektive miteinander ins Gespräch gebracht werden. Mein eigener Beitrag möchte sich in diesen Chor einreihen. Freilich weiß ich nicht, ob nicht vieles von dem, was ich hier vortrage, bereits dort schon besser zu lesen ist. In diesem Falle würde ich mich mit dem Hinweis verteidigen, hier liege eine Kryptomnese vor. Kryptomnesen sind freilich seltener als man glaubt. Einerseits konkurrieren sie mit schlichten Plagiaten, andererseits mit Verdrängungen dessen, was man weiß. Es ist deshalb sicherlich kein Zufall, dass Aleida Assmann nicht nur als Spezialistin für Gedächtnisforschung berühmt geworden ist, sondern sich auch mit der Kehrseite des Sich-Erinnerns wissenschaftlich befasst hat, nämlich der Geheimhaltung und dem Geheimnis. Auch hier hat sie eine interdisziplinäre Forschungsaktivität initiiert, die sich in zahlreichen Veröffentlichungen niedergeschlagen hat: Vgl. »Schleier und Schwelle I. Geheimnis und Öffentlichkeit« Archäologie der literarischen Kommunikation V, 1, München 1997. »Schleier und Schwelle II. Geheimnis und Offenbarung«, Archäologie der literarischen Kommunikation V, 2, München 1998. »Schleier und Schwelle III. Geheimnis und Neugierde«, Archäologie der literarischen Kommunikation V, 3, München 1999. Gerade die Auseinandersetzung mit der jüngeren deutschen Geschichte führt immer wieder zu überraschenden, manchmal beängstigenden Hinweisen auf die Nähe, die beide Themen aufweisen. Jüngstes Beispiel: Günter Grass teilt nach über 60 Jahren mit, dass auch er als Jugendlicher Mitglied der Waffen-SS war. Vgl.: »Warum ich nach sechzig Jahren mein Schweigen breche. Eine deutsche Jugend: Günter Grass spricht zum ersten Mal über sein Erinnerungsbuch und seine Mitgliedschaft in der Waffen-SS«, in: FAZ, 12.8.2006, S. 33 und 35. Erinnerungsverweigerung und die Erfindung falscher Erinnerungen sind dabei nicht nur als individuelle Strategien erkennbar. Gerade auch die kollektiven Erinnerungen unterliegen dem gleichen Prädikament: Erfindung, Geheimhaltung und Verdrängung sind Komponenten sowohl der individuellen als auch der kollektiven Konstruktion von Gedächtnis.

Vielmehr sind die hier in Rede stehenden Fähigkeiten gerade dadurch dem Vergessen entzogen, dass sie Komponenten von Gewohnheiten oder habituellen Dispositionen geworden sind. Man hat nicht nur vergessen, wie sie zustande gekommen sind, sondern auch – oft – dass man das vergessen hat. Mit diesem »Vergessensvergessen« verbindet sich oft eine enorme Widerständigkeit gegen Veränderungen aller Art. Allerdings ist auch dieses »Körpergedächtnis« nicht dem Vergessen total entzogen. Auch mancher Gewohnheit gefiel es nicht mehr bei uns, und so blieb sie nicht. Dennoch vergisst man nicht so leicht, welche Bewegungen man beim Schwimmen macht, wenn man es einmal kann. Das Datum eines Geburtstages entfällt einem schon eher[84].

1   Ereignisgedächtnis und -erinnerung

Doch bevor ich mich diesem »Gedächtnis« zuwende, das als Habitus fungiert, noch einige Bemerkungen zum »normalen« Gedächtnis, das man vielleicht als »Ereignis-Gedächtnis« bezeichnen könnte. Es ist das »Organ«, mittels dessen wir uns individuell wie kollektiv unserer Vergangenheit vergewissern. Den Vorgang des Vergegenwärtigens selbst, der sich immer in einem konkreten aktuellen Augenblick ereignet, möchte ich Erinnerung nennen. Erinnert werden kann immer nur in der jeweiligen Gegenwart. Wir können nur in ihr operieren. Das gilt selbstverständlich auch für unsere Zukunftsvorstellungen, die uns nur als *gegenwärtige* Erwartungen und Vorstellungen präsent sind. Man könnte sagen, was für den Zusammenhang von *Gegenwart* und *Wahrnehmung* gilt, das trifft für *Erinnerung* und *Vergangenheit* zu. Wer sich erinnert, ist sich während dieses Vorgangs sicher, dass er das Erinnerte nicht bloß phantasiert, sondern dass es sich so abgespielt hat, wie er es jetzt aktualisiert, selbst wenn Beobachtung durch andere oder nachträgliche Reflexion das als Irrtum widerlegen mag[85]. Das Gleiche gilt für den Wirklichkeitssinn der Wahrnehmung. Während wir einen Baum sehen, sind wir sicher, dass dieser seine Existenz nicht unserer Wahrnehmung verdankt, sondern auch noch dasein wird, wenn wir die Augen schließen oder den Blick auf anderes richten. Auch hier mag spätere Reflexion diesen Eindruck als Sinnestäuschung entlarven. Systemtheoretisch könnte man formulieren, die Wahrnehmung konstruiert wirkliche gegenwärtige Außenwelt, ohne sich des Konstruktionscharakters dieser

---

84   Wenn es sich um »runde« Geburtstage befreundeter Gelehrter handelt, wird man freilich von Festschriftherausgebern daran erinnert.

85   In diesem Kontext sind die einschlägigen Überlegungen Aleida Assmanns über »false memories« zu sehen. Wenn es sich bei den von ihr diskutierten Fällen nicht um Betrüger oder Scharlatane handelt, dann muss man ihnen unterstellen, dass die falsche Biographie, die sie von sich erzählen, von ihnen selbst für wahr gehalten wird.

Konstruktion bewusst zu sein. Sie empfindet sich im wörtlichen Sinne als »Nehmende«. Die Beobachtung zweiten Grades könnte freilich zur Auffassung kommen, es gebe immer nur Selbstveränderungen des Bewusstseins. Dieses aber deute die einen selbst- und die anderen fremdreferentiell, und zwar so, dass es keine Wahl hat, sich so oder so zu entscheiden. Der erwähnte Baum wird von mir zwangsläufig als Wirklichkeit außerhalb meiner selbst und nicht als meine Erfindung gedeutet.

Ähnlich wie die *Wahrnehmung* für die *Gegenwart* bringt also das *Gedächtnis* für die *Vergangenheit* jene erstaunliche Leistung zustande, dass das Bewusstsein Veränderung seiner eigenen Zustände nicht auf sich selbst, sondern auf die Umwelt bezieht und so zwischen bloßen Phantasien und wahrgenommenen bzw. erinnerten *Wirklichkeiten* unterscheidet. Obwohl es sich also um Konstruktionen des Bewusstseins handelt, kann dieses sich nicht *beliebig* einbilden, etwas wahrzunehmen oder zu erinnern. Es stößt auf mit seiner eigenen Struktur gegebene Widerstände. Für die Systemtheorie ist es aber zentral, dass diese Widerstände »[...] nicht in der Außenwelt, sondern nur im System selbst liegen. Und darin sind sich konstruktivistische und dekonstruktivistische Theorien einig: Die Operationen eines Systems finden Widerstand an anderen Operationen desselben Systems. Das Gedächtnis im neurophysiologischen Sinne besteht aus jeweils aktuell durchgeführten Konsistenzprüfungen. Das Bewußtsein glaubt nicht an alles, was es denken kann.«[86]

Der gleiche Typus von Widerstand findet sich auch für alle Formen des *sozialen* Gedächtnisses: Auch hier kann nicht Beliebiges als erinnerte Vergangenheit behauptet werden. Was als Erinnerung sozialen Kurswert beanspruchen will, muss sozial kreditwürdig sein. Die Kriterien dafür variieren allerdings von Gesellschaft zu Gesellschaft erheblich. Immer aber ist es so, dass nicht die Wahrheit der Vergangenheit selbst sich gegen falsche Inanspruchnahme wehrt. Es sind die sozial gültigen Regeln der Beschwörung dessen, was war, die den Horizont dessen bilden, was als Vergangenheit beschworen werden kann. Zumindest für moderne Gesellschaften sind diese nicht einheitlich, so dass wir mit gleichzeitig kursierenden, aber einander widersprechenden Vergangenhei*ten* konfrontiert sind. Doch davon später. Immerhin haben diese Bemerkungen schon angedeutet, dass Gedächtnis nicht ausschließlich etwas Privates und Individuelles ist, sondern auch etwas Kollektives.

In diesem Kontext wird die Selbstthematisierung des Gedächtnisses als eines Speichers verständlich. Die Rede vom »Speichern« ist dabei metaphorisch aufzufassen. Denn »Speichern« im Zusammenhang von Gedächtnis und Erinnerung heißt zunächst nur, dass das Bewusstsein sich in bestimmten Situationen

---

86 Niklas Luhmann, »Gesellschaftsstruktur und Semantik. Studien zur Wissenssoziologie der modernen Gesellschaft«, 4. Bd., Frankfurt a. M. 1995, S. 168.

eines Inhalts bewusst ist, den es sich als zwar vergangenes, aber doch wirkliches Geschehnis vorstellt, also nicht als bloße Phantasie oder Erfindung. Es mag sich zwar aus der Perspektive eines Beobachters um eine Illusion handeln. Aber derjenige, der sich erinnert, empfindet das anders. Er hat den zwingenden Eindruck, dass seine »Gedächtnisvorräte« wirkliche Gegebenheiten der Vergangenheit repräsentieren, auf die er aktuell zugreift. Ihm *erscheint* sein Gedächtnis wirklich als Speicher, dessen »Bestände« er besser oder schlechter »wiederfindet«, die sich vermehren oder vermindern, über die er eine genauere oder ungenauere Übersicht hat usw. Mit dieser Selbstauffassung von sich als einem »Speicher«, in dem sich etwas befinden muss, wenn man es wiederfinden können soll, verbirgt sich das Gedächtnis seine eigene konstruktive Leistung. Aber ohne diesen »blinden Fleck« könnte es nicht funktionieren.

Vom Gedächtnis möchte ich die Erinnerung unterscheiden. Auch hier folgen wir der Selbstauslegung der Erinnerung, so wie sich selbst deutet und deuten muss, wenn sie *operiert*. Wir sehen also von einer Beobachtung zweiten Grades ab: Wenn das Gedächtnis bereits eine Auswahl aus den im Laufe der Zeit erlebten Ereignissen bildet, so könnte man die Erinnerung als jene Auswahl bezeichnen, die aktuell für einen Augenblick aus den Beständen des Gedächtnisses getroffen wird. Für Computerfreunde: Die Erinnerung wäre der »retrieval function« analog. Denn wenn auch der Umfang des Gedächtnisses noch so groß sein mag, im jeweiligen Moment kann es niemals als Ganzes herbeizitiert werden. Die Erinnerung wäre also eine Auswahl aus einer Auswahl. Sie wird nicht – jedenfalls nicht primär – vom Gedächtnis selbst gesteuert, sondern folgt den Zwängen der gegenwärtigen Situationen. Diese entlassen gleichsam Suchaufträge an das Gedächtnis, das sich dann einer solchen Vergegenwärtigungsintention fügen oder verweigern kann. Der Strom unserer Erinnerungen, der bewussten Thematisierungen von Gedächtnisinhalten, die u.U. nicht nur für uns, sondern auch für andere produziert werden, ist also sorgfältig vom bloßen »Vorrat« des Gedächtnisses zu scheiden, der vielleicht niemals »angezapft« wird. Andererseits ist stets damit zu rechnen, dass unsere Erinnerungen nicht die Vergangenheit so wiedergeben, wie sie damals für uns wirklich war. Die vergegenwärtigte Vergangenheit sieht stets anders aus als die Vergangenheit, als sie noch Gegenwart war. Das ist so, nicht nur weil unsere Erinnerung uns direkt täuscht, uns also Ereignisse als Erlebnisse vorspiegelt, die wir damals nie hatten. Vielmehr entsteht die Differenz zwischen der Vergangenheit als Erinnerung und der vergangenen früheren Gegenwart auch dann, wenn die Einzelereignisse je für sich korrekt wieder auftauchen. Die Inkommensurabilität ergibt sich aus der Nichtidentität der Horizonte, in denen die Ereignisse im Erleben und in der Erinnerung erscheinen. Nicht nur, dass die Totalität der vergangenen Umstände, unter denen das erinnerte Moment sich ereignet hat, nicht miterinnert werden kann, spielt hier eine Rolle. Wichtiger ist wohl, dass das, was aus den damaligen Möglichkeiten geworden ist, was wir aber damals nicht wissen konnten, und ganz generell: das, was wir inzwischen erlebt haben, die erinnerte Vergangenheit in ein anderes Licht stellt.

Sich erinnern kann also – wenn man darüber reflektiert – niemals heißen, eine Vergangenheit so zu vergegenwärtigen, wie sie als Gegenwart war. Wenn man unter der Mahnung, etwas wiederzugeben, so wie es wirklich gewesen ist, eben jenes versteht, verlangt man Unmögliches. Und das gilt nicht erst, wenn es sich um die Geschichte eines Staates oder auch nur einer Schlacht, einer Debatte etc. handelt, sondern bereits bei der Vergegenwärtigung individuellen Erlebens. Allerdings machen wir uns diese Differenz im Alltag normalerweise nicht klar. Wir sind vielfach subjektiv überzeugt, dass unsere Erinnerung die Wiederbelebung der Vergangenheit ist, zumindest was ihren inhaltlichen Bestand – ihre Noëmata im Husserlschen Sinne betrifft; denn dass die noëtische Gegebenheit eine andere ist, das wissen wir immer schon, also dass wir es jetzt bloß erinnern, damals aber erlebt haben.[87]

Eine berühmte Ausnahme wäre vielleicht die Kunst. Aber wie kann Kunst Vergangenheit in der Gegenwart verlebendigen und was unterscheidet jene »mémoire involontaire« Prousts, die das leistet, von der bloß Fakten reproduzierenden Erinnerung? Die Antwort, die ich vorschlagen möchte, lautet: dadurch, dass sie sinnliche Evidenzerlebnisse vermittelt, die phänomenologisch bei Synästhesien frei werden. Das Mitschwingen des Leibes als Generator emotionaler Evidenz. Eindeutig ist ja, dass Kunst nicht das Monopol auf die Erzeugung solcher Glückszustände hat, die subjektiv die Differenz von früherem und späterem Selbst als aufgehoben ansieht. Das Madeleine-Erlebnis, die Fahrt an den Türmen von Martinville vorbei und schließlich die ganze Serie von sinnlich-synästhetischen Erschütterungen zu Beginn des »Temps retrouvé« sind dafür nur allzu bekannte Belege. Es handelt sich hier offenbar um eine Erfahrung der körperlich gedeckten Evidenz: Die Unwillkürlichkeit des Leibes authentifiziert – bei Proust – die Erinnerung, steige sie nun aus dem Geschmack des Tees oder der »belle phrase« des »récit« auf. Die Unwillkürlichkeit wird auch durch die Erfahrung der Plötzlichkeit dieser Zustände gestützt. Sowohl in der Szene mit der Madeleine, wie in der mit den Türmen von Martinville oder den drei Bäumen von Hudimenil ist stets von »tout d'un coup« die Rede. Die Unsteuerbarkeit ergibt sich – das wird vor allem beim »Madeleine-Erlebnis« deutlich – auch aus der Unverfügbarkeit der gegenüber dem Gesichtssinn eher unwillkürlicheren Sinne des Geruchs und des Geschmacks. Die bloß intellektuelle Erinnerung, die sich an die Gegenstandssicht knüpft, führt als solche nicht zur Wiedererweckung der verstorbenen Vergangenheit: Marcel weiß natürlich viele Dinge über seine Kindheit.

---

87   Ausführlicher hierzu: Alois Hahn, »Erinnerung und Prognose. Zur Vergegenwärtigung von Vergangenheit und Zukunft«, Opladen 2003.

Aber dieses Wissen unterscheidet sich kaum von anderem bloßen Wissen. Es stellt keine wirkliche Selbstreferenz für ihn dar: Natürlich hätte er, danach befragt, vieles über Combray erzählen können. »Aber da alles, was ich mir davon hätte ins Gedächtnis zurückrufen können, mir durch bewußtes, durch intellektuelles Erinnern gekommen wäre und da die auf diese Weise vermittelte Kunde von der Vergangenheit ihr Wesen nicht erfaßt, hätte ich niemals Lust gehabt, an das übrige Combray zu denken. Alles war in Wirklichkeit tot für mich.«[88] Das heißt, es gibt eine Erinnerung, die eine Art von Vergessen ist. Man erinnert sich an eine Situation, in der man Schmerzen oder Glücksgefühle hatte. Aber diese Erinnerungen sind bloße Schatten des Vergangenen. Es gibt aber auch Erinnerungen, die uns die Vergangenheit des Vergangenen fast vergessen lassen.

Man kann das auch so ausdrücken: Alle Erinnerung ist Konstruktion. Sie lässt die Vergangenheit nicht einfach wieder aufleben. Diese Einsicht ist phänomenologisch evident. Aber auch die soziologischen Analysen der Erinnerung, z.B. die von Maurice Halbwachs, haben das stets betont.[89] Die Erinnerung an Vergangenes hat stets die Gegenwart gleichsam »im Rücken«. Von ihr her springt sie in ihrer Vergangenheit hin und her, ohne an die ursprüngliche Reihenfolge gebunden zu sein, ohne die Fülle der Kopräsenzen der vergangenen Gegenwart berücksichtigen zu müssen. Das ist im Falle von Erinnerung an *Schmerzen* normalerweise ein Segen. Aber auch *Glücksgefühle* lassen sich erinnernd nicht »live« rekonstruieren. Vor allem aber geht in die Erinnerung bereits das intellektuelle »Gepäck« ein, das wir uns nachträglich angeeignet haben. Nie wird aus der gegenwärtigen Vergangenheit eine vergangene Gegenwart. Zitieren wir Halbwachs: »[...] quand nous nous souvenons, nous partons du présent, du système d'idées générales qui est toujours à notre portée, du langage et des points de repère adoptés par la société, c'est-à-dire de tous les moyens qu'elle met à notre disposition, et nous les combinons de façon à retrouver soit tel détail, soit telle nuance des figures ou des événements passés, et, en général, de nos états de conscience d'autrefois. Mais cette reconstruction n'est jamais qu'approchée.«[90]

2   Habituelles Gedächtnis

Doch wenden wir uns nun dem zu, was ich ›habituelles Gedächtnis‹ (es ist oft, aber nicht immer ein dem Körper gleichsam eingezeichnetes Gedächtnis, Moment seiner Bewegung selbst) genannt habe. Auch hier spielen vergangene Er-

---

88   Marcel Proust, »Auf der Suche nach der verlorenen Zeit«, übers. von Eva Rechel-Mertens, 13 Bd., Frankfurt a. M. 1967, 1. Bde., S. 62.
89   Vgl. Maurice Halbwachs, »Les cadres sociaux de la mémoire«, Paris 1976 (1925), S. 27-39.
90   Ebd., S. 25.

fahrungen eine zentrale Rolle. Aber sie sind von erinnerten Ereignissen zu gegenwärtig nachwirkenden, als solche aber vergessenen Ursachen aktuellen Könnens geworden. Die Vergangenheit ist nicht als vorgestellte Vergangenheit, sondern als fortdauernde Wirkung präsent. Als solche ermöglicht sie Handlungen, die nicht nur der Erinnerung im Sinne der Ereignis-Erinnerung entraten können. Gerade durch die Entlastung davon steigern sie die Effizienz des Ablaufs. Man muss sich ihrer Geschichte nicht nur nicht bewusst sein, sondern sie wäre meist nur lästig. Luhmann spricht in einem ähnlichen Kontext von der Differenz von Konfirmation und Kondensation. Konfirmiert wird z.b. ein moralischer Grundsatz, wenn ich mich daran erinnere, auf welchen Kontext er ursprünglich gemünzt war und wie er nun unter neuen Umständen sich bewährt und u.U. neue Bedeutungen hinzugewinnt. Seine Erinnerungsgeschichte bleibt Moment seiner Anwendung. Demgegenüber wären Kondensationen da am Werk, wo sich hochselektive Invarianten herausbilden, »[...] die für einen konkreten Zweck, für die Operation ausreichen, um Vergangenheit und Zukunft zu verbinden«.[91] Als Beispiel könnte man bestimmte routinisierte Bewegungen anführen oder aber auch Umgangsformen mit Werkzeugen oder Sportgeräten. Luhmann erwähnt in diesem Zusammenhang eine Zahlung: »Wenn ich eine Zahlung annehme, muß ich nicht erfragen, woher das Geld gekommen ist oder wer das Geld dem gegeben hat, der es mir gibt. Ebenso kann ich das Geld ausgeben, ohne Auskunft darüber zu geben, wie ich es verdient habe. Selbst gestohlenes Geld gleitet glatt von der Hand. Juristisch gesehen ist das immer ein Problem, denn gestohlene Güter können noch verfolgt werden, und wer gestohlene Güter verkauft, muß dafür geradestehen. Aber gestohlenes Geld kann nicht verfolgt werden. Geld hat in diesem Sinne kein Gedächtnis, zum Glück kann man sagen, denn sonst würde ja jede Operation mit Geld einen riesigen Forschungsaufwand erfordern, um zu sehen, wo das Geld herkam und wo der es herbekommen hat, der es dem letzten gegeben hat.«[92] Das Gleiche gilt für eine Reihe von Kulturtechniken[93]. Besonders

---

91 Niklas Luhmann, »Einführung in die Systemtheorie«, hg. Von Dirk Baecker, Heidelberg 2002, S.332.
92 Ebd.
93 Für die enge Verknüpfung von Gedächtnis, Kultur, Schrift, Erinnerung und politischer Identität vgl.: Jan Assmann, »Das kulturelle Gedächtnis. Schrift, Erinnerung und politische Identität in frühen Hochkulturen«, München 1992 und in interdisziplinärer Perspektive die Aufsätze, die Jan Assmann und Tonio Hölscher herausgegeben haben: »Kultur und Gedächtnis«, Frankfurt a. M. 1988. Speziell zur Dimension von Schrift als Gedächtnisgenerator (wieder unter interdisziplinärem Gesichtswinkel): Aleida Assmann, Jan Assmann, Christof Hardmeier (Hg.), »Schrift und Gedächtnis«, Archäologie der literarischen Kommunikation I, München 1983. Generell lässt sich mit Luhmann sagen: »Schrift ist eine Art Limitierung der Vergessenschancen, während ein normales Gedächtnis ebensogut im Erinnern wie im Vergessen ist.« Niklas Luhmann, »Einführung in die Systemtheorie«, Heidelberg 2002, S. 330. Aber solche Einsichten haben die abendländische Philosophie, folgt man Derrida, nicht davon abgehalten, selbst »schriftvergessen« zu sein. Vgl. Jac-

interessant sind in diesem Zusammenhang solche, die mit bestimmten Bewegungsformen verknüpft sind, wo sich etwa eine Körperbewegung mit einer Wahrnehmung, eventuell einem Werkzeug oder Instrument und manchmal auch mit Partnern oder Mitspielern zu einer motorisch gestützten Sinneinheit verbindet, die ihre Bedeutung ausschließlich über die aktuelle Zweck- oder Zielorientierung erfährt, ohne je auf ihre Entstehung zurückgreifen zu müssen. Man denke etwa an das Schwimmen, Autofahren, Tennisspielen, Fußballspielen, Klettern oder Musizieren. Aber auch komplexe geistige Vermögen wie wissenschaftliches Arbeiten lassen sich ohne solche habituellen Verankerungen nicht verstehen: »Es gibt nicht nur äußeres und körperliches Verhalten, das hochgradig eingeübt ist. Lesen, Schreiben und Rechnen setzen keine geringere Automatisierung voraus als etwa Autofahren. Gerichtete Emotionen sind weitgehend das Produkt von Gewohnheiten. Wenn die Dame der viktorianischen Bourgeoisie bei Erwähnung des Wortes Knie zu erröten und bei Anspielung auf die Unterkleider gar wirklich das Bewußtsein zu verlieren drohte [...], so kommt all das nur auf der Basis von angelagerten Gewohnheitsbildungen vor.«[94] Damit ist aber nicht gemeint, dass Gewohnheiten schöpferischem und spontanem Verhalten im Wege stehen müssten. Im Gegenteil! Dieses baut auf jenen auf. Es käme gar nicht zustande, wenn es nicht schon auf hochkomplexe Gewohnheiten zurückgreifen könnte, »[...] deren Sinnhaftigkeiten und Bedeutungen nach ihren Voraussetzungen und Folgen ihm erst einmal nur vage und auch bei Reflexion nur unvollkommen bewußt sind. Doch es ist auch klar, daß ohne solche Gewohnheitsbildung der Mensch über einige wenige Verhaltensmöglichkeiten nicht hinauskommen könnte. Das Niveau seiner Produktivität kann stets nur eine Ebene höher als das Niveau seiner komplexesten Gewohnheiten liegen«.[95]

Dabei sind alle diese habitualisierten Bewegungsformen und Kulturtechniken einerseits Momente des individuellen Habitus, andererseits aber Teile des Kulturbestandes. Nicht angeborene Disposition, nicht Selbstdressur, sondern soziales Lernen, ja Schulung und Tradierung sind ihre Wurzeln. Nur dass die Tradierung

Jacques Derrida, »De la Grammatologie«, Paris 1967. Ob es auch die Soziologie ist, wird von Cornelia Bohn mit einem klaren »Jein« beantwortet: »Sie ist es und sie ist es nicht«. Cornelia Bohn, »Schriftlichkeit und Gesellschaft. Kommunikation und Sozialität der Neuzeit«, Opladen 1999, S. 12. Dass das Vergessen zwar häufig kritisiert wird, aber andererseits keineswegs ist, wie mancher denkt, sondern zum Gegenstand kunstvoller Strategien werden kann, zeigt in einer beeindruckenden Revue, die von den Alten Griechen bis zu Böll und Borges reicht: Harald Weinrich, »Lethe. Kunst und Kritik des Vergessens«, München 1997. Den Zusammenhang von Vergessen und Gedächtnis in systemtheoretischer Sicht erörtert ausführlich und kanonisch (mit einer kritischen Kommentierung von Jan Assmann) Elena Esposito, »Soziales Vergessen. Formen und Medien des Gedächtnisses der Gesellschaft«, aus dem Italienischen von Alessandra Corti, mit einem Nachwort von Jan Assmann, Frankfurt a. M. 2002.

94   Friedrich H. Tenbruck, »Geschichte und Gesellschaft«, Berlin 1986, S.94
95   Ebd., S. 96.

im Falle des »Ereignis-Gedächtnisses« eben in stärkerem Maße bewusst bleibt. Die erwähnten habituellen Gedächtnisbestände gehören also zur Ausstattung der Person im gleichen Maße wie sie Komponenten eines Kulturzusammenhanges sind. Man könnte geradezu an ihrem Beispiel klarmachen, inwiefern Kultur ein »Medium« im Sinne Luhmanns[96] darstellt. Diese Techniken realisieren sich nur, wenn einzelne Personen sie verwenden, sie entspringen aber nicht dem Bewusstsein oder dem Körper, der auf sie zurückgreift, sondern dem kulturellen Fundus, aus dem auch Gesellschaft sich bedient, so wie auch Sprache ja nicht selber spricht (trotz Heidegger), sondern vom Bewusstsein fürs Denken und vom sozialen System fürs Kommunizieren aktiviert wird.

Habituelle Gedächtnisse stiften also eine Vergegenwärtigung von Vergangenem in actu und sichern damit Anschlüsse des Handelns ans Kommende. Aber diese Vergegenwärtigung ist eine Präsenz, die sich nicht wie das Ereignis-Gedächtnis des Vergangenseins des Vergangenen miterinnert. Wenn man den Begriff des Gedächtnisses für das Ereignis-Gedächtnis reserviert, dann ist das habituelle Gedächtnis eigentlich gar kein Gedächtnis: »L'habitus est cette présence du passé au présent qui rend possible la présence au présent de l'à venir [...] L'habitus comme acquis incorporé étant présence du passé et non mémoire du passé.»[97] Gibt man aber zu, dass es Gedächtnis gibt, das sich unbewusst, eben habituell, artikuliert, dann läßt sich formulieren: »Tous les groupes confient au corps, traité comme une mémoire, leurs dépôts les plus précieux«.[98] Um derart die Wahrheit der Gesellschaft im Körper zu verankern, pflegt es bei bloßem Drill nicht zu bleiben. Die Schrift, mit der sich die meisten Gesellschaften in die Körper ihrer Mitglieder eingraben, ist der Schmerz. Er ist zumindest im historischen und ethnographischen Vergleich der verbreitetste Griffel zu diesem Behufe gewesen. Auch hierfür bietet Bourdieu eine Erklärung: »L'utilisation que les rites d'initiation font, en toute société, de la souffrance infligée au corps se comprend si l'on sait que les gens adhèrent d'autant plus fortement à une institution que les rites initiatiques qu'elle leur a imposé ont été plus sévères et plus douloureux«.[99] Für den Initianden sind solche Riten einmalige Gedächtnisstützen, die aber dadurch zusätzlich gegen Vergessen gesichert werden, dass die Riten selbst perma-

---

96 Obwohl Luhmann selbst das so nicht sieht und generell den Kulturbegriff eher als geistesgeschichtliche Absonderlichkeit denn als operative Kategorie nützt. Vgl. hierzu in diesem Band: »Ist Kultur ein Medium?«, S. 197-211.

97 Pierre Bourdieu, »Méditations Pascaliennes«, Paris 1997, S.251.

98 Pierre Bourdieu, »Ce que parler veut dire. L'économie des échanges linguistiques« Paris 1982, S. 129.

99 Ebd.

nent wiederholt werden, so dass das habituelle Gedächtnis und das Ereignis-Gedächtnis sich wechselseitig stützen.[100]

Trotz solcher starken Mittel, die Kultur möglichst unvergesslich dem Körper einzuprägen, teilt auch das »habituelle Gedächtnis« mit dem, was man normalerweise Gedächtnis nennt, das Schicksal, nicht hundertprozentig gegen das Vergessen gefeit zu sein. Auch das gilt für die Individuen und die Kulturbestände gleichermaßen. Individuell gibt es auf allen Ebenen das schlichte Verlernen wie das Vergessen, z.b. durch schlichten Nichtgebrauch einer Fähigkeit. Pianisten müssen sich durch tägliches stundenlanges Üben dagegen wehren, dass ihre Hände »vergessen«, was sie schon einmal konnten: eine Art von manuellem Memorieren. Und die Regelmäßigkeit säkularer und religiöser Riten ist gerade durch ihre kollektive Wiederholung ein Bollwerk gegen das Vergessen.[101] Aber trotzdem kann auch gesellschaftlich etwas aus dem kulturellen Gedächtnis verschwinden: Etwas kann veralten, aus der Mode kommen. Neue Techniken machen ältere überflüssig usw. Es gibt sogar eine damnatio memoriae für Kulturtechniken und die ihnen zugehörigen Instrumente. Schildkrötensuppentäßchen z.b. oder Garotten. Vielleicht bald auch Schneckenpfannen oder Austerngabeln? Noch ist es so, dass uns eine Schere an das Schneiden, ein Füller ans Schreiben und ein Messerbänkchen an minimale Zivilität bei Tisch erinnert. Das Werkzeug und die zugehörige Bewegungsmöglichkeit ziehen sich gleichsam an. Das Instrument ist, wie Gehlen das formuliert hat, der »Außenhalt« oder der »Außenstabilisator«[102] des verinnerlichten, inkorporierten Könnens (im Sinne Bourdieus) einer spontan erfolgenden Bewegung, die Vergangenheit im Vollzug aktualisiert. Sie ruft sie ab, ohne sie »aufzurufen«.

Aber wenn wir durch Museen gehen, in denen noch im 19. Jahrhundert allgemein verbreitete Werkzeuge ausgestellt sind, so wissen wir nicht mehr, wozu

---

100   Für eine umfassende interdisziplinäre Übersicht über den Zusammenhang von Ritus und Weltkonstitution vgl.: Christoph Wulf, Jörg Zirfas (Hg.), »Rituelle Welten«, 12. Bd.: »Paragrana«, Berlin 2003.

101   Zum Zusammenhang von Ritus, Wiederholung und Einprägung vgl. Alois Hahn, »Rite et liturgie«, traduit de allemand par Nicole Gabriel, in: Gilles Boetsch, Christoph Wulf (Hg.): »Hermès 43 - Cognition, Communication, Politique, Rituels«, Paris 2005, S. 49-58.

102   »Das gestaltete und das (vereinseitigt) charakterisierte Werkzeug, Gerät oder Sachsymbol hat eine Art Auslöserwirkung auf die ebenso distinkte Handlungsgewohnheit doch in dem Sinne, dass der sichtbar und dauernd daliegende Gegenstand eine bereitgestellte Gewohnheit sozusagen an der Vollzugsschwelle, im Ansatzzustand festhält. Eine Gewohnheit ist in eigenartigem Sinne verselbständigt, funktionalisiert, und das sichtbare Gerät ist nicht nur ›behavior support‹, Verhaltensstütze, sondern eine Art chronischer Aktualisator [...]. Die Verselbständigung des Gewohnheitsgefüges, seine Eigenstabilität und die Anreicherung der Motive, die Chancen des Schöpferischen nur in seiner Fortsetzung, sind, von außen erlebt, die Auslöserwirkung des Gerätes, seine Sollsuggestion.« Arnold Gehlen, »Urmensch und Spätkultur. Philosophische Ergebnisse und Aussagen«, Bonn 1956, S. 26.

sie einst gedient haben mögen. Es wird von Inselbewohnern berichtet, die vergessen haben, wie man Boote baut. Ohnehin sind natürlich auch habituelle Gedächtnisse nicht einfach universell für alle Mitglieder einer Gesellschaft präsent. Sie wiederholen deren Differenzierung: nach Geschlechtern, nach Klassen, nach Berufen usw.. Sie sind insofern auch Momente von differentiellen kollektiven Identitäten. Aber auf allen Ebenen sind Gedächtnisse vor allem auch Agenturen des Vergessens. Überhaupt etwas zu behalten, impliziert das Verzichten auf andere Möglichkeiten. Das gilt für Bewusstes wie Unbewusstes. Das gilt selbst für so elementare Prägungen wie die durch die Muttersprache und identitätssichernde Normen, obwohl beide typischerweise als Prototyp solcher inkorporierter »Unvergessbarkeiten« angesehen werden.

3   Sprachkompetenz

Beginnen wir mit der Beherrschung der Muttersprache. Ist sie einmal erworben und wird ihre Benutzung bis ins Erwachsenenalter praktiziert, wird sie nur unter ganz besonderen Umständen vergessen. Wie vor allem die Untersuchungen von Jacobson über »Aphasie und Kindersprache« nahelegen, bleiben vor allem früh gelernte phonetische Unterscheidungen selbst vor massiver aphasischer Zerstörung weitgehend geschützt. Seine These war ja, dass die auch im interkulturellen Vergleich frühest gelernten phonetischen Kompetenzen einerseits interkulturell universal, andererseits erst als letzte verlernt werden. So wird die Differenz zwischen *r* und *l* oder stimmhaftem und stimmlosem »*S*«, die etwa im Deutschen sehr wichtig ist, erst relativ spät in der Entwicklung eines Kindes gelernt. Die Unterscheidung wird aber in vielen Sprachen phonetisch nicht genutzt, z.B. nicht im Chinesischen. Umso später diese Differenzierung »ontogenetisch« beherrscht wird, um so früher geht sie bei aphasischen Störungen wieder verloren. Ähnlich geht es auch einem, der eine Fremdsprache erlernt, die über phonetische Unterscheidungen verfügt, die in seiner eigenen Sprache nicht auftauchen: »Den Gesichtspunkt eines Ausländers nimmt gegenüber der Muttersprache der Aphasiker ein, der den üblichen Wertunterschied zwischen *r* und *l* oder zwischen *z* und *s* oder zwischen der steigenden oder fallenden Wortintonation verlernt hat und deshalb solche Lautdifferenzen nicht mehr heraushören kann. Was aber dem Ausländer am schwersten fällt, ist nicht das Erfassen, sondern die Anwendung eines fremden Phonemunterschieds, der seiner eigenen Sprache fehlt. Es geht nicht um die Schwierigkeit der ungewohnten Artikulation an sich: sollte es auch dem Chinesen gelingen, die ihm fehlende *r*-Lautierung nachzumachen, so macht es ihm doch besondere Mühe, sich zu erinnern, dass sie in der Rede wirklich verwendet werden muss, und wie er im Einzelfalle zwischen den beiden Liquidae richtig zu

wählen habe. Entweder benutzt er nicht den fremden Sprachlaut oder es werden r
und l verwechselt (Paris kann zu Palis werden, London zu Rondon und Reflektor
zu Lefrektol). Es fällt einem Bulgaren oder Polen nicht schwer, einen Vokal beliebig zu verlängern, aber diese Längen im gesprochenen Serbokroatischen oder
Tschechischen tatsächlich und noch dazu an den richtigen Stellen einzuhalten,
bedeutet für sie – beim Mangeln eines phonematischen Gegensatzes der Lang-
und Kurzvokale in ihren Muttersprachen – eine viel anstrengendere Aufgabe.«[103]

Lernen heißt hier also, sich kulturelle Unterscheidungen einzuprägen, sie
zum Bestandteil eines als Ressource für Sprachoperationen zur Verfügung stehenden Gedächtnisses zu machen. Das erforderliche Erinnern könnte man vielleicht am besten als operative Erinnerung bezeichnen. Verlernen wäre demgegenüber eine besondere Art von Vergessen, die dann entsteht, wenn man in
gegebenen Situationen auf Gelerntes nicht mehr zurückgreifen kann. Das gilt im
Kontext von Sprache und Sprechenkönnen natürlich nicht nur für die operative
Erinnerung an phonematische Unterscheidungen, sondern auch für ebenso spontane Verfügung über Grammatik und Vokabular.

Beim Gedächtnis, um das es hier geht, handelt es sich um kulturelle Unterscheidungen, nicht um rein physische Kompetenzen. Jacobson zeigt, dass in der
»Lallphase« alle Kinder in allen Kulturen das gesamte phonetische Material
produzieren, aus dem dann die Kultursprachen Selektionen operativ werden
lassen. Der Spracherwerb beginnt mit dem Vergessen: »Das Lallen und die sog.
›Hörstummheit‹ des Kindes (Verstehen oder Sprechen) beweisen, dass es weder
am motorischen, noch am akustischen Bilde mangelt, und trotzdem gehen die
meisten Laute plötzlich verloren.«[104] Sprechen-Lernen stellt also eine »Auslese
der Laute«[105] dar. Jacobson spricht vom »Verlorengehen« der Laute. Man könnte
das auch als operatives Vergessen anderer Möglichkeiten bezeichnen. Die anderen Möglichkeiten werden eventuell von anderen Kulturen genutzt. Sie bleiben
womöglich auch ein Verweisungshorizont, auf den zurückgegriffen werden
kann. Aber zunächst einmal ist der Übergang vom Lallen zum Sprechen, vom
Naturlaut zur phonematischen Unterscheidung, einer doppelten Reduktion zu
verdanken, einer generellen Simplifikation, welche das gemeinsame Fundament
aller Sprachen ist. Dann aber auch einer kulturspezifischen, die den Unterschied
zwischen den verschiedenen Kultursprachen bedingt.[106]

---

103   Roman Jacobson, »Kindersprache, Aphasie und allgemeine Lautgesetze«, Frankfurt a. M.
      1969, S. 50f.
104   Ebd., S. 23.
105   Ebd. S. 24.
106   Die »Tiefenstrukturen« des sprachlichen Gedächtnisses sind also nicht totaliter präkulturelle
      Gegebenheiten, sondern abhängig von höchst kontingenten sozialen Konditionierungen.

Dieses operative »Vergessen« aber ist die Bedingung der Möglichkeit für die Erinnerung an die Unterscheidung, auf der die Sprachkompetenz beruht. Freilich: Auch diese Erinnerung ist »nur« eine operative. Sie ist habitueller Ankerpunkt für Spontaneität. Nicht nur die anderen Möglichkeiten werden vergessen, sondern auch, dass überhaupt eine »Wahl« stattgefunden hat. Was nicht vergessen werden darf, ist die Unterscheidung selbst, also im Fall der deutschen Sprache: »lahm« und »Rahm« wird nicht verwechselt.[107]

4 Normgedächtnis

Was für die Sprache zutrifft, trifft in mancher Hinsicht auch für andere Dimensionen des Gedächtnisses zu. Nicht nur phonetischer oder elementarer semantischer Distinktionen »erinnern« wir uns unbewusst. Auch für elementare normative Orientierungen kann das Gleiche gesagt werden. Wie für die Sprache gilt auch für die Moral, dass es zwar keine Gesellschaft gibt, die ohne Sprache oder Moral auskommt, dass aber im einzelnen die jeweiligen Normen und Unterscheidungen nicht einfach vererbt sind. Es gibt also – anders als etwa für den Blutkreislauf oder die Verdauung, die Atmung oder den Herzschlag – hier kein »organisches« Gedächtnis für Sprache oder Moral[108]. Zumindest dann nicht, wenn man von allgemeinen Prinzipien absieht und sich auf konkrete Inhalte bezieht. Moralische Normen müssen wie ästhetische oder sprachliche gelernt werden. Und Lernen heißt immer, dass etwas Moment des Gedächtnisses werden muss, um in konkreten Situationen aktualisiert werden zu können. Diese Aktualisierung wollen wir – wie erwähnt – Erinnerung nennen. Wie beim Sprechen gibt es wohl auch moralische Aphasien. Menschen handeln nicht nur oft unmora-

---

107 Das sagt sich leichter als es häufig ist. Im Moselfränkischen wird z.B. nicht unterschieden zwischen ›ch‹ und ›sch‹, so dass der westfälische ›Ausländer‹ nur durch Zusatzinformationen erschließen kann, was gemeint ist, wenn ein Trierer Kunsthistoriker sagt: »Ich liebe lothringische Kirschen«. Das Gleiche gilt selbstredend auch für Semantisches: Im Moselfränkischen kommt der Ausdruck »nehmen« nicht vor. An seine Stelle tritt »holen«. Man sagt also »Ich habe fünf Kilo abgeholt«, wenn man das Ergebnis einer Abmagerungskur konstatiert. Oder: »Ich habe vergessen, meine Pille einzuholen«, wenn man eine unerwartete Schwangerschaft erklären will. Auch der Polizist sagt: »Holen wir das mal an«, wenn er eine Zeugenaussage problematisieren will. Natürlich sind sich gebildete Trierer dessen bewußt, dass im übrigen Deutschland statt »holen« bisweilen »nehmen« gesagt wird. Das führt dann zu Formulierungen wie: »Also gut, mein Chef nimmt sie am Bahnhof ab.« Vergessen ist in diesen Fällen nicht die Unterscheidung als solche, sondern die (immerhin!) in der Schule gelernte Fähigkeit, sie situativ richtig anzuwenden.

108 Hunde z.B. haben ein »organisches« Gedächtnis für bestimmte Bewegungen. Selbst Hunde, die nie in ihrem Leben in Wassernähe waren, schwimmen vorzüglich, wenn sie in einen See fallen. Menschen, die nicht schwimmen gelernt haben, würden ertrinken.

lisch, sondern sie scheinen manchmal die Normen selbst zu vergessen, die ihnen
im Prozess der Erziehung eingeprägt worden sind. Aber »im Normalfall« funktioniert moralisches Urteilen ebenso spontan wie grammatikalisch korrektes Reden und Verstehen. In beiden Fällen handelt es sich um das operative Vergessen
von Alternativen. Immerhin gibt es einige drastische Unterschiede. Aphasiker
werden nicht verstanden, moralischen Monstern wird u.U. nicht verziehen. Wir
billigen ihnen in der Regel nicht zu, sie hätten die Normen vergessen, nach denen sie sich offensichtlich nicht richten. Abweichungen sind eben nicht in jedem
Falle nach dem Muster Erinnern vs. Vergessen zu behandeln. Das alltägliche
Verhalten indessen geht davon aus, dass für normale Fälle damit gerechnet werden kann, dass Sprachkompetenz und Moralkompetenz routinemäßig erwartbar
sind. Die aus der Perspektive des Beobachters höchst relativen Unterscheidungen
drängen sich hier fraglos auf. Nur dem Beobachter[109] fällt auf, dass es sich hier
um »habituelle« Erinnerung an Gelerntes handelt und um operatives Vergessen
von Alternativen. Aber so wie bei den Aphasien gibt es auch hier Hierarchien
des Vergessens. Bestimmte normative Prägungen sind so tief eingeprägt, dass sie
in höherem Maße vergessensresistent sind als andere. Der Unterschied besteht
bei moralischen Normen vor allem darin, dass diese das Bewusstsein der möglichen Attraktivität der Alternativen in viel stärkerem Maße präsent halten, als das
für sprachliche Normen gilt. Dass andere Völker chinesisch sprechen, macht
einem das Deutsche noch nicht zur beengenden Qual. Bei Polygamie funktioniert
es vielleicht anders.

Das hängt auch mit verschiedenen »Tiefen« der Habitualisierung von Nor-
mierungsbereichen zusammen. Parsons hatte zwischen kognitiven, kathektischen
und moralischen Normen differenziert[110]. Die kognitiven Normen legen die Kriterien fest, nach denen zwischen wahr und falsch unterschieden wird. Auch hier
wird man nicht leugnen wollen, dass wir uns an entsprechende gelernte Kategorien nicht nur explizit erinnern, sondern auch implizit und spontan »Unsinniges«

---

109   Systemtheoretisch streng formulierend müsste man natürlich sagen ›dem Beobachter zweiten
      Grades‹, also dem Beobachter, der die Beobachtungsschemata derer, die er beobachtet, vor
      dem Hintergrund möglicher Alternativen sieht. Er ›erkennt‹, dass die Wahrnehmungen und Ur-
      teile der von ihm Beobachteten sich Unterscheidungen verdanken, die sie gelernt haben und
      nun anwenden. Er weiß, dass sie Alternativen entweder nicht berücksichtigen oder gar nicht
      berücksichtigen können, weil sie diese entweder gar nicht kennen oder eben vergessen haben.
      Dieser Beobachter ›zweiten Grades‹ verwendet freilich seinerseits Unterscheidungen, die ihrer-
      seits nicht ohne Alternativen sind. Das Problem ist, dass es keine Beobachtung dritten Grades
      gibt, obwohl das von manchen Schlaumeiern gelegentlich ins Spiel gebracht wird. Jede Be-
      obachtung ist immer auch eine Beobachtung ersten Grades, insofern sie nur mit ihren eigenen
      Unterscheidungen die Unterscheidungen anderer beobachten kann.
110   Vgl.: Talcott Parsons et al., »Some Fundamental Categories of Action: A General Statement«,
      in: Talcott Parsons, Edward A. Shils (Hg.), »Toward a General Theory of Action«, Cambridge
      1962, S.3-29.

und »Plausibles« auseinanderhalten können. Auch Wahrheitskriterien haben eine habitualisierte Verankerung, so dass sie gegen methodologische und wissenschaftstheoretische Einwendungen ziemlich resistent sind, selbst wenn man solchen »ethnomethodologischen« Beurteilungsschemata leicht ihren Vorurteilscharakter vorhalten mag. Immerhin ist die Anfälligkeit dieser Schemata heutzutage durch Kritik einigermaßen irritierbar. Am schwierigsten scheinen kathektische Normen veränderbar zu sein, wenn sie sich einmal eingenistet haben. Wer Schnecken eklig findet, wird nur schwer davon zu überzeugen sein, dass sie eigentlich wohlschmeckend sind. Wir haben irgendwann gelernt, was wohlschmeckend, angenehm ist, Freude bereitet usw. Wir erinnern uns in der Regel nicht mehr, wie diese Einstellungen entstanden sind. Aber die habituellen Folgen vergessen wir so gut wie nie. Jeder erzwungene Verstoß gegen solche Präferenzen mobilisiert unseren Widerstand.

Nun findet sich solche Empörung immer wieder auch bei moralischen Verstößen. Durkheim ging sogar davon aus, dass das Gedächtnis für moralische Normen durch eklatante Übertretungen wiedererweckt werde. Das Verbrechen erinnere uns daran, was wir vorher bloß habituell und latent verabscheuten. Es mobilisiere gleichsam unser Gedächtnis. Gleichwohl ist der Ekel von der moralischen Empörung deutlich unterscheidbar. Wenn jemand Ameisen für Leckerbissen hält, mögen wir uns schütteln. Aber es mag Situationen geben, wo wir die Überwindung solcher Ekelgefühle für moralisch geboten halten, z.B. in bestimmten Notsituationen. Umgekehrt werden bestimmte sexuelle Verfehlungen anderer uns nicht Ekel einflößen. Im Gegenteil: Wir verstehen den Ehebrecher vielleicht sehr gut, wären eventuell selbst versucht, ähnliche Sünden zu begehen. Aber wir verurteilen ihn gleichwohl, und zwar nicht deshalb, weil er etwas getan hat, von dem wir uns nicht vorstellen können, wie das jemandem überhaupt Freude bereiten kann, sondern weil wir uns sehr lebhaft ausmalen können, wie vergnüglich die Übertretung gewesen sein mag, von der wir gleichwohl finden, sie sei unverzeihlich. In beiden Fällen also mögen gleichsam viszerale inkorporierte Gedächtnisinhalte aufgerufen werden. Aber im Fall kathektischer Verstöße ist das Unverständnis in der Regel größer, weil wir uns nicht mehr daran erinnern, wie viel es uns gekostet hat, ursprünglich Attraktives ekelhaft zu finden. Pflichtvergessene Menschen erinnern uns demgegenüber nur allzu häufig an eigene Verfehlungen oder Versuchungen. Gerade an ihnen kann man die ›Verschraubung‹ beider hier akzentuierter Gedächtnisarten verdeutlichen. Der Pflichtvergessene hat in der Regel nicht die Norm vergessen, die ihn zu einem bestimmten Handeln hätte veranlassen sollen. Die sitzt ihm vielleicht sogar in Fleisch und Blut. Aber das Ereignis, das z.B. Dankbarkeit hätte auslösen sollen, ist ihm entfallen. Er weiß, dass man Schulden zurückzahlen muss. Aber er hat vergessen, dass ihm jemand 500 Euro geliehen hat, und selbst auf eine entsprechende Erinnerung fällt es ihm nicht ein. Im Gegenteil! Er reagiert empört. Aber das Schlimme ist – und gerade unsere Epoche ist auf entsetzliche Weise Zeuge solcher Tragödien – dass die Erosion des Gedächtnisses auf beiden Stufen (kognitiv und habituell), Individuen und ganze Gesellschaften befallen kann.

Handschrift und Tätowierung

1 Handschrift und Tätowierung als Wahrheitsgenerator

Vor etlichen Jahren schrieb ich einen Aufsatz über die soziologischen Aspekte der Geschichte der Beichte.[111] Seit dieser Zeit verfolgte mich das Interesse an sozial institutionalisierten Formen der Selbstthematisierung.[112]

In diesen Kontext fügt sich auch die folgende Darstellung von Tätowierung und Handschrift: Sie werden hier als Formen der sozialen Indienstnahme des Körpers behandelt, mittels derer er als ein institutionalisierter ›Wahrheitsgenerator‹ fungiert. In dieser beiden gemeinsamen Funktion liegt die *Einheit* ihrer Form. Die Differenz besteht darin, dass es im einen Falle der *schreibende*, im anderen der *beschriebene* Körper ist, der als Bekenntnis gelesen wird.

Sowohl durch seine Handschrift wie mittels einer Tätowierung kann man zeigen, wer man wirklich ist.[113] Aber wie es eben häufig mit sozial institutionalisierten Dispositiven der Selbstdarstellung geschieht, können auch sie zu Momenten von Einrichtungen werden, in denen eine Person unfreiwillig, aber kollektiv bindend dazu gezwungen wird, ihre Identität zu definieren.

Was Handschrift und Tätowierung also gemeinsam haben, ist, dass sie beide »Techniken des Selbst«[114] sind, die zumindest virtuell in den Zusammenhang eines Machtdiskurses eingebaut werden können.

---

111 Siehe in diesem Band: »Zur Soziologie der Beichte und anderer Formen institutionalisierter Bekenntnisse: Selbstthematisierung und Zivilisationsprozeß«, S. 165-197.

112 Vgl. zusammenfassend: Alois Hahn, Volker Kapp (Hg.), »Selbstthematisierung und Selbstzeugnis: Bekenntnis und Geständnis«, Frankfurt a. M. 1987. Für den Sonderfall der Therapie vgl: Alois Hahn, Herbert Willems, Rainer Winter, »Beichte und Therapie als Formen der Sinngebung«, in: Gerd Jüttemann, Michael Sonntag, Christoph Wulf (Hg.), »Die Seele. Ihre Geschichte im Abendland«, Weinheim 1991, S. 493-511.

113 Dabei ist freilich zu beachten, dass dies für den Fall der Handschrift die bloße Folge der Wahrnehmbarkeit einer Körperspur durch einen Beobachter ist, im Fall der Tätowierung aber einer Mitteilungsabsicht entspringt. Die Deutung von Handschrift unterläuft den Schriftsinn, die von Tätowierung ratifiziert die Tatsache, dass jemand aus einem wahrnehmbaren Körper ein Sinngebilde gemacht hat.

114 Vgl. hierzu Michel Foucault, »L'usage des plaisirs«, Paris 1984, S. 16ff.

2   Handschrift als Körpersprache

Die Lektüre und die Interpretation der Handschrift eines Menschen als unwillkürliche Botschaft, die Auskunft über verborgene Strukturen seines Inneren gibt,
kann eine wohletablierte Methode graphologischer Kontrolle anderer Menschen
werden. Handschrift wird dann wie ein Lügendetektor benutzt, dessen Anwendbarkeit sich aber nicht auf Verdächtige oder Zeugen in Strafprozessen beschränkt, deren Aussagen man bezweifelt. Graphologische Bekenntnisse können
vielmehr als Schlüssel zum Verständnis des Charakters eines jeden eingesetzt
werden, ohne dass sich der ›Bekenner‹ überhaupt bewusst ist, ein Geständnis
abgelegt zu haben. Und außerdem ist der Zugang zu diesem Schlüssel nicht mo-
nopolisierbar: Nicht nur professionelle Entzifferer, sondern jeder Leser kann
handschriftlich Verfasstes, vor allem auch ganz private Kommunikationen wie
etwa Liebesbriefe als säkulare Form unfreiwilliger Beichte traktieren und
Schlüsse auf die versteckte Identität, auf Ehrlichkeit oder Unehrlichkeit[115] des
Autors ziehen. Ob wir wollen oder nicht, schreibend öffnen wir uns für andere
nicht nur über den manifesten Sinn unserer Texte. Wir hinterlassen trans-
hermeneutische Spuren: Die Sphäre des Sinns der Texte erhält so etwas wie ein
›Leck‹, durch das auch Nicht-Gemeintes ›durchsickert‹. In der Entzifferung der
Handschrift, die solcherart zustande kommt, emanzipiert sich die Lektüre von
der Sprache, als deren Zweitvercoder der Schreiber glaubte, tätig gewesen zu
sein. Für die Graphologie wird die Schrift ein Jenseits der Sprache, in deren
Dienst sie (die Schrift) nur scheinbar steht. Als Graphologen versuchen wir den
Schreiber aus dem Rhythmus seiner Hand zu identifizieren. Ganz ähnlich verfahren wir, wenn wir Gesprochenes nicht vom Sprachsinn her verstehen wollen,
sondern von der mitlaufenden Veränderung der Stimme oder von den Bewegungen her, die ihn begleiten und oft unterlaufen.

Insofern könnte man Handschrift als Körper›sprache‹ institutionalisieren.
Dabei sollte aber für einen Soziologen klar sein, dass es im strengen Sinn keine
natürliche ›Sprache‹ des Körpers oder der Hand gibt. Wo immer Sprache ist, da
handelt es sich um eine soziale Tatsache. Im Fall der Handschrift wie in dem des
Körpers im Allgemeinen entspringt der Eindruck der Sprachlichkeit aus unserer
unwillkürlichen Tendenz, Bewegungen und Rhythmen zu interpretieren, als
wären sie eine Sprache.[116] Dabei ist schwer zu leugnen, dass Handschrift uns zu
identifizieren vermag. Jedoch in einem sehr eingeschränkten Sinn: Sie sagt, wer

---

115   Zur Problematik der Ehrlichkeit in soziologischer Hinsicht vgl. auch Alois Hahn, »Ehrlichkeit
      und Selbstbeherrschung«, in: Hans Werner Franz (Hg.), »22. Deutscher Soziologentag 1984.
      Beiträge der Sektions- und Ad-hoc-Gruppen«, Opladen 1985, S. 221-223.
116   Vgl. hierzu Hans Ulrich Gumbrecht, »Rhythmus und Sinn«, in: Ders., K. Ludwig Pfeiffer
      (Hg.), »Materialität der Kommunikation«, Frankfurt a. M. 1988, S. 714-739.

wir sind (Ich und kein anderer), aber nicht, was wir sind. An sich hat sie auto-*graphische*, keine auto*biographische* Indexikalität. Sie erzählt keine Geschichte. Manche Gesellschaften freilich behandeln sie so. Dann kann sozial folgenreich unsere Unterschrift als unsere Minimalbiographie gelesen werden.

3   Schrift, Schreiben und Sprache: ein Exkurs

Hand*schrift* wird also hier paradoxermaßen als Körper*sprache* bezeichnet, weil sie es ermöglicht, vom sprachlichen Sinn des Geschriebenen abzusehen. Wäre es da nicht besser, die Körpersprache eine Körperschrift zu nennen? Verbirgt sich gar hinter der Terminologie, die von der Bewegung der Hand als einer Sprache spricht, die ›Schriftvergessenheit‹ einer logozentrischen Begrifflichkeit, auf die Derridas Grammatologie[117] den Finger legt?

Vielleicht sollte man mit anderen Differenzen operieren. Wir wollen hier als ›Schrift‹ sensu stricto eine relativ späte evolutionäre Tatsache verstehen. Sie ist – in unserer Wortwahl – nicht schon gegeben, wenn bedeutungstragende Zeichen mit optisch erkennbaren Mitteln produziert werden. Nicht alles ›Schreiben‹ in diesem weiteren Verständnis produziert also schon ›Schrift‹. Schreiben und Ma-len als Bedeutungen fixierender Zusammenhang von Hand und Auge ist sicher-lich gleichursprünglich mit dem Sprechen als Zusammenhang von Stimme und Ohr. Der evolutionäre Schritt besteht darin, dass mit ›Schrift‹ (*sensu stricto*) eine Zweitfassung von Sprache intendiert[118] wird und so eine Art von sekundärer Synästhesie entsteht. Das Gesprochene wird sichtbar, wenn das Geschriebene (Gemalte, Gezeichnete, Geritzte, Gekritzelte) Gesprochenes und nicht mehr bloß Gesehenes bezeichnet. Mit Schrift werden zwei archaische Kinästhesien (Hand-Auge, Zunge- Ohr) aufeinander bezogen, oder sie verschmelzen. Vor der Erfin-dung der Schrift als einer Zweitfassung der Sprache musste Sprache gesprochen und gehört werden (ähnlich wie Gerüche gerochen und Schmerzen empfunden werden mussten und müssen, um als Gerüche oder Schmerzen gegenwärtig zu sein). Nach der Erfindung der Schrift spricht die Sprache ungesprochen (jeden-falls kann sie das virtuell; denn die faktische Verwendung der Schrift kann wei-terhin in orale Kommunikation eingebunden bleiben, vor allem mnemotechni-schen Zwecken dienen oder sich – wie etwa bei der chinesischen Skapulamantik – auf die »Verstärkung des gesprochenen Wortes«[119] im Kontext magischer Praktiken beschränken). Die geschriebene Sprache ist, wenn man es pathetisch

---

117   Vgl. Jacques Derrida, »De la grammatologie«, Paris 1967.
118   Zu dieser Wortwahl vgl. Harald Haarmann, »Universalgeschichte der Schrift«, Frankfurt a. M. u. New York 1990.
119   Ebd., S. 110.

formulieren will, vom Laut erlöst, eine *metabasis eis allo genos*: die Übersetzung
lautenden Sinns ins Leise, ja Stumme. Demgegenüber ist die Ablösung der sichtbaren Welt vom wirklichen Sehen, also die Augenunabhängigkeit des Optischen,
›archaischer‹. Seit es Menschen gibt, konnte man über Sichtbares reden, konnte
Gesprochenes Gesehenes ›repräsentieren‹. Das Malen oder Zeichnen, das Hinterlassen von Spuren, ist, selbst wenn es ›archaischer‹ sein sollte als das Reden,
keine *metabasis eis allo genos* im eben bezeichneten Sinn, sondern eine Art
›mediale Tautologie‹: *visibilia per visibilia*. Das gilt auch dann, wenn man die
›fiktiven‹ Gegenstände miteinbezieht. Man kann natürlich auch ›nicht wirklich‹
Gesehenes sichtbar machen, aber man bleibt dabei in der Sphäre der optischen
Vorstellungen. Erst mit der Schrift werden die Verhältnisse prinzipiell umkehr-
bar. Und darauf basiert deren Funktion als ›präadaptive Errungenschaft‹ im Sinne von Talcott Parsons. Schrift in diesem Sinne ist jedenfalls die – wenn schon
nicht hinreichende, so doch notwendige – Voraussetzung für die Trennung von
Interaktion und Gesellschaft.[120] Wir unterscheiden also zwischen ›Schreiben‹ als
einer Kompetenz, die Menschen in allen Kulturen stets besessen haben, die auch
bei Kindern vom Erlernen einer ›Schrift‹ unabhängig ist, und einer nur in bestimmten Kulturen vorhandenen ›Schrift‹ als einer Zweitfassung einer bestimmten Sprache, wobei die Differenz zwischen Schriftarten (z.B. Buchstaben- oder
Bilderschrift) für diese Differenz unerheblich ist. Man könnte auch sagen, dass
Menschen immer geschrieben haben, aber dass das, was sie schrieben, nicht
immer Schrift war und übrigens auch bei uns nicht immer ist. Für die ursprüngliche Differenz der Sprech- und Schreibkompetenz scheinen auch gehirnphysiolo-
gische Untersuchungen zu sprechen, aus denen sich ergibt, dass die eine Kompetenz unabhängig von der anderen zerstört werden kann.[121] In der gleichen Weise
könnte man natürlich auch versuchen, ›Sprechen‹ und ›Sprache‹ zu unterscheiden. Denn natürlich bedienen sich nicht alle unsere – nicht einmal alle unsere
eindeutig sinntragenden – ›Verlautbarungen‹ einer institutionalisierten Sprache.

---

120   Vgl. dazu Niklas Luhmann, «Interaktion, Organisation, Gesellschaft«, in: Ders.: »Soziologi-
      sche Aufklärung 2«, Opladen 1975, S. 9-20.
121   Vgl. Jean Gagnepain, »Du vouloir dire. Traité d'epistémologie des sciences humaines« Bd. I,
      Paris u.a. 1982. Ich verdanke den Hinweis auf die klinischen Untersuchungen des Laboratoire
      interdisciplinaire de recherche sur le langage an der Universität Rennes 2 Michael Herrmann.
      Der wichtigste Befund dieser Forschungen für unseren Zusammenhang ist eben, »[...] dass A-
      phasien und Atechnien unabhängig voneinander auftreten, dass also die energia des homo lo-
      quens nicht ohne weiteres gleichzusetzen ist mit der energia des homo faber« (Michael Herr-
      mann, »Rezension von Konrad Koerner: Saussurean Studies/Etudes saussuriennes«, in: Zeit-
      schrift für französische Sprache und Literatur Cl/1, 1991, S. 7). Schreiben aber ist in diesem
      Sinne eine auf Sprache gerichtete ›Technie‹. Im gleichen Sinne vgl. Alfonso Caramazza, Argye
      E. Hills, «Lexical organization of nouns and verbs in the brain«, in: Nature, 349, 28.2.1991, S.
      788-790.

Der Unterschied ist allerdings der, dass es keine Kultur ohne Sprache, wohl aber eine große Zahl von Kulturen ohne Schrift gibt.

4   An- und Abwesenheit

Wenn man also Handschrift trotz der oben angedeuteten Probleme als Körpersprache (im Sinne eines *Sprechens*) auffasst, so fällt gleichwohl eine Merkwürdigkeit auf. Der eigentliche evolutionäre Schritt, der mit Sprache im Gegensatz zu der bei den meisten Tierarten vorfindbaren bloßen Signalkommunikation verbunden ist, ist oft darin gesehen worden[122], dass jene es erlaubt, über Gegenstände zu kommunizieren, die nicht aktuelle situationale Stimuli sind. Sprache vergegenwärtigt Abwesendes (wenn auch u.U. mit der wichtigen Möglichkeit der Modulation: Ich kann über abwesendes Feuer reden, ohne vor ihm, wie vor wirklichem Feuer, fliehen zu müssen) und entlastet insofern von der Wahrnehmung dessen, worüber man spricht: Man kann über etwas reden, das man nicht sieht (hört, riecht usw.) und man muss nicht (darf sogar oft nicht) über das sprechen, was man deutlich sieht, hört, riecht usw. Erst mit Sprache differenziert sich Mitteilung von Information. Schrift stellt demgegenüber einen weiteren Schritt dar. Sie befähigt uns, nicht nur über abwesende Gegenstände zu kommunizieren, sondern auch in Abwesenheit der Kommunikations*partner*. Paradoxerweise vergegenwärtigt die Handschrift den abwesenden Körper. Sie ist eben nicht nur die Botschaft, sondern die Wiedereinführung der virtuell verschwindenden Leiblichkeit in die kommunikative Situation, die Invasion physischer Spuren in die Sphäre unpersönlich geistigen Sinns: Das Unkörperliche des Schriftsinns wird vom Körper unterminiert.

Körperinschriften andererseits können als Aufhebung des bloß Körperlichen angesehen werden, insofern sich mit der Schrift etwas Unkörperliches im Körper verkörpert. Man könnte versucht sein zu sagen, dass in diesem Falle Tätowierung bedeutet, dass man die Körper als Seite benutzt, während bei der Konzentration auf die Handschrift die Seite zum Körper wird. Der Rhythmus der schreibenden Hand tätowiert gleichsam den geschriebenen Text, und zwar ganz ähnlich wie der literarische Stil eines Autors dessen intellektuelle Identität verrät, auch ohne dass von ihr die Rede wäre. Wie erwähnt, setzte vor der Erfindung der Schrift alle Kommunikation die körperliche Anwesenheit der Kommunizieren-

---

122 Für viele vgl. Arnold Gehlen, »Der Mensch. Seine Natur und seine Stellung in der Welt«, Frankfurt a. M. u. Bonn [7]1962, S. 46-50. Der entscheidende Punkt ist dabei die Überwindung der zeitlichen Abwesenheit und die Unterbrechung der Beziehung zwischen Zeichen und Stimulus. So können z.B. Bienen tanzend auch räumlich abwesende Futterquellen darstellen. Die Tänze wirken aber nicht als bloße Mitteilung, sondern als direkte Auslöser von Verhalten.

den voraus, insofern erst Schrift diese Form von Präsenz transzendiert. Aber Handschrift hebt diese Differenz von Präsenz und Absenz dialektisch auf. Der fremde Körper, dessen Schrift ich lese, ist physisch abwesend und gleichzeitig als die Spur des Rhythmus seiner Hand anwesend.

Ein Effekt dieser Leistung von Handschriftlichkeit zeigt sich darin, dass es Sinn macht, Autographen zu sammeln und sie wie Reliquien zu verehren. Wenn man Millionen für ein Mozartautograph zahlt, so liegt der Grund nicht primär darin, dass man auf diese Weise einen authentischen Zugang zur Musik des Meisters hat, die man vielleicht in einer gedruckten Partitur bequemer erfassen könnte. Das autographische Dokument fungiert vielmehr wie ein Schrein. Irgendwie habe ich den Eindruck der leiblichen Anwesenheit des Helden. Das gleiche Gefühl teilt sich beim Besuch seines Grabes mit. Die Handschrift kann zur symbolischen Repräsentation des Gefeierten werden. Ich erinnere mich eines bekannten Marx-Spezialisten, der mir – vor vielen Jahren – einen kleinen Zettel zeigte, den er für Tausende von Mark erstanden hatte, auf den Marx an Engels ungefähr folgendes geschrieben hatte: »Lieber Fritz! Ich komme heute abend zum Essen. Dein Mohr«.

Für die Beschriftung des Körpers beim Tätowieren lässt sich andererseits behaupten, dass das Medium, das prinzipiell die Abwesenheit des Körpers erlaubt, wieder an dessen Anwesenheit zurückgebunden wird. Der Ausweg aus der Interaktion, Schrift, wird hier eines ihrer Elemente.

5 Handschrift und ihre Alternativen oder die Verlagerung der Aufmerksamkeit vom Sinn des Textes auf dessen materialen Rahmen

In gewissem Sinne konnte Handschrift erst nach der Erfindung der Druckerpresse entstehen. Dieser Satz erscheint zunächst schlicht kontra-intuitiv, so als verdankte er sich der Tatsache, dass der Autor der Versuchung nicht widerstehen konnte, Paradoxe zu formulieren. Aber der gemeinte Sinn ist einfach der, dass Handschrift als solche solange nicht existieren konnte, wie sie die einzige Form des Schreibens überhaupt war und es keine Alternative zu ihr gab, wenn man überhaupt schreiben wollte. Man kann das auch für Anhänger von Spencer Brown so formulieren: Hat man erst einmal die Unterscheidung zwischen Reden und Schreiben getroffen, bleibt in Gesellschaften ohne Druckerpresse oder Schreibmaschine[123] keine Unterscheidung bezüglich der Form der Schrift übrig.

---

123 Welcher Freund Nietzsches hätte je daran gedacht, wie wichtig sie einmal werden könnte! Welcher Freund Kittlers kann sich heute noch vorstellen, wie lange man daran nicht gedacht hat? Vgl. Friedrich A. Kittler, »Grammophon Film Typewriter.«, Berlin 1986; ders., »Nietzsche, der mechanisierte Philosoph«, in: »kultuRRevolution«, 9, 1985, S. 25-29 und Martin Stingelin, »Kugel-

In unserer Gesellschaft hingegen ist es stets das Wahrnehmen einer Alternative, wenn ich mich entscheide (allerdings mit größerer oder geringerer Freiwilligkeit: Die Alternative besteht dann möglicherweise sozial gar nicht mehr, weil man den Lebenslauf eben handschriftlich abliefern muss), den Füller zu benutzen. So einleuchtend das ist, so sehr bedarf es doch auch hier einiger Einschränkungen. Die Alternative zur Handschrift kann eine andere Handschrift sein: Man verwendet dann statt seiner eigenen die eines anderen. Und außerdem stehen in vielen selbst archaischen Gesellschaften verschiedene Schriftformen zur Verfügung (in Ägypten z.b. das Hieratische und das Demotische[124] oder im Japanischen das Hiragana und das Katakana[125]). Wer sich je etwa mittelalterliche Manuskripte angeschaut hat, dem wird die große Mannigfaltigkeit der skripturalen Formen dieser Dokumente aufgefallen sein. Aber wenn wir einem Experten wie Robert Marichal glauben dürfen, dann verraten die verschiedenen graphischen Gestaltungen dieser Texte kaum etwas über die individuelle Psychologie der Schreiber, als sie vielmehr auf einen epochalen Habitus verweisen.[126] Das mag man bezweifeln. Aber jedenfalls sind mir aus der Zeit vor der Erfindung von Alternativen zur Handschrift keine systematischen Anstrengungen bekannt, den Zusammenhang von Schrift- und Schreibercharakter zu bestimmen.[127] Wohl aber konnte die richtige oder falsche Unterstellung, dass es sich um einen vom Autor des Briefes selbst geschriebenen Text handelte (der Text also nicht diktiert war), diesem eventuell nicht nur im Sinne der Authentizitätssicherung, sondern etwa bei Absendern von Rang auch eine besondere Bedeutung und einen erhöhten Wert verleihen. Umgekehrt konnte der Rang des Adressaten Handschriftlichkeit empfehlen. Wenn etwa Don Juan Manuel, ein hoher spanischer Adliger des 14. Jahrhunderts, seinem Lehnsherrn, dem König Alphons XI., einen handschriftlich abgefassten Brief schreibt, so wird man daraus sicher auch einen besonderen Respekt für den Monarchen herauslesen dürfen. Aber »nirgends – nicht einmal in dem Brief von Don Juan Manuels eigener Hand – stoßen wir vor zu einer

---

äußerungen. Nietzsches Spiel auf der Schreibmaschine«, in: Hans Ulrich Gumbrecht, K. Ludwig Pfeiffer (Hg.), »Materialität der Kommunikation«, Frankfurt a. M. 1988, S. 326-341.

124 Vgl. Harald Haarmann, »Universalgeschichte der Schrift«, Frankfurt a. M. u. New York 1990, S. 105.

125 Vgl. ebd., S. 39ff.

126 Robert Marichal: «L'écriture latine et la civilisation occidentale«. In: Centre International de Synthèse (Hg.): »L´écriture et la psychologie des peuples«, XXII. Séminaire du Synthèse, Paris 1963, zitiert nach Pierre Bourdieu, »Zur Soziologie der symbolischen Formen«, Frankfurt a. M. 1974, S. 144. Zu Bourdieus Habitusbegriff vgl. allgemein Pierre Bourdieu, »Sozialer Sinn. Kritik der theoretischen Vernunft«, Frankfurt a. M. 1987. Kritisch und weiterführend hierzu Cornelia Bohn, »Habitus und Kontext. Ein kritischer Beitrag zur Sozialtheorie Bourdieus«, Opladen 1991.

127 Bei der für einen Nicht-Fachmann wie mich unvermeidbaren Kontingenz solcher Unbekanntheit würde ich mich über eine Falsifikation in diesem Falle besonders freuen.

›*Innenseite*‹ seines Lebens; kein Text führt zu dem ›Bewusstsein‹, aus dem doch die stets standesgemäßen Taten und Pläne hervorgegangen sein müssen, die Don Manuel so gerne beschrieb«.[128] Man darf wohl annehmen, dass nicht einmal der königliche Adressat versucht hätte, die Informationen (nämlich über das Bewusstsein seines Autors), die der *Text* (als geschlossenes Sinngebilde) nicht hergab, aus der Faktur der Handschrift herauszuklauben – als sozusagen metahermeneutisch-monarchische Heldentat. Die materiale Form und der Sitz im Leben eines Textes, ob diktiert oder handschriftlich, auf Ton oder Stein, im Buch oder im Grab usw., das alles konnte nicht unberücksichtigt bleiben. Dass im übrigen kalligraphische Korrektheit oder Finesse geschätzt wurden und deren Vernachlässigung auf mangelnde Sorgfalt oder fehlenden Respekt gegenüber dem Adressaten verweisen konnte, ist gewiss. Für alle vormoderne Betrachtung bleibt aber das *primary framework* der Aufmerksamkeit der Text, wenn auch natürlich Modulationen unvermeidlich waren. Ein im modernen Sinne graphologisches Interesse an Handschriftdeutung kann man daraus nicht herauslesen. Erst wenn dieses sich entwickelt, dann verschiebt sich das Augenmerk von dem, was geschrieben wurde, auf das ›Wie?‹, ›Wer?‹ und ›Worauf?‹ des Schreibens im physischen Sinne. Sowohl Tätowierung als auch Handschrift implizieren solche Sinntransformationen oder -modulationen[129]: Was zählt, ist dann nicht mehr die primäre Botschaft des Texts, sondern das, was ursprünglich bloß der Rahmen war, der im einen Fall durch die Art des Schreibens, im anderen durch die sehr spezielle ›Materialität‹ der Kommunikation, nämlich die menschliche Haut und die relative Untilgbarkeit der Schrift bei höchst endlichem Raum gebildet wird.

6   Tätowierung als Autokalligraphie

In beiden Fällen hat die Modulation auch die Funktion persönlicher Identifikation. Aber diese kann sich auch als eher indirekter Effekt einstellen. Das primäre Ziel der Schreibenden wie des Tätowierers oder der Tätowierten kann von ästhetischen Werten gesteuert sein. Handschrift wird so Kalligraphie, und Tätowierung benutzt den menschlichen Körper als Material für plastische Kunst.[130] Die identifikatorische Funktion wird durch dieses Verfahren nicht aufgehoben, wohl

---

128   Hans Ulrich Gumbrecht, »Eine Geschichte der spanischen Literatur«, Frankfurt a. M. 1990, I, S. 95.
129   Vgl. hierzu Erving Goffman, »Frame Analysis. An Essay on the Organization of Experience«, New York u.a. 1974.
130   Beispiele hierfür sind Legion, moderne, antike, ethnographische. Für photographische Dokumentation speziell gegenwärtiger Versuche in dieser Richtung: »Tattoo Art. Tätowierte Frauen. Skin Phantasies on Tattooed Women. Photographien von Chris Wroblewski. Text von Andy Cooper«, Wien 1985.

aber modifiziert. Die tätowierte Person identifiziert sich so als etwas Schönes, als Kunstwerk, als Skulptur oder Gemälde. Sie subjektiviert sich durch die Wahl einer Objektivation, durch Selbstobjektivation.[131] Erneut paradox ausgedrückt: Man wird dadurch ein von allen anderen verschiedenes Ich, dass man Formen verkörpert, die denselben Sinn für alle anderen haben und deren Erscheinung nicht notwendig an den eigenen Körper gebunden ist.

Tätowierung in diesem Sinn ist also die Konstruktion des physischen Selbst durch einen selbst, auch wenn man sich dabei sozialer Formen und technischer Hilfe anderer, etwa professioneller Tätowierer, bedient. Freiwillige Tätowierung stellt eine Art von ›Autopoiesis‹ der eigenen physischen Erscheinung dar, insofern man die pure Zufälligkeit und folglich ›Alterität‹ der eigenen Gestalt leugnet oder überwindet. Was jenseits unseres Willens zu sein schien, unser Aussehen, wird dessen Manifestation. Die Autopoiesis, um die es sich hier handelt, ist natürlich nicht eigentlich diejenige, von der die Systemtheoretiker seit Maturana sprechen, sondern eher die, die Foucault in der Antike entdeckt hat, die nicht mehr bloße Herrschaft über das eigene Selbst (*enkrateia*) impliziert, sondern jene Art von Selbstgenuss, der die Folge davon ist, dass man sich als das Resultat der eigenen Handlungen weiß.[132] Voraussetzung dafür ist natürlich, dass die Tätowierung als selbstgewollt erscheint. Nur dann nämlich kann die sichtbare Erscheinung unseres physischen Selbst als die Erfüllung unserer ›auto-poietischen‹ (im Sinne von: sich selbst erschaffenden) Absichten erscheinen: unser Leib als Kalligramm. Ganz anders sieht die Sache aus, wenn andere für uns befinden, dass wir für unsere Physiognomie verantwortlich seien. Ein ebenso komisches wie makabres Beispiel sind die von Heimito von Doderer erfundenen »physiognomischen Weltenrichter des Doctor Döblinger«, die – ausgehend von der These, dass jeder selbst für sein Aussehen verantwortlich sei – »Umgestaltungen« fremder Gesichter durch Prügel vornehmen, wenn sie auch den derart »Verschönerten« einen Hundertmarkschein in die Tasche schieben, zusammen mit einem Zettel: »Es ist nur wegen Ihres Gesichts und tut uns ansonst aufrichtig leid«. Ihr

---

131 Auch das Schreiben von Biographien kann diesem Gesetz folgen. Für zahlreiche Beispiele siehe Hartmann Leitner, »Lebenslauf und Identität. Die kulturelle Konstruktion von Zeit in der Biographie«, Frankfurt a. M./New York 1982.

132 Vgl. Michel Foucault, »Histoire de la sexualité 3, Le souci de soi«, Paris 1984, S. 56, 82ff. Im Hinblick auf die psychische Autopoiesis im therapeutischen Kontext vgl. Herbert Willems, »Psychotherapie und Gesellschaft. Voraussetzungen, Strukturen und Funktionen von Individual- und Gruppentherapien.«, Trier 1991. In gewisser Weise könnte man allerdings den tätowierten Körper als Emergenz interpretieren: Er ist nicht mehr – als bloß wahrgenommener – Quelle für Informationen, sondern durch seine Inschriften oder Bemalungen unübersehbar ein Dokument für eine Mitteilungsabsicht. Aus einem deutbaren Wahrnehmungsgegenstand, der gerade der unterstellten Unwillkürlichkeit seine Informativität verdankt, wird eine Kommunikation: Für seinen Körper kann man nichts, für dessen Tätowierung muss jemand die Verantwortung übernehmen.

Prinzip jedenfalls ist: »Vult quisque vultum suum. [...] Wie Du schaust, so *willst* Du schauen, und wir dürfen Dich drum hauen«.[133]

Allerdings hat die Tätowierung keinesfalls das Monopol freiwilliger Selbsterschaffung unseres Leibes. Zumindest teilweise basiert die Faszination des Sports in der Gegenwart darauf, dass er es uns ermöglicht, unseren Körper als unsere Tathandlung zu empfinden. Jeder ist seines Körpers Schmied! Notfalls kann man die Schmiedearbeit auch in Auftrag geben. Das ist dann die Stunde der Kosmetik und der Schönheitschirurgie.[134]

Die Differenz ist freilich unübersehbar: Im Falle der Tätowierung bleibt der Akt der Autopoiesis dem Kunstwerk ausdrücklich inhärent. Man soll sehen, dass man sich umgestaltet hat. Beim Sport soll das eher implizit, beim Lifting sogar entschieden unsichtbar bleiben. Trotz aller Differenzen schreibt sich die ›autoästhetische‹ Variante der Tätowierung als Kalligraphie des Selbst deutlich in die Reihe jener von der strengen Askese bis zur wilden Orgiastik reichenden Formen der Selbstsorge ein, die das Spätwerk Foucaults versucht hat aufzuspüren. Das wird erst recht deutlich, wenn der Akt des Tätowierens vom Tätowierten selbst vollzogen wird: Selbsttätowierung als Autokalligraphie. Hier werden dann die phänomenologischen Merkmale (›Wundmale‹) des graphologisch relevanten Schreibens und des Tätowierens vereint: Die schreibende Hand schreibt das

---

133   Heimito von Doderer, »Die Merowinger oder Die totale Familie«, München ²1977, S. 131f.

134   In gewisser Weise gehören natürlich auch Kleidung und Schminke oder sonstige Körperbemalungen in diesen Zusammenhang. Auch sie entheben den Körper seiner schlicht gegebenen Zufälligkeit und unterwerfen seine Erscheinung individuell-kreativen oder kollektiven Umgestaltungen, indem sie z.B. die natürlich-profane Nacktheit in sakrale Farbigkeit verwandeln oder die schlichte Gewöhnlichkeit des bloßen Körpers mit der Feierlichkeit eines Ornats umhüllen. Auch sie lassen sich als dessen Kalligraphie verstehen. Der Unterschied zur Tätowierung liegt aber in der – jedenfalls grundsätzlich – geringeren Endgültigkeit dieser Körperdarstellung. In dem Moment, wo Tätowierung ebenso leicht zu entfernen wäre wie Schminke, gäbe es allerdings kaum noch eine Differenz. Zur Kleidung vgl. in diesem Kontext Daniel Roche, »La culture des apparences. Une histoire du vêtement, XVIIe-XVIIIe siècle«, Paris 1989. Zur Körperbemalung und zum Körperschmuck vgl. den klassischen Text von Georg Simmel, «Exkurs über den Schmuck«, in: Ders., »Soziologie. Untersuchungen über die Formen der Vergesellschaftung«, Berlin ⁴1958, S. 278-281 und ferner aus einer beliebig zu verlängernden Liste Michel Thevoz, »The Painted Body«, New York 1981, Robert Brain, »The Decorated Body«, New York 1979 und Victoria Ebin, »The Body Decorated«, London 1979. Und selbstverständlich kann die Autopoiesis des Körpers sich von dessen Gegenwart vollständig unabhängig machen. Das beste Beispiel dafür ist das Selbstporträt. Auch hier ist der eigene Leib in gewisser Weise der Rohstoff seiner Darstellung. Aber eben nur während der Produktion des Selbstbildnisses. Danach wird er überflüssig. Sein Bild überdauert ihn. Man kann es – das ist die Pointe neuzeitlicher Portraitkunst – sogar durch Verkauf an Leute verewigen, die ihn nie sahen. Insofern ermöglicht das Autoportrait einem Maler wie Rembrandt den Selbstverkauf seines Leibes, ohne sich zu versklaven. Svetlana Alpers hat von ihm deswegen geradezu als ›Selbstunternehmer‹ gesprochen. Vgl. Svetlana Alpers, »L'art de se dépeindre. La peinture hollandaise au dix-septième siècle«, Paris 1990.

unergründlich verborgene Selbst ins physische Selbst des eigenen Leibes, der erst dadurch wird, was er immer schon ist: *mein* Leib – ein Vorgang, der an E-schers berühmtes Bild der sich selbst zeichnenden Hände erinnert.

7   Selbstschreibung

Schauen wir noch einmal zurück auf die Handschrift! Parallelen und Differenzen drängen sich auf. Auch hier präsentiert sich das Selbst als Resultante seiner eigenen Manifestationen, aber in einem höchst indirekten Sinne: Es erschafft sich nicht durch seine Schrift, sondern offenbart sich, allenfalls kann man also sagen, die Handschrift erschaffe eine spezifische Form der Selbstoffenbarung. Aber in noch einem anderen Sinne ist Handschrift eine indirekte Weise der Selbstschreibung. Zwar ist unser Selbst, wenn immer wir schreiben, simultan gegenwärtig, aber sichtbar wird es doch erst nachher. Und auch das vielleicht mehr für einen Beobachter, der unsere Schrift anschaut, als für uns selbst, die wir mit der Produktion des Sinns befasst waren. Wenigstens während wir schrieben, waren wir gleichsam absorbiert durch die Operation des Schreibens. Die Manifestation unseres Selbst ist insofern etwas Unwillkürliches, obwohl wir vielleicht freiwillig und mit voller Absicht geschrieben haben. Selbst hinterher wird, wer schrieb, unwillig oder unfähig sein, die Schrift des Geschriebenen als Dokument des Charakters der Person anzuerkennen, die schrieb. Wir empfinden dann u.U. unsere zwangsweise Identifikation mit unserer Handschrift durch soziale Autoritäten als Selbstentfremdung.

Man könnte vielleicht sagen, dass Handschrift zunächst einmal ein Symbol für unser implizites, nicht aber unser explizites Selbst ist. Es ist ein Niederschlag unseres Lebenslaufs mit seinem unendlichen Fundus an habitualisierten Routinen, die uns zumeist unbewusst sind. Nur explizite Deutung, wie sie von Grapho- oder Kriminologen praktiziert wird, behandelt diese Spuren unseres Lebenslaufs als Autobiographie, indem sie behauptet, sie habe den Schlüssel, Implizites zu explizieren.

Zumindest seit Lavater[135] hat es wissenschaftliche Versuche gegeben, die Differenz zwischen der sichtbaren gegenwärtigen Person und ihrem unsichtbaren Charakter, der Gegenwart und Vergangenheit einschließt, zu überbrücken, um daraus verlässliche Prognosen für die Zukunft zu gewinnen. Die physiognomische Kunst sollte vom täuschenden Äußeren zur Wahrheit des Inneren führen, aber eben doch so, dass man dieses Äußere selbst sich zum Führer nahm. Aber trotz aller Erfahrung, die uns lehren mag, Gesichtszüge als Ausdrücke unserer Seele zu

---

135   Johann Caspar Lavater, »Physiognomische Fragmente zur Beförderung der Menschenkenntniß und Menschenliebe«, 4 Bde., Leipzig u. Winterthur 1775-78.

lesen, als sozusagen biographische Tätowierung – stets hat es nicht an entschieden skeptischen Einwänden gegen die Physiognomik gefehlt. Selbst bei Lavater findet sich das Eingeständnis, dass Menschen zumindest manchmal ihre Intentionen und ihren Charakter so gut verbergen können, dass sie wie Engel erscheinen, obwohl sie der Teufel selbst sind. Doch in gewisser Weise hat die Graphologie das Erbe der wissenschaftlichen Ansprüche der Physiognomik[136] angetreten. Man mag ihr die gleiche Skepsis entgegenbringen wie ihrer Ahnin. Aber solche Skepsis verschlägt u.U. nichts gegen institutionalisierte Verfahren, die auf sozial legitimierte Weise aus der Handschrift einen Charakter konstruieren.

8   Tätowierung als Zwangsschrift

Doch wenden wir noch einmal unseren Blick zurück zur Tätowierung. Wer sind eigentlich die Tätowierten?[137] Oft, nicht immer, findet sich die Praxis bei Gefangenen, Soldaten, Seeleuten oder allgemein Menschen, die von erheblichen Einschränkungen, sozialen oder physischen, ihrer Freiheit betroffen sind. Sie sind z.B. Mitglieder »Totaler Institutionen«[138] oder Personen, die sich aus anderen Gründen sozial ausgeschlossen oder marginalisiert fühlen. Unter solchen Umständen kann die Verfügung über die eigene Haut eine der letzten Ressourcen sein, die für Selbstbestimmung noch bleibt, da der Körper im übrigen eher Objekt fremder Macht und Gewalt geworden ist, statt Subjekt, das für eigene freie Gestaltung steht. Tätowierung kann in dieser Lage die Manifestation eines Protests sein, der über andere Möglichkeiten des Selbstausdrucks nicht mehr gebietet. Exklusion ist gewiss nicht immer notwendig Ergebnis von Deprivation. Sie kann frei gewählt sein: Sie kann Selbst-Exklusion als Form zutiefst empfundener Exklusivität sein. Die Verhältnisse können aber auch verwickelter liegen, wenn etwa eine ursprüngliche negative Privilegierung im Rückschlag als Auszeichnung oder besondere Würde empfunden wird, wie Nietzsche das an der Entstehung des Ressentiments in der Genealogie der Moral beschrieben hat.[139] In bei-

---

136   Dafür, dass solche Ansprüche keineswegs grundsätzlich aufgegeben sind, zeugt das auf seine Art glänzende Werk von Paul Ekman, »Telling Lies. Clues to Deceit in the Marketplace, Politics, and Marriage«, New York 1985.

137   Wesentliche Hinweise, Anregungen und Erkenntnisse für dieses Kapitel entnehme ich Stephan Oettermann, »Zeichen auf der Haut. Die Geschichte der Tätowierung in Europa«, Frankfurt a. M. 1985.

138   Zu diesem Begriff und zur Soziologie der Verhältnisse, auf die er angewandt wird, siehe Erving Goffman, »Asylums. Essays on the Social Situation of Mental Patients and Other Inmates«, New York 1961.

139   Vgl. hierzu die differenzierende Stellungnahme Max Webers im Kontext seiner Theorie der Pariavölker, wo er auch darauf hinweist, dass eines der Hauptbeispiele für das in »Nietzsches vielbewunderter Konstruktion [...] so stark hervorgehobene ›Ressentiment‹« nämlich der

den Fällen aber kann Tätowierung stolze Demonstration der Andersheit des Selbst sein.

Sowohl Exklusion als auch Exklusivität können als streng individuelle Angelegenheiten erlebt werden. Aber das ist normalerweise nicht der Fall. Man fühlt sich ausgeschlossen oder exklusiv als Mitglied einer Gruppe. Tätowierung wird dann zum permanenten und unzerstörbaren Zeichen von Mitgliedschaft. Die Gruppe bleibt für den Tätowierten unwiderruflich anwesend, selbst wenn sie abwesend ist. Sie überlebt u.U. als Gegenwart der Freude oder des Schreckens in der Haut des Tätowierten, wenn sie selbst schon längst nicht mehr existiert. Die Mitgliedschaft hat sich in die Glieder der Glieder der Gruppe eingeschrieben. Auch das kann auf Freiwilligkeit beruhen: Weil man die Gegenwart anderer niemals verlieren möchte, weil man zuinnerst einer Gemeinschaft oder einer geliebten Person sich zugehörig fühlt, macht man sich selbst zu ihrem sichtbaren Symbol. Gegen die Flüchtigkeit aller Empfindungen und unserer äußeren Gestalt beschwören wir die Permanenz und Untilgbarkeit des in uns eingegrabenen Zeichens. Im Kontext von Religion mag man so heilige Stigmata als Zeichen der Identifikation mit Gott oder einer übernatürlichen Wirklichkeit erleben: Tätowierungen als physische Immanenz spiritueller Transzendenz. Der so Stigmatisierte lebt in zwei Leibern, einem natürlichen und sterblichen und einem ewigen und geistlichen.[140] Die Stigmatisierung muss dann nicht einmal physisch sein. Der Ausdruck ›Stigma‹ wird zur Gleichnisrede, das Wort zum Zeichen für ein Zeichen. Aber auch wirkliche Tätowierung kann nichts daran ändern, dass der wie immer ›spirituell‹ oder ›ewig‹ konzipierte Leib, zumindest solange er lebt, innerhalb der raumzeitlichen Welt leben muss. Die Tätowierung zieht deshalb eine paradoxe Demarkationslinie zwischen den beiden Leibern auf der Oberfläche des einzigen Körpers, der physisch gegeben ist. Doch das Paradox invisibilisiert sich selbst, indem es sich in ein heiliges Mysterium verwandelt. Bei dieser Verwandlung von physischer in metaphysische Realität scheint die Zufügung von Schmerzen eine große Rolle zu spielen. Jacques Lebrun hat in seinen faszinierenden Analysen französischer Nonnenbiographien des 17. Jahrhunderts zahlreiche Beispiele dafür gefunden. Viele Nonnen

---

Buddhismus, unzutreffend sei, da es sich hier ja um die Weltablehnung ursprünglich vornehmer Gruppen handele. Max Weber, »Wirtschaft und Gesellschaft. Grundriß der verstehenden Soziologie«, Tübingen [4]1956, S. 536f.

140 Es wohnen eben u.U. nicht nur zwei Seelen in einer Brust, sondern auch – und zwar nicht nur bei Königen – mehrere Körper in einem. In der Soziologie ist dieses Problem der ›Selbstverdoppelung‹ eindringlich bei Durkheim beschrieben worden. Vgl. zum Konzept des *Homo duplex* bei Durkheim Peter Berger, Thomas Luckmann, »Die gesellschaftliche Konstruktion der Wirklichkeit. Eine Theorie der Wissenssoziolgie«, Frankfurt a. M. 1969, S. 78 und zur Zweiheit des Körpers des Königs Ernst Kantorowicz, »The King's Two Bodies«, Princeton 1957. Je nach dem, wie man zählt, kommt man gar auf fünf. Vgl. John O'Neill, »Five Bodies. The Human Shape of Modern Society«, Ithaca u. London 1985.

ritzten den Namen Jesus oder den ersten Buchstaben des Wortes in ihre Brust. Ein von Lebrun zitiertes Beispiel ist besonders eindrucksvoll. Es stammt aus einer gedruckten Biographie, die Maupas du Tour über Mme. de Chantal geschrieben hat: Mme de Chantal

> [...] pour imprimer plus profondément sa parole éternelle dans son cœur, eut bien le courage et la générosité de prendre un fer tout rouge de feu, duquel se servant comme d'un burin elle-même se grava le saint et sacré Nom de Jésus sur sa poitrine, si avant qu'elle se fût mise en danger de sa vie, si l'amour n'eût été plus fort que la mort, et que ces saints caractères, comme un sacré baume répandu, ne l'eussent guérie en blessant par cette amoureuse et douloureuse plaie, du sang de laquelle elle écrivit de nouveaux voeux et de nouvelles promesses, faisant ainsi à son adorable amour un sacrifice éternel, puisque son cœur et son corps en démeurèrent à jamais les innocentes victimes, et seront à toute éternité cacheté de ce divin sceau, qui l'a rendue le reste de ces jours redoutables à ses ennemis, et indomptable à toutes les puissance d'Enfer.[141]

Lebruns Interpretation dieses Textes ist nichts hinzuzufügen:

> La religieuse essaie de rendre présent en elle Jésus-Christ d'une façon visible, lisible, donc soustraite au doute, à la tromperie: parole explicite, marquage du corps, gravure du Nom. Il y a plus ici qu'un lieu commun hagiographique, il y a une tentative pour fonder la certitude sur le corps même et sur la coupure qui l'entaille, pour aller au-delà, s'il se peut, de l'équivoque des symboles et des prestiges de l'imagination, en faisant du corps réellement atteint le symbole et l'image, une tentative qui ne tient sa promesse que de joindre l'incision et la souffrance, les deux seuls signes insoupçonnables.[142]

Körperinschriften können so das tiefe Gefühl eines Menschen zum Ausdruck bringen, einer Gruppe, einem anderen Menschen oder einer höchsten Macht anzugehören, die sich in ihn eingeschrieben haben. In der Illustration, die van Meerlen der zitierten Tätowierungsszene beifügt, erscheint Jesus selbst und führt Mme. Chantal die Hand, während sie sich den Namen Jesus in die Brust ritzt. Hier geht es zwar um Tätowierung im Dienste einer ›fremden‹ Macht. Es ist aber der Schreiber selbst, der sich die fremde Macht einschreibt, um sich so mit ihr zu identifizieren. Doch das muss nicht so sein, und damit kehren wir noch einmal zurück zum Ausgangspunkt unserer Überlegungen. Handschrift und Tätowie-

---

141 Henry Maupas du Tour, »La vie de Jeanne Françoise Fremiot de Chantal.«, Dern. éd. revue et corr., Paris 1672, S. 170f.; zitiert nach Jacques Lebrun, »A corps perdu. Les biographies spirituelles féminines du XVIIe siècle«, in: Charles Malamoud, Jean-Pierre Vernant (Hg.), »Corps de Dieux. Le temps de la réflexion«, VII, Paris 1986, S. 400.

142 ebd., S. 399f.

rung können auch integrale Bestandteile von Machtdispositiven sein, mehr oder weniger institutionalisierte Formen sozialer Kontrolle. Der Ausdruck ›Zugehörigkeit‹ ist zweideutig. Er kann freie Partizipation und freiwillige Mitgliedschaft in einer Gemeinschaft meinen. Er kann aber auch eine ganz andere Art von Inklusion bedeuten, nämlich dass jemand von jemand anders besessen wird, dessen Eigentum ist. In diesem letzteren Fall zeigt die Tätowierung ihr finsterstes Gesicht. Nun ist sie nicht mehr Form der Selbst-Erzeugung der eigenen Gestalt, nicht mehr Autopoiesis, vielmehr wird sie als extremste Form der Heteropoiesis aufgezwungen, die sich vorstellen lässt. Sie ist nicht mehr letzte Ressource für die Selbstbestimmung, sondern äußerste Weise der Unterjochung. Die Unzerstörbarkeit des Stigmas wird zur Garantie der Unausweichlichkeit der Zerstörung. »Der Buchstabe tötet«, heißt es im 2. Korintherbrief (2.Kor. 3,6). Man braucht nur an die Tätowierungspraktiken der Nazis in den Konzentrationslagern zu denken, um sich einen auf furchtbare Art nicht-metaphorischen Sinn dieses Satzes vor Augen zu führen.

Tätowierung ist in diesem Fall keine harmlose Art des Schreibens im Sinne von Kommunikation. Aber das gilt nicht nur für Extremsituationen wie den Terror der Nazis. Auch in vielen anderen Kontexten kann Tätowierung als Zufügung von Schmerzen die Funktion haben, unvergessliche Machtlektionen einzuschärfen. Die tätowierende Instanz richtet sich dann direkt an den Körper des ihr Unterworfenen, der so zu einer Inkarnation des Gedächtnisses wird.[143] Es wundert daher nicht, dass in vielen Gesellschaften im Zusammenhang von Initiationsriten von qualvollen Tätowierungspraktiken Gebrauch gemacht wird. Pierre Bourdieu hat deren Logik beschrieben:

> Tous les groupes confient au corps, traité comme une mémoire, leurs dépôts les plus précieux, et l'utilisation que les rites d'initiation font, en toute société, de la souffrance infligée au corps se comprend si l'on sait que, comme nombre d'experiences psychologiques l'ont montre, les gens adhérent d'autant plus fortement à une Institution que les rites initiatiques qu'elle leur a imposés ont été plus severes et plus douloureux.[144]

---

143 Man kann Tätowierung dann auch als eine Fortschreibung und Explizierung der »körperlichen Hexis« begreifen, in der sich ein systematisches Verhältnis zur sozialen Welt manifestiert. Vgl. Cornelia Bohn, »Habitus und Kontext. Ein kritischer Beitrag zur Sozialtheorie Bourdieus«, Opladen 1991, S. 77.

144 Pierre Bourdieu, »Ce que parler veut dire«, Paris 1982, S. 129.

9   Das graphologische Panoptikon

Die Inschrift in den Körper kann wie ein besitzanzeigendes Brandmal fungieren. In ähnlicher, wenn auch weniger schmerzhafter Weise kann auch eine graphologische Indienstnahme des anderen institutionalisiert sein, insofern diese einen Zugang zum Innern erzwingt. Buchstaben töten hier zwar nicht, wirken aber als Fesseln, die das Selbst an fremde Deutungen binden. Die Handschrift wird dann der Text, der eine kollektiv legitimierte graphologische Lektüre der Identität des Opfers der Interpretation gestattet.

Die virtuelle graphologische Kontrolle setzt eine voll alphabetisierte Gesellschaft voraus. In Europa gibt es sie erst seit dem 19. Jahrhundert.[145] Sie ist in gewisser Weise die Voraussetzung für die Inklusion[146] aller Individuen in die Gesellschaft, für die rollenmäßig je verschiedene partielle Teilnahme an den

---

145   Für Frankreich liegen hierfür auch quantitative Daten vor. Über den Prozess der Alphabetisierung vom 16. bis 19. Jahrhundert vgl. François Furet, Jacques Ouzouf (Hg.), »Lire et écrire. L'alphabétisation des Français de Calvin à Jules Ferry«, 2 Bde., Paris 1977. Am besten lassen sich natürlich Briefe zählen, obwohl sie keineswegs die einzige Gattung des handschriftlich Geschriebenen zu dieser Zeit waren, später auch nur zum Teil mit der Hand geschrieben wurden. Deren Zahl wird für 1832 mit 67 Millionen, für 1847 mit 128 Millionen, für 1897 mit fast 800 Millionen und mit anderthalb Milliarden für das Jahr vor dem Ersten Weltkrieg angegeben. Zur empirischen Analyse der Daten, vor allem der 334 Bände umfassenden Enquête der französischen Post von 1847 siehe Roger Chartier (Hg.), »La correspondance. Les usages de la lettre au XIXe siècle«, Paris 1991. Man vgl. hierzu auch die Rezension von Madeleine Rébérioux, «Converser par écrit. Une étude sur les usages de la lettre au dix-neuvième siècle«, in: »Le Monde«, 16.8.1991, S. 9.

146   Der Begriff der Inklusion ist in der Systemtheorie im Anschluss vor allem an Talcott Parsons unter dem Aspekt diskutiert worden, wie in modernen, funktional ausdifferenzierten Gesellschaften verschiedene Akteure oder Gruppen (im Kontext der amerikanischen Gesellschaft etwa zunächst nicht voll Partizipationsberechtigte wie ethnische Minoritäten) über spezielle Publikumsrollen z.B. als Patient, als Schüler, als Arbeiter, als Wähler usw. Zugang zu den einzelnen Funktionsbereichen erhielten und in welchen Schritten sich diese Eingliederung vollzog. Im Vordergrund der Überlegungen standen bei der Erörterung der Inklusionsproblematik aber – soweit ich sehe – immer die Voraussetzungen für die je spezielle Partizipation an einzelnen Subsystemen, weniger aber die Analyse genereller Habitus und Kompetenzen (Alphabetisierung wäre eine solche), die den Modernisierungsprozess als solchen tragen und die jenen spezielleren Voraussetzungen gleichsam vorgelagert sind. Ein Versuch, die Theorien von Marx, Max Weber, Elias und Foucault derart neu zu gruppieren, dass eine solche Kombination von Moderne fundierenden lnklusionsbedingungen sichtbar wird, findet sich in diesem Band: »Zur Soziologie der Beichte und anderer Formen institutionalisierter Bekenntnisse: Selbstthematisierung und Zivilisationsprozeß« und in Alois Hahn, »Differenzierung, Zivilisationsprozeß, Religion. Aspekte einer Theorie der Moderne«, in: Friedhelm Neidhardt u.a. (Hg.), »Kultur und Gesellschaft«, Sonderheft 27 der Kölner Zeitschrift für Soziologie und Sozialpsychologie, 1986, S. 119-131. Zur Theorie der Inklusion vgl. die systemtheoretische Diskussion zusammenfassend und weiterführend Rudolf Stichweh, »Inklusion in Funktionssysteme der modernen Gesellschaft«, in: Renate Mayntz u.a. (Hg.), »Differenzierung und Verselbständigung. Zur Entwicklung gesellschaftlicher Teilsysteme« Frankfurt a. M./New York 1988, S. 261-293.

großen Funktionssystemen. Erst die allgemeine Schulpflicht und die mit ihr mögliche Massendisziplinierung (im Sinne Max Webers und Foucaults[147]) öffnen einer Gesellschaft virtuell diese Chance der Massenkontrolle. Während wir unseren Kindern das Schreiben beibringen, tätowieren wir (in einem metaphorischen Sinn) ihre Hände, indem wir ihnen bleibende Habitus einprägen. Die Gesellschaft schreibt *sich* in die schreibenden Hände.[148] Schließlich aber kann dann die Handschrift zur *pièce d'identité* werden, zum Passbild[149], ja mehr noch: zur Photographie der Seele. In dem Maße, wie wir uns an der schreibenden Kommunikation beteiligen, durch Briefe, handschriftliche Lebensläufe oder im Minimalfall durch bloße Unterschrift, tragen wir mit dazu bei, eine gläserne Gesellschaft aufzubauen. Man könnte sich eine Gesellschaft denken – in Teilen gibt es sie natürlich schon (obwohl bislang systematische empirische Untersuchungen über die soziale Verwendung von graphologischen Tests noch ausstehen) –, in der unsere großen Brüder, die graphologische Tests verordnenden Psychologen, eine neue Form von ›Totaler Institution‹ im Sinne Goffmans oder besser noch: ein Panoptikon im Sinne Foucaults verwalten, allerdings in Form des ›offenen Strafvollzugs‹: ein ›Panoptikon‹[150] ohne Wände.

---

147 Zu Max Weber und Foucault vgl. in diesem Band »Zur Soziologie der Beichte und anderer Formen institutionalisierter Bekenntnisse: Selbstthematisierung und Zivilisationsprozeß« und Alois Hahn, «Differenzierung, Zivilisationsprozeß, Religion. Aspekte einer Theorie der Moderne«, in: Friedhelm Neidhardt u.a. (Hg.), »Kultur und Gesellschaft«, Sonderheft 27 der Kölner Zeitschrift für Soziologie und Sozialpsychologie, 1986, S. 119-131. sowie Stefan Breuer; «Sozialdisziplinierung. Probleme und Problemverlagerungen eines Konzepts bei Max Weber, Gerhard Oestreich und Michel Foucault«, in: Christoph Sachse, Florian Tennstedt (Hg.), »Soziale Sicherheit und soziale Disziplinierung. Beiträge zu einer historischen Theorie der Sozialpolitik«, Frankfurt a. M. 1986, S. 45-69. Neuerdings auch Robert van Krieken, «The Organisation of the Soul: Elias and Foucault an Discipline and the Self«, in: »Archives europénnes de sociologie«, XXXI, 1990, S. 353-371.
148 Zur Illustration die Abbildungen 8, 9 und 10 in: Michel Foucault, »Surveiller et punir. Naissance de la prison«, Paris 1975.
149 Vgl. Martin Stingelin, »En face et en profil. Der identifizierende Blick von Polizei und Psychiatrie«, in: Sprengel Museum Hannover (Hg.), »Fotovision. Projekt Fotografie nach 150 Jahren«, bearbeitet von Bernd Busch, Udo Liebelt und Werner Oder, Hannover 1988, S. 181-187.
150 Michel Foucault, »Surveiller et punir. Naissance de la prison«, Paris 1975, S. 197-229.

Kann der Körper ehrlich sein?

1 Die Einheit des Körpers als soziales Konstrukt

Es wäre gar zu schlicht, das »Verschwinden des Körpers« in modernen bürokratisch verfassten Zivilisationen als rancunösen Sieg der Gesellschaft über die Natur auszugeben. Den Körper gibt es wie diese nur als soziale Tatsache. Seine Reaktualisierung im wissenschaftlichen Diskurs lässt keineswegs die vom Sozialen noch »nicht reglementierten Stimmen des Lebendigen« ertönen, als erklängen sie aus dem gesellschaftlichen Jenseits: Natur ist für uns nicht unvermittelt, sondern nur als »Denaturierung der zweiten Natur« vernehmbar. Wer deshalb hinter der Fassade zivilisatorischer Veranstaltung die Ehrlichkeit des Körpers, der niemals lügt, vermutet, der verfängt sich in einem Labyrinth, wo er von einem *quid pro quo* zum andern gewiesen wird. Das wissen Soziologen normalerweise. Wenn sie vom Körper reden, handelt es sich für gewöhnlich um einen bereits sozialisierten, der schon Objekt sozialer Zurichtung geworden ist. Der *Körper*, von dem die Soziologen sprechen, ist stets gewissermaßen die *Verkörperung* sozialer Kräfte, die in ihm Gestalt angenommen haben als Gewohnheiten, Bewegungskompetenzen, Selbstdeutungen, Empfindungsweisen und Wahrnehmungsstile. Aber auch diese Betrachtungsweise geht stillschweigend davon aus, als »gäbe« es den Körper, der als solcher dann kulturell überformt wird. Dass schon das Konzept des Körpers selbst sich keinesfalls universalen kulturellen Realitätskonstruktionen verdankt, gerät nur zu oft aus dem Blick. Das Denken der europäischen Moderne – seit Descartes und bis zu Luhmann – hat sich angewöhnt, den Körper als eine Einheit zu begreifen, dem das Bewusstsein, das Denken oder der Geist als ein anderes System gegenübersteht: Körperliche Vorgänge sind etwas fundamental anderes als Bewusstseinsprozesse, obwohl beide auf prekäre Weise aufeinander angewiesen sind und aufeinander verweisen. Schon bei Descartes ist jedenfalls klar, dass Leibliches nicht als *input* von Elementen auf den Geist wirkt und dass umgekehrt Gedanken nicht als Gedanken Momente der biophysischen Abläufe sind, die sie nichtsdestoweniger andererseits beeinflussen. Dass man den Körper derart als Einheit fasst, kreiert dann das Problem, wie das Verhältnis zwischen der Person und ihrem Körper zu begreifen ist, wie ihre Wechselwirkung zu erklären ist. Und erst wenn dieses Problem gelöst ist, lässt sich die weitere Frage beantworten, inwieweit jemand für seinen Körper verantwortlich sein kann, ob der Körper auch etwas ›tun‹ kann, was nicht in der Absicht seines ›Besitzers‹ liegt und ob derart unwillentliche Körpertaten unter Umständen als ›Enthüllungen‹

über Absichten oder Charakter eines Menschen etwas aussagen, gerade weil sie
unwillkürlich ablaufen bzw. sozial als unwillkürlich ablaufend unterstellt werden.
Bekanntlich hat Descartes hier der Zirbeldrüse die Lösung des Rätsels zugeschrieben, das Luhmann mit einem Parsonsschen Terminus als Interpenetration
revivifiziert hat.[151] Aber ob die Systemtheorie hier als neuer Sphinxbezwinger
zum Ödipus der Anthropologie geworden ist, darüber muss noch ein bisschen
nachgedacht werden. Vielleicht ist sie nur die neue Sphinx selbst, die uns das alte
Rätsel neu aufgibt.

Dabei versteht es sich nicht von selbst, *den* Körper als *ein* System zu konzi-
pieren. In vielen Gesellschaften wird er vielmehr selbst als ein Ensemble von
keineswegs voll aufeinander abgestimmten Kräften und Wirkungen erlebt und
thematisiert. So wird etwa bei den Griechen der lebendige Leib niemals als Singular, sondern als Plural beschrieben, wie uns Vernant berichtet. Das griechische
Vokabular für den Körper wird durch äußerste Vielfalt bestimmt, selbst wenn es
sich darum handelt, seine Totalität zu bezeichnen. So bedeutet etwa der Ausdruck *gyîa* die Gliedmaßen in ihrer Eigenschaft als Beweger, *mélea* heißen sie
als Sitz von Kraft. *Kára* kann den Kopf meinen, aber auch metonymisch das
Ganze der Gestalt und auch die in dieser Gestalt erscheinende Person. Nach
Vernant gilt für das Alte Griechenland:

> »Es gibt keinen Terminus, der den Körper als organische Einheit bezeichnet, auf die
> sich das Individuum in der Multiplizität seiner vitalen und mentalen Funktionen
> stützt. Das Wort *sôma*, das man mit Körper übersetzt, bezeichnet ursprünglich den
> Leichnam, d. h. das, was übrigbleibt vom Individuum, wenn es, von allem verlassen,
> was in ihm Leben und körperliche Dynamik inkarnierte, auf eine reglose Form, ein
> bloßes Abbild reduziert ist [...] Der Terminus *démas* (in der Akkusativform ange-
> wandt) meint nicht den Körper, sondern die Gestalt oder die Statur [...]. Er wird oft
> in Beziehung gesetzt zu *eîdos* oder *phyé*, womit der sichtbare Aspekt einer Gestalt
> ausgedrückt wird. Auch *chrós* entspricht nicht dem Körper, sondern lediglich der
> äußeren Hülle, der Haut, der Kontaktfläche des Ich mit dem anderen. Außerdem
> kann es auch den Teint bezeichnen.«[152]

Und andererseits sind diese vielfältigen körperlichen Komplexe normalerweise in
archaischen Gesellschaften keinesfalls als von der Seele oder dem Geist getrennte
Entitäten aufgefasst. Geistige Vermögen und leibliche Prozesse schwingen in-
einander, ohne dass je eine binäre Kodierung von Leib hie, Geist da streng vollzogen würde, da der Multiplizität der Körperlichkeiten eine ebensolche Mannig-

---

151   Niklas Luhmann, »Soziale Systeme. Grundriß einer allgemeinen Theorie«, Frankfurt a. M.
      1984, S. 286-345.
152   Jean-Pierre Vernant, »Corps obscurs, corps éclatant«, in: Charles Malamoud, Jean-Pierre
      Vernant (Hg.), »Corps des dieux«, Paris 1986, S. 22.

faltigkeit von Seelenkräften und geistigen Strebungen entspricht. Das trifft auch auf die griechische Frühzeit zu, von der es bei Vernant heißt: »Im archaischen Griechenland gibt es noch nicht die Leib-Seele-Unterscheidung«.[153]

Die hier am griechischen Beispiel exemplifizierten Gegebenheiten ließen sich im Übrigen durch eine Fülle ethnographischen Materials vervollständigen. Die Idee eines einheitlich funktionierenden Systems von Körperlichkeit widerspricht zunächst durchaus ›naiver‹ Anschauung. Dieser präsentiert sich der Körper gerade erst einmal als Differenz von rechts und links[154], oben und unten, vorn und hinten, von verschiedenen sinnlichen Vermögen und vitalen Funktionen und Zuständen. Gerade die Differenz der leiblichen Vermögen und Empfindungen lässt die Idee eines systematischen Zusammenhangs zwischen ihnen zu einer Abstraktionsleistung werden, die sich nicht von selbst versteht, sondern voraussetzungsvoll und ganz unwahrscheinlich ist. Dafür spricht schon die Tatsache, dass wir über verschiedene körperliche Vorgänge in unterschiedlichem Ausmaße gebieten: Warum sollen meine Finger, die ich wegen ihrer weitgehenden Willensunterworfenheit fast als Fortsetzung meines Bewusstseins in die äußere Welt ansehen kann, dem gleichen Zusammenhang zuzurechnen sein wie die Verdauung, für die das so gut wie nicht, oder auch wie meine Zehen, für die das in erheblich geringerem Maße zutrifft?[155]

Die Vorstellung vom Körper als einem einheitlichen System ist selbst Resultat von Evolution. Die konzeptionelle Entwicklung, die zur Binarisierung des Leib-Bewusstseins-Verhältnisses geführt hat, entspringt nicht zuletzt gesteigerten sozialen Bedürfnissen nach größerer Berechenbarkeit der Körper und ihrer sozialen Kontrolle. Soziale Kontrolle des Körpers kann nämlich zwar auch direkt beim Körper ansetzen, also gleichsam unter Umgehung des Bewusstseins, in vielen Fällen ist es aber effizienter, die soziale Kontrolle des Körpers über die Beeinflussung des Bewusstseins zu perfektionieren. Das aber setzt voraus, dass der Körper als Maschine erscheint, für die das Bewusstsein verantwortlich ist, weil es über sie gebietet und über sie verfügen kann. Nur der dem Geist gehorsame Körper kann als dessen Werk voll der individuellen Verantwortung zugerechnet werden und insofern sozial als Vollzugsorgan der Person behandelt und sanktioniert werden. Der historische Zusammenhang der Radikalisierung der begrifflichen Konzeption vom Körper als einem einheitlichen System, einer Maschine eben, und den in der frühen Neuzeit entstehenden Verfahren zur Steigerung der Niveaus von Überwachung und Kontrolle, sind keinesfalls als zufällig anzusehen. Das haben auf ver-

---

153 Ebd.
154 Vgl. hierzu die klassische Arbeit von Robert Hertz, »La prééminence de la main droite: étude sur la polarité religieuse«, in: Revue Philosophique 68, 1909, S. 553-480.
155 Vgl. hierzu ähnliche Überlegungen bei Michel Serres, »Les cinq sens. Philosophie des corps mêlés I«, Paris 1985, S.18 ff.

schiedene Weise und für verschiedene Gruppen Foucault, Elias und Marx gezeigt.[156] Freilich, die völlige Beherrschung des Körpers durch das Bewusstsein
oder die Gesellschaft ist allemal Utopie. Aber gerade aus der begrenzten Undomes-
tiziertheit des Körpers können dann sozial relevante Interpretationen entspringen:
Der Körper des anderen kann als Lieferant von Botschaften angesehen werden, die
dieser selbst gerade nicht verbreiten möchte. Bei völliger Beherrschung des Körpers könnte der Körper genauso gut lügen wie sein ›Eigner‹. So wird der Leib, je
gehorsamer er dem Willen seines ›Herrn‹ bzw. seiner ›Herrin‹ wird, desto weniger
tauglich als Auskunftsquelle, die etwas mitteilt, was dieser bzw. diese lieber ge-
heimhielte. Das, was also einerseits die Machtladung einer Gruppe steigert, hohe
Körperdisziplin, entzieht andererseits latente Intentionen virtuell der Entdeckbar-
keit. Darin zeigt sich allerdings eine allgemeine Tendenz; nämlich dass Intensivierung sozialer Macht nur durch Steigerung von Freiheit und Inkaufnahme höherer
Risiken möglich ist. Niemals ist indessen – wie gesagt – mit totaler individueller
Verfügung über den eigenen Körper zu rechnen. Und darin liegt auch eine Schran-
ke herrschaftlicher Indienstnahme: *Nemo supra posse.* (Dass selbstredend auch die
eigenen »Binnenzustände« dem Individuum weitgehend unverfügbar sein können,
leuchtet jedem ein, der sich etwa bei Racine über die Macht der Leidenschaften
informiert hat oder – warum nicht? – an Freud glaubt. Den Ungebildeten könnte –
notfalls! – Selbsterfahrung zur gleichen Einsicht bringen. Ich meinerseits verdanke
diese Erkenntnis meinem Freund Ulrich Schulz-Buschhaus, der sie seinerseits
einem Werk über das französische Theater des 17. Jahrhunderts entlehnt haben
will.) Die soziale Aufmerksamkeit wird jedenfalls in dem Maße, wie ein allgemein
hohes Niveau von Selbstbeherrschung gegeben ist, die Beobachtung selbst mini-
maler Spuren unwillkürlicher Botschaften des fremden Körpers verfeinern. Wenn
der Leib ein ›Eigenleben‹ führt, dann wäre es denkbar, die physischen Vorgänge –
zumindest teilweise – als Texte zu behandeln, die über die Wahrheit oder Falsch-
heit des absichtlich Kommunizierten Auskunft geben. In diesem Falle könnte der
Körper als Lügendetektor institutionalisiert werden: Leib als Metatext, als »Rahmen«[157], der eine modifizierte Lektüre aller anderen Texte erschlösse. Ob freilich
die Körper derart als Organ der Ehrlichkeit oder selbst als potentielle Lügenbolde
aufgefasst werden können, das hängt von der Art und Weise ab, wie der Körper als
soziale Wirklichkeit konstruiert wird.

---

156   Vgl. Alois Hahn, »Differenzierung, Zivilisationsprozeß, Religion. Aspekte einer Theorie der
        Moderne«, in: Friedhelm Neidhardt, M. Rainer Lepsius, Johannes Weiß, (Hg.), »Kultur und
        Gesellschaft«, Opladen 1986, S. 214-231.
157   im Sinne von Erving Goffman, »Frame Analysis: An Essay on the Organization of Experi-
        ence«, New York u. London 1974.

2   »Körpersprache«

Jede Sprache bedarf eines körperlichen Substrats. Das gilt für die sogenannten
natürlichen Sprachen wie für die Zeichensprachen in gleicher Weise. Prinzipiell
lassen sich selbstverständlich auch Sprachen denken, die mit Gesten statt mit Lauten arbeiten. Die Basis für diese Möglichkeit liegt in der Fähigkeit, deutlich wahrnehmbare Differenzen zu erzeugen, an die dann konventionelle Bedeutungen an-
gehängt werden können. Aber niemals ›spricht‹ der Körper selbst. Vielmehr wählt
das soziale System aus der virtuell unendlichen Menge körperlicher Veränderungen bestimmte aus und *behandelt* sie als bedeutungsträchtig. Das gilt nicht nur für
die als Sprache im engeren Sinne institutionalisierten Gesten, sondern auch für die
vom Individuum und der Gruppe als ›unwillkürlich‹ oder ›unabsichtlich‹ interpre-
tierten ›spontanen‹ Manifestationen des Körpers wie etwa ein Erröten, einen Trä-
nenausbruch oder einen Lachkrampf. Auch hier spricht nicht etwa der Körper seine
eigene Sprache, die ihre Bedeutung gleichsam ›leibimmanent‹ erzeugt und lediglich entdeckt werden könnte. Ob und wenn ja welchen unwillkürlichen Veränderungen des Körpers eine Bedeutung zugemessen wird und erst recht welche, hängt
von den Sinninvestitionen des Bewusstseins oder des jeweiligen sozialen Systems
ab. Es ist die Gruppe, die den spontanen körperlichen Phänomenen Sinn zuschreibt, die für sich genommen schlechthin sinnleer sind. Die Möglichkeit, dass
auch ein Individuum solche Sinnstiftungen vornimmt, ist natürlich keinesfalls zu
leugnen. Jedoch sind die Chancen solipsistischer Sinnkreationen begrenzt. Die
Unkommunizierbarkeit erschwert die Erhaltung solcher Bedeutungsschöpfungen.
Was man also für gewöhnlich »Körpersprache« nennt, ist nichts anderes als ein
soziales Bedeutungssystem, selbst wenn die Form der Bedeutungsträger, z.B. ein
Niesen, ein Schweißausbruch, eine Konvulsion oder ein Schüttelfrost nicht von der
Gesellschaft erfunden worden ist. Die Behauptung der gesellschaftlichen Natur der
Bedeutung der spontanen Leibesmanifestationen impliziert keinesfalls die These,
diese seien in ihrer Form sozial bedingt oder in ihrem Auftreten vollständig sozial
kontrollierbar. Das Gegenteil ist wahr: Das sozial nicht Kontrollierbare wird sozial
verbindlich gedeutet. Dabei ist es allerdings nicht ganz zufällig, welche solcher
Manifestationen mit Aufmerksamkeit bedacht werden und welche nicht, in jedem
Fall zeigt auch ein interkultureller Vergleich, dass es bestimmte Körperverände-
rungen gibt, die aufgrund ihrer intrinsischen Auffälligkeit kaum übersehen werden
können, wenn auch ihr jeweiliger Sinn historisch und interkulturell variiert. Man
denke etwa an das Niesen oder Erröten.

3   Die »Sprache« der Krankheit

Gravierender sind solche Formen von somatischen Automatismen, die nicht nur
›auffällig‹ sind, sondern ganz generell die Interaktionsfähigkeit negativ tangieren
oder physisch unmöglich werden lassen: Müdigkeit, Impotenz, Krankheit oder
Tod. Grundsätzlich wäre es natürlich möglich, auch diese Vorkommnisse als
bloß körperliche Geschehnisse aufzufassen, die selbst nichts bedeuten. Tatsache
ist aber, dass in fast allen Gesellschaften in diesem Zusammenhang Interpretationen zur Verfügung stehen, die die körperliche Funktionsstörung als Text werten, der unfreiwillig Auskunft über eine vorher verborgene Wahrheit gibt. Für
das Individuum kann hier nicht selten Tragik dadurch entstehen, dass für es
selbst sinnlose, bloß physische Symptome sozial als Ehrlichkeit des Leibes aus-
gelegt werden. So etwa, wenn das Auftreten einer Hautveränderung als Hexen-
mal, Impotenz als Zeichen für Untreue oder die Epilepsie als Strafe Gottes für
ein verheimlichtes Verbrechen gilt. Die Unterstellung der Wahrhaftigkeit des
Körpers kann durchaus terroristische Konsequenzen haben. Gesellschaften müssen sich deshalb immer auch durch Deutungsverbote gegen inopportune Schlüsse
vom Körper auf das Leben oder die Wahrheit schützen. Die Wahrheit nicht aus
der »Sprache des Körpers« sondern allein aus dem gesprochenen oder beeideten
Wort ableiten zu dürfen, gehört für juristische Kontexte zu den wichtigsten
Rechtsstaatsgarantien seit der Aufklärung. Deren Dialektik zeigt sich andererseits darin, dass der Verzicht auf Sinngebungen körperlicher Vorgänge und ihre
Stilisierung zu existentiellen Adiaphora oft schwer zu ertragen ist: Gerade die
Undeutbarkeit einer Krankheit schafft das Problem, insofern der einzelne mit
seiner organischen Erfahrung allein gelassen wird, die für ihn unentzifferbar
bleibt, wenn er nicht über einen sozial etablierten ›Diskurs‹ verfügt, der sie lesbar macht. Susan Sontag hat einmal gesagt, dass die Krankheit eine Metapher
sei.[158] Das stimmt nicht immer und heute weniger denn je, weil die offizielle
Rede über die Krankheit, wie sie die Medizin verwaltet, jede metaphorische
Relation zwischen Pathologie und »Leben« abzuschneiden tendiert. Die Krankheit im Diskurs der Medizin versinnbildlicht nicht eine Existenz, offenbart nicht
deren geheime Wahrheit, sondern ist entweder ein biographischer Zufall oder
bloße Wirkung physischer Verursachungen. Aber gleichsam ›subkutan‹ etablie-
ren sich heterodoxe Diskurse, teils sogar in der Medizin selbst, vor allem aber in
den ›populären‹ Thematisierungen der Krankheit, die jene Metaphorisierung der
Krankheit reetablieren, indem sie sie an außerbiologische Tatsachen knüpfen.
Die Korrespondenz zwischen der sozialen und der biologischen Ordnung wird so
wieder hergestellt. Ob dies geschieht oder nicht, ist aber kaum in die Macht der

---

158   Susan Sontag, »Krankheit als Metapher«, München u. Wien 1978.

Individuen gestellt, sondern hängt von der Zugänglichkeit sozial institutionalisierter Diskurse ab, in denen sich Krankheit fürs Bewusstsein manifestiert: »Überall und zu jeder Epoche ist es das Individuum, das krank ist, aber es ist krank in den Augen seiner Gesellschaft, in Funktion zu ihr und entsprechend den von ihr gesetzten Modalitäten«.[159] Was uns die Krankheit enthüllen kann, wird also bestimmt durch gesellschaftliche Voraussetzungen, die z. B. zulassen oder ausschließen, das Leiden als göttliche Botschaft über uns selbst oder an uns zu verstehen oder sie als verschlüsselte Darstellung der ins Unbewusste verdrängten eigenen Triebwünsche zu werten. Wie gerade die Forschungen von Herzlich und Pierret[160] zeigen, neigen viele Kranke dazu, ihre Krankheit nicht als bloßen Unfall aufzufassen, der mit ihrer Identität nichts zu tun hat. Vielmehr tendieren sie dazu, das Leiden als geheimnisvolle Auskunft über ihre Existenz und deren Wahrheit zu interpretieren, die bislang Verborgenes oder Verheimlichtes erschließt, so als wollten sie sich auch vor der Soziologie als jene wundervollen Wesen erweisen, »die, was nicht deutbar dennoch deuten, was nie geschrieben wurde, lesen, Verworrenes beherrschend binden. Und Wege noch, im Ewig-Dunklen finden«. Krankheit wird so zur *mémoire involontaire*.

4 Entäußerung des Inneren

In all diesen Beispielen sind Sinngebungsbedürfnisse Anlass zur Institutionalisierung des Körpers als Organ der Wahrheit. Es gibt jedoch durchaus handfestere Interessen, die zum gleichen Ergebnis führen. Auszugehen ist auch hier von der eingangs bereits erwähnten Problematik, dass es keinen direkten sozialen Zugang zu fremdem Bewusstsein gibt. Ich kann meine Gedanken immer nur durch Leibesäußerungen mitteilen. Aber es gibt grundsätzlich keine Garantie dafür, dass das, was ich sage, verspreche oder sonst kommuniziere, dem entspricht, was ich wirklich meine, beabsichtige oder empfinde. Die absichtliche oder unabsichtliche Täuschung ist ein mit aller Kommunikation unaufhebbar verknüpftes Begleitphänomen. Und alle Beteuerungen meiner Ehrlichkeit können den nicht beruhigen, der glaubt, Gründe zu haben, mir zu misstrauen. Die Kluft zwischen dem subjektiv gemeinten Sinn und der Kommunikation ist nicht wirklich zu überspringen, weil kein anderer meine Gedanken so lesen kann, als wären es seine eigenen, selbst wenn er sich das einbildet und selbst wenn er aufgrund bisheriger Erfahrungen davon ausgehen kann, meist richtig zu raten. Dabei heißt ›richtig raten‹ in diesem Zusammenhang nichts anderes als ›Prognosen für künf-

159 Claudine Herzlich, Janine Pierret, »Malades d'hier, malades d'aujourd'hui. De la mort collective au devoir de guérison«, Paris 1984, S. 13.
160 Ebd., S. 155 ff.

tiges Verhalten aufstellen, die sich dann als korrekt erweisen‹. In vielen Fällen kann es einem allerdings gleichgültig sein, ob man Intentionen oder Motive eines Handlungspartners richtig oder falsch einschätzt. Das trifft immer dann zu, wenn es nur auf eine Handlung als solche ankommt, ohne Rücksicht auf die Gründe ihres Zustandekommens. Mich braucht z. B. nicht zu interessieren, ob die Verkäuferin, die mich freundlich anlächelt, das tut, weil sie dafür bezahlt wird, weil sie gerade an ihren Schatz denkt, sich auf den Feierabend freut oder weil sie meinen neuen Borsalino sexy findet. Alles Handeln in modernen Bürokratien koppelt Motivationen aus den Interaktionszusammenhängen weitgehend aus, weil die Sicherheit des anschließbaren Handelns nicht auf die präzise Einschätzung von Motivunterstellungen angewiesen ist. Es gibt aber Situationen, in denen es gesellschaftlich oder persönlich von größter Relevanz ist, genau zu wissen, was jemand wirklich im Schilde führt, ob er das, was er sagt, auch wirklich meint, ob er lügt oder betrügt. Um bei unserem Beispiel von der Verkäuferin zu bleiben: Wenn der Kunde das Lächeln als Initialsignal für eine anzuknüpfende Liebesbeziehung deutet, dann müsste er schon einige Energie investieren, um etwas über den ›gemeinten Sinn‹ herauszufinden. Da aber die Kluft zwischen den Bewusstseinen grundsätzlich nicht zu überbrücken ist, gibt es eigentlich nur zwei Ersatzlösungen: Man kann auf Zeit setzen oder – wenn man die nicht hat – die Konsistenz der Mitteilung überprüfen. Auf Zeit setzen, d.h. man sieht zu, ob auch in Zukunft das Verhalten dem Versprechen korrespondiert und schließt aus langen Serien von Nicht-Enttäuschungen auf eine ehrliche Gesinnung. Zeit garantiert Ehrlichkeit. Man riskiert erst einmal nur ein bisschen, dann immer mehr, und allmählich gewinnt man Vertrauen.[161] Dass so etwas Risiken nicht völlig ausschließt, zeigt etwa der Fall Guillaume. Manchmal kann man aber nicht so lange warten. Man muss sich schnell entscheiden ob man vertrauen will oder nicht. In dieser Lage setzen viele Gesellschaften auf den Körper als Organ der Wahrheit. Man unterstellt dann, dass der Lügner sich verrät, weil er seine Gebärden nicht konsistent zu ordnen versteht. Er verhaspelt sich, wird rot, beginnt zu schwitzen, zeigt Angst usw. Im Hintergrund solcher Körpertheorien – denn darum handelt es sich – steht die Überzeugung, dass der Ehrliche seine Wahrheit glaubwürdiger darstellen kann als der Lügner. In Wirklichkeit wird eine solche Annahme natürlich oft enttäuscht; denn zur guten Darstellung gehört ein *guter*, nicht notwendigerweise ein *ehrlicher* Darsteller. Hinzu kommt, dass normalerweise bekannt ist, welche Körpergebärden in einem gegebenen Kontext wie interpretiert werden, so dass der Virtuosität im Beobachten von Inkonsistenzen eine ebensolche im Simulieren und Dissimulieren zu entsprechen pflegt. Das beste Exempel für solche wechselseitigen Steigerungsverhältnisse sind natürlich

---

161   Niklas Luhmann, »Vertrauen: Ein Mechanismus der Reduktion sozialer Komplexität«, Stuttgart ²1973.

höfische Gesellschaften: Hier kann alles davon abhängen, dass man Motive von Handlungspartnern rechtzeitig durchschaut, weil man auf sie angewiesen ist, also auf Vertrauen nicht verzichten kann, nur die Wahl hat, wem man vertrauen und wem misstrauen soll. Umgekehrt können hohe Prämien auf nicht entdecktem oder nicht rechtzeitig vermutetem Vertrauensmissbrauch stehen. Da diese Gesellschaft andererseits zwischen den Höflingen nur friedfertige Mittel als legitime Detektoren zulässt, ist zu erwarten, dass Beobachtungsgabe und Verstellungskunst, Ehrlichkeitspathos und Verratsneigung sich gleichzeitig entwickeln werden. Die Inszenierung des Leibes als Organ der Wahrheit und die Forderung nach Natürlichkeit entsprechen hier einander.[162] In den wichtigsten gesellschaftlichen Funktionsbereichen sind solche Künste heute vermutlich von geringerer Bedeutung, da Risiken kaum noch durch Aufschluss über Handlungsmotive der Beteiligten vermindert werden können, sondern über andere institutionenspezifische Garantien balanciert werden. Die Ausnahme sind allenfalls persönliche Beziehungen, vor allem Liebesbindungen. Hier spielt in der Tat – vor allem zu Beginn einer Amour – der Körper die Rolle der ›Deckungsgrundlage‹ für die ›Währung‹ Liebesschwüre. Auf die Dauer ist allerdings auch hier die Dauer selbst das, was die Dauer sichert.

5   Tortur und Überwachung als Wahrheitsgeneratoren

Man kann natürlich, statt zu vertrauen oder zu misstrauen, versuchen, sich von der Freiheit anderer unabhängig zu machen. Das würde aber entweder bedeuten, den Körper völlig unschädlich zu machen oder ihn total zu überwachen. Die erste Alternative, die den Körper ausschaltet oder weitgehend bewegungsunfähig macht, verzichtet damit aber auch auf die Dienste und Vorteile, die jemand erbringen kann, der eben die Freiheit zu schaden hat.[163]

Die totale Überwachung des anderen hätte natürlich genau die gleichen Konsequenzen. Allerdings böte sich hier die Möglichkeit, nur vorübergehend auf sie zu setzen: Man könnte den Körper zur Ehrlichkeit ›dressieren‹ im Sinne einer Programmierung durch Konditionierung. Der Körper wird dann als Folge solcher Prozesse zu einem automatischen Kontrolleur sozialer Konformität: Ihm wird die Weigerung gegen sozial Störendes als Ekel, Unlust oder Krankheitsneigung

---

162 Vgl. hierzu ausführlicher Alois Hahn, »La sévérité raisonnable – La doctrine de la confession chez Bourdaloue«, in: Volker Kapp, Manfred Tietz (Hg.), »La pensée religieuse dans la littérature et la civilisation du 17e siècle en France«, Paris usf. 1984, S. 641-662.

163 Es ist diese Überlegung, die schon Hegels Theorie der Entstehung der Herrschaft inspiriert: Herrschaft kann nur gedeihen, wenn sie den Knecht schont, ihn nicht tötet, und sie kann nur gesteigert werden, wenn auch die Kompetenzen des Knechts gesteigert werden, also nur auf Kosten von Freiheitsgewährung und Abhängigkeit des Herrn vom Knecht.

sozial eingeschrieben. In diesem Sinne weist Bourdieu darauf hin, dass die Gesellschaft sich gegen die Risiken, die sich aus der Unzugänglichkeit fremden
Bewusstseins ergeben, dadurch sichern kann, dass sie sich direkt an den Körper
wendet. Dieser dient dann nicht mehr ausschließlich – soweit er überhaupt dient
und nicht vielmehr somatischen Automatismen folgt – dem Bewusstsein, sondern mit der Spontaneität konditionierter Triebhaftigkeit der Gruppennorm, der
er unterworfen ist: »Alle Gruppen vertrauen den Körpern, die sie wie ein Gedächtnis betrachten, ihre wertvollsten Schätze an«.[164]

Um derart die Wahrheit der Gesellschaft im Körper zu verankern, pflegt es
bei bloßem Drill nicht zu bleiben. Die Schrift, mit der sich die meisten Gesellschaften in die Körper ihrer Mitglieder eingraben, ist der Schmerz. Er ist zumindest im historischen und ethnographischen Vergleich der verbreitetste Griffel zu
diesem Behufe gewesen. Auch hierfür bietet Bourdieu eine Erklärung:

»Körperliches Leiden anzuwenden, wie es im Rahmen von Initiationsriten
in jeder Gesellschaft vorkommt, versteht sich, wenn man weiß, [...] dass die
Menschen um so stärker in einer Institution verhaftet sind, als die Initiationsriten,
die sie ihnen auferlegt bat, härter und schmerzhafter waren.«[165]

Der Schmerz bleibt umgekehrt auch dann die letzte Reserve für die Gesellschaft, wenn es sich nicht darum handelt, dem Leib ihre Wahrheit einzuschrei-
ben, sondern eine verborgene Kenntnis ans Licht zu ziehen. Es geht mir hier
nicht um die für mich selbstverständliche moralische Verurteilung der Folter als
Instrument der Gewinnung von Wahrheit, sondern ihr Verständnis als *de facto*
nie verschwundene Methode, den Leib als Geisel gegen das Bewusstsein einzu-
setzen. Sie wäre nicht möglich, wenn nicht unterstellt würde, dass der Körper die
via regia zur Wahrheit ist. Das Bewusstsein mag sich entziehen wollen, aber die
stärkste Waffe, über die die Gruppe verfügt, die physische Marter, holt das Individuum aus seiner Verborgenheit zurück, zwingt es, sich zu offenbaren. Auch
hier ist den Folterern nicht in jedem Fall Erfolg beschieden. Einerseits gibt es
erstaunliche Kompetenzen im Ertragen von Schmerz. Und Gesellschaften, die
sich selbst gegen den Geheimnisverrat ihrer Geheimnisträger schützen müssen,
können zumindest Spezialisten zu Fakiren der Schmerzbewältigung ausbilden.
Die Macht des Schmerzes ist zumindest in Grenzen sozial erzeugt und sozial
limitierbar. Andererseits erzählt der Gequälte, um nur vom Schmerz befreit zu
werden, oft nicht das, was er weiß, sondern das, von dem er hofft, dass es die
Peiniger hören wollen. Subtilere Folterregelungen, wie etwa die in der Carolina
enthaltene, haben diesem Tatbestand auch Rechnung getragen, indem sie nur
solche Fragen zuließen, die Evidenzen produzierten, die unabhängig von der

---

164 Nach Pierre Bourdieu, »Ce que parler veut dire. L'économie des échanges linguistiques«, Paris
      1982, S. 129.
165 Ebd.

Tortur überprüfbar waren, z.B. die Frage nach dem Versteck der Mordwaffe. Der Inquirierte sollte außerdem nur gezwungen werden zu sagen, was »... keyn unschuldiger also sagen und wissen kundt«.[166] Diese Kautelen reichten aber nicht aus, um bei Hexenprozessen gegen Erfindungen gefeit zu sein. Das bemerkt zu haben, ist eine der großen Leistungen Spees gewesen. Beim Hexenprozess ließ sich das Geständnis eben nicht nachprüfen, außer durch die Übereinstimmung mit anderen Geständnissen. Spee konnte deshalb zeigen, dass beim Deliktstyp Hexerei die Folter dazu führe, dass das inkriminierte Phänomen nicht entdeckt, sondern erzeugt wird. Er ist nicht grundsätzlich gegen das Verfahren der Folter, da es, wenn es nur bei vorgängigen drückenden Beweisen und hartnäckigem Leugnen des Angeklagten, der ohne ein Geständnis nicht verurteilt werden kann, angewandt werde, ein unverzichtbares Instrument der Wahrheit, ja ein Schutz des Verdächtigen sein könne.[167] Bei Hexenprozessen führe die Folter aber ausnahmslos zu tödlichen Ergebnissen:

> »Denn unter dem Drucke der Folter beschuldigt eine Schuldlose die andere, von der sie doch nichts weiß, und zieht sie so mit sich. Man will nicht hören die Wahrheit, sondern daß einfach alle sich schuldig bekennen.«[168]

Der Leib erweist sich also selbst diesem extremen Mittel gegenüber nicht ausnahmslos als ›ehrlich‹, sondern lediglich als gehorsam. Der Glaube jedenfalls, der Leib sei eine absolute Garantie gegen individuellen Trug und gesellschaftliche Manipulation, ein letztes Bollwerk, gehört, wie gerade die Logik der Folter zeigt, zu den nicht einmal unschuldigen Träumereien. Der Körper ist nie völlig gefügig, weder dem Bewusstsein noch der Gesellschaft. Aber daraus erwächst ihm kein Privileg größerer ›Ehrlichkeit‹. Von der kann man ohnehin nur in Bezug auf Texte sprechen. Der Körper ist nie nur Text. Wie ehrlich er sein kann, das hängt davon ab, welche Lesarten zur Verfügung stehen.

---

166 Vgl. John H. Langbein, »Torture and the Law of Proof. Europe and England in the Ancien Régime«, Chicago u. London 1976.

167 Vgl. hierzu Alois Hahn, »Die Cautio Criminalis«, in: Gunther Franz (Hg.), »Friedrich Spee. Dichter, Seelsorger, Bekämpfer des Hexenwahns zum 350. Todestag«, Katalog einer Ausstellung der Stadtbibliothek Trier, Trier 1985, S. 57-61.

168 Friedrich von Spee, »Cautio Criminalis oder Rechtliches Bedenken wegen der Hexenprozesse«, München 1982 (1632), S. 255.

Wohl dem der eine Narbe hat: Identifikationen und ihre soziale Konstruktion

1 »Jemeinigkeit«

Keine menschliche Gesellschaft kann völlig unberücksichtigt lassen, dass jedes Individuum eine separate Existenz führt, dass es also niemanden zweimal gleichzeitig gibt. Selbst wenn in einzelnen Momenten Zweifel aufkommen können, wer jemand ist, so ist prinzipiell die Jemeinigkeit des Lebens schwer zu übersehen. Heidegger hat diese Unvertretbarkeit des Selbst mit einigem Pathos an der Jemeinigkeit des Sterbens verankert. Aber das, was er vom Tod schreibt, gilt auch für weniger spektakuläre Momente des Daseins, auch meinen Herzschlag kann niemand für mich übernehmen, mein Zahnschmerz ist nicht deiner, und jeder meiner Augenblicke ist ein Blick meiner Augen, selbst wenn du – gleichzeitig an gleicher Stelle stehend – dasselbe sähest.[169]

Diese Art von Singularität ist durchaus von jener zu unterscheiden, die sich etwa durch die qualitativ unvergleichlich große Leistung ergäbe. Singulär im hier gemeinten Sinne ist nicht nur der Herr, sondern auch der Kammerdiener. Die gleiche Empörung findet sich denn auch beim einen wie beim anderen, wenn im Ernst behauptet würde, es gäbe ihn zweimal. Falls durch verblüffende Ähnlichkeit ein solcher Eindruck entsteht, ergibt sich denn auch bei beiden heillose Verwirrung: Bei Amphitryon und bei Sosias, wenn auch dem einen die eher komische, dem anderen die eher tragische Rolle zugedacht ist. Aber diese Lage tritt im Normalfall eben nur fiktiv ein. Gerade an der Fiktion wird allerdings deutlich, wie voraussetzungsvoll das Normale ist. In der Klage des Sosias gegenüber seinem Herrn Amphitryon – dieser weiß noch nicht, dass ihm ein identisches Schicksal blüht und zwar mit erheblich kränkenderen Details – wird das deutlich:

---

169 Ich habe mich dazu ausführlicher geäußert in: Alois Hahn, »Heideggers Philosophie des Todes im Diskursfeld seiner Zeit«, in: Johannes Weiß (Hg.): »Die Jemeinigkeit des Mitseins. Die Daseinsanalytik Martin Heideggers und die Kritik der soziologischen Vernunft«, Konstanz 2001, S. 105-128.

»Es ist mein völliger Ernst Herr, und Ihr werdet,
Auf Ehrenwort, mir Euren Glauben schenken,
Wenn Ihr so gut sein wollt. Ich schwörs Euch zu,
Daß ich, der einfach aus dem Lager ging,
Ein Doppelter in Theben eingetroffen;
Daß ich mir glotzend hier begegenet bin;
dass hier dies eine Ich, das vor Euch steht,
Vor Müdigkeit und Hunger ganz erschöpft,
Das andere, das aus dem Hause trat,
Frisch, einen Teufelskerl, gefunden hat;
Daß diese beiden Schufte, eifersüchtig
Jedweder, Euern Auftrag auszurichten,
Sofort in Streit gerieten...«[170]

Aber selbstredend ist Sosias trotz aller Verwirrung keinesfalls zweifelhaft, dass die Prügel, die er von Merkur bezieht, bei ihm und nicht bei jenem Schmerzen verursachen. Und auch Amphitryon wird schließlich klar, dass in jener Nacht nicht er es war, der mit Alkmene schlief. Dem Leser des Dramas ist das ohnehin von Anfang an nicht rätselhaft. Gleichwohl macht das Drama uns darauf aufmerksam, dass selbst die gewisseste aller Gewissheiten, die Fichte trotzig als Ausgangspunkt von allem nimmt: »Ich=Ich«, eine prekäre soziale Konstruktion ist.

Auch die Gesellschaften, die von Seelenwanderung ausgehen, sind in dieser Hinsicht keine Ausnahme. Ich mag die Reinkarnation meines verstorbenen Großvaters sein. Das heißt aber eben nicht, dass dieser oder ich zweimal gleichzeitig da wäre. Ich bin nicht sein Doppelgänger, sondern seine Fortexistenz. In fast allen praktischen Fragen wird man mich nicht mit meinem toten Großvater verwechseln, auch dann nicht, wenn es heißt: »Ganz der Großvater!« Auch für Gesellschaften, die bestimmte Statuswechsel als Verwandlungen in eine andere Person konstruieren und u.U. mit einem neuen Namen symbolisieren, ist in der Regel unstrittig, dass »hinter« all den Identitätswechseln eine durch seine Verwandlungen hindurch identifizierbare körperlich-seelische Selbstheit steckt.

Das hat selbstredend auch die Philosophie des Mittelalters nicht nur gewusst, sondern dramatisch akzentuiert. Einerseits wird zwar als *principium individuationis* der Körper angesetzt. Damit ist zunächst bereits darauf hingewiesen, dass dein Körper nicht mein Körper ist. Aber erst recht gilt das natürlich von der Seele, die anders als bei Aristoteles oder Averroes eben keine Menschheitsseele ist, sondern je die Deinige oder Meinige. Deshalb ist also auch die Unsterblich-

---

170   Heinrich von Kleist, »Amphitryon. Ein Lustspiel nach Molière«, II, 1, S. 672-684.

keit eine je individuelle, inklusive der Erlösung oder Verdammnis, die sich erst einmal nicht nach der Familienzugehörigkeit richtet.[171]

In dieser Auffassung werde ich bestärkt durch Peter von Moos, der die Unterscheidung von Singularität und Individualität auch für die Anwendung auf das Mittelalter hilfreich findet: »Im Mittelalter, dem man immer wieder philosophischen Antiindividualismus zuschreibt, gab es durchaus schon diese Unterscheidung. Von Augustinus bis ins Spätmittelalter reicht der Topos vom größten Wunder Gottes, das darin liege, dass keine zwei Gesichter gleich sind; denn es wäre viel ›natürlicher‹, wenn die Zugehörigkeit zur Gattung Mensch uns alle gleich aussehen ließe. Wunderbar also ist die Nichtverwechselbarkeit der ›singuli‹ im großen Eintopf ›Menschheit‹. Hier steht das Gesicht als Synekdoche für alles Biologische wie bei Heidegger der Tod.«[172]

Immerhin kann es erhebliche Schwierigkeiten geben, wenn eine Gesellschaft die prinzipielle Möglichkeit unterstellt, dass sich ein Geist meiner bemächtigt und aus mir spricht und handelt, dass mein Körper also das Haus für zwei oder mehrere Selbste darstellt. Dann bedarf es unter Umständen höchst komplexer Vorkehrungen sozialer Identifikation, in denen festgelegt werden muss, welches Selbst sich in einem gegebenen Augenblick geäußert hat. Diese Instanzen können sehr häufig religiöse oder therapeutische Spezialagenturen sein wie z.B. Exorzisten, Medizinmänner oder neuerdings Psychoanalytiker. Wir werden gleich auf solche Fälle von Besessenheit zu sprechen kommen. Hier genüge der Hinweis, dass selbst die uns selbstverständlich erscheinende Identifikation einer Person etwa mittels eines Namens: »Dies ist Sokrates« auf durchaus höchst voraussetzungsvollen sozialen Unterstellungen und deren (typischerweise unbewusst bleibenden) Institutionalisierungen beruht. Das Selbst hat stets eine auch soziale Genese. Es als Einheit trotz aller Veränderungen ansehen zu kön-

---

171 Vgl. hierzu Thomas von Aquin, »De unitate intellectus contra Averroistas«. Gewiss mag man bei Albertus Magnus Sympathien für die Idee der einen Weltseele entdecken. Schaut man aber genau hin, so hat man den Eindruck, dass bei ihm – als wäre er ein Vorläufer Hegels – die *unitas intellectus* im Sinne des objektiven Geistes aufgefasst wird, als Kultur, die den Einzelnen überdauert. An der schlechthinnigen Unvertretbarkeit der Seele lässt auch er keinen Zweifel. Die menschliche Seele ist als Vollendung des organischen Leibes ebenso individuiert wie dieser. Der Leib ist umgekehrt eben deshalb selbst *quodam modo* unsterblich, insofern auch er an der Auferstehung am Jüngsten Tage partizipiert. Die radikale Individuiertheit auch der Seele im System Alberts ergibt sich besonders eindringlich in seiner Auseinandersetzung mit »De anima«: »Anima est perfectio corporis organici, et ideo non potest esse eadem numero in diversis; sed universalis est intellectus secundum se, et ideo, quod est in ipso secundum se, est etiam secundum actum universale, et hoc oportet secundum Peripateticos concedere esse idem apud omnes, et idem intellectum universale est in anima mea et in anima tua. (...) Licet enim intellectus meus sit individuus et separatus ab intellectu tuo, tamen, secundum quod est individuus, non habet universale esse in ipso, et ideo non inviduatur id quod est in intellectu.« Albertus Magnus, »De anima«, ed. C. Stroick, Münster 1968, S. 195.

172 Peter von Moos, briefliche Mitteilung vom 14.10.2001.

nen, setzt das sozial anerkannte Absehen von durchaus augenfälligen an ihm im Laufe seines Lebens sichtbar werdenden Differenzen voraus.

Das schließt nicht aus, dass jeder Einzelne viele Eigenschaften haben kann, die er mit zahlreichen anderen teilt. Bei einem Zwillingspaar mag man oft zweifeln, welchen Zwilling von beiden man vor sich hat. Aber dieser Zweifel basiert darauf, dass wir es »an sich« mit zwei separaten Existenzen zu tun haben, selbst wenn wir in bestimmten Situationen außer Stande sind, eine treffsichere Identifikation vorzunehmen. Auch wenn sie einander wie ein Ei dem anderen gleichen, selbst wenn diese »Gleichheit« nicht nur eine äußerliche des Aussehens und der Erscheinung, sondern auch eine »innere« des Wesens und des Charakters wäre, wenn sie den gleichen Fingerabdruck hinterließen und vielleicht selbst nicht sagen könnten, wer von beiden sie sind, wenn sie sich also miteinander verwechseln könnten, sind wir davon überzeugt, dass es sich hier um zwei »Selbste« handelt.

Es scheint heutzutage zumindest der »Normalfall« zu sein, dass man *einem* Körper nur *ein* Selbst zuordnet. Wie vor allem Beispiele aus der US-amerikanischen Psychiatrie zeigen, hat man es dort immer häufiger mit »multiplen« Persönlichkeiten zu tun, den sogenannten »multiples«. Dabei scheinen Fälle, in denen Personen wie Goethes Faust auftreten, die von sich behaupten »Zwei Seelen wohnen, ach, in meiner Brust«, entschieden nicht auf der Höhe des Zeitgeistes zu sein: »Unlike the old days of double consciousness, nowadays a multiple who never goes beyond two personalities is almost never encountered. A dozen alters is a common configuration; in some samples twenty-five per individual is the mean. People with more than a hundred alters are reported, although in these cases fewer than twenty will regularly assume executive control.«[173] Die Verhältnisse zwischen den verschiedenen »Selbsten«, die da bei einem Gastgeberselbst (»Host«) neben- und miteinander existieren, können höchst verschieden sein. Manchmal ignorieren sie einander, oft bekämpfen sie sich: »A first step in therapy may be getting alters to respect each other. This is especially necessary because they are vicious, cruel alters, evil even to the point that they will threaten suicide in order to murder other alters. (…) A psychiatrist may have to make contracts with such persecutors, getting them to agree that they will not go beyond certain limits. Alters are said to be literal but litigious. They abide by their promises, but the contract must be ironclad; if there is a loophole, an alter will find it and take advantage of it.«[174] Glücklicherweise gibt es auch nettere »alters«, die eher wie Schutzgeister wirken. Besonders kurios ist die Arbeitsteilung, die sich bei den Gastselbsten häufig etabliert: »Some multiples use their alters to

173   Ian Hacking, »Rewriting the Soul. Multiple Personality and the Science of Memory«, Princeton und New Jersey ²1998, S. 27.
174   Ebd., S. 28.

take different jobs. One takes dictation, meekly producing letter after letter, while the host has withdrawn to another place. A woman who wants nothing to have to do with sex has an alter who does it with her husband«.[175] Diese Arbeitsteilung ist besonders praktisch, wenn ein abgespaltenes Selbst die unmoralischen oder kriminellen Aspekte des »Host« monopolisiert, das selbst in völliger Unschuld verbleiben kann. Die Autonomie der Teilselbste ist dabei gelegentlich bis ins Kleinste ausgearbeitet, wenn z.b. jedes Selbst eine andere Handschrift besitzt oder Brillen unterschiedlicher Stärken benutzt. Der Psychiater muss sich bei seiner Arbeit zunächst auf die unterstellte Pluralität der Selbste einlassen, wenn auch die Eigenart mancher Patienten, für die Begleichung der Arzthonorare zahlungsunfähige Partialselbste verantwortlich zu machen, Grenzen der diesbezüglichen Verständnisfähigkeit markiert. Trotzdem gehen die Psychiater mit der sie umgebenden Gesellschaft davon aus, dass es sich um pathologische Störungen bei dem jeweils einzelnen von ihnen behandelten Patienten handelt. Die Ärzte teilen insofern deren Wirklichkeitsauffassung nicht, selbst wenn sie in ihrer Therapie immer auch wieder versuchen müssen, die verschieden Gastselbste zu identifizieren, so wie das ein Exorzist oder Geisterbanner in anderen Gesellschaft auch tun muss. Immerhin kann man sich fragen, ob es nicht ein Wechselspiel zwischen den Psychiatern und ihren Patienten insofern gibt, als jene zwar nicht an die Pluralität von Selbsten glauben, wohl aber daran, dass es Patienten gibt, die ernsthaft an das glauben, was diese diesbezüglich zu Protokoll geben. Multiple Persönlichkeiten gäbe es dann heutzutage nur dort, wo es Psychiater gibt, die davon überzeugt sind, dass es multiple Persönlichkeiten gibt. Die allgemeine Faszination für solche Phänomene lässt sich aber kaum bestreiten, wenn sie sich auch in der Regel auf die Dichtung als legitimen Ort ihrer Anerkennung als Wirklichkeit beschränken.[176]

2 Identifikation und Identität

Die prinzipielle »Einmaligkeitsunterstellung« für jeden Menschen führt in normaler Alltagskommunikation dazu, dass man sich kaum je im Zweifel ist, wer jemand ist. Die ›Quisitas‹ (*sit venia verbo*) stellt hier kein Problem dar. Wir sehen eine uns bekannte Person und reden sie mit ihrem Namen an. Die Adressierung erfolgt spontan. Das schließt nicht aus, dass wir ansonsten vielleicht relativ wenig von ihr wissen. Einem Lehrer z.B. mögen die häuslichen Verhält-

---

175 Ebd., S. 30.
176 Die Zahl der hier zu nennenden Autoren seit dem 19. Jahrhundert ist Legion. Ich erinnere lediglich an Texte wie »Dr. Jekyll and Mr. Hyde« von Stevenson oder »Come tu mi vuoi« von Pirandello.

nisse seiner Schüler gänzlich unbekannt sein. Er weiß, dass der hier vor ihm sitzende Schüler Ambrosius Meyer ist. Die *Identifikation* erfolgt also sicher, obwohl die *Identität* des Adressaten, also das, *was* er ist, völlig nebulös sein mag. Wir wollen hier unter *Identifikation* die Operation verstehen, mittels derer kommunikativ Adressierungen vorgenommen werden. Dabei kann die Identität der adressierten Person mehr oder minder im Dunklen bleiben, im Grenzfall nicht mehr meinen als »Person überhaupt«, bisweilen aber im Gegenteil sehr präzise Kenntnisunterstellungen über die adressierte Person implizieren: »Das ist Anna, Ottos Frau, mit der er seit zwanzig Jahren verheiratet ist«. Falls diese Identifikation »richtig« ist, löst sie selbstredend Erwartungen in Bezug auf Ottos Kenntnisse über Anna und umgekehrt aus. Wenn dieser Satz von Egon, Ottos Kollegen formuliert wird, so braucht er von Anna nicht mehr zu wissen, als eben, dass sie Ottos Frau ist. Anna allerdings würden wir unter Umständen nicht glauben, wenn sie uns erzählt, sie habe sich drei Stunden mit Egon unterhalten, weil sie ihn für Otto hielt. Oder gar: sie habe drei Jahre mit Egon zusammengelebt, bevor ihr aufgefallen sei, dass er nicht Otto sei.

Im folgenden Aufsatz nun soll es primär um bestimmte Formen der Identifikation gehen und nur insofern um die Problematik der Identität, als sie als Referenz für Identifikation unverzichtbar ist.[177] Der Unauslotbarkeit der eigenen oder der fremden Identität korrespondiert fraglose Identifizierbarkeit. Diese stützt sich auf deiktische Eindeutigkeit. Oder um eine Metapher zu wählen: Das Briefgeheimnis und die Lesbarkeit der Anschrift auf dem Umschlag widersprechen einander nicht. Das, was jemanden identifizierbar macht, kann zwar auch ein Moment seiner Identität sein, z.B. sein Name, seine Wohnung, seine Narbe usw. Aber wenn wir wissen, *wer* jemand ist, wissen wir deshalb noch nichts darüber, *was* und *wie* er ist. Umgekehrt kann es vorkommen, dass wir zwar viel über jemandes Identität wissen, aber nicht merken, dass diese uns ihrem Wesen nach so weithin vertraute Gestalt unerkannt vor uns sitzt. Im Verhältnis zu uns selbst gibt es – abgesehen von pathologischen oder mythologischen Ausnahmen – dafür keine Parallelen. Wir wissen, wenn wir bei wachem Verstand sind, immer, *wer* wir sind, selbst wenn wir einen Analytiker aufsuchen müssten, um zu erfahren, *was* wir sind.[178] Identität ist bei allen Identifikationen gleichwohl vorausgesetzt, wenn auch als in ihren Einzelheiten Unbekanntes. Sie ist der Verweisungshorizont aller möglicher Identifikationen.

---

177 Zu den verschiedenen Konzepten soziologischer *Identität*stheorien verweise ich auf: Alois Hahn, »Konstruktionen des Selbst, der Welt und der Geschichte«, Frankfurt a.M. 2000, S. 13-115.

178 Zu Einschränkungen dieser allgemeinen Sentenz vgl. das oben über multiple Persönlichkeiten Ausgeführte.

In normalen Alltagssituationen fällt eine Unterscheidung zwischen zwei Menschen nur dann nicht schwer, wenn wir permanent Umgang mit ihnen haben, wir ihrer voll ansichtig sind und ihre Stimmen kennen. Etwas anderes ist es schon, jemanden zu identifizieren, wenn wir ihn nur kurze Zeit gesehen haben und ihn in einer anderen Umgebung plötzlich wieder treffen oder wenn er lange Zeit von uns getrennt gelebt hat und nun nach Jahren zurückkehrt. Selbigkeit schließt drastische Veränderung keinesfalls aus. Wir gehen gleichsam gegen den Augenschein davon aus, dass diese Frau, die überhaupt nicht mehr so aussieht, wie diejenige, die mit uns vor vier Jahrzehnten das Abitur bestand, doch noch immer unsere ehemalige Klassenkameradin Helga sein muss, obwohl wir sie nicht wiedererkannt hätten, wären wir auf der Straße an ihr vorbeigegangen. Aber nun, bei einem Klassentreffen, sind wir gern bereit zu glauben, dass sie es ist, die vor vierzig Jahren durch ihre jugendliche Schönheit uns allen den Kopf verdrehte. Wir wissen eben, dass wir uns alle verändern, und dass das Altern uns physiognomisch unkenntlich macht, wenn wir es nicht in reziproker ununterbrochener Gemeinsamkeit erleben. Dann müssen wir uns an kulturspezifisch variablen Zeichen orientieren, die uns als »untrügliche« Merkmale dienen. Das können gemeinsame Erinnerungen sein, die im Gespräch wiederbelebt werden: »Weißt Du noch...?«. Das können auch Charakterzüge sein, die sich durchhalten. Vielleicht beugen wir uns auch über alte Photos und »entdecken« Ähnlichkeiten von einst und jetzt. Auf einem Klassentreffen würden wir allerdings keinen Ausweis[179] verlangen. Falls es aber um die Identifikation von Unbekannten geht, die aus ihrer beanspruchten Identität Rechte gravierender Art, z.B. Geldzahlungen, ableiten würden, entstünde eventuell sehr wohl ein Bedürfnis, dass uns legitimierende Zeichen präsentiert werden. Die Ansprüche und die Zeichen, auf die sie sich stützen können, sind selbstredend historisch und interkulturell höchst verschieden. Die Leugnung einer Vaterschaft (»Ich war es nicht«) muss sich heute mit Gentests konfrontieren lassen. Zu anderen Zeiten wären andere Proben verlangt worden, z.B. Gottesurteile oder Zweikämpfe. Vielleicht hätte man sich auch damit begnügt, die evidente Ähnlichkeit zwischen dem präsumptiven Vater und dem problematischen Kind als hinreichend anzusehen, um sozial gültig auf Vaterschaft zu erkennen. Konstant ist die Notwendigkeit von Identifikation als solcher, variabel die Form, die als hinlänglich oder zwingend betrachtet wird. Nun hat man seit der Antike eine gewisse Unsicherheit bei der Identifikation des Vaters nicht für völlig aufhebbar gehalten. Es ging dabei aber lediglich um den Vater in seiner Funktion als Genitor, nicht um die

---

179   Der Ausweis ist in gewisser Hinsicht der Inbegriff moderner Identifikationsdispositive. Ich verdanke in diesem Kontext wichtige Anregungen dem Aufsatz von Cornelia Bohn über das Paßwesen. Vgl. dazu: Cornelia Bohn, »Passregime. Vom Geleitbrief zur Identifikation der Person«, Konstanz 2006, S. 71-95.

Person, die die soziale Rolle des Vaters spielte. Als unter normalen Umständen für völlig ausgeschlossen wird hingegen angesehen, dass jemand seinen Ehemann oder seine Ehefrau nicht wiedererkennen könnte. Die Fälle, in denen das dennoch geschieht, sind eben deshalb so aufschlussreich, weil am *Sonder*fall die *normalen* Quellen legitimierter Identifikation sichtbar werden.

3   Identifikation durch die Stimme und das Antlitz: Ulrich und seine Familia

Der Körper spielt in diesem Kontext zwar nicht allein eine Rolle. Er wird aber in vielen Gesellschaften als höchst relevante Auskunftsquelle für Identifikation angesehen. Das zumindest teilt die Gegenwart mit dem Mittelalter und der Antike. Bevor ich weiter theoretisiere, möchte ich ein Beispiel zitieren. Es stammt aus den St. Galler Klostergeschichten von Ekkehard IV. Es geht um ein besonders dramatisches Exempel von Identifikation. Es handelt sich um einen Ehemann (sein Name ist Ulrich), der nach längerer Zeit (es sind in unserer Geschichte freilich nur vier Jahre) aus dem Krieg nach Hause zurückkehrt. Seine Frau Wendilgarth, wie er von höherem Adel, hat sich in der sicheren Annahme des Todes ihres Gatten bereits aus dem weltlichen Leben ins Kloster zurückgezogen. Der Text schildert das Wiederauftauchen Ulrichs, der keinesfalls, wie allseits vermutet, im Krieg gefallen, sondern lediglich in Gefangenschaft geraten war und nun unter der Menge der Armen verborgen ist, denen Wendilgarth aus Anlass des vermuteten vierjährigen Todestages ihres Gemahls Almosen spendet:

»Et ecce Uodalricus captivitate fortuito elapsus, eam (sc. Wendilgarthem, A.H.) inter ceteros pannosos clandestina arte se celans, ut sibi vestem daret, inclamat. Quem illa, quod improbe audaciusque mendicaret, increpitans, vestem tamen ei velut indignans dedit. At ille manum dantis cum veste stringens, ad se tractam amplexatus, vellet nollet, osculatus est. Capillisque prolixis in collum manu reiectis, cum etiam aliqui alapas minitassent: ›Parcite, queso‹, ait, ›tandem alapis, quas multas pertuli, et Uodalricum vestrum recognoscite!‹ Audita tandem voce domini, milites stupidi vultuque quondam noto inter crines recognito clamose salutant, familia gratulans vociferatur« [180].

---

180   Ekkehard IV., »Casus Sancti Galli«, ed. u. übers. v. Hans F. Haefele, Darmstadt ⁴2002, c. 84, S. 172-175: »Und siehe. Ulrich, der Gefangenschaft durch Zufall entronnen, barg sich heimlicherweise unter den anderen Zerlumpten und rief ihr zu, sie möge ihm ein Gewand schenken. Da schalt sie ihn, daß er unverschämt und allzu dreist bettle, gab ihm aber, wie in Entrüstung, doch ein Kleid. Er aber faßte zugleich mit dem Kleid die Hand der Spenderin, zog sie an sich, umarmte sie und küßte sie, sie mochte wollen oder nicht. Und als ihm einige schon mit Backenstreichen drohten, strich er mit der Hand die langwallenden Haare in den Nacken zurück und rief: ›Ich bitte, laßt doch endlich die Schläge – ich habe viel erduldet – und erkennet euren

Den lange Abwesenden erkennt also zunächst weder die Gattin noch der Haushalt. Doch dann folgt die Selbstoffenbarung des Verkannten. Zunächst dadurch, dass er seinen Namen nennt: »Uodalricum vestrum recognoscite!« Nun könnte das freilich jeder sagen. Wo käme man hin, wenn jeder hergelaufene pannosus sich als verschollener Graf ausgeben dürfte. Mit dieser Anerkennung von Ulrichs Identität verbinden sich deutlich Ansprüche, die denjenigen, der sie erhebt, mit einem Schlag vom zerlumpten Bettler zum Herren machen würden. Dies wäre gewiss die Lage Ulrichs gewesen, wenn er sich ihm Unbekannten hätte ausweisen sollen. Indessen hier handelt es sich um Identifikation durch Wiedererkennen. Es sind seine eigenen Leute, denen er sich präsentiert. Die vom Autor als hinlänglich referierten Zeichen sind denn auch die Stimme und das Antlitz. Damit bezieht sich Ekkehard auf eine generelle Annahme, dass man die Menschen an ihrem Gesicht erkennen kann.

Es geht allerdings um die Erkennung der puren, typischerweise mit dem Namen ausgedrückten, singulären Existenz, nicht etwa um den Charakter. Denn dessen Erkenntnis aus dem Gesicht ist erheblich problematischer und voraussetzungsvoller. In diesem Sinn des Gesichts als Zeichen für physische und metaphysische Singularität ist denn auch die Bemerkung Augustins zu verstehen, auf die uns Peter von Moos hingewiesen hat, nämlich dass es wunderbar sei, dass Gott nicht zwei Menschen mit dem gleichen Gesicht geschaffen hat. Dem wären natürlich zahlreiche Bibelstellen hinzuzufügen, dass der Herr jeden der Seinigen kennt. Wie sollte er auch nicht, wenn alle Haare unsere Hauptes gezählt sind. Aber auch für die Menschen ist das Gesicht die primäre wechselseitige Identifikationsbasis. In diesem Sinne schreibt Georg Simmel über die Ausdrucksbedeutung des Antlitzes:

»Man macht sich selten klar, in welchem Umfang auch das Praktische unserer Beziehungen von dem gegenseitigen Kennen abhängt [...] Das Gesicht aber ist der geometrische Ort aller dieser Erkenntnisse, es ist das Symbol all dessen, was das Individuum als die Voraussetzung seines Lebens mitgebracht hat, in ihm ist abgelagert, was von seiner Vergangenheit in den Grund seines Lebens hinabgestiegen und zu beharrenden Zügen in ihm geworden ist. Indem wir das Gesicht des Menschen in solcher Bedeutung wahrnehmen, kommt, so sehr sie den Zwecken der Praxis dient, in den Verkehr ein überpraktisches Element: das Gesicht bewirkt, dass der Mensch schon aus seinem Anblick, nicht erst aus seinem Handeln verstanden wird. Das Gesicht, als Ausdrucksorgan betrachtet, ist sozusagen ganz theoretisches Wesen, es *handelt* nicht, wie die Hand, wie der Fuß, wie der ganze Körper; es trägt nicht das innere oder praktische Verhalten des Menschen, sondern es erzählt nur von ihm. Die besondere soziologisch

---

Ulrich wieder!‹ Da hörten denn die Ritter verblüfft die Stimme des Herrn, und als sie unter den Haaren das weiland vertraute Antlitz wiedererkannten, begrüßten sie ihn mit lautem Zuruf; das Gesinde erhob frohlockendes Geschrei.«

folgenreiche Art des ›Kennens‹, die das Auge vermittelt, wird dadurch bestimmt, dass das Antlitz das wesentliche Objekt des interindividuellen Sehens ist. Dieses Kennen ist noch etwas anderes als Erkennen. In irgendeinem, freilich sehr schwankendem Maße wissen wir mit dem ersten Blick auf jemanden, mit wem wir es zu tun haben [...] Wir können vielleicht durchaus nicht sagen, ob er uns klug oder dumm, gutmütig oder bösartig, temperamentvoll oder schläfrig vorkommt. Alles dies, im gewöhnlichen Sinne Erkennbare vielmehr sind allgemeine Eigenschaften, die er mit unzähligen anderen teilt. Was aber jener erste Anblick seiner uns vermittelt, ist in solches Begriffliches und Ausdrückbares gar nicht aufzulösen und auszumünzen – obgleich es immer die Tonart aller späteren Erkenntnisse seiner bleibt – sondern es ist das unmittelbare Ergreifen seiner Individualität, wie seine Erscheinung, zuhöchst sein Gesicht es unserem Blick verrät, wofür es prinzipiell belanglos ist, dass auch hierbei genug Irrtümer und Korrigierbarkeiten vorkommen.«[181]

Das, was Simmel als die soziologische Besonderheit des sich unseren Augen präsentierenden Gesichtes eines Menschen unterstreicht, liegt darin: »Es ist der äußerste soziologische Gegensatz zwischen Auge und Ohr: dass dieses uns nur die in die Zeitform gebannte Offenbarung des Menschen bietet, jenes aber auch das Dauernde seines Wesens, den Niederschlag seiner Vergangenheit in der substantiellen Form seiner Züge, so daß wir sozusagen das Nacheinander seines Lebens in einem Zugleich vor uns sehn«[182].

Gerade diese Eigentümlichkeit der Gesichtszüge, Resonzfläche der *gesamten* Biographie zu sein, ist aber auch der Grund für ihre Veränderbarkeit und damit ihre höchst problematische Funktion für sichere Wiedererkenntnis eines Menschen, dem wir lange nicht begegnet sind. Die uns bekannten Chiffren seiner unverwechselbaren Existenz sind durch während unserer Abwesenheit neu hinzugekommene Züge überschrieben. Daraus resultiert die Irrtumsanfälligkeit der Gesichtsdeutung gerade für den Fall des Wiedererkennens. Die Stimme hingegen mag eben deshalb, weil sie durch biographische Einflüsse in geringerem Maße tangiert wird, in viel stärkerer Weise als Singularitätsmarke fungieren. Aber andererseits kann man seine Stimme leichter verstellen; sie ist in höherem Maße der Selbstkontrolle unterworfen, weil wir uns im normalen interaktiven Geschehen zwar selbst hören, aber nicht sehen können. Hinzukommt, dass wir Worte sukzessiv formulieren, also Zeit für ihre Produktion haben, zumal wenn uns auch Schweigen als Option zu Verfügung steht, während uns das Gesicht als simultane Vielfalt von deutbaren Beobachtbarkeiten zumindest für aktuelle Stimmungslagen gerade wegen seiner Unwillkürlichkeit eher verrät.

---

181 Georg Simmel, »Exkurs über die Soziologie der Sinne«, in: Ders., »Soziologie. Untersuchungen über die Formen der Vergesellschaftung«, Berlin ⁴1958, 1. Aufl. 1906, S. 483-493, hier: S.485.
182 Ebd., S. 486.

4   Identifikation im Dunklen: Ruodberts Schnaufen

Die Identifikation kann aber bei Ekkehard auch über ausschließlich akustische Eigentümlichkeiten laufen: Ruodbert, ein adliger Feind des Klosters, sucht ständig nach Informationen, die dem Kloster als Verschulden und Pflichtverletzung angekreidet werden könnten. Zu diesem Behufe schleicht er sich eines Nachts in St. Gallen ein. Er findet allerdings nichts, was er sich gewünscht hätte und begibt sich durch das Dormitorium der Brüder auf den Abort. »(...) secessumque fratrum pedentivus ascendit et occulte resedit«. Der Abt aber »(...) homo ad omnia circumspectus, strato surgens consequitur, nescius eius. Solumque hominem nactus miratur, quisnam fratrum noctibus nobis insolitam ita iret viam illam vitabundus. Lumine enim ille officine obscuro sedebat occultus. Aliquamdiu autem cum, quis sit, hesitasset, runcore narium, quo commotus solebat, Ruodmannum esse persenserat.«[183] Das Schnaufen also verrät die Identität. Es ist natürlich nicht mit ihr identisch, sondern nur ein Zeichen für sie. Für die Identifikation aber reicht es in diesem Falle hin, und zwar eine ›identificatio huius hominis nomine Ruodberti'‹.

5   Identifikation durch die Narbe: Ulrich und seine Frau Wendilgarth

Doch kehren wir zurück zu Ulrich und seiner Frau Wendilgarth! Das, was der »familia« als Identifikationsbasis hinreicht: Stimme und Gesicht, hat auf die Ehefrau keinesfalls die gleiche Wirkung:

> »Wendilgarth autem dum quasi dedecus ab aliquo passa stupida residisset: ›Nunc demum‹ ait, ›Uodalricum mortuum sentio, cum talem ab aliquo pertuli violentiam‹. Ille autem cum ei manum de vulnere aliquo quondam notissimo ad allevandum porrigeret signabilem, quasi de somno evigilans: ›Dominus meus‹, ait, ›omnium hominum carissimus! Salve‹, ait, ›domine; salve, semper dulcissime!‹ Et inter oscula et amplexus: ›Induite‹, inquit, ›dominum vestrum donec ei lavacrum ac horam acceleretis!‹ Indutus vero: ›Eamus‹, inquit, ›ad ecclesiam!‹ Et inter eundum: ›Queso‹, ait: ›quis capiti tuo velum illud imposuit?‹ Audito, quod in sinodo episcopus, tacitus sibimet: ›Nec ego te iam nisi eius permissio amplecti‹, ait, ›habeo[184].«

183   Ekkehard IV., »Casus Sancti Galli«, ed. Hans F. Haefele, Darmstadt ⁴2002, c. 91, S. 188f.: Ekkehard, der allemal Umsichtige, erhob sich vom Lager, ohne zu ahnen, daß es Ruodmann sei. Und da er den Mann alleine traf, wunderte er sich, wer denn von den Brüdern so verstohlen jenen Weg gehe, den wir nachts gewöhnlich nicht betreten. Bei dem trüben Licht nämlich saß Ruodmann unerkannt. Einige Zeit war Ekkehard im Zweifel, wer es sei, erkannte dann aber den Ruodmann an dem Schauben der Nase, das er jeweils von sich gab, wenn er erregt war.

184   Ebd., c. 84, S. 174f.: »Wendilgarth aber saß betäubt, wie von irgendeinem Kerl beschimpft, und sprach ›Jetzt erst wird mir bewußt, daß mein Ulrich tot ist, da ich solche Gewalttat von ir-

Die Zweifel werden für Wendilgarth erst durch die Narbe an der Hand ihres Mannes aufgehoben. Es ist also gerade nicht das Persönlichste, über das ein Mensch verfügt, Stimme und Antlitz, sondern ein zufälliges äußeres Merkmal, das hier die Entscheidung herbeiführt. Ekkehards Erzählung drückt überhaupt keine Verwunderung über diese Sequenz aus, so als schiene auch ihm eine Narbe als extrem konkludent. Er hätte sich ansonsten auf eine aristotelische Tradition beziehen können (wenn er sie denn schon hätte kennen können), die für den Menschen den Körper als Individuationsprinzip annimmt und 250 Jahre nach Ekkehards Tod bei Thomas von Aquin in die Formulierung gegossen wird: »Anima enim et caro et os sunt de ratione hominis, sed haec anima et haec caro et hoc os sunt de ratione *huius hominis.*«[185] Oder direkt mit ausdrücklichem Bezug auf die Metaphysik des Aristoteles[186]: »Sicut enim de ratione hominis est anima et corpus, ita de intellectu huius hominis est haec anima et hoc corpus [...]; his autem hic homo ab omnibus aliis distinguitur«.[187] Die Narbe jedenfalls gehört zu dem, was Thomas »haec caro et hoc os« (je nachdem wie tief die Narbe nun war) ohne Zweifel zur haeceitas (comme aurait dit l'autre) Ulrichs gehört. Dabei ist die praktische Frage allerdings nicht mitbedacht, wie leicht es denn einem anderen Menschen sein könnte, sich eine ähnliche Wunde beizubringen, die zwar niemals in Ulrichs Narbe verwandelbar wäre, aber nicht einmal von Wendilgarth davon hätte unterschieden werden können. Die Identifikation arbeitet mit konventionellen Gewissheiten. Die Tatsache, dass Ulrichs Narbe vielleicht leichter zu fälschen wäre als sein Gesicht und seine Stimme scheinen weder Wendilgarth noch Ekkehard sonderlich zu beunruhigen.

6   Narbenlose Identifikation: Martin Guerre

Immerhin besaß Ulrich ein körperliches Merkmal, das alle Zweifel beseitigt. Die Historiker der frühen Neuzeit kennen zumindest ein Beispiel, in dem die da-

---

gendeinem erdulden muß.‹ Jener aber reichte ihr, um sie aufzurichten, seine Hand, die durch eine alte, wohlbekannte Narbe gezeichnet war, da erwachte sie wie aus einem Traum und sagte: ›Mein Herr, Liebster unter allen Menschen!‹ ›Sei gegrüßt, Herr‹, sagte sie, ›sei gegrüßt du Holder, zu aller Zeit!‹ Und unter Küssen und Umarmungen gebot sie: ›Bekleidet euren Herrn, dieweil ihr ihm zur Stunde das Bad bereitet!‹ Als er aber gekleidet war, sagte er: ›Laß uns zur Kirche gehen!‹ Und unterwegs, da sprach er: ›Ich bitte dich, wer hat deinem Haupt diesen Schleier aufgesetzt?‹ Und da er vernahm, der Bischof habe es auf der Synode getan, sagte er still bei sich selber: ›Und ich darf dich nun bloß mit seiner Erlaubnis umarmen‹.« Vgl. Gen. 45, 26, als die Brüder Jakobs erfahren, daß der totgeglaubte Joseph als Gebieter über Ägypten lebt: »quasi de gravi somno evigilans tamen non credebat eis.«

185   Thomas von Aquin, »Summa theologiae«, 1 q 29, 2 ad 3.
186   Aristoteles, Met. 1037 a 9.
187   Thomas von Aquin, »Summa theologiae«, 1 q 33, 2c.

heimgebliebene Ehefrau einen vom Krieg zurückgekehrten Mann fälschlich für ihren Ehemann gehalten hat und den ›Irrtum‹ erst bemerkt, als der ›richtige‹ Gatte, Martin Guerre, – etliche Jahre später – wieder auftaucht.[188] Dem modernen Leser fällt es gewiss schwer zu glauben, der Ehefrau sei der Betrug nicht aufgefallen. Immerhin hat die soziale Umgebung das zumindest im juristischen Sinne akzeptiert, wohingegen der entlarvte Betrüger hingerichtet wurde. Die Logik folgt dem oben skizzierten Argument: Wir können andere falsch identifizieren, niemals aber uns selbst. Deshalb kann man die Ehefrau von Martin Guerre freisprechen, nicht aber den falschen Ehemann. Hätte allerdings Martin Guerre eine Narbe besessen, dann wäre es vermutlich auch seiner Frau schwergefallen zu erklären, warum sie deren Fehlen bei seinem ›Stellvertreter‹ nicht stutzig gemacht hat.

7   Identifikation durch Werke: Tuotilo und Sintram

Die Identifikation über Körperliches ist aber auch für Ekkehard nicht die ausschließliche Technik. Er identifiziert in seinem Buch Personen sehr häufig durch zwar ebenfalls nicht unbedingt einzigartige Eigenschaften, jedoch für einen Charakter oder eine Biographie eher ›wesentlichere‹: So wird etwa Sintram an seiner unvergleichlichen Kunst zu schreiben, Tuotilo an seiner Meisterschaft als Goldschmied erkannt. Ihr *Werk* identifiziert sie als einzigartig. So wird ein Evangelienbuch, das Tuotilo geschmückt und Sintram geschrieben hat als unvergleichlich gepriesen (»Hoc hodie est ewangelium et scriptura, cui nulla, ut opinamur, par erit ultra; quia, cum omnis orbis cisalpinus Sintrammi digitos miretur, in hoc uno, ut celebre est, triumphat«[189]) Der Körper Sintrams wird hier zwar auch erwähnt: Ekkehard spricht von dessen Finger. Aber das Individuierende ist nicht etwas, das man dem Finger ansehen könnte (eine Narbe z.B.), sondern das, was Sintram mit diesem Finger bewerkstelligt. In der Regel finden wir denn auch das Personal von Ekkehards Erzählung doppelt identifiziert: durch körperliche Eigenheiten und charakterliche Merkwürdigkeiten, die von heroischer Tugend bis zu Schrulligkeiten und lasterhaften Vorlieben reichen. Gerade die Kombination macht sie zu Gestalten, über die sich erzählen lässt. Wir wissen ohnehin nicht immer, was wahr oder erfunden ist: Letztlich ist jede Identifikation des Autors eine narrative Konstruktion. Aber wir können sehr wohl sehen, mit welchen Mitteln er Identifizierbarkeit herstellt.

Generell gilt: Die Identifikation kommt nicht über die Konfrontation mit der Identität zustande, diese ist ohnehin ineffabel, sondern durch Zeichen, die als

---

188   Vgl. Nathalie Zemon Davies, »The Return of Martin Guerre«, Cambridge 1963.
189   Ekkehard IV., »Casus Sancti Galli«, ed. Hans F. Haefele, Darmstadt [4]2002, c. 22, 58.

mehr oder minder untrügliche, jedenfalls praktisch hinlängliche Verweise gelten. Nicht die Substanz, sondern die Akzidentien tragen die Identifikation. Diese sind typischerweise entweder angeboren oder erworben, permanent sichtbar oder verborgen, eindeutig oder vieldeutig, für jeden oder nur für bestimmte Personen oder Instanzen lesbar.

8   Die Narbe des Odysseus

Viel berühmter als die Narbe Ulrichs ist selbstredend die Narbe des Odysseus. Die Geschichten weisen aber bemerkenswerte Differenzen auf, vor allem deshalb, weil die rollenspezifische Verteilung der identifikatorischen Requisiten in Ithaka in anderer Weise erfolgt als in St. Gallen. Abstrahiert man von der Tatsache, dass Ekkehard uns zwar möglicherweise ein Märchen auftischt, aber doch so tut, als sei es eine Chronik und wir den homerischen Text schlechthin für eine Fiktion halten sollen, sieht man zusätzlich einmal davon ab, dass im griechischen (anders als im schweizerischen) Fall die Götterwelt (hier in Gestalt von Pallas Athene: Immerhin schwant Telemachos schon nach dem ersten Auftritt der Göttin als Fremdling das Richtige: ὀίσατο γὰρ ρθεὸν εἶναι[190]) direkt in die Prozesse richtiger und falscher Identifikation eingreift, so lässt sich konstatieren:

Zunächst einmal geht es Penelope nicht anders als Wendilgarth. Penelope unterhält sich sogar stundenlang mit ihrem Mann, der am Hof ebenfalls als verlumpter Fremdling auftritt, ohne ihn zu erkennen.[191] Anders als bei Ulrich entspricht dieses Inkognito zunächst aber auch der Absicht des Odysseus. Ihm gelingt es auch, die Identität, die er glauben machen will, glaubhaft darzustellen, nämlich die eines vertrauten Gefährten des Odysseus. Penelope fragt ihn nämlich überaus geschickt aus, um in Erfahrung zu bringen, ob der fremde Gast sich nicht mit fremden Federn schmückt. Der Leser wird aber durch die Unterhaltung darauf aufmerksam gemacht, dass es viele Erinnerungen gibt, die Odysseus und seine Gefährten teilen. Eine entsprechende Befragung führt deshalb nur zur Identifikation einer Gruppe von Menschen: ›Odysseus und...‹, nicht aber zur persönlichen Identifikation des Helden selbst. Mehr als eine Kollektividentifikation ist aber in dieser Situation auch gar nicht verlangt.

Die Identifikation des Odysseus selbst durch die Narbe gelingt bezeichnenderweise der Amme, die sich in allen Einzelheiten der Wunde über dem Knie (γουνος υπερ nicht wie bei Ulrich auf der Hand), also im öffentlich unsichtbaren Bereich, zu dem in dieser Form nur Eurykleia Zugang hat, und ihrer Entstehung

---

190   Homer, »Odyssee«, griechisch und deutsch, übertragen von Anton Weiher. München [2]1961, 1, 332.
191   Vgl. ebd., 19, 104 ff.

erinnert.[192] Die Erinnerung entzündet sich aber nicht optisch: Eurykleia sieht die Narbe gar nicht, da Odysseus absichtlich in`s Dunkle rückt, sondern taktil. Erst als sie Odysseus ganz und leiblich berührt, sagt sie: »Es ist der Herr« (ουδε σ' εγω γε πριν εγνων, πριν παντα ανακτ' εμον αμφαφαασθαι)[193] Man stelle sich vor, Penelope hätte gesagt: »Laß mich mal deine Oberschenkel betasten!« Es gibt also Formen der Identifikation, die mit der Relation der reziproken Statusverhältnisse und mit situationsspezifischen Möglichkeiten des Recherchierens verknüpft sind.[194]

Vor den Freiern identifiziert sich Odysseus durch die Heldentat. Anders als bei den kunstfertigen Mönchen Tuotilo und Sintram in St.Gallen geht es hier um das Spannen seines Bogens, das nur ihm gelingt und schließlich die Vernichtung der Freier. Allerdings verzichtet auch Homer nicht darauf, das Spannen des Bogens als Kunst vorzuführen: »Wie ein Künstler des Leierspiels und Gesanges« geht Odysseus nämlich dabei zuwerke.

Die Identifikation des Odysseus gegenüber Penelope bildet bekanntlich den Höhepunkt des ganzen Epos. Der ganze dreiundzwanzigste Gesang ist ihr gewidmet. Ähnlich wie Wendilgarth bleibt auch Penelope bis zuletzt skeptisch. Auch hier identifiziert der Held sich durch Erinnerung. Nur er weiß, dass sein

---

192 Vgl. ebd. 19, 390 ff. Die Identifikation durch nicht adliges Hausgesinde, die einen privilegierten Zugang zu den »nicht-öffentlichen« Partien des Körpers ihres Herren haben, findet sich auch bei Commynes in seiner Beschreibung der Identifikation der Leiche Karls des Kühnen: Hier sind es der Page und der Leibarzt des Herzogs, die als glaubwürdige Zeugen dafür gelten können, dass der Herzog wirklich gefallen ist: Sie fungieren sozusagen als wandelnde Totenscheine: »Nous n'eusmes point faict demye journee que nous rencontrasmes ung messaige, a qui nous feismes bailler ses lectres, qui contenoient comme le ledict duc avoit esté trouvé entre les mors par ung paige ytalian et par son medicin appelé maistre Louppe, natif de Portingal, lequel certiffioit a monsr de Cran que c`estoit le duc son maistre«. Hier zitiert nach der Ausgabe Philippe de Commynes, »Mémoires«, ed. Joel Blanchard, Paris 2001, V, 10, S. 372. Auch bei Karl dem Kühnen war im Übrigen der nackte Leichnam nur durch die Narbe sicher identifizierbar, die sich als Graf von Charolais in der Schlacht von Monthléry 12 Jahre vor seinem Tod bei Nancy zugezogen hatte und die ihm ein Leben lang blieb, wenn auch ebenfalls im öffentlich nicht sichtbaren Bereich seines Körpers. Commynes freilich war Zeuge dieses Vorfalles gewesen. Er hätte also – wäre er am 5. Januar 1477 auf dem Schlachtfeld von Nancy immer noch im Gefolge des Herzogs gewesen – die gleiche Rolle des Identifikators der herzoglichen Leiche übernehmen können: Nicht nur war er in Monthléry dabeigewesen: »Et ledict conte fut en tres grand dangier et eut plusieurs coups, et entre aultres ung a la gorge d'une espee, dont l'enseigne luy est demouree tonte sa vie, par deffault de sa baviere qui luy estoit cheute et avoit esté mal attachee des le matin, et luy avoie veu cheoir« (I,4; S.116). Commynes hatte schließlich auch öfter mit dem Herzog im gleichen Zimmer geschlafen (vgl. z.B. II, 12).

193 Homer, »Odyssee«, griechisch und deutsch, übertragen von Anton Weiher, München ²1961, 474f.

194 Ein besonders schönes Beispiel hierfür findet sich in »To be or not to be« von Ernst Lubitsch. Dort wagt es der SS-Führer Ehrhardt nicht, dem falschen Professor am Bart zu ziehen, weil er ihn für einen Freund Hitlers hält. Hätte er es riskiert, wäre die falsche Identität am falschen Bart enthüllt worden.

Bett nicht verrückbar ist, sondern aus einem noch mit der Wurzel verankerten Olivenbaum von ihm selbst geschaffen wurde. Diese Erinnerung ist aber ein nur ihm und Penelope bekanntes Geheimnis. Penelope weiß, dass nur der wahre Odysseus es kennen kann. Deshalb stellt sie ihn auf die Probe (ποσιος πειρωμενη). Es ist vermutlich auch schon vor der Erfindung der Psychoanalyse nicht schwer gewesen zu erraten, für welche von keinem Dritten imitierbare Unverwechselbarkeit die Einzigartigkeit des Ehebetts von Odysseus steht. Für Penelope bedarf es in dieser Situation keiner Narbe, um sich sicher zu sein. Odysseus war nicht Martin Guerre bzw. Penelope war nicht Frau Guerre.

9   Identifikationsdispositive

Odysseus nennt allerdings sofort eine in der griechischen Mythologie nicht eben seltene Ausnahme: »Es müßte denn ein Gott sein, der käme. Freilich der könnte es leicht, wenn er wollte.«[195] Den Göttern nämlich gelingt es, zumal bei den Griechen, aber nicht nur dort, die Gestalt eines Menschen anzunehmen und so dessen nächste Umgebung zu täuschen. Selbst wenn Amphitryon nur eine Alkmene bekannte Narben besessen hätte, wäre ihr das keine Hilfe gewesen, Zeus zu identifizieren. Gerade die absolute Gleichheit der Gestalt von Zeus und Amphitryon hätte ihr selbstredend auch die beste Entschuldigung gegen sittenstrenge Eifersucht ihres Ehemanns geboten. Zumindest die modernen Dichter gehen freilich davon aus, dass Alkmene zwar nicht zwischen den beiden Amphitryonen, wohl aber den beiden Liebesnächten zu unterscheiden weiß.[196] Der ›Stellvertreter‹ Martin Guerres hätte in einem solchen Falle trotzdem hingerichtet werden müssen, wenn Götter sich so etwas gefallen ließen. Frau Guerre aber hätte man in diesem Falle nicht nur juristisch, sondern auch moralisch wegen erwiesener Unschuld freisprechen müssen.

Die Götter sind oft auch die Autoren extremer Verblendung oder Raserei bei den Menschen, so dass sie ihre eigenen Söhne, Töchter, Mütter oder Väter nicht erkennen. Im spektakulärsten tragischen Fall dieser Art, im Mythos des Ödipus, wirkt der Fluch Apolls freilich auf eigentümlich »realistische« Weise: Die Unidentifizierbarkeit ergibt sich hier dadurch, dass nächstverwandte Menschen schon früh voneinander getrennt werden und »aus der Fremde« zurück-

---

195   Homer, »Odyssee«, griechisch und deutsch, übertragen von Anton Weiher, München ²1961, 23,185f.
196   Besonders geistreich ist in diesem Kontext natürlich die Variante von Dietrich Schwanitz. Bei ihm glaubt Alkemene zu Unrecht, Amphitryon nähere sich ihr in der Gestalt des Zeus, was aber der Konstruktion einer Differenz bei der Bewertung der Liebesnächte keinen Abbruch tut.

kehren. Die Unidentifizierbarkeit ist insofern ein Nebenaspekt von Fremdheit.[197] In Gesellschaften, in denen die Mehrzahl aller Menschen einander von Kindesbeinen kennt, sind Fehlidentifikationen dieser Art die extreme Ausnahme. Deshalb sind auch Formen des sich Ausweisenmüssens nur in höchst rudimentärer Weise ausgebildet. Die meisten Menschen sind immobil. Sie brauchen weder Pässe, noch Narben, um unterscheidbar zu sein. Je mehr Fremdheit zum Normalfall alltäglicher Existenz wird, desto wichtiger wird entsprechend die Funktion, andere identifizieren zu können, und zwar nicht nur als soziale Typen, sondern in ihrer Singularität. Das inkorporierte Gedächtnis der einzelnen Menschen reicht nicht mehr aus zur interindividuellen Identifikation. Es muss ergänzt werden durch Registrierungssysteme, in denen der Mobilität der Personen die *stabilitas loci* der Akten entgegengesetzt wird. Der räumlichen Beweglichkeit antwortet die symbolische Fixierung. Insofern könnte das Ausmaß der »Aktenmäßigkeit der Verwaltung« von Personendaten geradezu einen Index für »strukturelle Modernität« eines Sozialsystems bieten.

Georg Simmel hat die Kombination von Mobilität registrierter Objekte und der Immobilität ihrer Registrierung am Beispiel der Verpfändbarkeit von Eigentumsrechten an mobilen Gegenständen illustriert. Zunächst seien nur Immobilien als geeignete Objekte als mit Hypotheken belastbar denkbar, weil man sie eben jederzeit identifizieren und auf sie zugreifen kann. »Nun aber hat das Versicherungsprinzip gerade diejenigen Objekte, denen die Fixierung im Raum absolut fehlt, doch der Hypothezierung zugänglich gemacht, nämlich die Schiffe. Denn was an der räumlichen Fixierung für die Hypothek besonders wichtig ist: die Geeignetheit zu öffentlicher Registrierung, das ist bei den Schiffen anderweitig leicht erreichbar.«[198] Was für die Schiffe gilt, trifft auch auf Menschen zu, wenn sie sich gleichsam symbolisch verdreifachen: Sie kommen dann nicht mehr nur »in« ihrem Körper vor. Sie müssen sich registrieren lassen und ein Merkmal besitzen, das eine eindeutige und möglichst zeitlich permanente Verknüpfung zwischen den jeweiligen Personen und ihrem aktuellen Aufenthalt und dem, was über sie registriert ist, zulässt. Diese Dreiheit: Person, Registereintrag und ständige Verknüpfung zwischen beiden ist die Basis aller moderner Identifizierungsdispositive.

---

197 Wie in ganz ähnlicher Weise im Hildebrandslied. Dabei lasse ich in beiden Fällen die psychoanalytisch naheliegende Interpretation außer Acht, dass hier wie dort die räumliche Ferne und die durch sie verursachte Fremdheit lediglich ein Symbol für eine gerade durch Nähe ausgelöste Form des unerbittlichen Hasses zwischen Vater und Sohn sein könnte.

198 Georg Simmel, »Exkurs über die Soziologie der Sinne«, in: Ders., »Soziologie. Untersuchungen über die Formen der Vergesellschaftung«, Berlin ⁴1958,1. Aufl. 1906, S.473.

Als theoretische Rekonstruktion dieser Entwicklung kann man das von Foucault entwickelte Modell des Panoptismus auffassen.[199] Es konstruiert die Logik der Macht seit dem 18. Jahrhundert als Vorstellung universaler Überwachbarkeit. Diese gestattet dann die permanente Identifizierung jedes Einzelnen zu jeder Zeit und an jedem Ort in Bezug auf immer mehr Merkmale. Fügt man diese identifizierenden Momentaufnahmen für jeden Menschen in chronologischer Folge zusammen, dann wird *idealiter* eine biographische Identifikation aller Menschen möglich.

Die Voraussetzung für eine derartige Identifikation durch Überwachung liegt in den Institutionen, die das Individuum für permanente Registrierung aller mit ihm vorgehenden Veränderungen verfügbar machen, mag es sich ihnen gezwungen oder freiwillig stellen. Am Anfang der Humanwissenschaften stehen machtgestützte Zugriffsmöglichkeiten. Die Entwicklung verschärft sie, insofern das im Kontext der Kontrolle gewachsene Wissen auf die Methoden der Kontrolle zurückschlägt, sie verfeinert, intensiviert und über den Rahmen geschlossener Anstalten hinaus verallgemeinert, in dem sie ursprünglich entwickelt und erprobt wurden. In dem Maße, wie nahezu alle Lebensäußerungen von der Sexualität bis zum beruflichen Erfolg, von der Verdauungsstörung bis zum Seelenheil unter die therapeutische Kompetenz geraten, wird die Kontrolle durch den Expertenblick zur Normalform der Selbstüberwachung. Dabei wird ein eigentümlicher Mechanismus wirksam, der zur Übernahme der Kontrollen ins Innere der Patienten oder Delinquenten führt. Foucault analysiert ihn am Beispiel der Benthamschen Überwachungsutopie des Panoptikons. Hier sollen in einem Mauerkreis Einzelzellen erbaut werden, die von einem im Hof errichteten Turm aus ständig einsehbar sind, ohne dass die Zelleninsassen sehen können, ob dieser besetzt ist oder nicht. Da sie nicht wissen können, ob sie beobachtet werden, müssen sie sich stets so verhalten, als ob sie es würden, selbst wenn der Aussichtsposten tatsächlich leer ist. Der Überwachte übernimmt die Perspektive des Überwachenden. Er würde sich am Ende nur mit dem identifizieren können, womit er durch das Überwachungsdispositiv identifiziert wird. Virtuell würde die Differenz zwischen Identifikation als Bestimmung einer Adresse und Identität als das, was sich hinter der Adresse verbirgt, entfallen.

Wie man leicht sieht, stellen diese Überwachungsmodelle zunächst eigentümliche Omnipotenzphantasien dar. Zur Zeit ihrer Entstehung hätte es zu ihrer Verwirklichung ein Vielfaches von dem bürokratischen Aufwand bedurft, der tatsächlich zur Verfügung stand. Noch unter den Bedingungen des Stasi-Staates

---

199   Vgl. Michel Foucault, »Surveiller et punir. Naissance de la Prison«, Paris 1975 und als Kommentar dazu mit weiteren Literaturangaben: Cornelia Bohn, Alois Hahn, »Michel Foucault«, in: Dirk Kaesler, Ludgera Vogt (Hg.), »Hauptwerke der Soziologie«, Stuttgart 2000, S. 123-127.

der DDR reichte das gesamte Heer der informellen Mitarbeiter nicht aus, um ein empirisches Panoptikon zu schaffen. Selbst wenn die Stasi wirklich alle Geheimnisse hätte speichern können, es hätte ihr an einem System des raschen Zugriffs auf die Daten gefehlt, das die Kenntnis des Geheimen hätte operativ werden lassen. Es fehlte eine wirksame ›retrieval function‹.

Allerdings ergeben sich mit den neuen elektronischen Medien ganz neue Formen des unbeabsichtigten Hinterlassens und der gezielten Entzifferung von Spuren, die jedes Rumpelstilzchen als hoffnungslos naiv erscheinen lassen. Die Lesbarkeit jeder Äußerung macht die Idee der Geheimhaltung auch nur eines Moments der empirischen Existenz eines Menschen zur Fiktion: Jede Kommunikation im Internet wird zum virtuellen Pfad zur Entschlüsselung der Person, die sich unbeobachtet glaubt.

> »Doch es ist nicht nur das Internet, das dazu beiträgt, Daten schnell aufzufinden und zu verknüpfen. Mobiltelefone zeigen den Funkbetreibern bis auf wenige Meter genau die Position eines eingeschalteten Gerätes an [...]. Die Daten aller Aufenthaltsorte werden als sogenanntes Bewegungsprofil vom Netzbetreiber längere Zeit gespeichert. Das hilft den Ermittlungsbehörden schon lange bei der Verbrechensbekämpfung und könnte theoretisch selbst von Verkehrsgerichten genutzt werden, etwa wenn jemand behauptet, zum Zeitpunkt eines Verkehrsverstoßes nicht am Ort des Geschehens gewesen zu sein. Wie mit Mobiltelefonen lassen sich auch mit Kreditkarten Bewegungs- und Nutzungsprofile erstellen. [...] Eine andere Art von Daten wird mit Hilfe sogenannter Überwachungskameras gesammelt. Nach britischem Vorbild entwickelt, helfen sie künftig nicht nur öffentliche Plätze zu sichern, sondern sind dank modernster Software in der Lage, vollautomatisch Gesichter aus einer Personenmenge herauszulesen. Damit können dann Kriminelle identifiziert werden.«[200]

Wo wir gehen und stehen, hinterlassen wir also Spuren, als Benutzer von Banken, Telefonen, als Patienten, Käufer, Verkehrsteilnehmer, Examenskandidaten, Mieter usw. »Werden Informationen aus verschiedenen Quellen zusammengeführt, lassen sich durch das sogenannte ›Überschneidungswissen‹ Einzelpersonen umso leichter wieder identifizieren, je differenzierter die einzelnen Merkma-

---

200 Udo Ulfkotte: »Nie war der Mensch so gläsern wie heute. Kreditkarten, Mobiltelefone und Internet-Surfen hinterlassen lange Datenspuren«, in: Frankfurter Allgemeine Zeitung, 12.10.2000, Nr. 237, S. 8. Verglichen mit diesen neuen Techniken der Datenerhebung und ihres Wiederfindens sind die älteren Verfahren zur Lüftung des Geheimnisses der Identität von Personen, die sich auf die Lektüre der Fingerabdrücke oder der Handschrift oder die Identifikation von Passbildern stützen, lediglich als (freilich nach wie vor benutzte) Vorreiter anzusehen. Vgl. hierzu: Martin Stingelin, »En face et en profil. Der identifizierende Blick von Polizei und Psychiatrie«, in: Sprengel Museum Hannover (Hg.), »Fotovision. Projekt Fotografie nach 150 Jahren«, bearbeitet von Bernd Busch, Udo Liebelt, Werner Oder. Hannover 1988, S. 181-187 und auch in diesem Band »Handschrift und Tätowierung«, S. 113-131.

le oder Merkmalskombinationen sind. Zum Überschneidungswissen aller Daten-banken zählen etwa Beruf, Familienstand, Zahl der Kinder, Wohnort und Alter. Ein 51 Jahre alter verheirateter Universitätsprofessor mit drei Kindern, der etwa in Aschaffenburg wohnt, lässt sich so mit geringem Aufwand von einem Fach-mann auch in anonymen Datenbanken wiederfinden.«[201] Auch hier freilich steht zu vermuten, dass sich das »underlife« zu dieser Überwachung in dem Maße herausbildet, wie die Methoden bekannt werden, auf die sie sich stützt.

10   Die Identifikation in der Sphäre des Göttlichen

Penelope und Wendilgarth hätten es nicht nötig gehabt, so unsicheren Identifika-toren wie Narben zu vertrauen, wenn sie auf Polizeiakten hätten zurückgreifen können, wie sie der ungemütlichen Utopie einer total vernetzten Verdatung der Gesellschaft entsprechen. Ihr persönliches Gedächtnis hätte durch ein identifizie-rendes Systemgedächtnis ersetzt werden können. Diese Art der jederzeitigen identifizierenden Zugriffsmöglichkeit auf Anwesende und Abwesende hat man aber in vormodernen Gesellschaft nur den Göttern oder im Mittelalter dem all-wissenden Gott zugeschrieben.

Gott hat es selbstredend leicht, jeden einzelnen Menschen zu identifizieren. Wie bereits erwähnt, sind alle Haare unseres Hauptes gezählt. Die entscheidende Identifikation jedes einzelnen von uns erfolgt aber über unsere Taten. Und als solche gelten mindestens seit dem 12. Jahrhundert nicht nur unsere äußeren Ak-te, sondern auch unsere Gedanken, unsere heimlichsten Empfindungen und unse-re Motive. Diese alle sind – das ist die berühmte Schriftmetapher – in einem Buch aufgezeichnet. Die Möglichkeit, angesichts der uns dort haarklein vorge-führten Gesamtbiographie uns etwa herauszureden mit der Ausflucht, hier müsse eine Verwechslung vorliegen, ist nicht vorgesehen. Hier bedarf es keiner Narben mehr, keiner Stimmerkennung oder physiognomischer Expertise: Identität und Identifikation werden identisch. Vor Gott gilt allemal und nicht erst beim Jüngs-ten Gericht: »Quidquid latet apparebit«.

Mit der umgekehrten Identifikation Gottes durch die Menschen verhält es sich selbstredend schwieriger. Wie sollen wir Gott erkennen, den wir nie gese-hen, noch gehört haben? Auf diese Problematik verweist Jesus im Johannes-evangelium auch ausdrücklich: Wenn man jemandes Gesicht nicht gesehen und seine Stimme nicht gehört hat, dann kann Identifikation nur über Zeugnis und Taten erfolgen, an denen man dann erkennen kann, ob ihnen zu glauben ist:

---

201   Udo Ulfkotte, »Nie war der Mensch so gläsern wie heute. Kreditkarten, Mobiltelefone und Internet-Surfen hinterlassen lange Datenspuren«, in: Frankfurter Allgemeine Zeitung, 12.10.2000, Nr. 237, S. 8.

»Ipsa opera, quae ego facio, testimonium perhibent de me, quia Pater misit me: et qui misit me Pater, ipse testimonium perhibuit de me: neque vocem eius umquam audistis, neque speciem eius vidistis. Et verbum non habetis in vobis manens: quia quem misit ille, huic vos non creditis« (Jo. 5,37f). Den Menschen ist aber abverlangt, dass sie den Herrn anerkennen, obwohl sie ihn nicht gesehen und nicht gehört haben: Nicht *vox*, sondern *verbum* soll zählen. Nicht die Sinne, sondern der Glaube soll reichen, um in der irdischen Gestalt des Menschen Jesu den göttlichen Menschensohn zu erkennen. Immerhin gibt es in der Bibel einige höchst bemerkenswerte Stellen, in denen es um die Identifikation des auferstandenen Christus geht, die mit Identifikationsressourcen arbeiten, wie wir sie auch in den oben bereits behandelten antiken und mittelalterlichen Quellen vorfinden.

Zunächst ist der Auferstandene der Maria aus Magdala erschienen. Sie hält ihn aber für einen Gärtner. Obwohl er mit ihr bereits geredet hat, erkundigt sie sich noch nach dem Verbleib des nicht auffindbaren Leichnams Jesu. Erst als er sie beim Namen nennt, erkennt sie ihn. Einen offenbaren Berührungswunsch lehnt er aber ab: »Noli me tangere« (vgl. Jo. 20,15ff). Den anderen Aposteln stellt sie aber die optische Identifikation an den Beginn ihrer Verkündigung. Nur weil sie ihn gesehen hat, kann das, was sie nun mitteilt, als Botschaft Jesu gelten: »Venit Maria Magdalene annuncians discipulis: Quia vidi Dominum, et haec dixit mihi« (Jo. 20,18). Die dann folgende Erscheinung im Kreis der Jünger bei geschlossenen Türen hebt wiederum auf die Kombination von Sehen und Hören ab: »Venit Jesus, et stetit in medio, et dixit eis Pax vobis.« Sie hören aber nicht nur seine Worte und sehen sein Gesicht. Als besonders intensive Form der Identifikation verweist Jesus auf seine Wundmale: »Et hoc cum dixisset, ostendit eis manus et latus. Gavisi sunt ergo discipuli, viso Domino« (Jo. 20,19f). Die Identifikationssequenz wird nun intensiviert. Der bei dieser Erscheinung nicht anwesende Thomas wird von den übrigen informiert. »Vidimus Dominum«. Er aber verhält sich ähnlich renitent wie Penelope und Wendilgarth: »Ille autem dixit eis: Nisi videro in manibus eius fixuram clavorum, et mittam digitum meum in locum clavorum, et mittam manum meam in latus eius, non credam«. Nur die Ungläubigkeit des Apostels ermöglicht dann die finale Inszenierung der Selbstidentifikation des Herrn durch seine Narben: Nicht nur hört Thomas den Herrn, nicht nur spricht auch er selbst mit ihm, nicht nur sieht er seine Wundmale, er darf sie auch fühlen: »Venit Jesus ianuis clausis, et stetit in medio, et dixit: Pax vobis. Deinde dicit Thomae: ›Infer digitum tuum huc, et vide manus meas, et affer manum tuam, et mitte in latus meum: et noli esse incredulus, sed fidelis‹« (Jo. 20,25 ff). Die drei zentralen identifikatorischen Sinne: Gesicht, Gehör und Tastsinn führen nun dazu, dass Thomas nicht nur den vor ihm Stehenden als Jesus identifiziert. Er weiß nun nicht nur, wer vor ihm steht, sondern auch welchen Wesens dieser Jesus ist, obwohl sich das nicht den Sinnen erschließt. In dem

Ausruf des Thomas »Dominus meus, et Deus meus« (Jo. 20 28) wird Jesus in seiner göttlichen Identität identifiziert. Gleichzeitig wird aber deutlich ausgesprochen, dass in Zukunft solche Identifikation nicht mehr möglich sein wird. Die späteren Christen können sich nicht mehr auf ihre Wahrnehmung stützen, sie müssen glauben. An die Stelle des Sehens, Hörens, Fühlens und der Erinnerung an eigene Sinneserlebnisse tritt die Kommunikation mittels Predigt und Schrift: »Quia vidisti me Thoma, credidisti, beati qui non viderunt, et crediderunt« (Jo. 20,29). Das Kapitel endet mit dem Loblied auf Geschriebenes. Das Dokument verweist zwar immer noch auf die Sinne. Aber es sind vergangene Erlebnisse, an die sich kein heute Lebender selbst erinnern kann. Wir glauben dann, weil andere es glauben. Und von einem bestimmten Punkte an wagt niemand mehr zu fragen, was einer Identitätsannahme wirklich zu Grunde liegt. Schon die Frage wäre ein Sakrileg. Das gilt vor allem dann, wenn sich die Herrscher ausweisen müssten: »Et nemo audebat discumbentium interrogare eum: Tu quis es? Scientes quia Dominus est.« (Jo. 21,12). Das Vertrauen in die Richtigkeit einer Identifikation verwandelt sich vom Personenvertrauen in Systemvertrauen.

Zur Soziologie der Beichte und anderer Formen institutionalisierter Bekenntnisse: Selbstthematisierung und Zivilisationsprozess[202]

1 Institutionalisierte Bekenntnisse: Formen

Es soll in diesem Aufsatz um eine Analyse von institutionalisierten Bekenntnissen gehen. Die Beichte ist lediglich ein freilich wichtiger Spezialfall. Institutionelle Bekenntnisse haben nicht nur im Kontext religiöser sozialer Kontrolle eine große Rolle gespielt. Sie sind auch in rechtlichen Verfahren von zentraler Bedeutung. Schließlich ist gerade die allerjüngste Moderne – etwa seit dem 19. Jh. – durch eine Säkularisierung und gleichzeitig den gesteigerten Einsatz von Bekenntnisritualen charakterisierbar. Man denke an die Verwendung von biographischen Bekenntnissen in der Psychoanalyse, in der medizinischen Anamnese und nicht zuletzt in der Sozialforschung, die ihre Vorläufer in den Verfahren zur Erhebung von Bedürftigkeit hatte, die dann Basis für private oder öffentliche Fürsorge waren. Man könnte vielleicht sogar die empirische Sozialforschung als die natürliche Tochter der Heiligen Inquisition sehen (wenn etwas so Unheiliges wie natürliche Töchter mit der Heiligen Inquisition überhaupt in einem Atemzug genannt werden darf). Die Parallelität der öffentlichen Bekenntnisse der Ketzer und der Hexen in den Prozessen, wie sie die Heilige Inquisition inszenierte, und öffentlicher Selbstkritik in revolutionären Zirkeln oder in den Moskauer Schauprozessen, ist überaus deutlich. Neben den Bekenntnissen, die man anderen macht, dürfen auch nicht die vergessen werden, die man lediglich in foro interno als Gewissenserforschung ablegt. Oft sind Selbstbekenntnisse nur Vorbereitungen zu vor dem religiösen oder psychoanalytischen Beichtvater zu leistenden Berichten, bisweilen aber entwickeln sie sich auch zu vollständig eigenen Formen aus, etwa zum Tagebuch oder zur Autobiographie.[203]

---

202 Dieser Aufsatz ist die leicht überarbeitete Fassung eines im Januar 1982 an der Universität zu Köln gehaltenen Vortrages und ist Ulrich Schulz-Buschhaus gewidmet.

203 Ich will im Folgenden noch zeigen, dass zwischen Tagebuch, Autobiographie und bestimmten Formen institutionalisierter Beichte nicht nur äußerliche Ähnlichkeiten bestehen, sondern auch kausale Beziehungen. Ich möchte mich in diesem Text auf westeuropäisches historisches Material beschränken. Parallelen aus primitiven – insbesondere schamanistischen – Gesellschaften oder nicht-europäischen Hochkulturen, zu denken wäre an die indischen Gurus oder die Starost in Rußland, wären sicherlich interessant, würden aber den ohnehin vielleicht zu weitgespann-

2   Die Bedeutung des Bekenntnisses von Intentionen

Wenn man diese Fülle von Formen institutioneller Bekenntnisse systematisch typisieren will, so bieten sich verschiedene theoretische Gesichtspunkte an: Neben der schon erwähnten Differenz zwischen religiösen und profanen Beichten ist vor allem entscheidend, welche Lebensbereiche überhaupt in einer Gesellschaft als bekenntnisfähig angesehen werden oder was als konfessionsrelevant in Frage kommt. So ist etwa für die Entwicklung der Beichte im Mittelalter ausschlaggebend, dass sich der Schwerpunkt bei der Sündenanalyse seit dem 12. Jh. von den äußeren Handlungen auf die Intentionen verschob. Zentral ist dabei die Sündenlehre des Abaelard. Für ihn ist Sünde nicht eigentlich an ein äußeres Tun gebunden. Vielmehr liegt ihr Kern in einem intentionalen Akt, in der Zustimmung zur Sünde. Nur durch diesen Konsens entsteht eine Schuld der Seele, durch die sie sich die Verdammnis verdient, indem sie sich vor Gott schuldig macht.[204] Diese radikale Verlegung der Sünde ins Innere kontrastiert aufs massivste mit früheren Konzeptionen, in denen eine eher ›äußere‹ Schuldauffassung gängig war. Die Welt des frühen Mittelalters ist, wie Jacques Le Goff präzise beschreibt, eine extrovertierte Welt. Äußere Pflichten und Verfehlungen stehen im Zentrum der ethischen Aufmerksamkeit.[205]

Und die kirchliche Sündenlehre passt zu dieser Auffassung: Den als äußere Handlung aufgefassten Sünden korrespondiert eine ebenso an der äußeren Vergeltung orientierte Buße: Die Beichte ist eine Tarifbeichte, die die Strafe in Relation zur Schwere der Tat – ohne Berücksichtigung der Motive – festsetzt. Im Zentrum früher mittelalterlicher Beichte steht deshalb auch nicht das Bekenntnis als solches, sondern die Wiedergutmachung, die Satisfactio, die sich an die Beichte anschließt.[206] Der neuen Auffassung von der Sünde, die sich seit dem 12. Jh.

---

ten Rahmen sprengen. Gleichwohl ist die Absicht des Textes nicht primär eine historische Zivilisationstheorie für Europa, sondern eine systematische Hypothese.

204   Petrus Abaelardus, »Ethica«, in: Victor Cousin (Hg.), »Petri Abelardi opera«, t.II, c. 3, S. 211: »Hunc vero consensum proprie peccatum nominamus, hoc est, culpam animae qua damnationem meretur, vel apud Deum rea statuitur. Quid est enim iste consensus, nisi Die contemptus, et offensa ipsius?«

205   Vgl. Jacques Le Goff, »Pour un autre Moyen Age. Temps, travail et culture en Occident: 18 essais«, Paris 1977, S. 167: »C'est un monde ... qui se définit par des attitudes, des conduites, des gestes. Les gens ne peuvent y être jugés que sur des actes, non sur des sentiments. ... Le Wehrgeld par exemple considère bien à côté des actes des acteurs mais en fonction de leur situation objective selon une classification très rudimentaire d'ailleurs: libres et non libres, membres de telle ou de telle communauté nationale – non de leurs intentions.«

206   Über die Beichte im christlichen Altertum und im Frühmittelalter informiert sehr übersichtlich: Bernhard Poschmann, »Die abendländische Kirchenbuße im Ausgang des christlichen Altertums« (Münchner Studien zur historischen Theologie 7), München 1928, und Ders., »Die abendländische Kirchenbuße im frühen Mittelalter« (Breslauer Studien zur historischen Theolo-

durchzusetzen beginnt, entspricht demgegenüber folgerichtig eine verinnerlichte Form der Buße. Die eigentliche Verzeihung erlangt der Sünder dadurch, dass er die innere Wirklichkeit der Sünde tilgt, durch die Negation der Intention, die in der reuigen Zerknirschung des Sünders besteht. Diese Zerknirschung – der terminus technicus ist contritio – ist nicht in äußerer Reue, in Furcht vor ewigen oder zeitlichen Strafen, sondern in der Erkenntnis der Schändlichkeit der Sünde begründet, im Schmerz darüber, solche Absichten gehabt zu haben. Die Reue aus Liebe zu Gott ist selbst ein Geschenk Gottes und hebt die Schuld und damit die Strafe auf. Die reuige Seele ist der Strafe nicht mehr würdig.[207]

Der Sünder bleibt aber gleichwohl gehalten, seine Schuld zu beichten. Die Beichte wird durch die Subjektivierung der Sünde nicht überflüssig oder nebensächlich. Sie wird vielmehr jetzt ein Forum, vor das prinzipiell nicht nur das äußere Handeln, sondern bereits die Intentionen gezogen werden. Es kommt somit zu einer Sozialisation der Empfindungen und einer sozialen Kontrolle des Gewissens, wie sie vorher nicht möglich waren. Die Beichte wird damit eine allzuständige Instanz, vor der das Individuum sich verantworten muss. Die hier am Beispiel Abaelards erläuterte Verschiebung der Schuld in den Raum der Intentionen ist – mit einigen hier nicht erheblichen Modifikationen – bald Gemeingut der scholastischen Philosophie. In dem Maße, wie sich die entsprechende Konzeption durchsetzt, wird das Individuum zu einer Besinnung auf sich selbst zurückgeworfen, wie dies vorher nie der Fall war. Seine innersten Motive werden heilsrelevant, deshalb erforschungsbedürftig. Mit dieser Erhellung des eigenen Motivhaushalts ist aber gerade auch eine Steigerung der Empfindung für die eigene Subjektivität verbunden, die historisch neu ist. Subjektivität ergibt sich also als Folge sozialer Kontrollprozesse. Bekanntlich hat George Herbert Mead[208] die Geburt des Selbst als Übernahme der Perspektive signifikanter Anderer durch das Ich beschrieben. Das bleibt als allgemeine Aussage über Sozialisation überhaupt hier unbestritten. Die Mead'sche Theorie der Selbstwerdung abstrahiert gerade von konkreten historischen Typen des Selbst. Der Hinweis auf den Zusammenhang von Beichte und der Steigerung der introspektiven Leistungen macht aber auf eine bestimmte historische Form der Selbstempfindung aufmerksam, die als solche nicht universal ist. Wohl aber scheint universal zu sein –

---

gie 16), Breslau 1930. Außerdem vergleiche man: Karl Rahner, »Schriften zur Theologie«, Bd. XI, »Frühe Bußgeschichte in Einzeluntersuchungen«, Zürich usf. 1973.

207 Vgl. Petrus Abaelardus, »Ethica«, in: Victor Cousin (Hg.), »Petri Abelardi opera«, t.II, c. 19, S. 628: »Cum hoc gemitu et contritione cordis, quam veram poenitentiam dicimus, peccatum non permanet, hoc est contemptus Dei, sive consensus in malum, quia caritas Dei hunc gemitum inspirans non patitur culpam. In hoc statim gemitu Deo reconciliamur et praecedentis peccati veniam assequimur.«

208 George H. Mead, »Mind, Self and Society. From the Standpoint of a Social Behaviorist«, Chicago 1934.

das ist jedenfalls eine meiner Hauptthesen –, dass Subjektivität und Individualität in den Prozessen, die sie kontrollieren, eine eigentümliche Differenzierung und Steigerung erfahren. Die im 12. Jh. ablaufenden Neuformulierungen des Schuldbegriffs verändern die Auffassung von der Tatverantwortung fundamental und schärfen diese neuen Auffassungen über die Beichte ein.[209] Diese Subjektivierung ist gewiss ein überaus langsamer historischer Prozess, der von zahlreichen Variablen abhängt.[210] Verschiedene Gruppen werden zu unterschiedlichen Epochen in unterschiedlichem Maße in diesen Prozess hineingezogen. Dass hier primär ein Variablenbündel behandelt wird, heißt nicht, die anderen zu leugnen.

Selbstverständlich darf man auch die sozusagen ›materielle Basis‹ der Steigerungen der Individualisierung im 12. Jh. nicht unterschlagen. Teilweise ist die Abaelardsche Theologie ihrerseits Antwort auf neue Probleme und neue Erfahrungen, die nichts mit Theologie oder Beichte zu tun haben. Ich nenne sie hier nur ganz pauschal: das Aufblühen der Städte, die größere lokale Mobilität, die Überregionalität des Handels, die stärker werdende berufliche Differenzierung, das Entstehen ausgedehnter Spielräume für persönliche Initiativen, die Entfaltung des geistigen Lebens (Universitäten). All dies hilft mit, eine neue Form von Individualität, einen neuen Begriff des Handelns, der das Schwergewicht auf die Intentionalität legt, und eine neue Vorstellung von Verantwortlichkeit entstehen zu lassen.

3   Institutionalisierung der Pflichtbeichte

Aber diese neuen Bewusstseinsinhalte blieben nicht bloße intellektuelle Reflexe auf eine neue Situation. Sie werden selbst Moment institutioneller Wirklichkeit. Auf dem 4. Laterankonzil 1215 wird die Pflicht eines jeden Christen beiderlei

---

209   »Au XIIe siècle le changement est considérable. L'histoire de l'évolution de la confession et de la pénitence a été faite. Le rôle joué dans cette évolution par de grands esprits, un saint Anselme, un Abélard, est connu. Mais ils n'ont fait qu'exprimer ou perfectionner un mouvement général. Le droit romain de son côté, et singulièrement par son influence sur le droit canon, n'a fait lui aussi qu'apporter un stimulant, des méthodes, des formules. Désormais on considère moins le péché que le pécheur, la faute que l'intention, on recherche moins la pénitence que la contrition. Subjectivation, intériorisation de la vie spirituelle qui est à l'origine de l'introspection et par là de toute la psychologie moderne en Occident.« Jacques Le Goff, »Pour un autre Moyen Age. Temps, travail et culture en Occident: 18 essais«, Paris 1977, S. 170.

210   Insofern bezeichnet das Werk Abaelards zwar eine wichtige Wegmarke, aber keinen absoluten Anfang. Aber in seinem Œuvre wird eine allgemeine Entwicklung besonders markant sichtbar. Den genauen historischen Kontext seiner Bußtheologie entnehme man etwa: Paul Anciaux, »La Théologie du sacrement de pénitence au XIIe siècle«, Löwen und Gembloux 1949, oder Pierre Chaunu, »La Théologie au XIIe siècle«, Paris 1957. Die Anknüpfung an Abaelard ist hier eher exemplarisch.

Geschlechts eingeschärft, wenigstens einmal im Jahr, und zwar beim Ortspfarrer, zu beichten.[211] Hier wird also eine Institution gegründet, in der vorher lediglich in Theologenkreisen oder an Universitäten diskutierte oder akzeptierte Theorien praktisch seelsorgerisch wirksam werden. Die neue Lehre von der Schuld und von der Verantwortung beginnt – wenn auch zunächst wohl nur auf die städtischen Gruppen und die Oberschichten – als Disziplinierungsinstrument – und zugleich auch: als Sinnstiftungsmoment – Einfluss zu gewinnen. Der Beichte kann man sich nicht ohne weiteres entziehen. Die Kirche als Anstalt mit dem Monopol der Gewährung von Zugangschancen zum Heil setzt die Beichte durch. Die schon angedeutete Individualisierungssteigerung, wie sie sich aus zahlreichen Zeugnissen seit dem 12. Jh., aber dann massiver seit dem 13. und 14. Jh. dokumentieren lässt, folgt also – soweit sie überhaupt mit den hier behandelten Variablen erklärt werden kann – nicht schon aus einer neuen Schuldtheorie als solcher, sondern aus ihrer Umsetzung in einer gesellschaftlichen Institution, die zwar nicht primär durch ihren Zwangscharakter bestimmt, aber doch unausweichlich ist. Gewiss hat es auch schon vor 1215 immer wieder Versuche gegeben, die Gläubigen zum regelmäßigen Sakramentenempfang anzuhalten. So ordnete etwa das Regionalkonzil von Agde schon im Jahre 506 den mindestens dreimaligen Empfang des Abendmahls pro Jahr an. Anordnungen dieser Art blieben jedoch offenkundig unwirksam. Außerdem war es bis zum 12. Jh. durchaus umstritten unter den Theologen, ob auch nach der vollkommenen Reue die Ohrenbeichte erforderlich sei. Der Kanon omnis utriusque hingegen ist sehr energisch durchgesetzt worden. Nachweise dafür bietet Peter Browe.[212] Insbesondere in stark ketzerischen Gegenden Frankreichs galt das Versäumnis des Sakramentenempfangs als Hinweis auf Zugehörigkeit zu ketzerischen Gruppen, die ja das priesterliche Monopol auf Sakramentenspendung ablehnten, und führte zur Einschaltung der Inquisition.[213] So bestimmen die Synoden von Toulouse (1229), Port Audemer (1279) und der Erzbischof Philipp des Lewis, 1425 - 1454, dass derjenige, der nicht zur Osterbeichte erscheint, als Suspectus de haeresi zu behandeln sei.[214] Das 4. Laterankonzil selbst hatte statuiert, dass den Säumigen

---

211   Der berühmte 21. Canon des IV. Laterankonzils lautet wörtlich: »Omnis utriusque sexus fidelis, postquam ad annos discretionis pervenerit, omnia sua solus peccata confiteatur fideliter saltem semel in anno proprio sacerdoti et iniunctam sibi poenitentiam studeat proviribus a-dimplere, suscipiendo reverenter, ad minus in Pascha eucharistiae sacramentum, nisi forte de proprii sacerdotis consilio ob aliquem rationabilem causam ad tempus ab huiusmodi perceptione duxerit abstinendum. Alioquin et vivens ab ingressu ecclesiae arceatur et moriens christiana careat sepultura.« Mansii Sacrorarum conciliorum ... collection XXII, S. 1007 f.; zit. nach E-mil Fischer, »Zur Geschichte der evangelischen Beichte«, 1. Bd., Leipzig 1902, S. 6.
212   Peter Browe, »Die Pflichtbeichte im Mittelalter«, in: Zeitschrift für katholische Theologie 57, 1933, S. 335-383.
213   Ebd., S. 369.
214   Ebd., S. 370.

zu Lebzeiten der Eintritt in die Kirche und nach dem Tod das kirchliche Begräbnis verweigert werden sollten. Außerdem wurden seit dem 13. Jh. Listen geführt, um die Erfüllung der Osterpflicht systematisch zu kontrollieren:

>»Nach dem Provinzialkonzil von Arles (1275) mussten die Pfarrer ein Buch anlegen und jedes Jahr in der Fastenzeit die Namen der Beichtenden eintragen; außerdem mussten sie diejenigen, die nicht gebeichtet hatten, aufschreiben und auf der Ostersynode zur Anzeige bringen. Diese ... Art wurde ... von den meisten Synoden ... vorgeschrieben ... In den meisten Diözesen werden dann diejenigen, die nicht zur Beichte gekommen waren, gleich das erste Mal angezeigt, in einigen wenigen anderen, wie 1310 in Trier, nur, wenn sie sich hartnäckig dem Empfang widersetzten.«[215]

Bei Pflichtbeichten, die außerhalb des Heimatortes gestattet wurden, mussten die Beichtkinder einen entsprechenden Nachweis führen, oft auch die vorherige Erlaubnis des Ortspfarrers einholen. In der nachmittelalterlichen Zeit wird es dann üblich, jedem Beichtenden eine Bescheinigung auszuhändigen. Diese musste bisweilen, vor allem in Österreich im 17. und 18. Jh., auch der weltlichen Obrigkeit vorgelegt werden. Versäumnisse werden mit Geldbußen oder Nichtberücksichtigung bei der Verteilung von Almosen geahndet.

Aber nicht ausschließlich der äußere Druck führte im weiteren Verlauf des Mittelalters zur massenhaften Institutionalisierung der regelmäßigen Beichte. Mindestens ebenso wichtig dürfte sein, dass sich schrittweise die Überzeugung von der Heilsnotwendigkeit[216] und der göttlichen Stiftung[217] des Bußsakramentes allgemein verbreitet. Insbesondere setzt sich der Glaube durch, dass man alle Sünden, zumindest aber alle Todsünden, vollständig beichten müsse. Das absichtliche Verschweigen einer Todsünde macht die ganze Beichte ungültig und fügt den bereits begangenen eine Todsünde hinzu. Bei unabsichtlichem Vergessen muss bei einer späteren Beichte die ursprünglich nicht erwähnte Todsünde nachträglich gebeichtet werden, und zwar sollen – jedenfalls nach Auffassung

---

215   Ebd., S. 372 f.
216   Dieser Standpunkt findet sich etwa im Sentenzenkommentar des Gabriel Biel von 1514: »Collectorium circa quatuor libros sententiarum«, Lugduni 514, XX6b: »Cum quis alicuius mortalis peccati obliti prius et ideo non confessi recordatur, tunc tenetur ille, id peccatum oblitum cum omnibus prius confessis iterum confiteri, nisi forte eidem confiteretur, cui prius confessus est, qui adhuc haberet memoriam peccatorum prius sibi confessis.« Aber auch die Theologen, die eine diesbezüglich laxere Auffassung haben, also nicht die Wiederholung der Gesamtbeichte fordern, bestehen doch darauf, dass man nach Möglichkeit beim selben Priester beichten soll, und wo das nicht geht, doch beim nachträglichen Beichten erwähnen muss, dass man sie beim letzten Mal vergessen hat.
217   So weist etwa Thomas von Aquin darauf hin, dass die eigentliche »forma« der Beichte, die in der Lossprechung von den gebeichteten Sünden besteht, gänzlich auf der Stiftung durch Christus beruhe. »Summa Theologica«, 3, 84, 7: »Sed forma sacramenti et virtus ipsius, totaliter est ex institutione Christi, ex cuius passione procedit virtus sacramentorum.«

einiger Theologen – nicht nur die vergessene Sünde, sondern die ganze Beichte nachgeholt werden. Zumindest gilt das dann als erforderlich, wenn man bei der Nachholbeichte nicht denselben Beichtvater zur Verfügung hat oder dieser sich an die erste Beichte nicht mehr erinnern kann.[218]

Mit der Verallgemeinerung der Beichtpflicht geht auch eine Modifikation der Theorie der Reue Hand in Hand. Hatte bei Abaelard lediglich die vollkommene Reue, die contritio, eine Rolle gespielt, so drängt sich seit dem 13. Jh. die Konzeption von der unvollkommenen Reue, der attritio, vor. Hier handelt es sich um eine Reue aus Angst. Der Sünder stellt sich die jenseitigen Sündenstrafen vor, die ihn für seine Schandtaten erwarten. Die Furcht vor Fegefeuer und Hölle wird zunehmend als hinlängliche Reue für die Sünden interpretiert, wenn sie im Kontext der Beichte erweckt wird. Damit wird die Reue nicht mehr ausschließlich in der Form anerkannt, wie sie allenfalls einem religiösen Virtuosen zugänglich ist, sondern knüpft an Motive an, die gerade auch für den normalen Laien bedeutsam sind. Außerdem wird mit der Institutionalisierung der unvollkommenen Reue die Angst als Steuerungsimpuls einsetzbar. Noch Thomas von Aquin äußert sich in Bezug auf die Heilswirksamkeit der bloßen attritio eher skeptisch. Aber bereits bei Duns Scotus[219] wird die Auffassung vertreten, dass selbst ein Minimum an attritio eine hinlängliche Voraussetzung für den wirksamen Empfang des Bußsakramentes sei. Die definitive Dogmatisierung der Rolle der attritio erfolgt dann im Konzil von Trient.[220] Eine der anschaulichsten Folgen dieser durch Konfessionspflichten erzwungenen Befassung mit sich selbst ist ein neues Gefühl für die Einzigartigkeit des Individuums, wie es sich etwa seit dem 13. Jh. und 14. Jh. in der Individualisierung der Grabplastik zeigt. Eine weitere Folge dieser gesteigerten Individualisierung des Identitätsbewusstseins hat vor allem

---

218 Da man sich kaum einen Menschen vorstellen konnte, der niemals eine Todsünde begeht, Todsünden aber nur durch die Beichte (abgesehen von der Taufe) getilgt werden können, ist sie unbedingt heilsnotwendig: Thomas von Aquin, »Summa Theologica«, 3, 84, 5: »Unde patet quod sacramentum poenitentiae est necessarium ad salutem post peccatum: sicut medicatio corporalis postquam homo in morbum periculosum inciderit.«

219 Vgl. etwa aus dem Sentenzenkommentar des Duns Scotus Vol. IV, Liber IV, dist XIV qu. IV: »Attritus ... non habens talem actum, qui sufficit ad meritum de congruo, sed tantum habens voluntatem suscipiendi sacramentum ecclesiae et sine obice peccati mortalis actualiter sibi facto vel in voluntate inhaerentis, recipit non ex merito, sed ex pacto divino effectum illius sacramenti, ut sic parum attritus, etiam attritione, quae non habet rationem meriti ad remissionem peccati, volens tamen recipere sacramentum poenitentiae, sicut dispensatur in ecclesia, et sine obice in voluntate peccati mortalis in actu in ultimo instanti illius prolationis verborum, in quo scilicet est vis sacramenti istius, recipiat effectum sacramenti scilicet gratiam poenitentialem.« Zit. nach: Emil Fischer, »Zur Geschichte der evangelischen Beichte«, 1. Bd., Leipzig 1902, S. 87.

220 Die entsprechenden Textstellen sind unter Sess. 14, c. 4 zu finden. Eine lehrbuchhafte Zusammenfassung bei Hieronymus Noldin, »Summa Theologiae Moralis«, III. Bd.: »De Sacramentis«, Innsbruck 1914, S. 296-315.

Philippe Ariès[221] gezeigt. Nach ihm ist sie mitverantwortlich für eine veränderte Haltung zum Tod, die sich seit dem 12. Jh. immer stärker ausbildet. Während die vorhergehenden Epochen den Tod ›gezähmt‹ und ihn wesentlich als Gruppenereignis empfunden hätten, beginne der Tod nunmehr als individuelle Krise erlebt zu werden. Die archaische Angstkontrolle angesichts des Todes des Einzelnen musste nicht so intensiv sein, weil das Individuum sich stärker eins mit der weiterlebenden Gruppe wusste. In dem Augenblick, in dem der Tod ein Individuum vernichtet, das sich als einzelne unverwechselbare Persönlichkeit erfährt, muss die Todesangst einen erheblich dramatischeren Charakter annehmen. Ariès verwies darauf, dass dieser neue Typus der Sterbehaltung, »la mors de soi«, verantwortlich zu machen ist für eine neue Konzeption des Jenseitsglaubens. Insbesondere setzen sich eine vorher allenfalls bei den theologischen Eliten verbreitete Auffassung von der unmittelbar auf den Tod folgenden Trennung von Leib und Seele, dem individuellen Gericht zum Zeitpunkt des Todes und der Glaube an das Fegefeuer allgemein durch.[222] Vorher war die verbreitetste Auffassung die, dass man nach dem Tod bis zum Jüngsten Gericht in eine Art bewusstlosen Schlaf an einem locus refrigerii versinke. Diese Vorstellung wird aber für ein hochgradig individualisiertes Selbstbewusstsein schwer erträglich. Dem Bewusstsein der individualisierten Identität entspricht eine verstärkte Angst vor dem Ende des Ich oder einer Unterbrechung des Lebens um vielleicht Tausende von Jahren. Die Vorstellung von der Verlängerung der Biographie über den Tod hinaus antwortet auf diese Angst. Die gesteigerte Angst vor dem Selbstverlust wird durch die Individualisierung der Jenseitsvorstellung aufgefangen. Andererseits aber betont die Drohung mit einem unmittelbar auf den Tod folgenden individuellen Seelengericht die Eigenverantwortung für das Handeln, stärkt also ihrerseits die Individualisierung. Dieser Prozess wird zusätzlich dadurch gesteigert, dass das Individuum durch Bekenntnis, Reue und Wiedergutmachung seiner Schuld, durch fromme Stiftungen und ähnliche Investitionen für die eigene postmortale Zukunft dem Jenseitsschicksal nicht hilflos ausgesetzt ist, sondern – trotz der Berücksichtigung der Gnade – doch auch selbst für sein jenseitiges Glück und Verhängnis zuständig bleibt.

Bei aller Betonung von Motiven und Intentionen in der scholastischen Moralphilosophie bleibt die soziale Kontrolle des individuellen Gewissens erhalten, ja verstärkt sich sogar erheblich. Und damit sind wir bei einer zweiten wichtigen typologischen Differenzierung von Bekenntnisformen: Entscheidend für den Charakter institutionalisierter Konfessionen ist nicht nur der Bereich der bekennt-

---

221 Vgl. Philippe Ariès, »L'Homme devant la mort«, Paris 1977, u. a. den Teil II des I. Buches und Alois Hahn, »Tod und Individualität«, in: Kölner Zeitschrift für Soziologie und Sozialpsychologie 31, 1979, S. 761 ff.
222 Vgl. hierzu Jacques Le Goff, »La naissance du Purgatoire«, Paris 1981.

nisrelevanten Gegenstände, nicht nur die Frage, ob lediglich äußere Handlungen, sondern auch innere Einstellungen Thema einer Beichte sein können. Erheblich ist zusätzlich, ob und welche Anleitungen für Gewissenserforschung existieren. Der einzelne wäre bald am Ende mit seinem Blick ins Innere, wenn ihm keine Karte für seine Seelenlandschaft an die Hand gegeben würde. Für die Entwicklung der Beichte im Mittelalter ist es deshalb von großer Bedeutung, dass bald nach dem IV. Laterankonzil eine Fülle von Handbüchern für den Beichtvater entsteht, in denen die Welt der Sünden, der Tugenden, der Intentionen und Motive und die Grade der Freiheit und Verantwortung kasuistisch vermessen und systematisiert werden. Die meisten dieser Texte lassen sich einer literarischen Gattung zuordnen. Es handelt sich um die sogenannten ›Summen‹ für Beichtväter, die Summae confessorum oder Summae de Casibus conscientiae.[223] Als Begründer dieser Gattung wird allgemein Raymundus von Penaforte angesehen, ein katalonischer Kirchenrechtler, dessen Summa (die sog. Raymundina) in den Jahrzehnten nach dem Laterankonzil entstand. Vom Ende des 13. bzw. 14. Jhs. stammen die Summa confessorum des Dominikaners Johannes von Freiburg, die Summa Pisanella von Bartolomeo a Santo Concordio und die Summa de Casibus conscientiae des Franziskaners Astesanus von Asti. Spätere, vor allem zur Reformationszeit berühmte Summen sind die Summa Angelica des Angelus von Clavasio und die Summa Summarum des Dominikaners Sylvester Prierias Mazzolini, die sogenannte Sylvestrina. Die einzelnen Summen bleiben teilweise über Jahrhunderte im Gebrauch und zeigen bei deutlich erkennbaren zeit- oder autorengebundenen Modifikationen im Einzelnen, Variationen der Beurteilung der Schwere einzelner Sünden, unterschiedliche Intensität in der Zergliederung von Tatumständen und Motivverästelungen usw., doch eine hohe Einheitlichkeit der Gattung.

Ihre Hauptfunktion liegt wohl darin, dass sie in einer Zeit komplexer werdender, differenzierterer Handlungswelten durch ihrerseits komplexere Respezifikationen allgemeiner moralischer Prinzipien dem Beichtvater und über ihn auch dem Beichtkind moralische Sicherheit in der Beurteilung der ethischen Qualität von Handlungen und Motiven bieten. Sie stellen ein Deutungsmuster dar, das es dem Individuum erlaubt, angesichts der neuen Fülle von Handlungsmöglichkeiten Orientierung und Bewältigung der Schuldangst zu finden. So wie der Analysand auf der Couch des Psychotherapeuten im psychoanalytischen

---

223 Als zusammenfassende Darstellungen bieten sich an: Johannes Dietterle, »Die Summae confessorum (Sive de casibus conscientiae) von ihren Anfängen an bis zu Silvester Prierias – unter besonderer Berücksichtigung ihrer Bestimmungen über den Ablaß«, in: »ZKG 24«, 1903, S. 353-374, 540-548; »ZKG 25«, 1904, S. 248-272; »ZKG 26«, 1905, S. 59-81, 350-362; »ZKG 27«, 1906, S. 70-83, 166-188, 296-310, 433-442; »ZKG 28«, 1907, S. 401-431, und: Thomas N. Tentler, »Sin and Confession on the Eve of Reformation«, Princeton 1977; dort auch weitere Literatur.

Strukturmodell eine Matrix für seine individuelle Triebbiographie findet, so fand
der mittelalterliche Kaufmann, Handwerker, Gelehrte, Priester oder Adlige in der
Kasuistik der Summen und Manuale, Beichtspiegel usw. einen Raster für die
Beurteilung seiner Sünden. Denn die Summen weisen den Beichtvater an, nicht
nur allgemein nach Sünden zu fragen, sondern zu berücksichtigen, dass der Fürst
typischerweise mit anderen Sünden zu kämpfen hat als der Ritter, der Kaufmann,
der Bürger usw. Alle Summen zeigen dann auch eine relativ präzise Kenntnis der
beruflichen Differenzierung und der mit jedem Beruf oder Stand speziell verbundenen Versuchungen und Gewohnheitssünden. Die Summen sind insofern
der vielleicht wichtigste Beitrag zur ethischen Durchdringung neu entstandener
ausdifferenzierter institutioneller Bereiche. Ohne deren genaue Kenntnis und die
der Probleme, die sich dort stellen, wäre der Beichtvater ja auch gar nicht in der
Lage, moralisch zu führen. Ob etwa eine bestimmte Finanztransaktion ein moralisch verwerflicher Wucher oder ein unbedenkliches Termingeschäft ist, lässt
sich oft nur bei einschlägigen ökonomischen Kenntnissen entscheiden. Es ist
deshalb sicher kein Zufall, dass die beiden vielleicht bedeutendsten ökonomischen Denker des Mittelalters, Antonio von Florenz und Bernardino von Siena,
über beichtrelevante Fragen schrieben: Von Antonio stammt z.B. das Confessio-
nale-Defecerunt (so genannt nach dem Beginn des Textes: Defecerunt scrutantes
scrutinio). Nach Tentler war es eines der populärsten Beichthandbücher.[224] Und
Bernardino schrieb ein vielgelesenes Buch über eines der dornigsten moralischen
Probleme des Kaufmanns, den Wucher.[225]

4   Geständnis und Tortur

Die im 12. Jh. einsetzende Neufassung des Handlungsverständnisses konnte auch
für die weltlichen Belange nicht folgenlos bleiben. Dies zeigte sich insbesondere
am Wandel der Einstellung zu den Gottesurteilen. Bis zum IV. Laterankonzil
waren sie nicht nur tatsächlich gang und gäbe, sondern auch theoretisch nicht
eindeutig verworfen. Zwar hatte es immer wieder Einwände von Konzilen, Päpsten, Theologen und Kirchenrechtlern gegeben. Aber solchen Einwänden stand
nicht nur die faktische Duldung entgegen, sondern auch die Erlaubnis von Konzilen, Päpsten, Theologen und Kirchenrechtlern, zumindest in bestimmten Fäl-

---

224 Vgl. ebd., S. 39: »Taking all of St. Antonius's manuals in Latin and Italian, we find over one
     hundred incunabular edictions, and they were published in thirty two different cities of Europe.
     Seventy-two of these printings represent one or another form of the Confessionale-Defecerunt,
     including translations into Italian and Spanish.«
225 Bernardino da Siena, »De contractibus et usuris«, Straßburg 1474. Zu Bernardinos und Anton-
     inos ökonomischem Werk vgl. Raymond de Roover, »San Bernardino of Siena and San Anton-
     ino of Florence. The Two Great Economic Thinkers of the Middle Ages«, Boston 1967.

len, in denen ohne Gottesurteil keine Entscheidung herbeigeführt werden konnte, auf sie zurückzugreifen. Diese Situation änderte sich im 12. Jh. Einerseits waren Gottesurteile mit dem Römischen Recht nicht vereinbar, das seit dem frühen 12. Jh. an der Universität von Bologna von den dortigen Juristen zu neuer Aktualität und Geltung gebracht wurde. Entscheidender war aber wohl andererseits die Präzisierung der Auffassungen im Rahmen des Kirchenrechts und der Theologie, die dann im IV. Laterankonzil zum Verbot der Beteiligung von Priestern an Gottesurteilen und unter Papst Honorius III. im Jahre 1222 zur Ausdehnung dieses Verbots auf die weltlichen Prozesse führte. Unter den Kanonisten war es vor allem Huguccio, unter den Theologen Petrus der Kantor, die im 12. Jh. die Anwendung von Gottesurteilen definitiv und ausnahmslos verwarfen. Den theoretischen Vorbereitungen des Meinungsumschwungs folgte dann zu Beginn des 13. Jhs. die institutionelle Durchsetzung; jedenfalls wird hier ein Anfang gesetzt; im Einzelfall sind Gottesurteile bis ins 17. Jh. vorgekommen.[226]

Gehen wir von den Thesen Petrus des Kantors aus. Er greift die Praxis der Gottesurteile mit verschiedenen Argumenten an. Das für uns Heutige einleuchtendste geht von der Erfahrung aus. Er erzählt eine Fülle von Geschichten, in denen ein Gottesurteil nachweislich einen Unschuldigen zum Schuldigen gemacht hat. So etwa erwähnt er den Fall des Papstes Alexanders III., der ein wertvolles Gefäß vermisst, einen Verdächtigen der Feuerprobe unterzieht und ihn – da dieser sie nicht besteht – zwingt, Schadenersatz zu leisten. Das Gefäß wird indessen später bei einem anderen, dem wirklichen Dieb, gefunden. Und der Papst schlägt sich an die Brust und sagt: »Bone Jesu! quis diabolus decepit me ut ego miser (usus sim) diabolico illo iudicio ?«[227]

Petrus Cantor weiß auch, dass bei drei Angeklagten die Feuerprobe für den letztgeprüften typischerweise am ehesten glimpflich ausgeht, weil dann das Eisen schon abgekühlt ist, und er macht auf den Zusammenhang von Schwielen und Unschuld aufmerksam. Er kennt Fälle, wo der durch Gottesurteil überführte Mörder post mortem durch das Wiederauftauchen des vermeintlichen Opfers rehabilitiert wird usw. Man könnte sich fragen, warum solche und ähnliche Erwägungen nicht schon früher angestellt wurden. Will man sich nicht mit dem billigen Hinweis auf den eben unausrottbaren Aberglauben bescheiden, wird

---

226 Vgl. zur Frage der Gottesurteile u.a.: Hermann Nottarp, »Gottesurteilsstudien«, Bamberger Abhandlungen und Forschungen, München 1956, und Charlotte Leitmaier, »Die Kirche und die Gottesurteile«, Wiener rechtsgeschichtliche Arbeiten, Wien 1953. Die wichtigste Quellensammlung bietet Peter Browe, »De ordaliis. Textus et documenta in usum exercitationum et praelectionum academicarum«, Series theologica 4 et 11, Rom 1932 und 1933; für die hier interessierende Frage der Abschaffung der Gottesurteile vgl. u.a. John W. Baldwin, »The Intellectual Preparation for the Canon of 1215 against Ordeals«, in: Speculum, XXXVI, 1961, S. 613-636.

227 Zit. nach Baldwin, »The Intellectual Preparation for the Canon of 1215 against Ordeals«, a.a.O., S. 629.

man ja nicht übersehen können, dass rein empirische Falsifikationen des Glaubens an das Gottesurteil immer wieder aufgetaucht sein müssen. Tatsache ist allerdings, dass auch bei uns immer wieder Justizirrtümer vorkommen und wir das auch wissen, ohne dass wir doch grundsätzlich den Glauben an unsere gerichtlichen Verfahren aufgeben. Baldwin erwähnt denn auch, dass im Zentrum frühmittelalterlicher Aufmerksamkeit nicht die Fehlschläge, sondern die Erfolge der Gottesurteile standen, die im Übrigen normalerweise ja auch nur verwandt wurden, wenn bereits ein starker Verdacht gegen den Inkulpierten bestand.[228]

Die Suche nach Fehlschlägen setzt erst ein, nachdem ein grundsätzliches Argument die Gottesurteile diskreditiert. Und dieses ist bei Petrus Cantor ein theologisches: Man darf Gott nicht dazu zwingen wollen, Wunder zu tun. Denn das heißt ihn versuchen. Aber Gott zu versuchen ist eine schwere Sünde (vgl. Mt. 4,7). Das Argument ist nicht neu, aber es gewinnt im Kontext des 12. Jhs. eine neue Dringlichkeit. Der Grund dafür wird vielleicht noch deutlicher bei der Beweisführung des Huguccio. Er erklärt den gerichtlichen Zweikampf für eine »res illicita et prohibita«. Wer sich ihm unterzieht oder ihn anordnet, sündigt schwer (»mortaliter peccat«). Man kann sich auch nicht mit einer bestehenden Gewohnheit herausreden. Denn Gottesurteile sind »contraria rationi«, vernunftwidrig. Sonst könnte man ja auch den Wucher oder die Unzucht für legitim erklären. »Quia pauci inveniuntur sine tali delicto.« Auch dass der Papst das Gottesurteil zulässt, kann seine Anwendung nicht rechtfertigen: Er duldet es, so wie er auch die Prostitution duldet und die Wucherer (»tolerat, sicut tolerat meretrices et usurarios«).[229] Aber warum erscheint Huguccio etwas als widervernünftig, was noch vielen seiner Zeitgenossen als erlaubt erscheint? Warum macht Petrus Cantor aus den an sich bekannten Fehlschlägen ein Argument gegen die Gottesurteile überhaupt? Ich vermute, dass der Grund in ebenjenem neuen Handlungs- und Schuldverständnis liegt, das sich im 12. Jh. entwickelt: Tat und Täter können nicht mehr bloß äußerlich verknüpft werden. Wer glaubt, dass einzig Intentionen einem äußeren Ereignis Handlungsqualität verleihen, muss eine rein magische Verbindung von Taten und ihren Urhebern als widervernünftig erfahren. Die einzige wirklich plausible Verknüpfung ist dann die, in der der Handelnde selbst sich seinen Taten zuordnet, indem er sich als ihr Autor bekennt. Nur dadurch werden die Akte von bloßen Ereignissen differenzierbar, dass ihnen eine im Innern der Handelnden liegende Kausalität zugeordnet wird. Eine solche Kausalität kann natürlich aufgrund von Indizien oder Zeugenaussagen geschlossen

---

228　Vgl. ebd., S. 628: »To him (Peter the Chantor) it was a fact that customary trials often produced false judgements. In opposition to the vast mediaeval store of accounts drawn from popular lore and Saints's lives which illustrated the effectiveness of miraculous ordeals, Peter began to collect accounts showing how these devices did not work.«
229　Die Zitate finden sich ebd., S. 625.

werden, aber voll zur Evidenz kommt sie nur im Bekenntnis.[230] Tatsächlich führt dann auch die Abschaffung der Gottesurteile zu einer zentralen Rolle des Geständnisses im Gerichtsverfahren. Das Prozessrecht, das sich in Europa im Anschluss an das IV. Laterankonzil herausbildet, gestattet die Hinrichtung eines Menschen nur dann, wenn entweder zwei Zeugen die todwürdige Tat gesehen haben oder aber wenn der Beschuldigte ein Geständnis ablegte. Ein Zeuge allein oder noch so drückende Indizienbeweise konnten nicht zur Verurteilung zum Tode führen.[231] Beweisen wird also in vielen Fällen identisch mit Bekennen.

---

230 Hier kann es natürlich nicht um eine umfassende Darstellung der Entwicklung der Vorstellungen von Tatverantwortung und Schuld gehen. Zur Theorie der Verantwortung immer noch zentral Paul Fauconnet, »La responsabilité«, Paris 1920. Über archaische Modelle der Tatzuschreibung vgl. man Eric R. Dodds, »Die Griechen und das Irrationale«, Darmstadt 1970, und Bruno Snell, »Die Entdeckung des Geistes«, Göttingen 1975. Ferner generell Alan F. Blum, Peter McHugh, »The Social Ascription of Motives«, in: American Sociological Review 36, 1971, S. 98ff.; Niklas Luhmann, »Gesellschaftsstruktur und Semantik. Studien zur Wissenssoziologie der modernen Gesellschaft«, 2 Bde., Frankfurt am Main 1980/1981, Band I, vor allem S. 23, 151 f., 248 und passim. Für die Entwicklung des Schuldbegriffs aus rechtshistorischer Sicht (für diese Hinweise danke ich meinem Kollegen Knut Amelung) vgl. man u.a.: Alexander Löffler, »Die Schuldformen des Strafrechts in vergleichend-historischer Darstellung«, Leipzig 1895; Gustaf Nass, »Ursprung und Wandlungen des Schuldbegriffs im Laufe des Rechtsdenkens«, Neuwied 1963 und Waldemar Engelmann, »Die Schuldlehre der Postglossatoren und ihre Fortentwicklung. Eine historisch-dogmatische Darstellung der Kriminellen Schuldlehre der italienischen Juristen des Mittelalters seit Accursius«, Aalen 2. verb. Aufl. 1965 (zuerst 1895). Ein spezielles Problem stellen in diesem Kontext auch die Tatzuschreibungsmodelle dar, die mit dem Komplex der Hexerei verbunden sind. Hierzu vgl. man etwa: Edward E. Evans-Pritchard, »Hexerei. Orakel und Magie bei den Zande«, Frankfurt am Main 1970; Alan Macfarlane, »Witchcraft in Tudor and Stuart England. A Regional and Comparative Study«, London 1970; Erich H. C. Midelfort, »Witch Hunting in South-Western Germany«, Berkeley 1971; Robert Mandrou, »Magistrats et Sorciers en France au XVIIe siècle. Une analyse de psychologie historique«, Paris 1968, und Claudia Honegger (Hg.), »Die Hexen der Neuzeit. Studie zur Sozialgeschichte eines kulturellen Deutungsmusters«, Frankfurt am Main 1979.

231 Vgl. hierzu: John H. Langbein, »Torture and the Law of Truth. Europe and England in the Ancien Régime«, Chicago und London 1976, S. 4: »The Roman – canon law of proof governed judicial procedure in cases of serious crime; cases where blood sanction (death or severe physical maiming) could be imposed. In brief, there were three fundamental rules. First, the court could convict and condemn an accused upon the testimony of two eyewitnesses to the gravamen of the crime. Second, if there were no eyewitnesses, the court could convict and condemn the accused only upon the basis of his own confession. Third, circumstantial evidence, so-called indicia, was not an adequate basis for conviction and condemnation, no matter how compelling. It does not matter, for example, that the suspect is seen running away from the murdered man's house and that the bloody dagger and the stolen loot are found in his possession. The court cannot convict him of the crime.« Zur entsprechenden Entwicklung im deutschen Rechtswesen vom 13. Jh. bis zur Renaissance vgl. Eberhard Schmidt, »Inquisitionsprozeß und Rezeption«, Leipzig 1940. Die dort vertretene These einer bereits vor der Übernahme des Römischen Rechts und unabhängig von ihr nachweisbaren Entwicklung des Inquisitionsprozesses in Deutschland seit dem 13. Jh. wird neuerdings angezweifelt. Vgl. hierzu: John H. Langbein, »Prosecuting Crime in the Renaissance. England, Germany, France«, Cambridge (Mass.) 1974, S. 152ff.

Langbein belegt in seiner Arbeit über die Entstehung der Folter im europäischen
Gerichtssystem, dass die Abschaffung des Gottesurteils zu einer Verschärfung
der Forderung nach dem Bekenntnis geführt habe. Er erklärt das, indem er auf
die erhöhten Anforderungen an die Sicherheit des Urteils verweist, die entstün-
den, wenn nicht mehr Gott das Urteil spricht. Aber das erklärt nicht, warum
gerade das Bekenntnis diese Sicherheit zu verbürgen schien. Der Reiz der Arbeit
von Langbein besteht darin, dass er zeigen kann, dass der Einzug der Folter ins
Gerichtsverfahren sich der Unausweichlichkeit des Eingeständnisses der Schuld
verdankt. Oft nämlich war die Beweislast gegen einen Angeklagten erdrückend.
Aber er gestand nicht. Hätte man ihn deshalb freilassen sollen? Moderne Rechts-
systeme hätten in diesem Fall die Verurteilung allein aufgrund der Indizien gestattet. Aber dieser Weg war den Gerichten des Mittelalters verschlossen. Freilas-
sung aber wäre wegen des unüberwindlichen Verdachts ein Skandal gewesen. In
diesen Situationen wurde – nach Langbein – auf die Folter zurückgegriffen. Sie
ist ein Instrument zur Erzeugung von Geständnissen. Aber selbstredend war auch
den Menschen des 13. Jhs. nicht ungeläufig, dass Menschen unter Qualen u.U.
alles nur mögliche gestehen. Warum also die Erzwingung des Geständnisses?
Logisch erscheint das nur, wenn man annimmt, dass allein die Verknüpfung von
Tat und Täter, die sich durch die Offenlegung der Motive und Intentionen herstellt, letzte Zweifel an der Verantwortung des Angeklagten beseitigt. Dabei ging
es bei den Geständnissen – jedenfalls der Theorie nach – nicht einfach um die
Erpressung eines »Ja, ich war es«. Vielmehr war der Inquisitor gehalten, seine
Fragen nicht suggestiv zu formulieren. Der Angeklagte sollte unter der Folter
Informationen preisgeben, über die eigentlich nur der wirkliche Täter verfügen
konnte, die u.U. nachprüfbar waren usw. Schließlich musste das Geständnis nach
der Folter noch einmal wiederholt werden, um ihm den Anschein eines freiwilligen Geständnisses zu geben. Es geht uns hier nicht um eine soziologische Analyse der Folter, sondern um die des Bekenntnisses. Gleichwohl ist es höchst bedeutsam – auch für die modernen Schauprozesse[232] –, dass die Tatzuschreibung
alsdann am plausibelsten gelungen erscheint, wenn sie sich auf ein Bekenntnis
stützen kann, wenn also eine logische Verbindung zwischen dem Innern des
Täters und seiner Tat hergestellt werden kann. Jeder Zwang stört selbstverständlich dieses Bild. Zur öffentlichen Darstellung des Zusammenhangs zwischen Tat
und Täter eignet sich daher am besten ein freiwilliges Geständnis. Wo dies nicht
direkt zu erhalten ist, muss jedenfalls die vorgängige Tortur möglichst unsichtbar
gemacht werden. In dem Maße, in dem das gelingt, kann es dann ›sinnvoll‹ oder
doch politisch lohnend werden, nicht zu bekannten Taten einen unbekannten

---

232 Eine Analyse der Moskauer Schauprozesse unter dem Gesichtspunkt, dass es sich hier um
     Bekenntnisrituale handelt, bietet Klaus Georg Riegel, »Konfessionsrituale im Marxismus-
     Leninismus«, Graz usf. 1985.

Täter zu suchen, sondern dem bekannten politischen Gegner ein ihn diskreditierendes Geständnis zuzuordnen: Man hat schon einen Delinquenten und muss nur noch die Taten suchen, die sich glaubhaft in einem Schuldbekenntnis verarbeiten lassen. Die Konzeption des im Anschluss ans IV. Lateranum entwickelten Beweisrechts ging demgegenüber natürlich vom Gegenteil aus: Erst der hinlänglich Verdächtige schloß durch das Geständnis letzte Zweifel an seiner Täterschaft aus: Im Geständnis identifizierte er sich mit der Tat: Geständnis wird Identifikation: Selbstauslegung.[233]

5 Die reformatorischen Institutionalisierungen von Bekenntnissen

Eine der vielleicht einschneidendsten Veränderungen des religiösen Lebens durch die europäische Reformation dürfte in der Umgestaltung der Institution der Beichte bestehen. Generell lässt sich sagen, dass vor allem der sakramentale Charakter der Beichte aufgegeben wird, jene Vorstellung von der gleichsam magischen Gewalt des Priesters, dem reuigen Sünder seine Schuld zu vergeben. In dem Augenblick, in dem die Erlösung primär auf den Glauben oder die Prädestination gegründet wird, muss die regelmäßige Beichte als Reinigung von Sünden ihre Bedeutung einbüßen. Sie verliert aber deswegen keineswegs an Relevanz. Jedenfalls schaffen die Reformatoren die Beichte nicht ersatzlos ab. Was sich ändert, das sind die Formen, die theologische Bedeutung und die ethische Funktion. Insbesondere verselbständigen sich die Gewissenserforschung einerseits (als individuelle Prüfung des eigenen Glaubens- oder Gnadenstandes) und die von Priester oder Gemeinde vollzogene Überwachung des äußeren Lebens.

5.1 Beichte und Glaubensverhör in der Lutherschen Lehre

Die Einstellung Luthers zur Beichte hat sich schrittweise entwickelt, bis er gegen Ende 1521 zu seiner endgültigen Position vordringt. Danach werden der Beichte ihr sakramentaler Charakter und ihre Heilsnotwendigkeit bestritten. Die Ohren-

---

233 Trotz der aufgezeigten Parallele zwischen Beichte und Geständnis ist freilich für das Mittelalter und die Neuzeit festzuhalten, dass die Relevanz der Motive und Intentionen in der Beichte größer ist, während der Akzent im Geständnis doch auf der Tat liegt. Aber es ist andererseits unverkennbar, dass die Beobachtung der Intention auch im Recht eine kontinuierliche Steigerung erfahren hat. Ein einstweiliger Höhepunkt scheint da erreicht, wo für die Schuldfähigkeit die tiefenpsychologisch oder psychiatrisch erzeugten Lebensbeichten ausschlaggebend werden.

beichte lässt sich nicht biblisch begründen, ist also Menschenwerk. Trotzdem ist Luther keineswegs für ihre Abschaffung.[234]

Insbesondere durch den Einfluss von Carlstadt wurde die Beichte in Wittenberg während Luthers Aufenthalt auf der Wartburg dennoch für einige Jahre faktisch abgeschafft. Sobald Luther aber von der Wartburg zurückkam, beklagte er diese Entwicklung ausdrücklich und bereitete eine Wiedereinführung der Beichte in neuer Form vor. Dazu kam es wohl gegen Ende des Jahres 1523. Luther zeigte sich zunehmend skandalisiert von den Scharen der ›Unwürdigen‹, die zum Abendmahl drängten, und führte neben der eigentlichen Beichte, die freiwillig abgelegt werden kann, eine Art Glaubensverhör ein, dem sich jeder unterziehen musste, der zum Abendmahl zugelassen werden wollte.[235]

---

234 Fischer fasst die Luthersche Auffassung wie folgt zusammen: »Bei alledem bleibt das Beichtinstitut eine überaus heilsame Einrichtung, deren sich jeder rechte Christ willig und dankbar bedienen wird. Allerdings darf dabei in keiner Weise ein Zwang ausgeübt werden. Es ist durchaus unberechtigt, wenn man ein bis ins einzelnste gehendes Beichtbekenntnis und das Ablegen desselben vor den Priestern fordert ... Die Beichte muss ... in das Belieben jedes einzelnen gestellt werden; in Sonderheit muss die Beichte vor Laien ausdrücklich gestattet sein ... Notwendig ist überhaupt nur die Beichte vor Gott. Wer diese in rechter Weise ablegt, wird sich allerdings auch getrieben fühlen, einem christlichen Bruder zu beichten, und wird reichen Segen davon haben. Aber er soll einem Priester dann auch nur als einem christlichen Bruder, nicht als einem mit besonderen Privilegien ausgestatteten Amtsträger beichten ... Dabei soll man alles Gewicht auf die rechte innere Herzensstellung legen, auf einen rechten und wahrhaften Glauben. Denn weder das Maß der eigenen Reue noch der Umfang der Beichtbekenntnisse vermögen den Wert der Beichte irgendwie zu gewährleisten ... Er (der wahrhafte Glaube) ist deshalb das einzige, was unbedingt gefordert werden muß. Ist er vorhanden, so ist mit einem allgemeinen Beichtbekenntnis, in das höchstens eine Darlegung der das Gewissen gerade sonderlich bedrückenden Sünden aufzunehmen ist, alles notwendige getan ... Hat aber jemand diese rechte Herzensstellung, Glauben und aufrichtiges Heilsverlangen nicht, so soll er nicht zur Beichte gehen. Das kirchliche Beichtgebot darf ihn nicht dazu veranlassen. Im Gegenteil, er soll sich von der Beichte fernhalten, bis er zu besserer Einsicht und zu jener richtigen Herzensstellung gekommen ist.« Emil Fischer, »Zur Geschichte der evangelischen Beichte«, 2. Bde., Leipzig 1902, S. 82f.

235 Vgl. ebd., S. 180f.: »Danach handelte es sich dabei zunächst um die Forderung, daß jeder, der zum Abendmahl gehen wollte, sich persönlich bei dem Geistlichen anzumelden hatte, damit dieser die Namen der Kommunikanten wusste und die Möglichkeit hatte, eventuell Erkundigungen über ihre Lebensführung einzuziehen. Danach wurde mit ihnen ... das Glaubensverhör angestellt. Bei demselben lag eine doppelte Absicht vor. Zunächst sollte dadurch festgestellt werden, ob die Betreffenden, die zum Abendmahl gehen wollten, die nötige Einsicht in die Bedeutung der heiligen Handlung und das nötige Verständnis für die dafür erforderlichen Vorbedingungen hatten ... Wer aber auf diese Fragen nicht in angemessener Weise zu antworten vermochte, der wurde vom Abendmahl zurückgewiesen. An diese mehr katechetische und dogmatische Prüfung aber schloß sich sodann bei solchen, die etwa dazu Anlaß boten, eine ethisch-religiöse. Der Geistliche hatte nämlich auch auf die Lebensführung der einzelnen sein Augenmerk zu richten, und wo ihm einer vorkam, bei dem in dieser Beziehung und aufgrund von offenkundigen Sünden etwas auszusetzen war, da sollte er sich sorgfältig bemühen zu erkunden, ob der Betreffende von seinen Sündenwegen gelassen habe oder wenigstens in ernstlicher Betrübnis über seine Sünden trauere und von ihnen loszukommen begehre.«

Die hiermit erreichte Zweiteilung von freiwilliger Beichte als innerlichem religiösen Akt einerseits und geistlicher Sittenüberwachung andererseits ist überaus folgenreich. Denn die innere Selbststeuerung durch das Gewissen wird hier mit äußerer disziplinierender Fremdkontrolle wirksam kombiniert. Schließlich war in einer protestantischen Gemeinde der Ausschluss vom Abendmahl wegen sittlich bedenklichen Lebenswandels keineswegs eine rein religiöse Angelegenheit, sondern hatte ganz erhebliche Konsequenzen für das weltliche Ansehen. Ganz allgemein galt überdies die Regel, dass das Glaubensverhör ohnehin nicht alle gleichermaßen traf. Fischer jedenfalls verweist darauf, dass an »intellektuell und sittlich hochstehende Personen« diese Beichtfragen höchstens einmal oder gar nicht gestellt wurden. Es kommt also zu einer Zweigleisigkeit der sozialen Kontrolle, einer mehr über das Gewissen laufenden bei den religiösen Virtuosen und den angesehenen Gemeindemitgliedern und einer, die stärker auf äußere Überwachung baut.

5.2 Beichte und biographische Perspektiven

Die ›Entdeckung‹ der Intentionalität führt zu einem neuen Handlungsverständnis. Sie reicht aber für sich allein noch nicht aus, um eine biographische Perspektive zu entfalten. Zwar betrachtet man seit dem 12. Jh. die Taten nicht mehr ohne Rückgriff auf das korrespondierende motivationale Geschehen. Aber es findet sich nirgendwo der Versuch, einzelne Handlungen im Kontext aller Handlungen eines Individuums zu analysieren. Es fehlt die Vorstellung vom biographischen Zusammenhang des Handelns und von der Einheit des Lebenslaufs als individuiertes System von intentional verknüpften Abläufen. Die Beichte – zumindest die des Laien, weniger vielleicht die des Mönchs oder Klerikers – hat sogar den Nebeneffekt, dass die gebeichteten und bereuten Taten aus dem Gedächtnis getilgt werden können, sie sind ja auch aus dem ›Gedächtnis‹ Gottes, der sie verziehen hat, gestrichen. Insofern bindet die Beichte den Sünder zwar an einzelne Taten, unterstreicht den Zusammenhang zwischen Motiv und Handlung, entwickelt eine individualisierte Konzeption von Verantwortung, aber ohne doch das gesamte Leben zu thematisieren. In gewisser Weise entlastet sie geradezu von biographischer Vergangenheit. Es kann deshalb von ihr auch kein Impuls ausgehen, das gesamte Leben zu systematisieren. Dazu braucht es eines neuen Schubes im Handlungsverständnis. Möglicherweise hat die Systematisierung des asketischen Lebens der Mönche in Europa zuerst so etwas wie gesamtbiographische Verantwortung hervorgebracht. Als allgemeine, auch für den Laien verbindliche Form der Zurechnung von Taten wird dieser Typus der Verknüpfung von Leben und Handeln aber erst in der Reformation greifbar. Am deutlichsten hat

Max Weber[236] das gesehen: Wenn das Heil nicht mehr von einzelnen Werken abhängt, wenn die erlösende Gnade nicht ständig durch Sünden verloren und durch Beichten zurückgewonnen werden kann, sondern als Vorherbestimmung ein Spruch über das ganze Leben als Einheit ist, dann kann auch die individuelle certitudo salutis nicht aus einzelnen verdienstlichen Taten gewonnen werden, sondern muss sich im System der Gesamtbiographie spiegeln. Die Frage kann dann nicht lauten: Mit welchen Taten, Worten und Gedanken habe ich Gott beleidigt? Sie muss jetzt heißen: Ist mein Leben als Ganzes so, dass es als das eines Erwählten erscheint. Folglich muss das ganze Leben systematischer Kontrolle unterzogen werden. Die bloß sporadische Beichte wäre dagegen ein viel zu unsystematisches Regelungsinstrument gewesen. Max Weber weist darauf hin, dass der Calvinismus gegenüber dem älteren Katholizismus sich zunächst einmal durch eine enorme Steigerung der systematischen Handlungskontrolle in allen Lebensbereichen auszeichnet.[237]

Diese neue Kontrolle sei dann als »eine im denkbar weitgehendsten Maße in alle Sphären des häuslichen und öffentlichen Lebens eindringende, unendlich lästige und ernstgemeinte Reglementierung«[238] wirksam geworden. Im Einzelnen nennt Weber nun verschiedene Instrumente, mit denen diese Reglementierung arbeitet: Da ist zunächst einmal die Neubewertung der Zeit. Zeit wird knapp und muss erfasst werden, es darf kein Augenblick einfach dahingelebt werden. Denn auch bloß vorübergehende Sündhaftigkeit, eine temporäre Vergeudung von Zeit, wird nun ein bedrohlicher Hinweis auf mögliche Verworfenheit, ist jedenfalls nicht mehr durch Beichte und Reue einfach ungeschehen zu machen. Ferner erwähnt Weber in diesem Kontext das asketische Prinzip der Selbstbeherrschung, das den Puritaner ausgezeichnet habe und ihn »zum Vater der modernen Selbstdisziplin« habe werden lassen.[239] Das wichtigste Prinzip aber, das den

---

236 Wir behandeln hier die Entstehung des Zivilisationsprozesses aufgrund religiös fundierter psychogenetischer Prozesse anhand des Weberschen Protestantismusaufsatzes, weil u.E. Weber diesen Zusammenhang als erster präzis beschrieben hat. Das ersetzt eine gründliche Analyse der Quellen unter diesem Gesichtspunkt natürlich ebenso wenig wie eine Auseinandersetzung mit diesbezüglichen Einwänden gegen Webers These, die aber im Rahmen dieses Aufsatzes nicht geleistet werden können und einer späteren ausführlichen Arbeit überlassen bleiben müssen.

237 Vgl. Max Weber, »Gesammelte Aufsätze zur Religionssoziologie«, 3 Bde., Tübingen ⁶1972 (zuerst 1920-1924), 1. Bd., S. 20: »Die Herrschaft des Calvinismus, so wie sie im 16. Jh. in Genf und Schottland, um die Wende des 16. und 17. Jhs. in großen Teilen der Niederlande, im 17. Jh. in Neuengland und zeitweise in England selbst in Kraft stand, wäre für uns die schlechthin unerträglichste Form der kirchlichen Kontrolle des einzelnen, die es geben konnte ... Nicht ein Zuviel, sondern Zuwenig von kirchlich-religiöser Beherrschung des Lebens war es ja, was gerade diejenigen Reformatoren, welche in den ökonomisch entwickelten Ländern erstanden, zu tadeln fanden.«

238 Ebd.

239 Ebd., S. 117 Fn.

Puritaner nach Weber auszeichnete, war die systematische Affektkontrolle, das methodische Leben in innerweltlicher Askese. Wobei Weber sehr wohl sieht, dass die Form der Selbstkontrolle selbst nichts unbedingt Neues ist, sondern als außerweltlich-asketisches Prinzip schrittweise im Leben des Mönchtums und sogar bei ihm nachstrebenden Laien herausgebildet wurde. Weber erwähnt in diesem Zusammenhang die Angehörigen des Dritten Ordens und die Devotio Moderna, wo es auch bereits um religiöse Rationalisierung des Alltagslebens gegangen sei.[240] Entscheidend ist aber gerade die Umkehrung der Mönchsmoral von einem außerweltlichen Lebensideal für eine religiöse Sondergruppe in einen allgemeinen, jeden Laien verpflichtenden Anspruch. Dabei ergibt sich die Gewissheit der Erwähltheit für den Calvinisten nicht aus dem »allmählichen Aufspeichern verdienstlicher Einzelleistungen«, auch nicht aus dem »periodischen Abreagieren affektbetonten Schuldbewusstseins« in der Beichte[241], sondern aus »einer vor der Alternative: erwählt oder verworfen stehenden systematischen Selbstkontrolle«.[242] Es ist überaus erstaunlich, dass diese Beschreibung des Lebensideals des Puritaners, das ganz deutlich das Programm eines individuellen Zivilisationsprozesses wird, wenn es sich säkularisiert, selten oder nie unter diesem Aspekt gesehen worden ist. Man hat eigentlich immer nur die Frage erörtert, ob der von Weber hergestellte Zusammenhang zwischen den Idealen der Selbstbeherrschung und der Genesis des Geistes des Kapitalismus tatsächlich besteht. Die Zivilisationstheorie von Elias übernimmt zwar weithin für die Beschreibung der Zivilisiertheit (das eigentliche explanandum) Kategorien, die den Weber'schen parallel sind, ohne freilich die religiösen Wurzeln des Zivilisationsprozesses zu berücksichtigen. Dabei hatte Weber bereits auf die Abhängigkeit des höfisch-zivilisierten Gentleman – Typus der angelsächsischen Kultur mit der »Schätzung reservierter Selbstkontrolle«[243] vom puritanischen Ideal hingewiesen. Was Weber freilich selbst auch kaum behandelt, ist die institutionelle Form, in der diese neue systematische Selbstkontrolle eingeübt wird. Meine These ist, dass hier neue Formen des Bekenntnisses von ganz zentraler Bedeutung sind. Weber selbst hat ja bei seiner Behandlung Franklins auf dessen Tagebuch hingewiesen, betrachtet das Tagebuch aber primär unter dem Aspekt der Zeitkontrolle. Mir scheint zusätzlich wichtig, die Institution des Tagebuches als ein biographische Selbstvergewisserung ermöglichendes Bekenntnis zu interpretieren. Die Zusammenhänge zwischen puritanischem Tagebuch, Autobiographie und der Entstehung des bürgerlichen Romans in England liegen ja auf der Hand, vor allem, wenn man etwa an die Werke Defoes oder Richardsons denkt. Die Nach-

---

240   Vgl. ebd., S. 119.
241   Ebd., S. 97.
242   Ebd., S. 111.
243   Ebd. S. 117.

folgerin des Beichtbekenntnisses im puritanischen Bereich ist also in gewissem Sinne das Selbstbekenntnis gewesen, wenn man auch nicht übersehen darf, dass Beichten im eigentlichen Sinne auch im Puritanismus nicht einfach verschwinden. So erwähnt z.b. Lewin Schücking[244], dass die puritanische Ehe auch eine Beichtgemeinschaft war.[245]

Der entscheidende Zug der puritanischen Bekenntnisse ist indessen der enge Zusammenhang zwischen Selbstkontrolle und Selbsterforschung. Auch hier hat Schücking, der sich durchaus auf den Spuren Max Webers wusste, die Zusammenhänge verdeutlicht. Er legt die enge Verwandtschaft zwischen der puritanischen Ethik und dem englischen Ideal der Self-control bloß. Dabei versteht er unter »puritanisch« allerdings nicht lediglich calvinistische Positionen im engeren Sinne, sondern die gesamte von ihnen beeinflusste theologische Literatur in England vom 16. bis zum 18. Jh. Das Ideal ist stets der selbstbeherrschte gefühlskontrollierte Mensch, der niemals aus der Fassung gerät. Schücking belegt an einer Reihe von Quellen die religiöse Wurzel dieses Ideals. Dabei ist zu beachten, dass Self-control nicht lediglich einen volitiven, sondern auch einen kognitiven Aspekt hat: Ohne Selbsterforschung keine Selbstkontrolle. Besonders eindrucksvoll ist hier etwa die Schrift von Gouge »The Whole Armour of God« von 1627, wo der Zusammenhang von Selbsterforschung und Beichte deutlich wird. Gouge will seine Leser veranlassen, den Triebfedern seines eigenen Handelns auf die Spur zu kommen und die Quelle der Selbsttäuschung zu entdecken.[246]

---

244 Lewin Schücking, »Die Familie im Puritanismus. Studien über Familie. Literatur in England im 16., 17. und 18. Jh.«, Leipzig und Berlin 1929.

245 Vgl. ebd., S. 55: Die Religion soll zum ewigen Heil der Eheleute und, um sie gänzlich aneinanderzuschließen, »ihnen die Möglichkeit einer völligen seelischen Selbstentblößung voreinander geben. Dazu bilden sie in der Gemeinde der Familie noch einmal wieder eine engere Gemeinde. Die Formen, in denen sie sich ausprägt, muten uns nun allerdings manchmal wunderlich genug an. Denn es handelt sich dabei nicht nur um gemeinsam gepflegte religiöse Interessen, Lektüre und Andacht, sondern auch um eine Art des Gottesdienstes, genannt humiliation, d.h. Demütigung, bei der Gebete dargebracht werden, die nicht nur Selbstbekenntnisse, sondern vor allem auch – mit der Bitte um Vergebung – die Aufzählung von Sünden, Schwächen und Verfehlungen des anderen enthalten, die er bei dieser Gelegenheit zum ersten Mal erfährt. Ihnen entsprechen freilich Dankgebete für ähnliche beobachtete Züge von Tugend bei dem anderen. So erfährt die Idee der Beichte eine eigentümliche Wandlung.«

246 Vgl. ebd., S. 11f.: »Was liegt unseren Handlungen zugrunde? fragt er. Was veranlasst uns zu ihnen? Handeln wir um der Popularität willen? Um der Wertschätzung der anderen? Um des Nutzens wegen? ... Solche Beichtfragen sind natürlich nicht von den Puritanern erfunden, sondern im Kern uralt, aber das Charakteristische ist, wie jetzt mit subkutanen Strahlen der religiöse Christ täglich sein seelisches Innere durchleuchtet. Wir kennen diese ›Selbsterforschung‹ aus dem Leben des katholischen Laien, wo sie vielfach ein besonderer religiöser Akt geworden ist, der sich auf die Sündenfeststellung zum Zwecke der Beichte beschränkt. Hier aber, wo das ganze Dasein unter religiöse Gesichtspunkte gestellt und jedes Abendgebet zur Beichte wird, entsteht daraus auch ein für den Alltag gültiges Lebensprinzip. Man rechnet sozusagen nicht

Das Insistieren auf Selbsterforschung und Selbstkontrolle entspringt ursprünglich einer Problematisierung der Heilsgewissheit. Das Resultat ist eine generelle Rationalisierung der Lebensführung. Der Zusammenhang dieser unausgesetzten »introspektiven Arbeit« (Schücking) mit der Verfeinerung der psychologischen Sensibilität, wie sie die englischen Romane dieser Zeit auszeichnet, liegt für Schücking auf der Hand. Ganz deutlich ist auch die neue Zeitperspektive: einerseits Erfassung jeden Augenblicks, andererseits die Entwicklung gesamtbiographischer Aufmerksamkeit, Langzeitperspektive und Tagebuch. Das Individuum entwickelt jedenfalls ein gesteigertes Gefühl und Bewusstsein für sein unverwechselbares Selbst.[247]

Für das ursprünglich religiöse Interesse an der gesamtbiographischen Perspektive des englischen Romans des 18. Jhs. lassen sich noch andere Gründe anführen. Während etwa die ernsthafte Literatur der Antike ausschließlich an außeralltäglichen Situationen und Charakteren interessiert ist, Alltägliches allenfalls in komischer Verzerrung oder Verfremdung goutiert, ändert sich das im bürgerlichen englischen Roman grundsätzlich. Dort findet sich geradezu programmatisch die Aufwertung alltäglicher und unheroischer Gegenstände, die nun als Stoffe auch ernsthafter Darstellung akzeptabel werden. Diese Wandlung hängt mit der durch das puritanische Ethos bewirkten Betonung der Dignität des Alltags zusammen. Es ist gerade nicht die einmalige heroische Tat, durch die das Heil als gesichert erscheinen kann. Vielmehr zeigt sich Erwähltheit allenfalls in langfristig durchgehaltener methodischer Pflichterfüllung. Die puritanische ›Heiligkeit‹ lässt sich nicht wie die katholische exemplarisch als Bestehen außergewöhnlicher Versuchungen darstellen, sondern nur als Bewährung im Detail, als Heldentum im Alltag und somit als Biographie. Das wird vielleicht nirgendwo so deutlich wie bei Richardson, einem der Väter des modernen Romans. Pflichterfüllung wird bei ihm nicht als heroischer Einzelakt im exemplarischen Augenblick verstanden, sondern als von Tag zu Tag zu leistendes Aushalten. Damit ergibt sich eine extreme Entdramatisierung des darstellbaren Stoffes. Das Drama nämlich ist in gewisser Weise auf das Spektakuläre angewiesen. Nur deshalb konnte die antike Dramatheorie von der Norm ausgehen, das Drama habe die drei Einheiten von Handlung, Ort und Zeit zu beachten. Die im bürgerlichen Roman geschilderten Abläufe sind jedoch ihrer Natur gemäß eher langfristige

---

alle Ostern oder alle Monate ab, sondern man führt seelisch Buch auch über die kleinsten moralischen Ausgaben und zieht den Schlussstrich darunter täglich.«

247 Tagebücher und Autobiographien im hier gemeinten Sinne sind natürlich nicht alle Lebenserinnerungen oder Memoiren. Wie Hartman Leitner, »Lebenslauf und Identität. Die kulturelle Konstruktion von Zeit in der Biographie«, Frankfurt a. M. und New York 1982, S. 113ff., zeigen konnte, ist die systematische Selbstthematisierung im Sinne der Herauskristallisierung der Jemeinigkeit eines Lebens ein neuzeitliches Phänomen. Ältere »Autobiographien« stellen eher die Kongruenz von sozialer Position und Autor in den Vordergrund.

Prozesse als Katastrophen oder Peripetien, die sich auf den Moment verdichten ließen.[248]

Die mit dem modernen Roman aufkommende Perspektive impliziert also gleichzeitig das Ernstnehmen des Alltags und die Einbeziehung von Langzeitprozessen, bisweilen sogar ganzer Lebensgeschichten. Der Zusammenhang mit der puritanischen Heilslehre ist unverkennbar: Das Heil ist nicht durch eine Beichte auf dem Totenbett zu erlangen, sondern individuelle Heilsgewissheit wird nur in lebenslangem asketischen Wandel erfahrbar. Grundsätzlich wird die Gesamtbiographie unter Kontrolle genommen. Der einzelne Augenblick wird dadurch nicht irrelevant, doch erhält er seine Bedeutung nur im Kontext des Lebenslaufs insgesamt. Das gilt im Übrigen auch für den Tod: Dieser ist nicht mehr der Punkt, von dem her sich das ganze Leben bestimmt, sondern er erhält seinen Sinn aus dem Leben, ist nicht mehr selbst Sinn und Ziel des Lebens. Die Entstehung des modernen Romans lässt sich also zu jenen sozialgeschichtlichen Entwicklungen in Beziehung setzen, in denen ein neuer Typ von Verantwortung, nämlich die für die langfristige Gestaltung des eigenen Lebens, entsteht. Hand in Hand mit der Aufwertung des Alltags und der neuen Relevanz gesamtbiographischer Perspektiven, wie sie charakteristisch für Lebensbeichten, Tagebücher und eben den modernen Roman sind, geht eine massive Steigerung der Bedeutung des motivationalen Aspekts der Handlungen. Mit der ausführlichen Schilderung der Binnenwelt des Individuums lässt sich selbst ein weitgehend ereignisloses Leben als künstlerisch attraktiver Gegenstand entfalten. Die Details eines eher öden Dienstbotenlebens wie das der Richardsonschen Pamela werden dann interessant wegen ihrer Verknüpfung mit Motiven, Ängsten und Hoffnungen. Noch die Langeweile wird als dargestellter innerer Zustand erzählenswert. Der moderne Roman folgt auch hier dem Vorbild der Lebensbeichte, der Selbsterforschung und dem Tagebuch. Diese Darstellung und Zergliederung noch der alltäglichsten Empfindungen und Gefühle objektivieren und sozialisieren das Ich in vorher kaum gekannter Weise. Sie machen Bezirke zugänglich, die vorher auch dem Handelnden weitgehend verschlossen waren. Die Diffusheit des eigenen Inneren wird ja nicht dadurch aufgehoben, dass »man sich selbst am besten kennt«. Vielmehr schaffen erst benennbare Differenzierungen der einzelnen Innenzustände, wie sie der moderne Roman herausarbeitet, jene subtile Landkarte für den Dschungel der Gemütslagen, die es erlaubt, sich in sich selbst zurechtzufinden, über das eigene Innere zu kommunizieren, es zu beeinflussen und es nach Vorbildern zu modeln. Unser Inneres wird aufgrund

---

248   Vgl. Ian Watt, »The Rise of the Novel«, Harmondsworth 1981 (zuerst 1957), S. 24f.: »The role of time in ancient, medieval and renaissance literature is certainly very different from that in the novel. The restriction of the action of tragedy to twenty-four hours, for example, the celebrated unity of time, is really a denial of the temporal dimension in human life; for ... it implies that the truth about existente can be fully unfolded in the space of a day as in the space of a lifetime.«

dieser differenzierten Kategorien für seine Elemente, Veränderungen und deren Verknüpfungen und Gesetzlichkeiten in neuer Weise Gegenstand für uns selbst. Die Beichte oder jede reale Kommunikation über unser Inneres führt dazu, dass ursprünglich kaum greifbare, flüchtigste Regungen der Seele zu objektiven Größen werden. Mag der englische Roman zunächst auch nur der Erbe von nicht-künstlerischen Tagebüchern sein – man denke etwa an das berühmte Tagebuch von Pepys –, also nicht selbst Mittel zur Selbstkontrolle, so präzisiert er doch für den Leser die Art, mit der dieser sich auf sich selbst beziehen kann. Im Übrigen ist ja schon in der Form eines Romans wie etwa des Defoeschen Robinson Crusoe oder der Moll Flanders oder in Richardsons Pamela die Tagebuchform bzw. die Lebensbeichte oder briefliche Selbstenthüllung beibehalten. Der Roman wird seinerseits Vorbild für die Selbsterforschung. Mme. de Staël hat darin bereits eine große Gefahr gesehen.[249]

Das, was Mme. de Staël beklagt, ist der Verlust der Unmittelbarkeit der eigenen Gefühle. Die Frage ist jedoch, ob wir diese Gefühle ohne jene Lektüre überhaupt hätten. Es ist wahrscheinlich nicht so, dass uns bestimmte Gefühle an eine Lektüre erinnerten, in denen sie beschrieben wurden. Die Gefühle selbst, soweit sie mehr sind als ein gänzlich unbeschreibbares Gewoge von undifferenzierten Regungen, hängen schon in ihrer Bildung, und d.h. schon bei ihrer Herauslösung aus diesem ›Stimmungsmeer‹, von vorgängiger Selbstzuwendung ab. Diese aber ist typischerweise auf Modelle, Vorbilder und Übung angewiesen. Jedenfalls ist dem disziplinierenden Zugriff auf eigenes und fremdes Verhalten ein ganz neues Feld geöffnet, wenn erst einmal Kommunikationsmedien bestehen, in denen Gefühle objektiviert, differenziert und behandelbar werden, vor allem, wenn prinzipiell die gesamte Biographie, und nicht nur einzelne Taten oder Unterlassungen, dieser Zergliederung unterworfen sind. Dabei ist selbstverständlich mit jener Objektivierung und Zugänglichkeit von äußerer und innerer Biographie, wie sie durch Tagebücher, Romane, Lebensbeichten, therapeutische oder religiöse Bekenntnisse geschaffen werden, nicht nur die Chance gesteigerter Disziplinierung und Zivilisierung verbunden. Gleichzeitig ergeben sich neue Probleme für die Sinngebung der Gesamtbiographie, die ihren Sinn jetzt nicht mehr unmittelbar als Vorgabe den religiösen Institutionen ›entnehmen‹ kann, sondern auf individuierte Sinnstiftungen angewiesen ist. Diese aber schaffen ihrerseits neuen Raum für Selbstbefassung und Kommunikation für das eigene Ich.

---

249 »Les romans, même les plus purs, font du mal; ils nous ont trop appris ce qu'il y a de plus secret dans les sentiments. On ne peut plus rien éprouver sans se souvenir presque de l'avoir lu, et tous les voiles du cœur ont été déchirés. Les anciens n'auraient jamais fait ainsi de leur âme un sujet de fiction.« Zit. nach Ian Watt, »The Rise of the Novel«, Harmondsworth 1981 (zuerst 1957), S. 233.

5.3 Beichte und Generalbeichte in der französischen Gegenreformation

Die methodische Lebensführung des Laien, des Weltmanns, seine strenge Selbstkontrolle, die Norbert Elias als Folge des Herrschaftsmonopols des Hofes dargestellt hat, ergibt sich – wie unsere obigen Überlegungen gezeigt haben – zumindest für den puritanischen Bereich in erheblich massenwirksamerer Weise in der bürgerlichen Gesellschaft als Folge neuer religiöser Zwänge und Verfahren zur Gewissenserforschung und -kontrolle. Noch weniger von der soziologischen Literatur beachtet als diese Zusammenhänge scheinen mir die parallelen Mentalitätsveränderungen im katholischen Raum im Gefolge der Gegenreformation zu sein. Für Frankreich lässt sich das etwa am vielgelesenen Werk des François de Sales, vor allem der »Introduction à la vie dévote« von 1609, exemplarisch darstellen. Zunächst wird die systematische religiöse Durchdringung des Alltagslebens, von François de Sales als ›dévotion‹ bezeichnet, als allgemeine Lebensmöglichkeit, die nicht nur auf Kleriker begrenzt ist, empfohlen.[250]

Das setzt freilich eine standesspezifische Form der Frömmigkeit voraus: anders für den Adligen als für den Bürger, anders für Witwen als für verheiratete oder unverheiratete Frauen.[251] Diese Devotion des Laien führt zur Umformulierung zahlreicher Frömmigkeitsübungen. So soll der fromme Weltmann sich nicht durch Fasten kasteien, sondern seine Selbstabtötung darin zeigen, dass er isst, was auf den Tisch kommt, ohne zu mäkeln. Die Begründung dafür lautet, dass man so sich selber demütigen könne, ohne irgend jemandem lästig zu werden. Und nur solche Formen der Devotion eignen sich für das Leben außerhalb des Klosters.[252] Entscheidend für unseren Zusammenhang ist nun aber, dass diese Devotion innerhalb des bürgerlichen Lebens nicht ohne Anleitung gelernt werden soll. Das Individuum soll nicht sich selbst überlassen werden, sondern sich unter die Kontrolle eines geistlichen Beraters begeben, des directeur de l'âme. Dieser Seelenlenker kann identisch mit dem Beichtvater sein, muss es aber nicht. In jedem Fall ist ihm die Seele völlig offenzulegen. So wie der von Elias beschriebene Höfling zunächst auf die Fremdkontrolle des Hofes reagiert und erst allmählich ihrer nicht mehr bedarf, weil er sie verinnerlicht, so wirkt auch die Überwachung durch den directeur de l'âme als Steigerung der Selbstkontrolle mittels einer permanenten Fremdkontrolle. Es ist deshalb von äußerster Wichtigkeit, sich den richtigen Seelenberater zu wählen und zu ihm rückhaltloses Ver-

---

250 Vgl. François de Sales, »Œuvres«, Paris 1969, S. 24: »... ainsi peut une âme vigoureuse et constante vivre au monde sans recevoir aucune humeur mondaine, trouver des sources d'une douce piété au milieu des ondes amères de ce siècle, et voler entre les flammes des convoitises terrestres sans brûler les ailes des sacrés désirs de la vie dévote.«

251 Vgl. ebd., S. 36: »La dévotion doit être différemment exercée par le gentilhomme, par l'artisan, par le valet, par le prince, par la veuve, par la fille, par la mariée.«

252 Vgl. ebd., S. 197.

trauen zu haben: »Voulez-vous à bon escient vous acheminer à la dévotion? Cherchez quelque homme de bien qui vous guide et conduise; c'est l'avertissement des avertissements.«[253] Wie man ihn behandeln soll? Vor allem ehrlich und ohne Geheimnisse vor ihm zu haben, offenen Herzens und ohne Heuchelei. Man soll zu ihm das gleiche Vertrauen haben wie ein Kind zu seinen Eltern.[254]

Außerdem sollte man diesen so erwähnten Beichtvater nicht wechseln.[255] Die Steigerung der Selbstkontrolle, die Intensivierung der Methodik der Lebensführung im Sinne der Devotion, erfolgt schrittweise. Sie ist ein allmählicher Fortschritt, geradezu eine Karriere: »Wie die Reinigung und Heilung des Körpers vollzieht sich auch die der Seele, langsam und schrittweise, mühsam und allmählich.«[256] Deshalb wäre es leichtfertig, ja gefährlich, sich des Außenhalts durch den Beichtvater zu schnell zu begeben.[257] Nun könnte man die Rolle des directeur de l'âme leicht dahin fehlinterpretieren, als werde alle Verantwortung auf ihn abgewälzt. Genau das Gegenteil ist jedoch richtig. Der Beichtvater fungiert gleichsam als Zeuge und Richter, vor dem das Beichtkind sich zu verantworten hat. Selbst der flüchtigste Gedanke, die entlegenste Tat werden durch das Bekenntnis etwas intersubjektiv Bekanntes, dadurch unbezweifelbar Reales, ein untilgbar wirkliches Moment der eigenen Biographie. Das bedeutsamste Mittel zur Objektivierung des eigenen Lebenslaufes ist die für die gegenreformatorische Devotion sehr wichtige Generalbeichte. Der Terminus selbst ist alt. Er bedeutet aber im Mittelalter etwas anderes als in der Gegenreformation. Der mittelalterliche Sinn ergibt sich z.B. aus einer Stelle aus der »Summa de arte praedicatoria« des Alain de Lille. Aus ihr ergibt sich folgendes: Der Begriff des Sündenbekenntnisses ist doppeldeutig, einmal kann man darunter die Generalbeichte, ein anderes Mal die Spezialbeichte verstehen. Die Generalbeichte kommt etwa in der täglichen Messe am Morgen und Abend vor. Sie bezieht sich auf verborgene und lässliche Sünden. Die Spezialbeichte ist die eigentliche Ohrenbeichte, in der die einem selbst bekannten Todsünden gebeichtet werden.[258] Die Generalbeichte im mittelalterlichen Sinne ist also

---

253 Ebd., S. 36.
254 Vgl. ebd., S. 197: »Traitez avec lui à cœur ouvert, en toute sincérité et fidélité, lui manifestant clairement votre bien et votre mal, sans feintise ni dissimulation ... Ayez en lui une êxtreme confiance mêlée d'une sacrée révérence, en sorte que la révérence ne diminue point la confiance et que la confiance n'empêche point la révérence; confiez-vous en lui avec le respect d'une fille envers son père, respectez-le avec la confiance d'un fils avec sa mère.«
255 Vgl. ebd., S. 40 und S. 115.
256 »La purgation et guérison ordinaire, soit des corps soit des esprits, ne se fait que petit à petit, par progrès, d'avancement en avancement, avec peine et loisir.« Ebd., S. 41.
257 Vgl. ebd.: »Qu'elles sont en grand péril de rechoir pour s'être trop tôt ôtées d'entre les mains du médicin!«
258 Alain de Lille, »Summa de arte praedicatoria«, PlL 210, S. 172-173: »Duplex est autem peccati confessio, quaedam generalis, quaedam specialis. Generalis, quae fit indies in sacrificio matutino et vespertino, id est in completorio pro venialibus et occultis; specialis quae fit pro morta-

gar kein eigentliches Bekenntnis konkreter Sünden, sondern eher ein Eingeständnis der eigenen Sündhaftigkeit im Allgemeinen. Man bekennt, dass man gesündigt hat, aber nicht, was. Der Begriff der Generalbeichte in der Gegenreformation meint demgegenüber eine wirkliche Einzelbeichte über konkrete Sünden. Nur soll es sich hier nicht um eine periodische Aufzählung von Verfehlungen handeln, sondern um eine einmalige oder doch seltene Beichte, die das ganze bisherige Leben zum Gegenstand hat, eine Art Sündenbiographie also. Hier legt der Adept der Devotion sich Rechenschaft ab über seine ganze Vergangenheit; er entreißt alles Geschehene dem Vergessen, macht es sich und dem Beichtvater bekannt. Dadurch aber wird der Einzelne in bestimmtem Sinne allererst auf seine Biographie festgelegt. Auch als verziehene, längst gebeichtete sollen die Sünden, aber auch die Neigungen dazu, und die mit Gottes Gnade überwundenen Versuchungen Moment des Selbstbewusstseins bleiben.[259] Die ständige Gewissenskontrolle soll dann auch nach der Generalbeichte beibehalten werden, und zwar sowohl vor den möglichst wöchentlichen einfachen Beichten wie auch allabendlich bei der privaten Gewissenserforschung: »On examine comme on s'est comporté en toutes les heures du jour; et pour faire cela plus aisément, on considérera ou, avec qui et en quelle occupation on a été.«[260]

6   Beichte und Zivilisationsprozess

Der Zivilisationsprozess, wie ihn Elias beschreibt, ist ein Prozess wachsender innerer und äußerer Selbstbeherrschung. Diese kann als alle Bereiche des Körpers und der Seele umfassende Informationskontrolle, als Verhüllung des Selbst, beschrieben werden. Das beginnt mit der Kontrolle spontaner körperlicher Regungen: Schnupfen, Niesen, Urinieren, Defäkation usw. Schließlich wird die gesamte Leiblichkeit domestiziert: Alles Unwillkürliche wird aus der Kommunikation verbannt. Aber nicht nur der Leib, sondern auch die seelischen Empfindungen werden solcher Kontrolle unterzogen: Spontane Empfindungen, Aufwallungen des Hasses oder der Begierde, der Freude oder des Zorns werden zurückgedrängt, unsichtbar gemacht, diszipliniert. Wenn man diese Vorgänge im Kontext höfischer zeremonieller Selbstzwänge untersucht, wie Elias das getan hat, dann sollte man zusätzlich zu dem von Elias herangezogenen französischen Material vor allem die italienische und spanische Höflingsliteratur konsultieren, vor

       libus et manifestis: ad quam tenentur clerici singulis Sabbatis, laici vero ter in anno specialiter
       confiteri.«
259   Vgl. François de Sales, »Œuvres«, Paris 1969, S. 43: »La confession générale nous appelle à la
       connaissance de nous-mêmes, nous provoque à une salutaire confusion pour notre vie passée
       ... donne sujet à notre père spirituel de nous faire des avis plus convenables à notre condition.«
260   Ebd., S. 95.

allem etwa Castiglione oder Gracián.[261] Immer zeigt sich, dass der Prozess der Selbstkontrolle auf einer Logik der Verhüllung, des Verbergens, beruht, sei es, dass man die wirklichen Gefühle nicht sichtbar werden lässt (Dissimulation) oder dass man zusätzlich Gefühle und Intentionen zeigt, die man nicht hat, von denen man aber möchte, dass sie einem unterstellt werden (Simulation). Verhüllung erscheint (etwa bei Machiavelli) zunächst als nur dem Herrscher erlaubte politische Funktionstugend. Aber schon eine Generation später wird sie auch den Herrschaftsunterworfenen als Tugend, jedenfalls erlaubte Klugheit, empfohlen.

Erstaunlich ist, dass die parallelen religiösen Wurzeln des modernen Zivilisationsprozesses viel weniger beachtet worden sind als die höfisch-politischen. Dabei findet sich, wie erwähnt, in Max Webers Protestantismusaufsatz bereits eine ziemlich umfängliche Analyse hierzu. Der Puritaner Webers ist ja ebenso gefühlsbeherrscht, selbstkontrolliert und diszipliniert wie der Höfling. Die Domestikation und Durchrationalisierung des Spontanen sind dort mindestens ebenso weit getrieben. Die Motive allerdings sind bekanntlich völlig andere. Die Systematisierung der Lebensführung als Instrument der subjektiven certitudo salutis bringt hier die Selbstkontrolle hervor. Ähnliches zeigt sich auch im gegenreformatorischen Kontext. Freilich drängt sich bei Berücksichtigung der religiösen Wurzeln des Zivilisationsprozesses der Eindruck auf, dass hier weniger die Selbstverhüllung die zentrale Technik ist, sondern im Gegenteil: die schonungslose Selbstentblößung. Das angestrebte Ziel ist dasselbe: Disziplinierung und Beherrschung der Impulse. Bei näherem Hinsehen wird man auch bald

---

261   Auf die Parallelität, die zwischen den Konzepten höfischer Zivilisiertheit, wie sie Elias anhand der späteren Memoiren des Herzogs von Saint-Simon freilegt, und Graciáns Héroe besteht, verweist Ulrich Schulz-Buschhaus in seinem Aufsatz: »Über die Verstellung und die ersten ›Primores‹ des Héroe von Graciàn«, in: Romanische Forschungen 91, 1979, Nr. 4, S. 411-430. Schulz-Buschhaus zeigt insbesondere, »dass viele Postulate, die in der Hoftheorie der Renaissance, etwa in Castigliones Cortegiano, im Interesse gesellschaftlicher Harmonie gefordert wurden, im Héroe aufs neue erscheinen, jetzt aber zugespitzt als Instrumente für Einfluss und Machtgewinn« (S. 409). Diese Funktion der Graciánischen Schrift darf gewiss nicht übersehen werden. Aber daneben ist doch auch bedeutsam, dass Gracián die Forderung nach Selbstbeherrschung und Selbstkontrolle moraltheologisch begründet, wie Peter Wehrle in seiner Trierer Magisterarbeit »Baltasar Graciáns ›El Héroe‹ – Moralphilosophische Zielsetzungen oder ›Moralistik‹ in einer Schrift des spanischen Siglo de Oro?«, Trier 1978 (unveröffentlichtes Manuskript) nachweisen konnte. Der analoge Zusammenhang von höfischer und religiöser (hier speziell gegenreformatorischer) Begründung gesamtbiographischer Selbstkontrolltechniken lässt sich auch in Frankreich beobachten. In England scheint es gerade bezeichnend zu sein, dass die Zivilisierungsprozesse im Sinne der Durchrationalisierung des Gesamtverhaltens gerade nicht vom Hofe ausgegangen sind, dort eigentlich nie in dem Maße Fuß fassen konnten wie beim puritanisch beeinflussten Bürgertum. Wenn man unter Zivilisierung nicht nur jene äußerliche Disziplinierung der Gesten und Körperregungen versteht, sondern die durchgreifende Disziplinierung des gesamten leib-seelischen Verhaltensstils, der vor allem auch die Domestikation der Sexualität umfasst, dann wird man für die langfristige Psychogenese des modernen Menschen eher religiöse als höfische, eher bürgerliche als adlige Wurzeln verantwortlich machen müssen.

gewahr, dass die beiden scheinbar konträren Techniken des Aufbaus von Selbstkontrolle und Affektdisziplin Verhüllung und Enthüllung auf intime Weise miteinander verbunden sind. Auch derjenige, der seine Gefühle zu taktischen Zwecken verbergen will, tut ja gut daran, sich zuvor über sich selbst genauestens klarzuwerden. Die Selbstkontrolle setzt insofern Selbsterkenntnis voraus. Der reflexive Blick auf das eigene Ich muss um so schonungsloser ausfallen, je sicherer die Selbstverhüllung vor anderen sein soll. Im religiösen Kontext gibt es nun eine Technik, die Selbstenthüllung und Geheimnis systematisch – eine stabilisierte Spannung – miteinander verbindet: die Beichte. In der Beichte fallen also die für den modernen Zivilisationsprozess entscheidenden Selbstdomestikationstechniken zusammen: Verhüllung und Enthüllung. Das wird insbesondere da deutlich, wo die Beichte nicht mehr nur Bericht über einzelne Taten, sondern auch sorgfältige Auslotung der eigenen Motive und Neigungen wird, und wo vor allem nicht punktuelle Wiedergabe disparater Sünden, sondern die in der Generalbeichte gegebene systematische Nachzeichnung der Gesamtbiographie erstrebt wird. Sich selbst als zeitliches Ganzes gewinnt man im Bekenntnis. Aber das Bekenntnis bleibt geheim: außer für den Beichtvater oder den geistlichen Direktor. Die Empfehlungen an das Beichtkind gehen schon seit dem 16. Jh. da hin, dass die Vorbereitung auf das Geständnis zweckmäßig durch schriftliche Aufzeichnung geschieht: das Tagebuch als Beichtinstrument. Wer die Literatur der Puritaner untersucht, wird nun ebenfalls sofort die große Bedeutung des Tagebuches bemerken, und zwar sowohl als reales, aber privates, geheimzuhaltendes Dokument der Selbsterforschung wie auch als fiktives Tagebuch, das dann wieder den realen Tagebüchern als Vorlage dient. Das Tagebuch wird somit zur Beichte ohne Beichtvater.

Dass die moderne Psychoanalyse in dieser Hinsicht ähnlich arbeitet, liegt auf der Hand. Auch hier wird eine Form von Selbstkontrolle durch Selbstenthüllung angestrebt. Dabei ist auch hier der Analytiker-Beichtvater erforderlich, um das Geheimnis des Selbst zu lüften und aus dem Unbewussten zu heben. Zugleich aber ist die Sitzung selbst nach außen hin natürlich geheim.

Geheimnis und Verhüllung, Selbstkontrolle und Selbsterkenntnis, Verbergen und Offenbaren, Bekennen und Simulieren bzw. Dissimulieren erweisen sich also gleichsam als zwei Seiten eines Prozesses, der von religiösen, therapeutischen und politischen Zielsetzungen ergriffen und gefördert werden kann und dessen Resultate jene eigentümlichen Selbstdomestikationen sind, die die Moderne auszeichnen. Immer da, wo Freiwilligkeit der Selbstoffenbarung angestrebt wird, finden sich Kombinationen von Bekenntnis und Geheimnis. Die Beichte, aber auch die Psychoanalyse, sind als verhüllte Enthüllungen die Synthesis zwischen Selbstentblößung und Selbstverdeckung.

7 Welche Rolle spielen Bekenntnisse heute?

Die erste Frage, die sich stellt, ist, ob die für unsere Gesellschaft charakteristische Ausdifferenzierung funktionaler Systeme wie Recht, Wirtschaft, Politik, Religion usw. und die weitgehende Isolation der privaten und beruflichen Handlungsfelder nicht gesamtbiographische Bekenntnisse weithin dysfunktional werden lassen. Tatsächlich scheint es so zu sein, dass der Ausdifferenzierung von Subsystemen entsprechend der einzelne mehrere Biographien entwickelt, die nur locker und jeweils von Fall zu Fall – nämlich wenn sich Inkompatibilitäten und Störungen ergeben – synchronisiert werden müssen. Welche Taten und Motive jeweils in solchen Teilbiographien erfasst werden müssen, richtet sich nach den Relevanzkriterien des Lebensbereichs, dem der einzelne über diesen ›Lebenslauf‹ zugeordnet werden soll: Die Biographie, die für jemanden aus der medizinischen Anamnese rekonstruiert wird, berücksichtigt andere Faktoren als das Dossier, das über ihn bei seinem Arbeitgeber oder beim Verfassungsschutz stellvertretend für seine Vita wird. Diese Verschiedenheit der Auswahlgesichtspunkte besagt natürlich nicht, dass man sich in jedem Lebensbereich auf Informationen beschränkt, die in diesem Bezirk entstanden sind. Die Vita, die z.B. der Arbeitgeber zu erhalten sucht, spart Privates keineswegs völlig aus. Im Gegenteil! Aber es ist eben doch in diesem Kontext auch nicht das gesamte Privatleben interessant. Teilweise gibt es sogar ausdrückliche Geheimnisschranken, die die Kombination solcher Teilbiographien zu einer Gesamtbiographie verhindern sollen (Datenschutz, Beichtgeheimnis, Arztgeheimnis, Schutz des Privatlebens usw.).

Charakteristisch für die Gegenwart ist jedenfalls, dass eine Fülle von Informationen, die ich über mich liefere, sei es bei der Ausfüllung eines Fragebogens, bei einem Verhör, in der Sprechstunde, im ›Curriculum vitae‹ oder ›Lebenslauf‹, nicht Bekenntnisse sind, die ich in einer bestimmten Situation ablege und die dann vergessen werden. Vielmehr gibt es zahlreiche Methoden, diese Bekenntnisse zu speichern und sie nach von mir selbst nicht steuerbaren Kriterien neu zu ordnen, sie auf geheime Strukturen hin zu analysieren, um meine Gesundheit, meine Verlässlichkeit oder Zurechnungsfähigkeit daraus abzuleiten. Diese Speicherung von Bekenntnissen, wie sie mit den modernen Techniken der Datenverarbeitung in vorher unglaublichem Ausmaß möglich wird, stellt wahrscheinlich gegenüber den bisher angeführten Bekenntnistypen eine in ihren Folgen schwer abschätzbare Neuheit dar. Der mit allen Bekenntnissen immer auch schon gegebene Aspekt der Kontrolle, der Steuerung und der Überwachung erhält jedenfalls eine ganz neue Qualität. Die Angst vor solcher totaler Registrierung ist bereits jetzt in zahlreichen Veröffentlichungen greifbar, sie lässt sich sowohl in den Visionen vom ›Großen Bruder‹ und ähnlichen Angstträumen der Science-Fiktion-Romane und -Filme wiederfinden wie in seriösen wissenschaftlichen

Publikationen.[262] Die Utopie oder der Alptraum vom gläsernen Menschen stünde dann am Ende einer Entwicklung, die begann mit der freiwilligen Selbstenthüllung des einzelnen vor dem zur Geheimhaltung verpflichteten Priester, der seinerseits den allwissenden Gott vertrat: Gläsern soll der Mensch in der Beichte für den Beichtvater werden, wie er es vor Gott ohnehin war. Aber der Beichtvater machte sich keine Notizen, er führte keine Karteien, erst recht keine elektronischen Dateien. Seine Kenntnis bezog sich überdies auf einen kleinen Kreis von Personen. Die Kenntnisse waren ebenso wenig speicherbar wie zentralisierbar. Der Machteinfluss des Beichtvaters hing primär vom Glauben des Beichtkindes ab. In der modernen Fiktion des gläsernen Menschen wären die säkularisierten Beichtväter nicht mehr Stellvertreter Gottes, sie wären lediglich allwissend.

An der Relevanz von Informationen, die aus Geständnissen oder Bekenntnissen resultieren, im Kontext der modernen ausdifferenzierten institutionellen Bereiche kann folglich kein Zweifel möglich sein. Aber es stellt sich nunmehr die weitere Frage, ob Beichten oder andere Formen der Selbstthematisierung[263] für das Individuum selbst noch von Bedeutung sind. Wenn man gerade die progressiven literarischen Produktionen als Zeugnis nimmt, hat man leicht den Eindruck, dass das Individuum als unverwechselbare, über längere Zeitstrecken für sich selbst verantwortliche Einheit weitgehend zerstückt ist. Es scheint so, als wenn die Vergangenheit nicht mehr als ganze von Bedeutung für die Identität des einzelnen ist, sondern beliebige Elemente fallweise beschworen oder der Vergessenheit überantwortet werden können. Möglicherweise sind die Rapidität

---

262 Am eindringlichsten vielleicht in den Arbeiten Michel Foucaults, der an zahlreichen Phänomenen, vom Krankenhaus bis zum Gefängnis, vom Irrenhaus bis zur Psychoanalyse, den Zusammenhang von Überwachung des einzelnen durch Informationen, die er in freiwilligen oder erzwungenen Diskursen über sich abgibt, einer neuen Form gesellschaftlicher Macht nachspürt. Vgl. vor allem: Michel Foucault, »Surveiller et Punir. Naissance de la Prison«, Paris 1975; Ders., »Histoire de la folie à l´âge classique«, Paris 1972; Ders., »Naissance de la clinique. Une archéologie du regard médical«, Paris 1963. Handelt es sich in all diesen Fällen um die Sicherung von Informationen durch Kasernierung von Individuen, so ändert sich das da, wo die Steuerung der Impulse über freiwillige Diskurse läuft. Es ist dieser Aspekt, der zentral in Foucaults Arbeit über die Geschichte der Sexualität (»Histoire de la sexualité«, Bd. I: »La Volonté de savoir«, Paris 1976) angesprochen wird: Was hier für die Sexualität behauptet wird, ließe sich auch auf nahezu alle anderen Handlungsbereiche ausdehnen: »Police du Sexe: C'est-à-dire non pas rigueur d'une prohibition, mais nécessité de régler le sexe par des discours utiles et publics.« Ebd., S. 35. Vgl. auch in diesem Band: »Wohl dem der eine Narbe hat«, S. 143-165. speziell S. 160 ff.

263 Zu den systemtheoretischen Implikationen dieses Begriffs vgl. Niklas Luhmann, »Selbstthematisierung des Gesellschaftssystems«, in: Zeitschrift für Soziologie 2, 1973, S. 11-46, wo allerdings der Reflexionsbegriff vom Individuum auf soziale Systeme übertragen wird. Die Frage, ob umgekehrt die Einsichten, die bei der Analyse von Selbstthematisierungen von Sozialsystemen gewonnen werden, das Verständnis der sozial institutionalisierten Selbstthematisierungen von Individuen fördern kann, muss einstweilen offenbleiben.

des sozialen Wandels und die Komplexität der Systemstrukturen, auf die der einzelne sich beziehen muss, zu groß, als dass eine Persönlichkeit oder ein Charakter als inhaltlich feste Struktur über längere Dauer noch anpassungsfähig wäre. Das war ja wohl der Gedanke, der hinter Riesmans kulturkritischer These von der Außengelenktheit (»other-directedness«)[264] des modernen Menschen stand. Die Vielzahl der Gruppen, denen wir angehören, schließt es aus, dass wir auf ein einheitliches Selbst fixiert werden.

Wir können den gesamten Zeitstrom unserer Biographie nicht mehr integrieren, weil ihn kein korrespondierendes soziales Gegenüber, ob wir wollen oder nicht, seiner Objektivität versichert, so dass »sich die Identität der Person (mindert) ... Wenn die Abenteuer der Schulzeit, der Studentenzeit, des Urlaubes immer gleich hinter uns liegen, weil nichts diese sozialen Räume miteinander verbindet und wir gewissermaßen noch einmal von vorne anfangen können; wenn Arbeit, Ehe, Vergnügen in ganz getrennte soziale Gruppen fallen; wenn wir jederzeit mit dem Beruf, dem Ort unsere soziale Gruppe ändern können, rücken Handlungen in die Ferne des Geschehenden und Geschehenen, das sich von außen betrachten lässt.«[265] Andererseits zeigt die hohe Auflagenzahl herkömmlicher Romane mit durchaus konsistenten Biographien nicht nur, dass das vielbeschworene Ende des Romans einstweilen noch auf sich warten lässt, sondern auch, dass die dahinterstehende Idee der Einheit eines Lebenslaufs noch nicht völlig ohne sozialen Kurswert ist. Aus der Tatsache, dass uns nicht mehr durch den festen Spiegel einer Gruppe eine nicht beliebig und solipsistisch neu interpretierbare Vergangenheit reflektiert wird, folgt nicht, dass Selbstthematisierungen bedeutungslos geworden sind. Ihr Charakter hat sich allerdings teilweise stark gewandelt. Einerseits ist das Selbst, das dieserart thematisiert wird, in einem vorher unerhörten Maße privatisiert, d.h., es ist – wenn überhaupt für jemanden – allenfalls für seinen Träger verbindlich, und auch das nur begrenzt. Innerhalb dieses privaten Rahmens der Selbstthematisierung (zur Privatheit dieser Art steht natürlich nicht im Widerspruch, dass die Agenturen, derer man sich dabei bedient, hochgradig organisierte, oft kommerzialisierte, meist höchst professionelle Instanzen sind) herrscht nun eine Pluralität von Techniken der Identitätsbildung. Berger und Luckmann[266] haben von Identitätsmärkten gesprochen.

---

264 David Riesman, »The Lonely Crowd«, New Haven 1950.

265 Friedrich Tenbruck, »Kultur im Zeitalter der Sozialwissenschaften«, in: Saeculum XIV, 1963, S. 34.

266 Peter Berger und Thomas Luckmann, »Social Mobility and Personal Identity«, in: »Archives Européennes de Sociologie V«, 1964, S. 337: »To satisfy the need for ›essential identities‹ an identity market appears ... The individual becomes a consumer of identities offered on this market ... the suppliers on this market are a variety of identity-marketing agencies, some of them in competition with each other – the mass-media, the religious organizations, and the different combines of experts on marriage, child-rearing and other private activities.«

Die klassischen religiösen Techniken rangieren dort neben zahlreichen neueren Verfahren, die von individuellen Therapien bis zu Selbsterfahrungsgruppen reichen. Die Hauptfunktion der meisten dieser Selbstfindungsprozeduren scheint weniger in der Sicherung sozialer Kontrolle als vielmehr in der fallweisen Sinnstiftung, weniger in der Steigerung der Verantwortung für Schuld, als in der Produktion von Glück durch Überwindung von Traumata zu bestehen. Nicht so sehr die Festlegung auf Vergangenheit als ihre selektive Verwendung zur ›Erklärung‹ akuter Krisen scheint im Vordergrund zu stehen, bisweilen auch die orgiastische symbolische Reproduktion traumatischer Erfahrungen. Am Ende mag dann in vielen Fällen eine subjektive ›Überwindung‹ der eigenen Vergangenheit stehen. Das, was geleistet werden soll, ist primär eine Synchronisation disparater Erfahrungen und Bewusstseinsinhalte, die im Einzelfall statt durch Bekenntnis auch durch Vergessenmachen bewerkstelligt werden kann. Nur selten ist jedenfalls beabsichtigt, eine ein für allemal stimmige Biographie zu erzeugen, eher geht es um die permanente Neudefinition der Biographie durch immer neue Konfessionen. Dabei ist das Selektionskriterium für zu berücksichtigende Vergangenheit – wenn nicht ohnehin Stimmigkeit der Biographie eher im Verzicht auf reflexive Verfahren im direkten Selbsterlebnis der Trance, des Rausches, des Tanzes, im ›Aus-Agieren‹ durch Immunisierung der Vergangenheit erreicht wird – die jeweilige Gegenwart mit ihrem Bedarf an Sinnstiftung und Katharsis. War einst die Beichte das Vehikel der Festlegung des Ichs auf seine Inhalte, so stehen die neuen Bekenntnisformen eher im Dienst der Dynamisierung des Selbst angesichts fremderzeugten Anpassungsdrucks. Was man von totalitären Regimes behauptet hat, dass sie ihre Geschichte ständig neu schrieben, das gilt auch für das moderne Individuum und die Inhalte seiner Bekenntnisse. Dieser Wechsel der Selbstdefinitionen wird dann selbst als Teil der Autonomie des Individuums erfahren, das sein Leben (genauer: sein Privatleben) schlechthin subjektiv interpretieren kann. In dem Maße, wie unser Ich an objektiv verbindlicher Verpflichtung verliert, wird es für uns zum narzißtisch empfundenen Quellgrund immer neuer, stets interessanter Romane.

Ist Kultur ein Medium?

Man muss kein Liebhaber der Unterscheidung von Biographie und Lebenslauf und also der enormen Selektivität aller Selbstbeschreibungen sein, um zu bemerken, dass in der von Luhmann besorgten Geschichte der Systemtheorie nur *ein* Soziologe vorkommt. In Luhmanns systemtheoretischer Ahnengalerie hängen keine Portraits von anderen Klassikern außer dem Bild von Talcott Parsons.

Das fällt schon deshalb auf, weil dessen Theorien keinesfalls von Luhmann übernommen oder auch nur mit einigen Veränderungen ausgebaut würden. Eher könnte man sagen, dass sie Luhmann als Repoussoir dienen, um sich aus der von Parsons geschaufelten vierfeldrigen Sackgasse herauszuschwingen, immerhin der anregendsten Sackgasse, die sich denken läßt. Ich schlage deshalb vor, noch einen Blick in dieses Verließ zu tun und uns dabei der Luhmannschen Führerschaft anzuvertrauen, bevor wir es mit Luhmann wieder verlassen.

Gleich der erste Saal, in den wir gelangen, teilt sich in vier Räume, deren jeder in andere Kammern führt, die sich ihrerseits vierfach gliedern, ohne dass man beim Eintritt in das erste Gemach sagen könnte, wo das Ende dieses Wunderlandes sich befinden mag und ob eventuell mit der Zeit noch weitere Schächte der Differenzierung entstehen könnten. Jedenfalls gehorcht der Gesamtaufbau dem Theorem, »[...] daß das System in sich selbst wiederholt werden kann: dass aus jeder Box wiederum vier Unterboxen entstehen können: dass aus jedem Teilsystem wiederum vier und immer nur vier Teilsysteme entstehen können.«[267]

Wir beschränken uns für heute auf die Besichtigung des ersten Saales des Labyrinths. Über der Eingangstür findet sich in Riesenlettern die Inschrift: »Action System«, in etwas kleinerer Schrift liest man darunter: »Mich schuf die funktionale Differenzierung«. Ein Scherzbold hat darunter gekritzelt: »Voi qu'entrate lasciate andare ogni esperanza«. Doch Luhmann, unser Vergil, macht nicht den Eindruck, als fürchte er sich sonderlich. Schließlich weiß er, wie man da wieder herauskommt. Der Saal teilt sich, wie gesagt, in vier kleinere Gemächer, zu denen jeweils eine Pforte leitet. Über der ersten lesen wir »Behavioral System«, über der zweiten »Personality System«, über der dritten »Social System« und über der letzten schließlich »Cultural System«. Unser Führer antwortet

---

267 Niklas Luhmann, »Einführung in die Systemtheorie«, hg. von Dirk Baecker, Heidelberg 2002, S. 26f.

uns auf die Frage, was der Erbauer sich denn bei dieser Anlage wohl gedacht
haben könnte, dass es sich hier um ein virtuelles Gebilde handele und wir uns
hier auf der obersten Ebene des allgemeinen Handlungssystems befänden. Man
müsse, so habe sich Parsons das vorgestellt, diese vier Subsysteme als fungie-
rend denken, wenn auch nur eine einzige Handlung das Licht der Welt erblicken
können soll.»Die Räume, die wir hier durchschreiten, existieren also nicht wirklich. Wirklich existent sind nur die einzelnen Handlungen. Gleichwohl aber
nimmt Parsons an, man müsse sich vorstellen, dass die von diesen vier Systemen
wahrgenommenen Funktionen am Werk seien, damit Handlung möglich werde.
In diesem Sinne ist etwas bloß analytisch Angenommenes die Bedingung der
Möglichkeit für alle Wirklichkeit des Handelns.« So oder so ähnlich erklärte uns
der Führer. Jedenfalls habe ich es so in Erinnerung. Aber wir waren noch nicht
zufrieden und wollten wissen, welche Funktion die verschiedenen Systeme denn
erfüllten: Der Organismus stelle die Anpassung an die äußere Umwelt her. Parsons spreche ihm daher die Funktion der »adaptation« zu. Luhmann fügte dann
hinzu: »Die Gesellschaft kann als Handlungsgesellschaft nicht überleben, wenn
nicht der Organismus die Möglichkeit bietet, sich den ökologischen Bedingungen laufend anzupassen, und dafür eingerichtet ist. So muss er in einem Beispiel,
das Parsons gerne gibt, die Bluttemperatur konstant halten können, um sein Ge-
hirn regelmäßig mit Blut versorgen zu können, und dies in Anpassung an Tem-
peraturschwankungen.«[268] Entsprechend wurden wir darüber belehrt, dass das
Persönlichkeitssystem der Psyche korrespondiere, welche kontrolliere, dass der
Handelnde ein hinlängliches Befriedigungsniveau erreiche und deshalb entsprechend die Auswahl der Ziele steuere. »Goal attainment« habe Parsons diese
Funktion genannt. Das Sozialsystem schließlich habe die Integration mehrerer
Handelnder zur Funktion. Besonders war Luhmann folgendes aufgefallen: »Der
Gedanke von Parsons scheint zu sein, daß es darauf ankommt, die Handlungen
verschiedener Organismen und Personensysteme zu koordinieren, daß es also
darauf ankommt, Personen mit ihren Beiträgen in ein Handlungsnetz, das aus
mehreren Personen besteht, einzufügen. Auffällig ist die deutliche Trennung von
personalen Systemen und sozialen Systemen: Beide sind füreinander im Kontext
der internen Differenzierung des Handlungssystems Umwelt. Zieht man außerdem noch das »behavioral system« mit in den Blick, dann sieht man, daß eine
Dekompensation (sic, es soll wohl heißen »Dekomposition«) der Einheit des
Menschen, der sichtbaren, wahrnehmbaren Einheit des Menschen, in drei Komponenten vorliegt: Alles wird unter dem Gesichtspunkt gesehen, welche Komponenten was zum Zustandekommen der Handlung beitragen. Es geht nicht um
Anthropologie.«[269]

---

268 Ebd., S.29.
269 Ebd., S.31.

Das leuchtete uns völlig ein. Aber es blieb ja noch die letzte Kammer, die Kultur, was mochte Parsons ihr für eine Funktion zugedacht haben: Er schrieb dem Kultursystem die Funktion der »latent pattern maintenance« zu. Ich versuchte zunächst selbst herauszufinden, was er wohl gemeint haben könnte. Offenbar ging, so schoß es mir durch den Kopf, Parsons davon aus, dass ein einzelner Satz, wenn er einmal ausgesprochen ist, natürlich momentan verschwindet, dass man aber die zu seiner Formulierung benötigten Wörter später in einem anderen Kontext erneut verwenden kann. Man stelle sich nur vor, was passieren würde, wenn jedes einmal benutzte Wort auf Nimmerwiedersehen verschwände. Oder wenn ich den Satz »Ich liebe dich«, einmal ausgesprochen, nie wieder verwenden dürfte, nicht einmal der gleichen Person gegenüber, wenn ich also bei gleicher *Emp*findung ständig etwas Neues *er*finden müsste. Aber selbst das wäre noch nicht das Ende der Katastrophe, wenn mit jeder Verwendung eines Wortes dessen totale Löschung aus dem Bestand der Sprache verbunden wäre. Am Ende müsste die ganze Welt der Ausdrücke in jedem Augenblick neu erschaffen werden. Dann würde in der Tat jede Handlung so gut wie unmöglich. Das momentan Versinkende darf also bloß vorübergehend in den Horizont verlegt werden, um dort bei Gelegenheit wieder abgeholt zu werden. Es wird virtualisiert, aber nicht vernichtet. Allerdings darf es natürlich auch nicht einfach anwesend bleiben. Dann könnte man keinen zweiten Satz mehr sprechen. Oder wenn man das Bild einer Tafel benutzt: Sie wäre irgendwann vollgeschrieben, und nichts anderes würde mehr darauf passen. Eine Tafel wird eben abgewischt, damit man sie wieder beschreiben kann. Nach einer Weile könnte man vor anderen Studenten sogar denselben Text bringen. Viele Professoren tun das schließlich von Semester zu Semester.

Latenz bei Parsons entspräche also dem, was in der Phänomenologie Verschiebung in den Horizont heißt, es wäre Virtualisierung, und »Maintenance« wäre nichts anderes als »Aktualisierung« im Sinne Husserls. Aber Husserl hatte in diesem Zusammenhang nicht von Kultur gesprochen, sondern von Sinn. Und den Ausdruck System hatte er in diesem Kontext ganz vermieden. Hatte Husserl unrecht? Hätte er besser von Kultur statt von Sinn gesprochen? Und hätte er nicht auch den Systembegriff benutzen sollen wie Wilhelm Dilthey, der von Kultursystemen gesprochen hatte? Oder hätte Parsons besser von Sinnsystemen statt von Kultursystemen reden sollen? Oder hatte Husserl recht, und Sinnsysteme sind gar keine Systeme?

Das ging mir durch den Kopf, als sich unser Führer vernehmen ließ: Er fand die »Theorieentscheidung« des Meisters der Vierkammersysteme »zunächst« – Luhmann sagte wirklich »zunächst« – »recht plausibel«; denn »Kulturmuster sorgen für Reaktivierbarkeit von Verhaltensmustern, für die Reaktivierbarkeit etwa von Rollen und einzelnen Handlungstypen in zeitlich weit auseinander liegenden Situationen«.[270] Ihm war zwar bewusst, dass Parsons hier insofern eine nicht ganz traditionskonforme Entscheidung getroffen hatte, als er Kultur auf Symbolgehalte und Zeichenensembles, auf Bedeutungen hätte Dilthey vielleicht gesagt, eingegrenzt hatte, wohingegen die Kulturanthropologen mit einem sehr viel weiteren Begriff arbeiten, der auch »[...] technische Artefakte, z.B. Handwerkszeug, Schrift und dergleichen einbeziehen kann oder nicht. Innerhalb der Ethnologie, der Anthropologie, auch der Archäologie tendiert man dann dazu, alles für Kultur zu halten, was bei Ausgrabungen gefunden werden kann, und die semantische Komponente der Kultur zu unterschätzen oder wiederum nur als Werkzeug, das heißt über Sprache zu thematisieren. Für Parsons ist dieser Unterschied weniger wichtig. Sein Kulturbegriff deckt auch die Wiederbenutzbarkeit eines Werkzeugs ab, die Wiederbenutzbarkeit sprachlicher Kombinationsmöglichkeiten, das heißt den Umstand, dass man sich an Wörter und die Grammatik erinnert, die Wiederbenutzbarkeit eines Hammers, nachdem man ihn wochenlang nicht benutzt hat. Man weiß, wo er ist und wozu er dient.«[271] »Dies alles«, so resümierte unser Führer, »benennt recht einleuchtend die Voraussetzung der Integrierbarkeit des gesamten Handlungssystems. Dabei wird Integrierbarkeit nicht im Sinne der spezifischen Funktion der Integration verstanden, sondern im Sinne der Systemintegration über Zeichen hinweg.«[272]

Dann verließen wir den Saal, wie wir hineingekommen waren: in Gedanken. Luhmann selbst hatte uns gezeigt, wie man das macht. Da die Systeme von Parsons eingestandenermaßen nur analytische Konstrukte seien, nicht aber äußere Wirklichkeit, befinde sich auch der Theoretiker nur in Gedanken in ihnen. Bei Luhmann selbst freilich geht es anders zu. Die von ihm identifizierten Systeme sind nämlich – so beansprucht er es jedenfalls – Systeme in der Wirklichkeit. Er geht davon aus, »[...] daß es Systeme gibt.«[273] Diesen Status von Wirklichkeit hatte Parsons nur für die einzelnen Handlungen angenommen, nicht aber für die sie konstituierenden Handlungssysteme. Aber im übrigen ging er selbstredend auch davon aus, dass es zumindest Handlungen in dem gleichen Sinne »gibt«, wie es eben für Luhmann auch Systeme »gibt«. In gewisser Weise lässt sich zweifellos der Standpunkt vertreten, *jede* Wirklichkeit sei eine *Konstruktion* dessen, der sie als solche empfindet. Das ebnet aber nicht den fundamentalen Unterschied ein zwischen einer Wirklichkeit, von der man glaubt, sie sich nur auszudenken oder einzubilden und einer Wirklichkeit, von der man zwar wissen mag, dass sie *so* nur *für uns* existiert, die man sich aber andererseits nicht wirk-

---

270   Ebd., S.32.
271   Ebd., S.32f.
272   Ebd., S.33.
273   Niklas Luhmann, »Soziale Systeme: Grundriß einer allgemeinen Theorie«, Frankfurt a. M.
       1987, S.30.

lich wegdenken kann, die uns also im Sinne Husserls »als wirklich gegeben« erscheint. Wir pflegen normalerweise niemandem, der sagt »es gibt Häuser« vorzuwerfen, er falle hinter Kant zurück. Umgekehrt sind wir mit Marx sehr geneigt, jemanden für einen Spinner zu halten, der sich nicht mehr vor der Polizei fürchtet, weil er mit Stirner weiß, dass Herrschaft und Staat, Eigentum und Unterdrückung lediglich Konstruktionen sind. »Eng beieinander wohnen die Gedanken, doch hart im Raume stoßen sich die Sachen«. Hatte nicht so der Kantianer Schiller gedichtet?

Die von Luhmann beschriebenen Systeme sind also zwar Konstruktionen, aber eben Wirklichkeitskonstruktionen, keine bloß analytischen oder heuristischen Konstrukte. Deshalb kann man sich zwar in seinen Büchern über sie informieren, aber sie finden dort nicht statt: so wie der Wetterbericht zwar im Fernsehen läuft, es aber auf der Straße regnet.

Bei flüchtigem Überblick hat man nun freilich den Eindruck, dass Luhmann aus dem Parsonschen Labyrinth einige Systeme entführt hätte. Zumindest dem Namen nach finden wir drei der von Parsons abstrahierten Systeme auch bei Luhmann wieder, nämlich den Organismus (der sich freilich bei näherem Hinsehen gleich als Kopplungsverbund einer ganzen Reihe höchst unterschiedlich operierender organischer Systeme entpuppt), das Persönlichkeitssystem, das hier freilich als psychisches System oder als Bewusstsein fröhliche Urständ feiert und schließlich natürlich das soziale System. Gewiss, sie haben sich stark verändert auf der Reise. Sie *handeln* nicht mehr, sondern sie *operieren*, und zwar auf inkommensurabel verschiedene Weise. Von der Verdauung, dem Blutkreislauf und den neuronalen Vorgängen, die etwa zur Bewegung führen, wollen wir hier schweigen. Aber auch das Bewusstsein oder das soziale System *handelt* nicht. Das eine denkt, hat Vorstellungen oder nimmt wahr, das andere kommuniziert.

Streng genommen hatte allerdings auch bei Parsons keines seiner Systeme selbst gehandelt, insofern ist ihr Titel *Handlung*ssysteme mißverständlich. Sie waren nur als Bedingung der Möglichkeit von Handlung aufgeführt worden. Sie existierten schließlich nicht wirklich. Wie hätten sie da handeln sollen.

Wie aber sind sie aus analytischen Konstrukten zu Systemen in der Wirklichkeit mutiert? Und warum hat die *Kultur* die Reise aus der Parsonschen in die Luhmannsche Theorie nicht als System überstanden? Als was hat sie überhaupt noch eine Existenz? Ist sie *deshalb* kein System bei Luhmann, weil er in Bezug auf sie am Ende mit Parsons einer Meinung ist, nämlich dass sie bloß eine analytisch aus der Wirklichkeit abstrahierbare Größe ist, also im strengen Sinne keine Wirklichkeit sui generis? Da ja aber Systeme für Luhmann Wirklichkeiten sind, könnte sie in diesem Falle logischerweise kein System bilden. Oder aber ist es genau umgekehrt: Luhmann hält die von Parsons beschriebenen Kulturmuster gerade nicht für bloß analytische Konstruktionen, sondern für genau so wirklich wie es Systeme sind. Dann ergäbe sich für Luhmanns Theorie, dass für sie zwar alle Systeme Wirklichkeit sind, dass aber nicht alles Wirkliche gleich ein System sein muss. So wie bei Parsons die einzelnen Handlungen zwar Realität waren, aber keine Systeme, so wären für Luhmann einzelne Operationen ebenfalls wirkliche Tatbestände, obwohl sie nicht deshalb schon Systeme sein müssten. Sie wären von Systemen produziert, aber nicht selbst welche. Fragen über Fragen.

Beginnen wir mit der Problematik der Verwandlung von Systemen aus logisch kohärenten Gedankengebilden in Realitäten, die sich unseren Gedanken oder Argumentationen aufdrängen. Die zentrale Differenz zwischen den einen und den anderen besteht darin, dass die Systeme à la Luhmann kontinuierlich operieren, also eine Operation an die andere anschließen, handle es sich nun um Bewusstsein oder Sozialsysteme. Die entscheidende Gemeinsamkeit, die den Realitätsstatus begründet, liegt in der systemeigenen Operation. Nun sieht man sofort, dass zwar jede einzelne Operation an die Zeitstelle gebunden ist, an der sie auftritt. Jede Liebeserklärung dauert so lange, wie der Kuss, der sie ausdrückt, nicht etwa so lange wie die Liebe selbst. Aber selbstredend müssen die Küssenden das Küssen nicht jedes Mal neu erfinden. Sie können sich auf die Erinnerung an vergangene Küsse verlassen und darauf bauen, dass ihnen auch in Zukunft noch einfällt, was ein Kuss ist. Sowohl in Kommunikationen wie auch beim Denken und Vorstellen wird also im jeweiligen Moment etwas konkretisiert oder aktualisiert, das zumindest teilweise schon früher verwendet wurde, gleichsam bereitlag und nun abgerufen wird. Es handelt sich eben um die Aktualisierung einer Sinnressource, ein Zurückgreifen auf einen Vorrat oder die Wiederbenutzung eines nur vorübergehend latenten, aber aufrecht erhaltenen Musters. Es handelt sich also um das, was Parsons als durch Kultur ermöglicht bzw. bedingt vorstellt. Die Plausibilität der Formel von der »latent pattern maintenance« für Luhmann wird deshalb leicht verständlich: Das Bild des »Vorrats« und der »Wiederverwendbarkeit«, das er zur Interpretation Parsons' heranzieht, findet sich denn auch in seiner ersten eigenen Definition des Kulturbegriffs wieder. Allerdings nennt er nicht jede Erinnerung an ein einzelnes Wort oder eine grammatikalische Regel schon Kultur, sondern nur schon gleichsam zusammengeschweißte Sinnkomplexe, also mehr oder minder festgefügte Muster, »patterns« eben. Er geht davon aus, dass weder die einzelne Interaktion« noch die Sprache als solche Kommunikation hinlänglich sichern können, sondern dass es sich handelt um »[...] ein dazwischenliegendes, Interaktion und Sprache vermittelndes Erfordernis [...] – eine Art Vorrat möglicher Themen, die für rasche und rasch verständliche Aufnahme in konkreten kommunikativen Prozessen bereitstehen. Wir nennen diesen Themenvorrat Kultur und, wenn er eigens für Kommunikationszwecke aufbewahrt wird, *Semantik*. Ernsthafte bewahrenswerte Semantik ist mithin ein bewahrenswerter Teil der Kultur, nämlich das, was uns die Begriffs- und Ideengeschichte überliefert. Kultur ist kein notwendig normativer Sinngehalt, wohl aber eine Festlegung (Reduktion), die es ermöglicht, in themenbezogener Kommunikation passende und nichtpassende Beiträge oder auch korrekten bzw. inkorrekten Themengebrauch zu unterscheiden.«[274]

Die Ähnlichkeit des Begriffs der Kultur bei Parsons und Luhmann ist erst einmal frappant. Dass Luhmann ihr gleichwohl nicht den Status eines Systems zuerkennt hängt nicht damit zusammen, dass er der Kultur eine bloß analytische Realität zuerkennen würde, sondern damit, dass Kultur seiner Meinung nach nicht über eine eigene *Operation* verfügt. Diese wird an der angezogenen Stelle lediglich der Kommunikation zugesprochen. Luhmann folgt Parsons in der Einschränkung des Kulturbegriffs auch insofern, als er ihren *Symbol*charakter besonders unterstreicht und die Dimension von *materieller* Kultur und *gewohnheitsmäßiger Praxis des Tuns oder Denkens*, der ja überhaupt nicht zu einer Kommunikation gehören oder führen muss, ausdrücklich abschneidet. So schreibt er in einer zu diesem Text gehörenden Fußnote: »Archäologen würden gewiß auch Mausefallen selbst als Kultur ansehen, wir dagegen nur die im Objekt reproduzierte Möglichkeit, sie zum Gegenstand von Kommunikation zu machen.«[275] Die oben zitierte, aber später verfasste Bemerkung über Hämmer, an deren Benutzungsweise man sich erinnert, an Hämmer, mit denen man notfalls ganz alleine und jedenfalls gänzlich unkommunikativ einen Nagel in die Wand schlagen könnte, lässt demgegenüber eine vielleicht ungewollte Wiedererinnerung an verdrängtes Gehlensches Gedankengut hervorlugen. Überhaupt gehört ein stark praxisentlasteter Sozialstatus dazu, bei Mausefallen vor allem daran zu denken, dass man über sie reden kann. In jedem Falle zeigt sich hier ein für Gelehrte typischer Habitus, so wie sie Bourdieu unter der Überschrift »scholé« in den *Méditations Pascaliennes* beschreibt: eine Fähigkeit, alles zum Anlass für Kommunikation zu nehmen, nur diesen habitus selbst nicht.

Die Funktion der Kultur wird bei Luhmann erst einmal in strenger Engführung auf Kommunikation eingeführt. Das gilt schon für die Interaktion, erst recht für voraussetzungsvollere Formen der Kommunikation, die auf Schrift oder Buchdruck zurückgreifen. Aber niemals wird Kultur mit Kommunikation selbst identisch. Auch nicht mit Sprache als solcher. Sie wird gleichsam als Speicher für kommunikative Halbfabrikate gehandelt. Oder wie Luhmann an anderer Stelle sagt als »Verständigungsinsel«, » [...] die als Kultur im weitesten Sinne das Sicheinlassen auf, und das Beenden von Interaktion erleichtert. Kulturformen, später vor allem die Kommunikationstechniken der Schrift und des Buchdrucks, sind nicht mehr interaktionsspezifisch festgelegt und ermöglichen gerade dadurch, daß sich in der Gesellschaft sinnspezifische Interaktionssysteme ausdif-

---

274 Ebd., S.224f.
275 Ebd., S.224, Fn. 49.

ferenzieren.«[276] Aus der größeren Distanz zur Interaktion ergibt sich dann für Luhmann der Zwang zu einer anderen Art von Kultur, »[...] die auch dann noch funktioniert, wenn sie interaktionelle Kommunikation befruchten muß.«[277]

Die soziologische Tradition hatte das genauso gesehen, wenn sie, wie etwa mein Lehrer Tenbruck, über Hochkulturen geschrieben hatte. Tenbruck hatte in diesem Kontext vor allem auf die Kultur als Vermittlungsinstanz zwischen Zentrum und Peripherie hingewiesen, also auf die Notwendigkeit der Aufrechterhaltung von überlokalen Verbindungen in Hochkulturen. Aber der Kulturbegriff war in der Tradition nicht auf Kommunikation *reduziert* – auch Tenbruck hatte übrigens postuliert, dass die Gesellschaft nur soweit reicht wie die Kommunikation. Der Speicher, in dem wiederverwendbare Halbfabrikate auf ihre erinnernde Aktualisierung warteten, enthielt nicht nur kommunikative Krücken. Wenn von Gedächtnis die Rede war, dann waren auch Bestände des Bewusstseins mitbedacht. Gewohnheiten beschränkten sich nicht auf konfirmierbare und kondensierbare Erleichterung der Kommunikation. Sie standen nicht nur auf dem Papier. Sie waren dem Organismus eingeschrieben. Kultur war insofern ein Medium, dass nicht nur von der Kommunikation in Anspruch genommen wurde, sondern vom kultivierten Bewusstsein ebenso wie vom gebildeten Körper. Sie koppelte alle drei Systeme aneinander, ohne auszuschließen, dass jedes für sich von ihr in der jeweils spezifischen Operationsweise von ihr Gebrauch machte. Auch ihre jeweiligen Gedächtnisse differierten, zumindest teilweise, -körperliche Habitus am einen Extrempunkt, Bücher am anderen. Zumindest Sprache und Schrift aber sind als bloße Kommunikationsmedien unzulänglich beschrieben. Zumindest Schrift als evolutionäre Errungenschaft ist zunächst Bewusstseinsgedächtnis, bevor es kommunikativer Wiederverwendung zur Verfügung steht.

Man sollte wohl darauf hinweisen, dass die Unterscheidung von »Medium« und »Form« nicht meint, dass das Medium nicht seinerseits bereits Formen erhält. Operationen bestehen insofern immer aus »Konkretionen«, wie die Philosophie des Mittelalters das ausgedrückt hätte, also um Aktualisierungen von zuvor im Modus der Virtualität gegebenen Potentialitäten. Die Scholastik hatte von »materia« gesprochen, ein Ausdruck, den man am besten mit »zu weiterer Formung zur Verfügung stehender Raum von Möglichkeiten« übersetzen müsste. Diese Aktualisierung kann dann ihrerseits als »Form« im engeren Sinn bezeichnet werden.

Luhmann entwickelt diese Fassung des Medienbegriffs erst nach der Publikation der *Sozialen Systeme*, und zwar nicht im Rückgriff auf die eher elaboriertere »Forma-Materia« Konzeption des mittelalterlichen Aristotelismus, sondern in Anlehnung an die vergleichsweise anspruchslose »Medium-Form«-Lehre von

---

276   Ebd., S.568.
277   Ebd., S.592.

Heider, die allerdings außer der Ersetzung des Begriffs der Materie durch den des Mediums nichts über die mittelalterlichen Überlegungen Hinausgehendes bietet. Die Begründung, die Luhmann selbst gegen die Verwendung der älteren Theorieangebote vorträgt, bleibt ebenso knapp wie pauschal. Am Ende kommt es mir aber auf die Wortwahl und die Priorität hier nicht an.

Für unsere Überlegungen ist aufschlussreich, dass der Luhmann der »ultima maniera« sein neues Verständnis eines Mediums« nun auch auf den Kulturbegriff anwendet. Kultur wird ihm zum Kondensat aller Kommunikationsmedien: »Im Zusammenwirken aller Kommunikationsmedien – der Sprache, der Verbreitungsmedien und der symbolisch generalisierten Medien – kondensiert das, was man mit einem Gesamtausdruck Kultur nennen könnte. Kondensierung soll dabei heißen, dass der jeweils benutzte Sinn durch Wiederbenutzung in verschiedenen Situationen einerseits derselbe bleibt (denn sonst läge keine Wiederbenutzung vor), sich aber andererseits konfirmiert und dabei mit Bedeutungen anreichert, die nicht mehr auf die eine Formel gebracht werden können. Das legt die Vermutung nahe, dass der Verweisungsüberschuss von Sinn selbst ein Resultat der Kondensierung und Konfirmierung von Sinn ist und dass Kommunikation diejenige Operation ist, die sich damit ihr eigenes Medium schafft.«[278] Erneut stellt sich die Frage: »Warum soll Kultur (von Sprache und Schrift ganz zu schweigen) lediglich als *Kommunikations*medium fungieren?« Diese Frage stellt sich um so eindringlicher, als Luhmann inzwischen eine Bedeutung des Medienkonzepts erarbeitet hat, die dieses gerade nicht beschränkt auf *ein einziges* Sinnsystem, also auf seine *intra*systemische Funktion. Vielmehr hat der späte Luhmann versucht, den Begriff der Medialität auch für Vorgänge *inter*systemischer operativer Kopplung fruchtbar zu machen.

Ich will das an zwei Beispielen erläutern: Einmal führt er Sprache als Kopplungsmedium für Bewusstsein und Sozialsystem vor. An anderen Stellen zeigt er, dass es operative Kopplungen zwischen verschiedenen Subsystemen des Sozialsystems gibt. Medien erscheinen dann nicht mehr bloß als problematische Anschlußgarantien, die eine Systemoperation an die andere zu reihen gestatten: Gedanke an Gedanke, Satz an Satz und Zahlung an Zahlung, sondern auch als etwas, das *inter*systemische Irritationen synchronisiert, Wahrnehmungen an Lektüren, Gefühle an Gedichte, Löhne an Steuern, Urteile an Parlamentsbeschlüsse bindet. Das aber, was die Kopplungen in beiden Fällen ermöglicht, sind Medien. Medien sind das Material, aus dem sich Interpenetrationen formen. Der Begriff des Mediums gewinnt damit einen Sinnzuwachs, der ihnen im Frühwerk nicht anzumerken war und im Spätwerk nicht wirklich ausgeschöpft worden ist. Dass das auch für den Umgang mit dem Kulturkonzept gilt, kann man daran

278   Niklas Luhmann, »Die Gesellschaft der Gesellschaft«, Frankfurt a. M. 1997, S.409.

sehen, dass Luhmann sich einerseits bemüht – wie oben belegt – dem Kulturbegriff eine legitime Heimat in der Systemtheorie zu verschaffen, aber andererseits
im gleichen Werk sich nicht scheut, die Überflüssigkeit des Kulturbegriffs im
Reiche der Systemtheorie zu behaupten: »Der systemtheoretische Ansatz hat
demgegenüber (sc. dem der Humboldtschen Annahme der Einheit der menschlichen Natur, A.H.) den Vorteil, den unklaren Begriff der ›Kultur‹ entbehrlich zu
machen (...).«[279] Kultur hat also in der Systemtheorie den Status eines bis auf
weiteres geduldeten Fremden, sie ist eine Art von Asylbewerberin.

Doch schauen wir uns an, was sich denn in den Luhmannschen Akten der
Verteidigung für die Kultur als Medium findet, mithilfe derer ihr eventuell doch
das Bürgerrecht zuerkannt werden könnte: Dass zwischen Bewusstseinssystemen
und Gesellschaft (ähnlich wie zwischen Nervenzellen und Gehirnen) Interpenetration, also eine permanente strukturelle Kopplung, etabliert ist, ist ein Zentral-
stück der Luhmannschen Theorie. Wodurch wird die regelmäßige strukturelle
Kopplung zwischen Bewusstsein und Kommunikationssystem bewerkstelligt?
Durch Sprache.[280] Warum eigentlich nicht durch Kultur? So könnte man doch
fragen. Bewusstsein und Kommunikation sind doch total aufeinander angewiesen, und zwar in jeder ihrer Operationen.[281] Die Frage stellt sich um so drängen-
der, wenn man bedenkt, dass Bewusstsein und Sozialsystem nicht nur *strukturell*
über Sprache gekoppelt sind, sondern auch *operativ*: »Während vor der Entwicklung von Sprache Lebewesen *strukturell* gekoppelt lebten und dadurch einer Co-
Evolution ausgesetzt waren, ermöglicht Sprache zusätzlich *operative* Kopplungen, die von den Teilnehmern reflexiv kontrolliert werden können.«[282] Wenn ich
von einem Landgericht spreche oder ein Gedicht über eine Landschaft rezitiere,
so wird schließlich nicht nur die Sprache kommunikativ eingesetzt, sondern eben
auch gepflegte Semantik. Sprache lässt sich kaum vorstellen als bloßes Ensemble
von Wörtern und Grammatik. Diese sind immer schon eingebettet in kondensier-
te und konfirmierbare Wiederverwendbarkeiten. Sinnhalbfabrikate werden beim
Sprechen *und* beim Denken ständig zu neuen momentanen Formen aktualisiert,
die sich dann für problematische Wiedererinnerungen bereithalten mögen. Die
jeweilige Autopoiesis bezieht sich auf Sprache *und* Kultur *Uno-actu*. Deshalb
sind beide Medien beider Systeme. Die operative Geschlossenheit beider Systeme wird dadurch nicht tangiert.

Was für die Beziehung zwischen Bewusstsein und Sozialsysteme gilt, lässt
sich auch für die Kopplung verschiedener Subsysteme behaupten. So wie ein
gedanklicher Zusammenhang, etwa der Beweis des pythagoräischen Lehrsatzes,

---

279   Ebd., S. 109, Fn. 143.
280   Vgl. ebd., S. 108.
281   Vgl. ebd., S. 103, wo Luhmann sogar die Worte »total« und »jeder« noch unterstreicht.
282   Ebd., S. 211.

sowohl im Bewusstsein des Schülers als auch in der Kommunikation der Mathematikstunde Aufmerksamkeit bindet, so kann auch der gleiche soziale Vorgang, sagen wir eine Zahlung, simultan für das Wirtschaftssystem wie für das Rechtssystem ein Ereignis sein, z.B. als Zahlung einer Strafe oder als Entrichtung eines Kaufpreises. Auf diesen Tatbestand hat uns m.E. zuerst Dilthey aufmerksam gemacht. Er wählt als Beispiel das Schreiben eines Buches durch einen Professor. Niemand wird leugnen, dass es sich bei einem Buch um ein »Kulturereignis« handelt. Aber es hat u.U. in den verschiedenen Subsystemen, die sich dieses Ereignisses »bedienen«, eine völlig andere Bedeutung und Konsequenz: »Indem ein Gelehrter ein Werk abfaßt, kann dieser Vorgang ein Glied in der Verbindung von Wahrheiten bilden, welche die Wissenschaften ausmachen; zugleich ist derselbe das wichtigste Glied des ökonomischen Vorgangs, der in Ankauf und Verkauf der Exemplare sich vollzieht; derselbe hat weiter als Ausführung eine rechtliche Seite, und er kann ein Bestandteil der in den Verwaltungszusammenhang eingeordneten Berufsfunktion des Gelehrten sein. Das Niederschreiben dieses Werkes ist so ein Bestandteil all dieser Systeme.«[283] Luhmann hat solche »Vielseitigkeit« als »operative Kopplung« eines Systems mit seiner Umwelt beschrieben (wobei die jeweilige Umwelt selbstverständlich ihrerseits wieder ein System sein kann): »Sie erlaubt eine momenthafte Kopplung von Operationen des Systems mit solchen, die das System der Umwelt zurechnet, also zum Beispiel die Möglichkeit, durch eine Zahlung eine Rechtsverbindlichkeit zu erfüllen (...) Operative Kopplungen zwischen System und Umwelt durch solche Identifikationen sind immer nur auf Ereignislänge möglich. Sie halten nicht stand und beruhen auch auf einer gewissen Ambiguität der Identifikation, denn im Grunde wird die Identität der Einzelereignisse stets durch das rekursive Netzwerk des Einzelsystems erzeugt, und wirtschaftlich ist deshalb Zahlung im Hinblick auf die Wiederverwendbarkeit des Geldes etwas ganz anderes als rechtlich im Hinblick auf die Umgestaltung der Rechtslage, die dadurch bewirkt wird.«[284]

Ähnlich wie die Sprache wirkt hier ein ganzer Komplex von Bedeutungen als Medium zwischen den Systemen. Die Kultur ist hier in der Tat Kommunikationsmedium, aber eben im Sinne einer weder dem einen noch dem anderen System allein zurechenbaren Größe. Sie ist Medium, insofern sie intersystemische Synchronisationsmöglichkeiten bereithält, und zwar als Materie für Aktualisierungen, welche auf den beiden Seiten der Kopplungsfront fundamental verschiedene Anschlüsse eröffnet.

---

283 Wilhelm Dilthey, »Einleitung in die Geisteswissenschaften: Versuch einer Grundlegung für das Studium der Gesellschaft und der Geschichte«, Gesammelte Schriften 1. Bd., Stuttgart ⁵1962, S.51.
284 Niklas Luhmann, »Das Recht der Gesellschaft«, Frankfurt a. M., 1993, S.441.

Damit ist natürlich nicht bestritten, dass es auch rein intrasystemische »Kulturen« gibt, eine Rechtskultur, eine philosophische Kultur und dergleichen mehr. Als Ressource für Wiederverwendungen steht Kultur in differenzierten Gesellschaften nicht für jedes Subsystem in gleicher Weise zur Verfügung. So wie es eine Rechtssprache gibt, gibt es auch eine Rechtskultur, die nur innerhalb des Rechtssystems als Verständigungsinsel und Gedächtnisfundus zur Verfügung steht. Ähnliches lässt sich gewiss auch für »Organisationskulturen« sagen. Ihre Kultur ist ihre erinnerbare Systemgeschichte. Dass es auch eine individuelle Kultur gibt, die keinesfalls lediglich die Kopie der kommunikativ verwendbaren ist, steht ebenso fest. Die mit kulturellen Mustern verbundene Sinnüberschüssigkeit führt auch beim Einzelnen zu Anreicherungen und assoziativen Verästelungen, zu Phantasien und Vorstellungen, die ihn weit ins Weite treiben mögen, ohne dass kommunikative Rückversicherungen immer möglich oder auch nur erwünscht wären. Wenn Gehlen sagt, dass die Persönlichkeit eine Institution in einem Falle sei, dann wird jene selbsttragende Kultivierung angesprochen, die nicht einfach als Abklatsch von Sozialisationsprozessen begriffen werden kann, sondern als produktive Neuformierung des verinnerlichten »Materials« von Bildung. Luhmann selbst ist dieser Gedanke nicht fremd, wenn er insistiert, dass alle Sozialisation Selbstsozialisation sei.

Aber kein funktional ausdifferenziertes soziales Subsystem kann sich mit einer ausschließlich von ihm verwandten Sprache begnügen. Und das gleiche gilt auch für die von ihm in Anspruch genommene Kultur.

Das lässt sich offensichtlich nicht in gleicher Weise von segmentär differenzierten Gesellschaften sagen. Es wäre schon denkbar, dass etwa eine Nation mit einer Sprache auskommt, die nur bei ihr als Denk- und Kommunikationsmedium fungiert. Wer in Deutschland lebt, müsste nicht Russisch können, nicht einmal Englisch. Und die meisten können es ja auch nicht. Die Weltgesellschaft hingegen, wenn es sie denn bereits jetzt gäbe, spricht mit vielen Zungen und ist der Pluralität der Kulturen ausgesetzt. Luhmann selbst spielt die Relevanz dieser Tatsache für die von ihm postulierte Einheit der Weltgesellschaft herunter: »Sicher gibt es nach wie vor auf der Interaktionsebene Probleme interkultureller Kommunikation, sprachliche Verständigungsschwierigkeiten und Mißverständnisse. Das hat jedoch mit dem Entstehen einer Weltgesellschaft nichts zu tun, sondern würde bei allen Kulturkontakten zu erwarten sein. Es mag jedoch eine bewährbare Hypothese sein, dass die Vielfalt der Kulturen mitsamt der Vielfalt ihrer Ethnozentrismen heute als bekannt gelten kann und Verständigungsprobleme daher weniger ethnozentrisch auf die Fremden zugerechnet werden als früher.«[285]

---

285 Luhmann, »Die Gesellschaft der Gesellschaft«, Frankfurt a. M. 1997, S.170.

Aber es geht vielleicht nicht nur um Verständigungsprobleme auf der Interaktionsebene. Man kann vermutlich den funktional ausdifferenzierten Subsystemen hinsichtlich ihrer Operationsmodi den Charakter der Weltgesellschaftlichkeit zusprechen – es geht in der Wissenschaft immer um Wahrheit oder Nicht-Wahrheit, bei Wirtschaft immer um Zahlung oder Nicht-Zahlbarkeit – aber schon für die Programme trifft das womöglich nicht oder doch in sehr viel geringerem Maße zu. Lassen sie sich überhaupt ohne Rückgriff auf kulturelle Medien formulieren? Further research needed. Theoretisch bleibt das Problem bestehen, wie wichtig für das Operieren von Systemen möglicherweise nicht übersetzbare Programme sind. Wieweit diese sich von ethnozentrischen kulturellen Vorgaben emanzipieren können, ist jedenfalls empirisch nicht ein für allemal entschieden.

Kommen wir noch einmal zurück zum Anfang unserer Überlegungen. Das, was man allgemein mit Kultur bezeichnet, scheint für Luhmann zwar eine Realität zu sein, aber kein System. Der Grund dafür? Es gibt keine kulturspezifische Operation. Mit der gleichen Argumentation hatte Luhmann sich auch gegen die These gewandt, die Sprache sei ein System. »Sprache hat keine eigene Operationsweise, sie muß entweder als Denken oder als Kommunizieren vollzogen werden; und folglich bildet Sprache kein eigenes System. Sie ist und bleibt darauf angewiesen, dass Bewußtseinssysteme auf der einen und das Kommunikationssystem auf der anderen Seite ihre eigene Autopoiesis mit völlig geschlossenen eigenen Operationen fortsetzen. Wenn dies nicht geschähe, würde sofort jedes Sprechen aufhören und bald darauf auch nicht mehr sprachlich gedacht werden können.«[286] Das leuchtet zumindest mir sehr ein, wenn ich auch nicht übersehe, dass manche Anhänger Heideggers einwenden würden, die Sprache spreche. Was für die Sprache gilt, gilt für Kultur a fortiori. Sie ist nicht auf Kommunikation engzuführen, sondern ein Medium für zumindest Bewusstsein und soziales System. Als Gedächtnis im weiteren Sinn wäre sie gerade auch für den Organismus ein Speicher für wiederverwendbare Habitus. Genau das meint ja die These vom kulturellen Kapital bei Bourdieu. Dass Luhmann diesem Konzept unterstellt, es bringe »[...] nur ein schmales Segment dessen heraus, was das kulturell geformte Gedächtnis für die Gesellschaft bedeutet«[287] scheint mir insofern nicht angemessen. Vielmehr macht Bourdieu darauf aufmerksam, dass kulturelle Kapitalien nicht nur als kommunikative Ressourcen im engeren Sinne zu verstehen sind, sondern dass gerade auch die Kompetenz zu einsamer Praxis kulturell vermittelt ist. Die soziologische Relevanz von Mausefallen ist nicht auf die Fähigkeit über sie zu reden beschränkt.

Damit könnte ich eigentlich aufhören. Die Fahrt aus dem Parsonschen Labyrinth in die Luhmannsche Lichtung liegt hinter uns. Wir begreifen, warum die

---

286 Ebd., S.112.
287 Ebd., S.589.

Kultur zwar mitgenommen wurde, aber nicht als System, sondern wenigstens als Medium. Da stoße ich auf die Seite 587 am Ende des ersten Bandes der »Gesellschaft der Gesellschaft«. Was lese ich da: »Es muss [...] seit Beginn menschlicher Gesellschaftsbildung Kultur gegeben haben, und das Problem ist nur, dass und wie es im Laufe der Evolution zu einer Differenzierung von Kultursystem (sic!) und Sozialsystem mit verschiedenen Beiträgen zur Ermöglichung von Handeln gekommen ist.« Ein Rückfall? Nein. Gottseidank nur eine weitere Parsonsparaphrase bei Luhmann: Aber wie antwortet er auf Parsons? »Der Begriff der Kultur erklärt [...] nicht genau genug, wie diese Überbrückungsfunktion erfüllt wird. Eben dafür muss man auf eine Theorie des Gedächtnisses zurückgehen, und es fragt sich dann, was man zusätzlich gewinnt, wenn man das soziale Gedächtnis als Kultur bezeichnet.«[288] Die Lösung des Problems der Kultur besteht also schlicht darin, den Kulturbegriff zu verabschieden. Eigentlich schade. Vielleicht findet sich in meinem Vortrag der eine oder andere Gedanke, der erlaubt, es anstelle des Luhmannschen »...ist nichts anderes als« mit der Formulierung zu versuchen: »[...] ist nicht nur«.

---

288   Ebd., S.587.

Bürgerliche Kultur als menschliche Bildung

1 Klassengesellschaft und klassenlose Kultur

Marx hat die Struktur von Klassengesellschaften überhaupt vor allem am Kapitalismus und dem für ihn konstitutiven antagonistischen Widerspruch zwischen Bourgeoisie und Proletariat vorgeführt. Immerhin ist die Idee einer »klassenlosen Gesellschaft« von ihm *in dieser Gesellschaft* konzipiert worden, zwar nicht als Beschreibung aktueller Zustände, sondern als *Postulat* oder sogar als *Prognose* einer unvermeidlichen Entwicklung, auf die die bürgerliche Gesellschaft sich zubewegt. Könnte es sein, dass er damit lediglich den Inbegriff des Selbstverständnisses der bürgerlichen Kultur formuliert hat? Wäre die bürgerliche Gesellschaft zwar eine Klassen*gesellschaft*, die in ihr entworfene bürgerliche *Kultur* aber vom Selbstanspruch her »klassenlos«, eine Klassengesellschaft also mit einer (im genannten Sinne) klassenlosen Kultur? Die Frage überspitzt eine Vermutung, die sich aus Friedrich Tenbrucks Überlegungen zur bürgerlichen Kultur relativ gewaltlos herausdestillieren lässt. Man könnte sie aber auch aus den Texten erschließen, die sich zum Ende des 18. und zu Beginn des 19. Jahrhunderts über Bildung als Menschheitsbildung finden lassen.[289]

Selbst aus den Arbeiten des jungen Marx lässt sie sich ›herausinterpretieren‹. Die bürgerliche Kultur wäre demnach nicht *bloße* Ideologie, sondern zugleich auch – wenn ernstgenommen – ein Hebel der Kritik gegenüber der bloß tatsächlichen Wirklichkeit einer Klassengesellschaft, die sich als solche nicht zu legitimieren weiß, die nicht nur auf Grund von Strukturantagonismen (etwa den Klassengegensätzen zwischen Proletariat und Arbeit, den Überangebots-, Realisierungs- etc. krisen und vielen anderen Beispielen mehr, wie sie sich in den marxistischen Krisentheorien finden), sondern als *Vollstreckung* ihrer eigenen Ideologie die *Realisierung ihrer Kultur* nur als *Aufhebung ihrer Struktur* ins Werk setzen könnte.

---

289   Schon die Titel sind in ihrer oft unfreiwillig paradoxen Kombination von Partikularismus und Universalismus höchst aufschlussreich. Ich denke etwa an: Karl Heinrich Ludwig Pölitz, »Die Erziehungswissenschaft, aus dem Zwecke der Menschheit und des Staates praktisch dargestellt«, Leipzig 1806 oder Karl Salomo Zachariae, »Über die Erziehung des Menschengeschlechts durch den Staat«, Leipzig 1802. Dass an die Stelle Gottes, der noch bei Lessing als Erzieher des Menschengeschlechts eine zumindest rhetorische Rolle spielt, nunmehr *tout court* der Staat getreten ist, haben zumindest die Beteiligten nicht als bürgerliches Trauerspiel empfunden.

2   Verselbständigung der bürgerlichen Kultur und kommunikative Selbstreferenz

Tenbruck geht in seinen Ausführungen über bürgerliche Kultur zunächst davon aus, dass wir es hier mit einer »Verselbständigung« von Kultur zu tun haben. Darunter versteht er »[...] eine nunmehr ausgesonderte und verselbständigte Sphäre des allgemeinen Lebens [...], in der ›Kulturgüter‹ in Form von meist schriftlich fixierten ›kulturellen Objektivationen‹ produziert und vermittelt werden. Sie ist nicht länger nur eine überlieferte symbolische Ordnung, an feste Gehalte und Formen gebunden, vor allem von gebildeten Mönchen und Klerikern gehütet oder sonstwie gepflegt, noch ist sie das herkömmlich vorbildliche Muster in standestypischen Lebensformen. Vielmehr ist die Kultur hier in einen völlig neuen Zustand geraten, in dem sie sich selbst laufend hervorbringt und hierdurch ständig erweitert und verändert. Denn sie produziert sich nun in einem Strom von Werken der Literatur, Philosophie, Kunst und Wissenschaft, in immer neuen Ideen, Ideologien und Weltanschauungen. Mit der Entstehung eines solchen Reiches, in dem die Kultur sich selbst unablässig produzierte und reflektierte, wurde die Wirklichkeit, in die sich der Mensch hineingestellt fand, ihrer unmittelbar erlebten Selbstverständlichkeit zunehmend entkleidet. Die Erfahrung, bisher unproblematisch einsichtig, wurde nun im Spiegel ihrer dauernden kulturellen Reflexion, Auslegung und Deutung differenziert und sublimiert.«[290]

Das, was hier Verselbständigung von Kultur heißt, entspricht weithin dem, was in der etwas idiosynkratischen Terminologie Luhmanns als Selbstreflexion von kommunikativer Autopoiesis »gepflegte Semantik« genannt werden könnte.

Entscheidend ist nun, dass dieser Typus von Kommunikation nicht mehr ständisch gebändigt werden kann. Er ist im Sinne Luhmanns nicht mehr mit stratifikatorischer Differenzierung kompatibel. Er entzieht sich aber nicht nur der ständischen Bindung an eine Trägerschicht, sondern auch deren gleichsam letzter Fassung: der Klassengesellschaft. Dabei wird auch von Tenbruck natürlich nicht geleugnet, dass das »Bürgertum«, jetzt als soziale Gruppe verstanden, »[...] das Hauptreservoir der bürgerlichen Kultur bildete und schon deshalb bilden mußte, weil hier die Voraussetzungen zur Teilnahme günstig lagen.«[291] Aber das Bürgertum kann seine eigene Kultur weder rein faktisch für sich monopolisieren, noch verträgt sich der kommunikativ artikulierte Anspruch mit einer solchen ständischen Selbstbegrenzung: »Ausweislich ihrer tragenden Ideen und sozialen Teilhaber transzendiert die bürgerliche Kultur die Privatinteressen der Bourgeoisie. Und wie immer sie entstanden ist, trägt sie ihren Namen zu Recht nicht als

---

290   Friedrich H. Tenbruck, »Bürgerliche Kultur« (urspr. 1986), in: Ders., »Die kulturellen Grundlagen der Gesellschaft. Der Fall der Moderne«, Opladen 1989, S. 252.
291   Ebd., S. 268.

Sonderkultur einer Klasse, sondern als die allgemeine Kultur aller Bürger, in die jeder so oder so einbezogen war. Sie hieß bürgerlich nicht, weil sie Standeskultur des Bürgertums sein wollte, sondern weil man an ihr nur als Bürger teilnehmen konnte, der sich auf ihre öffentliche Reflexion und freie Vergesellschaftung einließ. Sie gewann ihre Macht nicht, weil sie Kultur eines Standes, sondern weil sie allgemeine und öffentliche Kultur war, an der man gewollt oder ungewollt, direkt oder indirekt teilnahm.«[292]

Auch beim jungen Marx wird diese Überlegung erkennbar. Zunächst einmal insistiert er darauf, dass mit der hochkulturellen Trennung von geistiger und materieller Tätigkeit eine gewisse Eigenständigkeit des Überbaus verknüpft ist. Allerdings bleibt er bei der Auffassung, dass diese Verselbständigung der Ideen-dynamik bloße Einbildung, bloßer Schein ist: »Die Teilung der Arbeit wird erst wirklich Teilung von dem Augenblick an, wo eine Teilung der materiellen und geistigen Arbeit eintritt. Von diesem Augenblicke an kann sich das Bewusstsein wirklich einbilden, etwas andres als das Bewusstsein der bestehenden Praxis zu sein, wirklich etwas vorzustellen, ohne etwas Wirkliches vorzustellen - von die-sem Augenblick an ist das Bewusstsein imstande, sich von der Welt zu emanzi-pieren und zur Bildung der ›reinen‹ Theorie, Theologie, Philosophie, Moral etc. überzugehen. Aber selbst wenn diese Theorie, Theologie, Philosophie, Moral etc. in Widerspruch mit den bestehenden Verhältnissen treten, so kann dies nur dadurch geschehen, daß die bestehenden gesellschaftlichen Verhältnisse mit der bestehenden Produktionskraft in Widerspruch getreten sind - was übrigens in einem bestimmten nationalen Kreise von Verhältnissen auch dadurch geschehen kann, dass der Widerspruch nicht in diesem nationalen Umkreis, sondern zwi-schen diesem nationalen Bewusstsein und der Praxis der anderen Nationen [...] sich einstellt.«[293] Aber Marx beschränkt sich nicht auf diese grundsätzliche Er-wägung. Er sieht darüber hinaus, dass die Existenz von an Rationalität orientier-ten Intellektuellen die Legitimation von Herrschaft (gemeint ist hier freilich die Herrschaft ökonomischer Klassen) an die Plausibilität von Argumenten bindet. Es gibt dann kommunikative Zwänge der Voraussetzungen für Konsens, die nicht einfach identisch sind mit den Interessen und die sich ihnen gegenüber verselbständigen können. Diese Situation ist für Marx spätestens seit dem 18. Jahrhundert eingetreten. Jetzt nämlich gilt, »[...] daß immer abstraktere Gedan-ken herrschen, d.h. Gedanken, die immer mehr die Form der Allgemeinheit an-nehmen. Jede neue Klasse nämlich, die sich an die Stelle einer vor ihr herrschen-den setzt, ist genötigt, schon um ihren Zweck durchzuführen, ihr Interesse als das gemeinschaftliche Interesse aller Mitglieder der Gesellschaft darzustellen, d.h.

---

292 Ebd.
293 Karl Marx, Friedrich Engels, »Werke«, 3. Bd., Berlin 1974, S. 31f.

ideell ausgedrückt: ihren Gedanken die Form der Allgemeinheit zu geben, sie als
die einzig vernünftigen, allgemein gültigen darzustellen.«[294]
    Dieser von Marx bemerkte Prozess des Zwanges, Rechtfertigungsideologien
in der Form der Vernünftigkeit zu formulieren, ist aber keineswegs lediglich
durch die Konkurrenz von Klassen bedingt und keineswegs erst seit dem 18.
Jahrhundert im Gang. Dieser Prozess ist unausweichlich, wenn Weltdeutung als
rationale auftritt, und das ist seit Beginn der großen Hochkulturen im Vorderen
Orient und in Asien der Fall. Das, was aber tatsächlich erst seit dem 18. Jahrhundert sozial wirkmächtig ist, ist die Unterstellung nicht nur der Allgemeinverbind-
lichkeit von Gedanken, sondern die Ausdehnung dieser Ansprüche auf die gesamte Menschheit. Aber trotz dieser Einsichten, die Marx ja gleichzeitig mit
seiner Basis-Überbau-Theorie formuliert, hält Marx an der These von der De-
termination des Überbaus durch die Basis fest.

3   Widersprüche zwischen Ideal und Wirklichkeit

Den üblicherweise als »bürgerlich« bezeichneten Gesellschaftstheoretikern geht
es auch nicht um die Aufhebung der Ungleichheit der Menschen in jeder Hinsicht. Nicht einmal für die Zukunft. Im Gegenteil versucht die »politische Ökonomie« von Hobbes bis Ricardo zu zeigen, dass bestimmte Formen der Ungleichheit gar nicht aufhebbar sind. Die Gründe dafür variieren. Die These von
der »Klassenlosigkeit« der Kultur besagt deshalb zunächst nur, dass diese Thesen allgemein diskutierbar seien. Ausgeschlossen sind transkommunikative Gewissheiten. Die Kommunikation führt zu Konsens oder nicht (öfter eher nicht).
Aber es lässt sich niemand schon deshalb aus ihr verbannen, weil er nicht zur
»Bourgeoisie« gehört. Man kann durch Arbeit oder Marktgewinn erworbenes
»Eigentum« als neue Basis gesellschaftlicher Ordnung vorschlagen. Man kann
die Legitimität des Ererbten höher einschätzen. Doch jeder dieser Vorschläge
muss mit Widerspruch rechnen. Die Zugehörigkeit zu einem Stand legitimiert
nicht die Argumente: »Was als bürgerliche Theorie charakterisiert werden kann,
hat Bezug gerade auf diesen bereits sichtbaren Bedeutungsverlust der Stratifikation schlechthin.«[295]
    Deutlich ist ja auch und unmittelbar handgreiflich, dass dem Selbstanspruch
auf allgemeine Zugänglichkeit und Teilnahme an der Kultur die reale Exklusion
der Mehrzahl der Mitglieder der Gesellschaft aufs krasseste kontrastierte. Man

---

294 Ebd., S. 47.
295 Niklas Luhmann in einer Diskussion der Theorien von Linguet: Niklas Luhmann, »Bürgerliche
     Rechtssoziologie. Eine Theorie des 18. Jahrhunderts«, in: Archiv für Rechts- und Sozialphilo-
     sophie, Bd. 69,4, 1983, S.431-445; hier: S.443.

konnte zwar dichten: »Seid umschlungen ihr Millionen! Diesen Kuß der ganzen Welt!« Aber dass dem keine faktische Verbrüderung entsprach, konnte ebenfalls niemandem verborgen bleiben: »Doch die Verhältnisse, die sind nicht so!« Es hätte eigentlich keines Dichters bedurft, um die Beteiligten darüber zu belehren. Die Differenz zwischen Kultur und Gesellschaft gehört zum fundierenden Bewusstsein für die bürgerliche Kultur. Luhmann belegt das in seiner Interpretation der Rechtstheorie von Linguet: »Im ganzen also keine schöne Theorie, kein Versuch der Beschönigung, nur das Insistieren auf historischer Notwendigkeit (das Marx dann in gleichermaßen fragwürdiger Weise für sein Gegenprogramm übernehmen wird!). Die Theorie der bürgerlichen Gesellschaft führt von Anfang an ein Verlustkonto. Sie bilanziert laufend. Sie kommt mit Protest gegen sich selbst in Gang.«[296]

4   Zwei Formen von Exklusion: Elend und Unbildung

Dabei interpretiert die bürgerliche Kultur die hier sichtbar werdenden Brüche mit Hilfe zweier gänzlich verschiedener Konzepte. Es geht einerseits um die unterschiedlichen Partizipationschancen verschiedener Statusgruppen: Die Unterschichten haben weniger Zugang zu den Bildungsgütern als die gehobenen Schichten, obwohl hier eigentlich Gleichheit herrschen sollte. Dieser Typus von Ausschließung wird semantisch noch mit dem Modell der Stratifikation formuliert. Daneben artikuliert sich aber ein ganz anderer Typus von Entfremdung. Marx bezeichnet ihn als »Gattungsentfremdung«. Er steht im Mittelpunkt der Entfremdungsängste des gesamten deutschen Idealismus. Hier geht es um Zugangssperren, die mit der Ablösung des stratifikatorischen Typus von Differenzierung durch die funktionale Differenzierung verbunden sind. Diese wird einerseits als Steigerung der gesamtgesellschaftlichen Möglichkeiten erfahren, aber andererseits als Zugangssperre für jeden Einzelnen, dessen Leben nicht lang genug dauert, um sich auf das historisch erreichte Niveau der Gattung zu erheben. Die Theorien zur Arbeitsteilung, vielleicht der Kern aller bürgerlichen Kulturtheorien, spiegeln dieses Dilemma. Die Ästhetischen Briefe Schillers, die Bildungstheorie Humboldts, Simmels Beschwörung der Tragödie der Kultur und Max Webers Idee vom unlösbaren Konflikt zwischen den Wertsphären, um nur diese prominenten Beispiele, die sich beliebig vermehren ließen, zu nennen, haben hier ihren Sinnkern. Selbst wenn es überhaupt keine soziale Schichtung mehr gäbe, würde die im Prinzip schrankenlose Perfektibilität der Kulturgüter, ja schon deren realisierte Stufe der Entwicklung jede Hoffnung illusorisch werden

---

296   Ebd., S. 441.

lassen, dass je ein Einzelner mit ihr schritthalten könnte. Je stärker diese Problematik akzentuiert wird, desto trivialer muss die durch immer noch nicht überwundene Schichtung bedingte Exklusion erscheinen. Die kulturelle Verelendung betrifft dann den modernen Menschen als solchen. Umgekehrt: Je stärker die Exklusion der einen Gruppe relativ zu der der anderen ins Gesichtsfeld rückt, desto mehr gerinnt die Gattungsentfremdung zur Luxussorge der *beati possidentes*. Es muss niemand ein *uomo universale*, aber es darf keiner Analphabet sein. Am Notwendigen kann man eben nichts ändern. Aber mit dem Notwendigsten sollte jeder ausgestattet sein. Über diesen Widerspruch erheben sich nur die Utopien, die durch die politische oder ökonomische Revolution oder eine neue Form von Bildung gleich beide Formen des Zerrissenseins zu überwinden versprechen.

5   Zwei Formen von Vertagung mit Verzinsung: Revolution und Bildung

Grundsätzlich ließen sich verschiedene Möglichkeiten denken, wie man die Kluft überwinden könnte. Die eine zielte auf politische und wirtschaftliche Kämpfe, als deren Ergebnis dann die Einlösung der mit dem Anspruch der bürgerlichen Kultur auf klassenlose Geltung als Verheißung in Aussicht gestellt werden konnte. Die andere auf Bildung. Beide Lösungen freilich führen schon zu Beginn mit der Idee der allgemeinen Inklusion auch den Schatten mit, dass einige Personen eben definitiv ausgeschlossen werden: Die müssen sich dann weinend aus dem Bund der Freunde stehlen oder »verdienen nicht, ein Mensch zu sein«, weil sie solche Lehren halt nicht erfreun[297]. Es scheint aber, als wenn die Grenzen der Integrierbarkeit sich weitgehend verhüllt hätten. Sie waren als fundierende Paradoxie notwendig unsichtbar. Das wird vor allem dadurch einigermaßen erleichtert, dass Lösungen, welche sachlich nicht kompatibel sind, als Zukunftsvisionen präsentiert werden: Verzinsung durch Vertagung. Oder mit Luhmanns geflügeltem Wort: »Wertelisten sind Wartelisten«. Was Revolution und Bildung gemeinsam haben, scheint zu sein, dass man erst später merkt, ob's klappt. Die wohlfeile Denunziation der Bildung als Ideologie durch die Anhänger der Revolution setzt typischerweise nicht nur den Sieg, sondern auch den Sieg nach dem Sieg, den Erfolg des Programms, voraus: quod esset demonstrandum.

---

297 Luhmann spricht in diesem Zusammenhang – aber auf Habermas bezogen – von einer Letztspaltung der Menschheit in Inklusion und Exklusion durch Vernunft. Sie sei vielleicht »[...] eine Horrorvision [...], bei der man vernünftigerweise (= paradoxerweise) nur für Unvernunft votieren kann«. Niklas Luhmann: »›Quod omnes tangit....‹. Rezension von Jürgen Habermas: Faktizität und Geltung«, in: Rechtshistorisches Journal, 12, 1993, S. 36-56, hier: S. 45.

Die deutsche Tradition hat auf die hier aufgezeigte Problematik eher mit dem Postulat nach Bildung als mit dem nach Revolution reagiert[298]. Wenn die bürgerliche *Kultur* auf eine Form des *Menschseins* zielt, dann kann man auch beim Menschen direkt ansetzen. Weder die bürgerliche *Gesellschaft* noch der real existierende Bürger entsprechen schließlich als empirische Gegebenheiten dem Ideal: Beide sind unvollkommene empirische Realisierungen des Menschseins, aber beide sind auch perfektibel. Der aus der Idee der Perfektibilität (Rousseau ist nicht zufällig der eigentliche *spiritus rector* sowohl der Idee der Revolution als auch der der Bildung) erwachsende Gedanke des »plus ultra« kann deshalb vom Individuum oder von der Gesellschaft ausgehen: Mit besseren Menschen wird man zu einer besseren Gesellschaft kommen. Mit einer besseren Gesellschaft wird man bessere Menschen erzeugen. Die Paradoxien lassen hüben wie drüben grüßen. Der Perfektibilitätsgenerator scheint kurioserweise *utraque parte* der Staat zu sein. Wir wollen uns hier aber nur der einen Seite zuwenden: der Bildung als Identitätsgenerator des perfektiblen Bürgers.

6 Bildung und Identität

Entscheidend ist, dass das Bildungskonzept stets mehr und anderes gemeint hat als die bloße Sozialisation von Kenntnissen und Fertigkeiten. Erstrebt wurde ein bestimmter Typus von Identität. Das Bildungskonzept war ein letzter Versuch, angesichts differenzierter werdender kognitiver und organisatorischer Strukturen eine Integration auf der Ebene der Persönlichkeit zu stiften. Dabei spielte neben der Orientierung an bestimmten Wissensgebieten vor allem die Verpflichtung auf Bedeutungen, insbesondere auf Werte, eine zentrale Rolle. Gerade die oben skizzierte Differenz zwischen den Postulaten und den Realitäten wird dabei zentral: Das Individuum bildet gleichsam den »Puffer« zwischen den Widersprüchen. Bildung sollte einerseits eine souveräne Distanz gegenüber durch Status bedingten Störungen garantieren, andererseits auch der Gattungsentfremdung widerste-

---

[298] Es soll hier nicht im einzelnen die Soziologie der Entstehung des Bildungsgedankens geliefert werden. Das ist anderwärts bereits geschehen. Vgl. z.B. Hans Weil, »Die Entstehung des deutschen Bildungsprinzips«, Bonn, 1930; Hans H. Gerth, »Die sozialgeschichtliche Lage der bürgerlichen Intelligenz um die Wende des 18. Jahrhunderts« Frankfurt a. M., 1935; Friedrich H. Tenbruck, »Bildung, Gesellschaft, Wissenschaft«, in: Dieter Oberndörfer (Hg.), »Wissenschaftliche Politik«, Freiburg 1961, S. 365-400; Helmut Schelsky, »Einsamkeit und Freiheit«, Reinbek 1963; Jürgen Habermas, »Vom sozialen Wandel akademischer Bildung«, in: Merkur, 17. Jhg., 1963, H. 183, S. 413-427; Willy Strzelewicz, »Bildung und gesellschaftliches Bewusstsein. Sozialhistorische Darstellung«, in: Willy Strzelewicz u.a., »Bildung und gesellschaftliches Bewusstsein«, Stuttgart 1966, S. 1-93, um nur die wichtigeren der im engeren Sinne soziologischen Arbeiten zu erwähnen.

hen. Die gebildete Persönlichkeit sollte eine Art Mikrokosmos darstellen. Selbstgesteuerte Auswahl aus dem nicht mehr zum Kosmos sich fügenden Makrobereich der Gesamtkultur sollte einen zugleich partizipationsfähigen und unabhängigen Menschen heranbilden: ›Denn keine Macht der Welt zerstückelt geprägte Form, die lebend sich entwickelt.‹

Friedrich H. Tenbruck hat zusammenfassend diesen Tatbestand charakterisiert: »Bildung meint nämlich vor allem eine Begrenzung der Person. Person kann der Mensch nur dort sein, wo er sich den eigentlichen Möglichkeiten und Impulsen wie auch der Umwelt nicht beliebig und grenzenlos überläßt.«[299] Ähnlich hatte Durkheim formuliert: »Puisqu'il n'y a rien dans l'individu qui puisse leur (sc. aux besoins) fixer une limite, celle-ci doit nécessairement leur venir de quelque force extérieure à l'individu. Il faut qu'une puissance régulatrice joue pour les besoins physiques. C'est dire que cette puissance ne peut être que morale.«[300]

Für die klassische Tradition ergibt sich die Integration der zunächst als Vielzahl von kognitivem Material gegebenen Differenzierung vor allem durch den Glauben an eine Einheit der Wissenschaft, die in der Philosophie manifestiert werde. So schreibt Schelling in seinen »Vorlesungen über die Methode des akademischen Studiums« von 1802: »Der besonderen Bildung zu einem einzelnen Fach muß also Erkenntnis des organischen Ganzen der Wissenschaft vorausgehen. Derjenige, welcher sich einer bestimmten ergibt, muß die Stelle, die sie im Ganzen einnimmt, und den besonderen Geist, der sie beseelt, so wie die Art der Ausbildung kennenlernen, wodurch sie dem harmonischen Geist des Ganzen sich anschließt, die Art also auch, wie er selbst diese Wissenschaft zu nehmen hat, um sie nicht als ein Sklave, sondern als ein Freier und im Geiste des Ganzen zu denken.«[301]

Diese Einheit nimmt für Schelling Gestalt an in der »Idee des Absoluten«, die in der Philosophie sich manifestiert. Ganz ähnlich auch Fichte:[302] »Tot ist ein wissenschaftlicher Stoff, solange er einzeln und ohne sichtbares Band mit Hoffnung eines künftigen Gebrauches anheimgegeben wird. Belebt und organisiert wird er, wenn er mit einem andern verknüpft, und so zu einem unentbehrlichen Teile eines entdeckten größeren Ganzen wird [...].« Und dem entspricht das berühmte Humboldtsche Prinzip, dass der Einzelne von der Einheit der Wissenschaft auch subjektiv durchdrungen sein solle. Daher war auch die Philosophie nicht bloße Zugabe, sondern die eigentliche Mitte allen Studiums, nicht zwar,

---

299   Friedrich H. Tenbruck, »Bildung, Gesellschaft, Wissenschaft«, in: Dieter Oberndörfer (Hg.), »Wissenschaftliche Politik«, Freiburg 1961, S. 371.

300   Émile Durkheim, »Le Suicide«, Paris 1897, S. 175.

301   Zitiert nach: »Die Idee der deutschen Universität. Die fünf Grundschriften aus der Zeit ihrer Neubegründung durch klassischen Idealismus und romantischen Realismus«, Darmstadt 1956, S. 4f.

302   »Deduzierter Plan einer in Berlin zu errichtenden höheren Lehranstalt«, ebd.

was die tatsächliche Studienpraxis betraf, wohl aber in den Konzepten selbst. In der Philosophie gewann die »Einheit des Seins« ihre Manifestation. Der Gebildete verkörperte diese Einheit als »Einheit des Selbst«. Indem der Einzelne die Einheit der Weltprinzipien innerlich durchdrang, hatte er teil am objektiven Sinn der Welt und hob sich damit über die pure Zufälligkeit seiner historischen Existenz. Identität des Ich realisierte sich, insofern der Einzelne durch Wissenschaft des bei aller Mannigfaltigkeit der Disziplinen und Stoffgebiete *systematischen* Charakters der *einen* Wissenschaft und der ihr entsprechenden äußeren Welt inne wurde. Es kann hier nicht darum gehen, der Begründung dieser Konzeption im Einzelnen nachzugehen. Für unseren Kontext genügt es, auf diesen Charakter der *geglaubten*, in der Reflexion zu erfassenden Einheit des Wissens, der Welt und des Ich zu verweisen. Es ist leicht zu sehen, wie stark Modelle der Wiederherstellung beschädigter Identität, wie sie der Psychoanalyse Freuds zugrundeliegen, solchen Konzepten verpflichtet sind.

7   Bildung und Staat

Für die Gegenwart dürfte sich schwerlich ein solcher Zusammenhang glaubhaft darstellen lassen. Die Hoffnung auf die erfahrbare Einheit von Wissenschaft, Welt und Ich lässt sich kaum realistisch begründen. Selbst die Idee Freuds, wenigstens die plausible Einheit der Biographie in der Analyse zu rekonstruieren, wirkt angesichts neuerer Verfahren des Einübens in biographisches Vergessen seltsam archaisch. Es ist jedoch deutlich, dass der Glaube an die Einheit der Wissenschaften schon zur Zeit Humboldts nicht selber wissenschaftlich war, vielmehr eine Deutung der Wissenschaft aus einem nicht-wissenschaftlichen Fundus von Bedeutungswissen darstellte. Jedenfalls sind, wo Menschen dieserart ihre Identität von einer geglaubten Einheit eines Systems her integrieren, einige wesentliche Folgen auch für die politische und gesellschaftliche Partizipation zu erwarten. Dies war den führenden Autoren des Prinzips sehr wohl bewusst. So schreibt z.B. Friedrich Schleiermacher in den »Gelegentliche(n) Gedanken über Universitäten in deutschem Sinne. Nebst einem Anhang über eine neuzuerrichtende« (1808) zur Frage der Einheit der Wissenschaft und ihrer Bedeutung für den Staat: »Der Staat ist alsdann natürlich nur von dem unmittelbaren Nutzen der Kenntnisse überzeugt und ergriffen. Ausgebreitete Bekanntschaft mit Tatsachen, Erscheinungen und Erfolgen aller Art sucht er zu begünstigen, und wenn er sich der wissenschaftlichen Anstalten annimmt, sie vorzüglich hierauf zu lenken. Denjenigen hingegen, welche sich zum Beruf der Wissenschaft freiwillig vereinigen, kommt es auf etwas ganz anderes an als allein auf die Masse der Kenntnisse. Was sie vereinigt, ist das Bewußtsein von der notwendigen Einheit alles

Wissens [...]. So auch jeden Menschen, den sie sich ähnlich bilden wollen, führen sie, auch nur mäßig ausgerüstet, gleich auf diesen Hauptpunkt wissenschaftlicher Einheit und Form, über ihn in dieser Art zu sehen, und lassen ihn nur, nachdem er sich so festgesetzt hat, noch tiefer in das einzelne hineingehen, weil er alles wirklich wissen soll im strengen Sinn, und sonst alles Anhäufen einzelner Kenntnisse nur ein unsicheres Umhertappen wäre [...]. Der Staat hingegen verkennt nur zu leicht den Wert dieses Bestrebens, und je lauter sich die Spekulation - so wollen wir immer nennen, was sich von wissenschaftlichen Beschäftigungen überwiegend nur auf die Einheit und die gemeinschaftliche Form des Wissens bezieht - je lauter sich diese gebärdet, desto mehr sucht der Staat sie zu beschränken, um allen seinen Einfluß [...] dazu zu gebrauchen, daß die realen Kenntnisse, die Masse des wirklich ausgemittelten, auch ohne Hinsicht darauf, ob jenes Gepräge der Wissenschaft ihnen aufgedrückt ist oder nicht, allein gefördert werden [...]«.[303]

8   Bildung und Distanz

In diesen Formulierungen deutet sich der von Schleiermacher stark herausgestellte Konflikt zwischen Wissenschaft und Staat an. Der Staat und, so könnte man hinzufügen, alle zweckrational organisierten, funktional spezifisch verselbständigten Institutionen, sind an Ausbildung und Kenntnissen interessiert, die möglichst reibungslose Partizipation ermöglichen, jedenfalls nicht an einer Distanzierung ermöglichenden Bildung. Bei Schleiermacher wird daher auch sofort die allzu enge Verflechtung von politischem Partizipationswillen und Wissenschaft als Gefahr erkannt: Die Gefahr besteht für Schleiermacher darin, dass sich die Wissenschaftler in diesem Falle nur allzu leicht den Ansprüchen des Staates fügen, so dass die Wissenschaft »[...] zu einer bloßen Veranstaltung des Staates herab(sinkt).«[304]

Es ist damit nicht die Empfehlung verbunden, das Heil der Wissenschaft in der apolitischen Idylle zu suchen. Vielmehr soll umgekehrt die kritische Unabhängigkeit gegenüber dem Konformitätsansinnen des politischen Bereichs gesichert werden. Die Auffassung Schleiermachers, Bildung habe Selbständigkeit und Distanzfähigkeit zu erzeugen, kommt sehr deutlich in seinen Ausführungen über die akademische Freiheit zum Ausdruck. Soweit diese Freiheit das Recht beinhaltet, nach eigenem Studienplan zu leben, ohne sich gängeln zu lassen,

---

303   Zitiert nach: »Die Idee der deutschen Universität. Die fünf Grundschriften aus der Zeit ihrer Neubegründung durch klassischen Idealismus und romantischen Realismus«, Darmstadt 1956, S. 231.

304   Ebd., S. 232.

folgte sie unmittelbar aus dem Begriff wissenschaftlicher Bildung: »So wie nur durch Liebe und Glauben, und dadurch, daß man ihn empfänglich annimmt, für beides, der Mensch kann unter das Gesetz der Liebe und des Glaubens gebracht werden, nicht durch irgendeine Gewalt oder durch den Zwang äußerer Übungen, so auch zur Wissenschaft und zum Erkennen, *welches ihn befreit vom Dienst jeder Autorität*, kann er nur kommen, indem man lediglich durch die Erkenntnisse und durch kein anderes Mittel auf ihn wirkt, indem man schon die Kraft voraussetzt, welche ihn entbindet, irgendeiner Autorität zu dienen, als nur insofern sie sein eigenes Erkennen wird, und also aufhört, Autorität zu sein.«[305]

Aber dieser Geist der Selbständigkeit, der Verweigerung, der »Opposition gegen zugemutete Dienstbarkeit« wird nicht nur für das Studium im engeren Sinne zugestanden. Auch die Distanz zu den vorfindbaren Ansprüchen an die äußere Lebensführung wird nicht nur gebilligt, sondern befürwortet: »Daß also hier der Übergang zur Selbständigkeit, daß das Werden des Lebens durch freie Wahl sich auch äußerlich ausprägt, ist natürlich, und es zeigt sich dies auch mehr oder weniger in allen Verhältnissen.«[306] Weit entfernt also, jene schlichte Staatsfrömmigkeit zu erzeugen, die kritiklos alles geschehen lässt, sich entweder bieder an gegebene Pflichten bindet oder zu allem Ja und Amen sagt, soll nach Schleiermacher die wissenschaftliche Bildung gerade gefeit machen gegen jedes politische und gesellschaftliche Mitläufertum, gegen »Feigherzigkeit, Trägheit, niederen Eigennutz«, und zwar aufgrund der Bindung an innerlich übernommene Überzeugungen, die auf eingesehenen konsistenten Prinzipien aufbauen.

Aber diese Fähigkeit, Sitten auszubilden, die, indem sie »liberaler Ausdruck des Eigentümlichen« sind, gegen die Bevormundung durch die bestehenden gesellschaftlichen und politischen Mächte zugleich immunisieren und gegen sie angehen, setzt von Anfang an eine gewisse Befreiung vom Partizipationszwang der bestehenden gesellschaftlichen und politischen Systeme voraus: »Die Studierenden bedürfen einer großen Abgeschiedenheit von den übrigen, sie dürfen in die Leerheit des gewöhnlichen geselligen Verkehrs nicht hineingezogen werden.«[307] Die Abgeschiedenheit soll allerdings gerade nicht Isolierung sein, wie es unmittelbar anschließend heißt. Es geht darum, dass sich eine stabile Identität herausbilden kann, die – auf Prinzipien der inneren Handlungsführung und Urteilsfähigkeit gestützt – nicht zerrissen wird durch die inkonsistenten und mannigfachen Erwartungen der unterschiedlichsten gesellschaftlichen Gruppen.

Das bürgerliche Bildungsprinzip gilt heute vielfach als von Anfang an reaktionär. Man sieht nicht die kritische Intention, die im Postulat der Distanz zu den auf Partizipation drängenden gesellschaftlichen Mächten lag. Tatsächlich sollten

---

305 Ebd., S. 276.
306 Ebd., S. 281.
307 Ebd., S. 283.

jedoch die auf subjektives Distanzierungsvermögen gerichteten Bildungsvorstel-
lungen weniger – wie häufig unterstellt – lediglich als Empfehlung verstanden
werden, das private Glück in der politik- oder ökonomiefernen Idylle zu suchen.
Vielmehr sollte Distanzierungsfähigkeit gerade auch gegen die Drohungen und
Versprechungen des Herrschaftsapparates immunisieren. Die einsame Freiheit
gegenüber den gesellschaftlichen Partizipationszwängen bedeutete nicht den Rat,
sich der Sorge um die Verbesserungen der wirtschaftlich-politisch-gesellschaft-
lichen Daseinsumstände zu entziehen. Dennoch hielt diese Vorstellung von Bildung im Blick, dass die wunschgemäße Sicherung von äußeren Lebensbedin-
gungen allein nicht ausreichen kann, um eine subjektiv befriedigende Gratifika-
tionsbilanz zu erzielen. In der gegenwärtigen Aversion gegen die sogenannte
»höhere« Bildung und in der Forderung nach stärker »praxisorientierter« Ausbildung zeigt sich die entgegengesetzte Tendenz zunehmender Distanzlosigkeit
gegenüber den Versprechungen und Verheißungen der gesellschaftlichen Organisationen und ihrer auf Beherrschung der äußeren Lebensumstände gerichteten
Macht. Der »emanzipatorische« Anspruch der älteren Bildungskonzeption richtet
sich dagegen viel radikaler als das viele gegenwärtige Anhänger des Emanzipati-
onskonzepts glauben, gegen die Bevormundung durch politische Zwänge. Allerdings waren die Autoren der älteren Bildungskonzeptionen der Auffassung, dass
das Ziel »emanzipatorischen« Handelns selbst da, wo es sich gegen die Einschränkungen der Partizipations*möglichkeiten* wandte, nicht in der Partizipation
selbst liegen könne, sondern in der institutionalisierten Möglichkeit der Distanz,
die allein »Individualität« stiften könne. Auf den politisch »progressiven« Charakter zumindest der ersten Phase der deutschen Bildungsbewegung hat vor etlichen Jahren Walter Jens in einem glänzenden Aufsatz hingewiesen.[308] Er machte
darauf aufmerksam, dass die humanistische Bildung auch als »Verständigungs-
und Veranschaulichungsmittel« der Revolutionäre gedient habe. Ähnlich wie
Dilthey[309] (den Jens nicht erwähnt), weist er zwar darauf hin, dass die politische
Ohnmacht des Bürgertums gegen Ende des 18. Jahrhunderts und zu Beginn des
19. Jahrhunderts durch die humanistische Bildung gleichsam kompensiert worden sei: Im geistigen Bereich habe sich allererst jener Begriff von Autonomie
entfaltet, der dann auch die politische Emanzipation des Bürgertums vorangetra-
gen habe. Aber »[...] an den progressiven - und politisch einklagbaren! - Intentionen des Humanismus im Augenblick seiner bildungsmäßigen Organisation
nach 1800 ist nicht zu zweifeln.«[310] Damit ist keineswegs die Exkulpation für die
spätere Entwicklung des Humanismus verbunden, die Jens sehr kritisch sieht.

---

308   Walter Jens, »Antiquierte Antike?«, in: Attempto, H. 39/40, 1971, S. 64 ff.
309   Wilhelm Dilthey, »Die dichterische und philosophische Bewegung in Deutschland 1770-1800«
        (1867), in: Ders., »Gesammelte Werke«, V. Bd., Stuttgart und Göttingen ⁵1968, S. 12-30.
310   Walter Jens, »Antiquierte Antike?«, in: Attempto, H. 39/40, 1971, S. 66.

Wohl aber hält Jens (darin sich Uwe Hölscher[311] und Manfred Fuhrmann[312] anschließend) daran fest, dass im ursprünglichen Anspruch der Bildungsidee ein Moment liegt, das jenseits der Einzelinhalte und unbeschadet zahlreicher historischer Perversionen auch für die Gegenwart relevant sein könnte. Bildung erscheint als »[...] jene Kraft des Widerspruchs [...], die sich der Domestizierung verweigert und so, als antagonistische Potenz, in einer Welt der totalen Funktionalität auf einen Gegen-Bezirk verweist, dessen Wesen es ist, nicht verfügbar zu sein.«[313] In der »Unzeitgemäßheit« der klassischen Bildung liege ein Hemmnis gegen die »vorschnelle Identifikation mit dem jeweils Verlangten.«

Ergänzend zu den Überlegungen Jens' ist allerdings zu sagen, dass seine Analyse der sozialen Verankerung und Funktion des deutschen Bildungsideals mit zu beschränkten soziologischen Kategorien operiert. So lässt sich z.B. die Wirkmächtigkeit der Bildungsidee keineswegs ausschließlich aus dem Emanzipationsstreben »der« bürgerlichen Klasse ableiten. Schon H. Weil z.B. hat gezeigt, dass die Bildungsidee nur durch ihre Übernahme seitens eines Teils des stadtsässigen beamteten Adels überhaupt die Dignität des Vorbildlichen für die Bürgerlichen bekommen konnte[314] und generell gilt eben, dass die Bildungsidee ein Moment der bürgerlichen Kultur im Sinne der oben skizzierten Auffassung Tenbrucks ist, also nicht umstandslos auf Klasseninteressen der Bourgeoisie zurückgerechnet werden kann. Außerdem wird zu wenig darauf abgehoben, dass in der Bildungskonzeption der Berliner Gründer die Idee der persönlichen Autonomie zwar auch gegenüber dem Staat als Verwaltungsbehörde für relevant erachtet wurde, jedoch primär die Unabhängigkeit gegenüber den Zwängen des bürgerlichen Lebens impliziert war. Es ging also nicht nur um eine Unabhängigkeit gegenüber der staatlichen Macht, gegenüber »autoritären Repressionen«, sondern auch gerade um eine Immunisierung gegenüber den Verlockungen und Glücksverheißungen der gesellschaftlichen Mächte.

9   Bildung als Massenartikel

Die Bildungskonzeption ist denn auch aus genau diesen Gründen in der konkreten »didaktischen« Ausgestaltung kaum je realisiert worden. Jedenfalls nicht als Massenphänomen. (Eine Tatsache, der sich etwa Humboldt und Fichte durchaus

311 Vgl. hierzu: Uwe Hölscher, »Die Chance des Unbehagens. Drei Essays zur Situation der klassischen Studien«, Göttingen 1965.

312 Vgl. hierzu: Manfred Fuhrmann, »Die Antike und ihre Vermittler«, Konstanzer Universitätsreden 9, 1970, und Manfred Fuhrmann, Hermann Tränkle, »Wie klassisch ist die klassische Antike? Schriften zur Zeit«, Zürich und Stuttgart 1970.

313 Walter Jens, »Antiquierte Antike?«, in: Attempto, H. 39/40, 1971, S. 70.

314 Vgl. Hans Weil, »Die Entstehung des deutschen Bildungsprinzips«, Bonn 1930, S. 236.

bewusst waren: Sie verstanden ihre Konzeption von Anfang an als eine Angelegenheit für Minoritäten). So lange es die bürgerliche *Gesellschaft* gab, konnte die bürgerliche *Kultur* ihren auf Generalisierung zielenden Anspruch nicht durchsetzen. Die ideologiekritische Gleichsetzung von Bourgeoisie und bürgerlicher Kultur konnte eben aus diesem Tatbestand immer wieder Anschaulichkeit gewinnen. Das gilt jedenfalls dann, wenn man die Idee der ›Bildung‹ als Herzstück der bürgerlichen Kultur ansieht. Zu massiv waren die politischen und gesellschaftlichen Anforderungen an die Bildungsinstitutionen, hochqualifizierte Spezialisten auszubilden. Viel geringer war das Interesse am im oben skizzierten Sinne Gebildeten.

Die bürgerliche Kultur realisiert ihren Bildungsanspruch paradoxerweise erst nach dem Ende der bürgerlichen Gesellschaft. Ein wesentlicher Teil des Bildungskonzepts des deutschen Idealismus wird zu Beginn der Weimarer Republik ganz offen nur noch für die *Volksschulen* als sinnvoll angesehen. So schrieb der Preußische Kultusminister C.H. Becker 1936: »Die historische Aufgabe unserer Universitäten und auch die unserer Höheren Schulen ist nun einmal eine andere, weil in ihnen das Intellektuelle, das Fachliche, die Spezialisierung überwiegt, ja, wenn sie einen Zweck erfüllen sollen, überwiegen muß [...].«[315] Demgegenüber heißt es über die Volksschulen an gleicher Stelle: »Die heutige Volksschule soll [...] alle im Kinde liegenden Fähigkeiten so entwickeln, daß es, erwachsen, die seiner Anlage entsprechende Stelle in der Gesellschaft auszufüllen imstande ist, d.h. es soll nicht nur seinen Intellekt schulen, sondern auch seine religiöse oder künstlerische oder technische Anlage und in voller Harmonie damit seine körperlichen Kräfte entwickeln.«[316] Als Ideal stand Becker ein Mensch vor Augen: »[...] der Geist, Seele und Körper gleichmäßig ausgebildet hat zum Dienst an Volk, Vaterland und Menschheit.«[317]

Dieses Konzept lässt jedenfalls noch die Nachwirkung einer Vorstellung von Bildung erkennen, in der es nicht um den effizienten Funktionsträger spezifischer gesellschaftlicher Organisationen, den präzisen Partizipanten ging, sondern wo – jedenfalls vom Zielanspruch her – an einen Menschen gedacht wird, »[...] der sich im Leben zurecht finden und die richtige Entscheidung aus eigener Einsicht selbständig treffen kann«, wie es noch im Jahre 1955 (!) der Deutsche Ausschuss für das Bildungs- und Erziehungswesen[318] in seinem Gutachten über die Ausbildung der Lehrer an Volksschulen formulierte. Es ist bezeichnend, dass

---

315 Carl H. Becker, »Die Pädagogische Akademie im Aufbau unseres nationalen Bildungswesens«, zitiert nach Helmuth Kittel (Hg.), »Die Pädagogischen Hochschulen«, Weinheim 1965, S. 120.

316 Ebd., S. 118.

317 Ebd.

318 Der Deutsche Ausschuss für das Bildungs- und Erziehungswesen, »Empfehlungen und Gutachten», 1. Folge, 4. Nachdruck, Stuttgart 1964, S. 62.

nunmehr nur noch für die untere Schicht der Ausbildungspyramide an einem freilich seiner szientifischen Komponenten weitgehend beraubten Konzept der Bildung als personaler Orientierungsfähigkeit festgehalten werden soll. Die Rangordnung der Werte, wie sie für Humboldt und seine Zeitgenossen noch zweifelsfrei galt, hatte sich umgekehrt. Gerade die gesellschaftlichen Führungskräfte sollten zu seiner Zeit *nicht* spezialisierte Funktionsträger sein. Schon Schelling[319] hatte dem Spezialisten Anschauungslosigkeit vindiziert, dem es deshalb an der Fähigkeit der rechten Anwendung des Gelernten fehlen werde, der also, da er beim Lernen nicht auf alle Fälle vorbereitet werden könne, in den meisten von seinem Wissen verlassen dastehe. Überdies könne der so lediglich zum Spezialisten Ausgebildete keine Wissensfortschritte machen. Alles Neue werde von ihm entweder einfach abgelehnt oder aber kritiklos als Besonderheit begrüßt, ohne dass eine Urteilskraft vorhanden wäre, die aufgrund von Einsicht ins Allgemeine, Grundsätzliche, die kritische Distanz stifte. Es sind also die gesellschaftlichen Führungsaufgaben, die den ›universal‹ Gebildeten (nach Auffassung der älteren bürgerlichen Bildungstheoretiker) erfordern. Bildung wird gerade nicht als ein den Massen zugestandenes harmloses Nebenziel angesehen.

Der Wechsel der Rangordnung ist nicht zufällig. Er folgt aus dem Wandel der gesellschaftlichen Struktur in den hundert Jahren nach der Berliner Universitätsgründung. Wie u.a. Friedrich H. Tenbruck gezeigt hat, verdankte die Bildungskonzeption um 1800 ihre Wirkmächtigkeit vor allem der damals einsetzenden Strukturerweiterung von der Gebundenheit des lokalen ständischen Lebens in den überlokalen Orientierungsraum der Nation. Diese Strukturerweiterung hatte eine historisch einmalige Chance der Befreiung von standardisierten Lebensformen: »In dem Maße nun, wie die neuen strukturellen Verflechtungen ihm (s.c. dem Individuum) noch kein sozial standardisiertes Modell des Verhaltens anbieten, tritt der Mensch hier in eine gesellschaftliche Offenheit. Wo sich neue, sozial nicht standardisierte Lebensmöglichkeiten und Bewußtseinsgrenzen öffnen, kann das Dasein nur durch freie kulturelle Überformung dieser Offenheit stabilisiert werden.«[320]

Diese Chance aber ist mit der Sozialstruktur der Industriegesellschaft wahrscheinlich endgültig passé. Im Gegensatz zur Zeit um 1800 kann heute das auf die personale Selbstfindung des Individuums zielende Bildungskonzept nicht mehr auf die sie stützenden Tendenzen in der gesamtgesellschaftlichen Struktur rechnen. Sowohl in den Wissenschaften als auch in den Großorganisationen des

---

319 Vgl. dazu: »Die Idee der deutschen Universität. Die fünf Grundschriften aus der Zeit ihrer Neubegründung durch klassischen Idealismus und romantischen Realismus«, Darmstadt 1956, S. 28.

320 Friedrich H. Tenbruck, »Bildung, Gesellschaft, Wissenschaft«, in: Dieter Oberndörfer (Hg.), »Wissenschaftliche Politik«, Freiburg 1961, S. 377 f.

politischen, gesellschaftlichen und wirtschaftlichen Lebens wird die personale Perspektive unerheblich oder gar zum Störfaktor. Bildung wird somit dysfunktional für Führungsaspirationen innerhalb der modernen Gesellschaft, zur Freizeitmarotte, die man allenfalls noch – außerhalb der Organisationen selbst – zuzugestehen vermag. Die Konservierung dieses Zieles lediglich für die Volksschulen wäre dann als Reflex auf seine gesamtgesellschaftliche Funktionslosigkeit zu interpretieren. Daraus erklärt sich auch die Opposition, die dem Beckerschen Bildungsziel schon früh seitens der Lehrerschaft entgegengebracht wurde. Schon im Jahre 1930 wurde seitens des Preußischen Lehrervereins in einer Denkschrift[321] der »tüchtige Qualitätsarbeiter« als Bildungsziel avisiert. In der Aufrechterhaltung des älteren Bildungskonzepts für die Volksschulen wird eine Diskriminierung der Volksschüler und ihrer Lehrer gesehen. So sind es denn u.a. auch vor allem Statusinteressen der Lehrerschaft, die neben einer entsprechenden Nachfrage in Staat und Gesellschaft auf die Spezialisierung des Volksschullehrers und des Volksschulunterrichts drängten. Die Forderung nach einem Ausbildungsziel, das an der Konstruktion eines »harmonischen« Zusammenhangs des Gelernten im Bewusstsein des Handelnden, auf Integration des Wissens und Handelns (und folglich des Unterrichts) durch zentrale Orientierungssysteme abzielt, gerät in den Verdacht, reaktionär und purer Irrationalismus zu sein.

Ob das schon das letzte Wort ist, wird kaum jemand wagen wollen zu beurteilen. Es gibt auch zeitgenössische Theorien, von denen man bisweilen vermuten möchte, sich hätten ihre Inspiration dem 18. Jahrhundert entlehnt. So sehr jedenfalls setzen sie auf die Persönlichkeit als Mikrokosmos von Kultur und Bildung. Es handelt sich aber um Theorien von Autoren, denen die subtile Beobachtung gerade der aktuellen Moderne schwer abgesprochen werden kann. Der folgende Text hätte jedenfalls, sieht man von stilistischen Differenzen ab, auch schon als Empfehlung für das Konzept der bürgerlichen Kultur im 18. Jahrhundert geschrieben sein können: »Wer die Kraft und die Erfindungsgabe hat, den feineren und vorsehbareren Werten die Unterstützung des Alltags zu erwirken, wer die Geistesstärke hat, die Situationen, und gerade die alltäglichen, auch auszuwerten, sie in allen ihren Qualitäten zu vernehmen: der hat oder ist Persönlichkeit in spezifischem Sinne. Das kann nur der, dem die übermäßige Befangenheit und Betörung fehlt [...], dem also die Übersicht über sich und die Situation nicht verloren geht und der diese Übersicht handelnd beweist. Das Produktive ist das Unwahrscheinliche [...]. In erster Linie ist es heute die Fähigkeit, aus sich selbst heraus in seinem Handeln mehr Motive auszudrücken als notwendig wäre, als erwartet wird, als es die anderen tun. Gerade das ›Auswerten‹ der Situationen des Alltags ist der einzige Ersatz für ein Verhalten, das besiegelt, und zu dem uns die

---

321 »Die Zukunft der Preußischen Akademien«, in: Helmuth Kittel (Hg.), »Die Pädagogischen Hochschulen«, Weinheim 1965.

Zweckapparaturen des gesellschaftlichen Alltags die Gelegenheit versagen. Eine Persönlichkeit: das ist eine Institution in einem Falle.«[322]

Die Persönlichkeit wird hier also ihrerseits als ein Mechanismus zur Reduktion von hoher Umweltkomplexität begriffen. Als Umwelt würde das gesamte Handeln der Persönlichkeit im organisatorischen Kontext der »Zweckapparate« verstanden. Persönlichkeitsrelevant und damit »zugelassen« wären nur solche Elemente dieses Handelns, die im Rahmen von bedeutungsmäßigen »Auswertungen«, als Material für »Bedeutungsinvestitionen«, die aus anderen Systemen entlehnt sind, geeignet erscheinen. Die strukturierte Möglichkeit der Selbstintegration ließe sich also nur um den Preis erreichen, dass die Individualität als Institution ihrerseits das evolutionäre Strukturprinzip der anderen modernen Institutionen übernimmt, nämlich das Prinzip immer größerer Selektivität.

---

322 Arnold Gehlen, »Die Seele im technischen Zeitalter. Sozialpsychologische Probleme in der industriellen Gesellschaft«, Reinbek 1957, S. 118.

Soziologie des Sammlers

1 Terminologische Vorbemerkungen

Der tatsächliche Sprachgebrauch verbindet den Ausdruck Sammeln mit zahlreichen Objekten: Man kann Nützliches und Wertloses sammeln, Pilze und Bierdeckel, Materielles und Immaterielles, Münzen und Erfahrungen, Belebtes und Unbelebtes, Tiere und Steine, Lebendiges und Abgestorbenes, Frauen und Schmetterlinge. Die Beziehung zwischen Sammler und Gesammeltem ist in keinem Fall vollständig die gleiche: schon ein Philatelist geht mit seinen Briefmarken anders um als ein Entomologe mit seinen Faltern. Da liegt es nahe zu vermuten, die Gleichheit des Ausdrucks, eben »Sammeln«, sei sachlich nicht zu rechtfertigen. Aber gleichwohl haben wir es bei diesen vielfältigen Verwendungen des Terminus nicht mit einer schlichten Äquivokation zu tun. Denn hinter der Vielgestaltigkeit des Phänomens steckt doch ein gemeinsamer Sinn: Immer wird etwas zusammengetragen oder aufbewahrt, dem Vergessen oder Vergehen entrissen, immer geht es darum, eine Mehrzahl von Gegenständen der gleichen Art, die sich oft nur in – allerdings wichtigen – Nuancen unterscheiden, in seinen Besitz zu bringen oder zu speichern. Dabei sind die Motive, die zum Sammeln führen, fast ebenso disparat wie die Objekte: Man kann aus praktischer Absicht sammeln, weil man Vorräte für die Zukunft anlegen will, oder aus theoretischem Interesse. So sammelt der Numismatiker vielleicht Münzen, weil sie ihn über bestimmte Aspekte der Wirtschaft des kaiserlichen Roms oder der Frühstaufer in Italien belehren; oder den Philatelisten informiert der Wechsel der auf den Marken abgebildeten Häupter über den »Decline and Fall of the German Empire«. Bisweilen verquicken sich aber auch theoretische und praktische Anliegen in unentwirrbarer Weise, wie ja überhaupt der bios theoretikós und der bios praktikós im Leben schwerer zu trennen sind als in der Philosophie. Eindrucksvoller als dieser Unterschied ist möglicherweise noch der zwischen praktisch-theoretischen Motiven einerseits und ästhetischen andererseits. So ist ja eine Form des Sammelns gerade dadurch charakterisiert, dass es ihr weder um einen praktischen Nutzen noch um intellektuelle Bereicherung geht, sondern um den schlichten Genuss am Dasein der Dinge. Diese Haltung auch noch als dem bios theoretikós zugehörig zu erklären, würde zumindest mir als etwas gewaltsam erscheinen. Gewiss ist diese Aufzählung der Beweggründe, die zum Sammeln führen können, nicht vollständig. Es ließen sich etliche zusätzliche denken. Auch hier könnte vielleicht wieder die Frage auftauchen: Welches Motiv kennzeichnet denn im eigentlichen Sinne den »wahren«, den »echten« Sammler? Ist nicht der »eigentliche« Sammler nur derjenige, der die Niederungen des Praktischen – zumindest während der Beschäftigung mit seinem Steckenpferd – weit hinter sich gelassen hat und in den höheren Sphären der Bildung und der Erkenntnis weilt? Ist alles andere Sammeln nicht schnöder Utilitarismus oder gar bedenkliches Banausentum? Das Amt des Soziologen ist es – und ich scheue mich nicht zu sagen: gottseidank! – nicht, hier eine Entscheidung zu treffen. Wir nehmen die Sammler so, wie wir sie finden, und wollen versuchen, sie zu verstehen. Deshalb werden wir auch nicht das eigentliche Sammeln vom uneigentlichen unterscheiden. Uns genügt es, die Verschiedenheit der Formen, Anlässe und Motive festzustellen und womöglich deutend zu erklären. Die hoheitliche Aufgabe der Grenzbestimmung, die das Eigentliche vom Uneigentlichen trennt, müssen wir erhabeneren Disziplinen überlassen. In diesem Aufsatz freilich will ich vor allem zwei Typen von Sammeln unterscheiden: Einmal soll das Sammeln behandelt werden, das im engeren Sinne der Bildung von Vorräten dient, und zwar praktischen wie theoretischen. Zum anderen aber möchte ich mich mit jener Art des Sammelns befassen, bei der es eben nicht – oder jedenfalls nicht primär – um Nützliches geht, wo die Gegenstände der Sammellust nicht Mittel, sondern Selbstzweck sind, die zu nichts mehr dienen, unter Umständen nicht einmal zur Belehrung, sondern einfach da sind und beglücken.

2   Sammeln und Vorratsbildung oder die soziale Vergegenwärtigung der Zukunft

Das Sammeln von Vorräten ist für alle menschlichen Gesellschaften schlechthin unverzichtbar. Die Notwendigkeit und die Fähigkeit zum Sammeln sind eng verknüpft mit der Zukunftsoffenheit des Menschen. Wie Hobbes einmal bemerkte, ist der Mensch das Lebewesen, dem schon die Möglichkeit zukünftigen Hungers gegenwärtige Angst auslöst. Diese Angst aber nötigt zum Handeln, zwingt dazu, Vorräte zu bilden und Reserven anzulegen. Das Sammeln in diesem Sinne ist eine Form der Vorsorge, die ihrerseits eine Variante der Sorge ist. Das Sammeln sichert die Zukunft durch Überschüsse in der Gegenwart und durch Verzicht. Keine Gesellschaft kann von der Hand in den Mund leben. Das Glück, im Augenblicke aufzugehen, so an ihn hingegeben zu sein, dass alle Sorge schweigt, lässt sich allenfalls im Rausch oder in der Ekstase verwirklichen. Aber schon die Erzeugung von Rauschzuständen setzt typischerweise vorgängiges Sparen, Sammeln von Ressourcen voraus. Wenn man sich an die Fabel von La Fontaine von der Ameise und der Grille erinnert, so lässt sich sagen, dass alle Gesellschaften auf dem Niveau der Ameisen, nicht aber dem der Grillen institutionalisiert sein müssen. Das schließt allerdings nicht aus, dass einzelne die Möglichkeit haben, zu zerstreuen, was sie nicht gesammelt haben. Gesellschaften als ganze lassen sich so indessen auf keinen Fall organisieren, wenn sie auch sehr komplexe Mechanismen entwickeln mögen, die Last des Sammelns von den Schultern einiger ihrer Mitglieder zu nehmen.

a. Sammlung von konkreten Bedarfsdeckungsvorräten. Das archaische Beispiel mag der ägyptische Joseph abgeben, der in den sieben fetten Jahren Kornspeicher für die sieben mageren füllt, das moderne die heutige Technik der Lagerhaltung, deren Rationalität freilich nicht mehr durch inspirierte Traumgesichte, sondern durch volks- und betriebswirtschaftliches Wissen befördert wird.

b. Sammlung von liquiden Tauschmitteln, für die beliebige Gegenstände eingetauscht werden können. Die vormodernen Formen sind die Schatzhäuser, die gegenwärtigen sind keineswegs die privaten Münzsammlungen, sondern die Banken (bzw. für den Privatmann: sein Konto).

c. Die Sammlung von Gewaltmitteln und Gefügsamkeitsbereitschaften. Auch hier sind die Arsenale die historischen Vorläufer nicht etwa der heutigen Waffensammlungen, selbst wenn jedes dort vorfindliche Stück aus einem ehemaligen Zeughaus stammen sollte. Die Nachfolger sind vielmehr jene Waffenpotentiale, wie sie die modernen Staaten in immer drastischerer Konzentration zur Verfügung halten. Selbstverständlich sind die Waffen nichts wert ohne die Heere, die arma nichts ohne die viri, ohne die Truppensammlungen.[323]

d. Die Sammlung von Wissensvorräten, Bibliotheken, Datensammlungen usw., wobei auch hier wieder den Sammlungen des objektivierten Wissens die Verfügung über die lebendigen Träger des Wissens entspricht.

3   Sammeln als Selbstzweck oder der Sammler als Ästhet

Wenn wir heute indessen von Sammlern sprechen, dann denken wir normalerweise an keinen der Typen des Sammelns, die wir bisher erörtert haben. All diesen Formen war ja gemeinsam, dass auf einen praktischen oder theoretischen Zweck hin gesammelt wurde. Das trifft aber auf den Sammler, so wie wir ihn jetzt verstehen wollen, nicht zu. Was charakterisiert diesen Typus von Sammlern? Offensichtlich sammeln sie nicht Vorräte im oben beschriebenen Sinne,

---

323 Der Althistoriker Heinz Heinen hat mich in diesem Zusammenhang freundlicherweise darauf aufmerksam gemacht, dass der römische Kaiser sich als Sammler von Menschen verstanden habe.

selbst wenn manche der Sammelobjekte ursprünglich ganz konkrete Mittel zu ganz konkreten Zwecken waren. Aber die jetzigen Sammler haben natürlich nichts weniger im Sinne als die Verwendung ihrer Sammelobjekte zu ihren ursprünglichen Zwecken. Der Briefmarkensammler zum Beispiel denkt natürlich nicht daran, etwa ungestempelte Marken, die er sammelt, auf Vorrat zu halten, um später einmal damit einen Brief zu frankieren. Der primäre Verwendungskontext spielt für ihn keine Rolle mehr. Das Gleiche gilt allerdings auch vom Alteisen- oder Lumpensammler. Auch sein Interesse an den Objekten seines beruflichen Sammelns hängt nicht mit deren ursprünglicher Verwendung zusammen. Sein Interesse reduziert zum Beispiel alle Gegenstände auf den Rohstoff, aus dem sie stammen. Jedes Kleid ist ihm Stoff. Öfen und alte Fahrräder, Bügeleisen und ausgediente Schreibmaschinen verlieren für ihn jede Erinnerung an Wärme und Bewegung, Bügelfalten und Geschäftsbriefe. Sie sind unterschiedslos für ihn Metall. Der Vergleich zwischen dem Alteisen- und dem Briefmarkensammler macht aber doch bei aller Ähnlichkeit, die sich in der Abstraktion vom ursprünglichen Zweck zeigt, einen fundamentalen Unterschied deutlich. Der Lumpensammler ist an seinen Sammlungen nicht als solchen interessiert. Sie sind ihm Mittel für andere Zwecke. Er will sie verkaufen an Leute, die daraus neue Gegenstände produzieren, die dann ihrerseits wieder bestimmten Funktionen dienen: Aus den gesammelten Schwertern werden vielleicht Pflugscharen, aus den Vorderladern Kirchenglocken. Der Briefmarkensammler hingegen löst die Gegenstände seines Sammlerfleißes völlig aus der Sphäre des Gebrauchs. Nicht nur sollen die Briefmarken nie wieder auf Postkarten geklebt werden, sie sollen auch nicht etwa als Altpapier einen Beitrag beim Recycling kostbarer Rohstoffe leisten. Aus einem ursprünglichen Mittel werden sie zum Selbstzweck. Aus einem nützlichen Gegenstand zum Objekt interesselosen Wohlgefallens.

Alles Sammeln im jetzt erörterten Sinn hat es also mit jener Demontage zu tun, die in der Herauslösung von Stoffen aus ihrem ursprünglichen Kontext besteht. Der Sammler, um den es uns geht, zeichnet sich aber zusätzlich dadurch aus, dass er die aus ihrer primären Funktion herausgelösten Objekte nicht einfach umschmilzt, um sie einer neuen praktischen Verwendung zuzuführen. Darin unterscheidet sich der Sammler vom Bastler. Auch dieser sammelt unter Umständen zahllose Gegenstände, aber stets in der Absicht, sie irgendwann praktisch verwerten zu können, sei es in direkter Wiederverwendung, sei es durch Umfunktionierung. Der Sammler aber löst die Gegenstände aus der Verkettung von Mittel-Zweck-Beziehungen. Aus einem Gebrauchsgegenstand wird ein Anschau-Objekt. Dabei ist es natürlich denkbar, dass die Sammelobjekte auch jenseits des Kontextes, in dem der Sammler sie schätzt, einen Funktionswert haben, wie etwa beim Sammeln von Goldmünzen – aber das ist erstens nicht prinzipiell erforderlich und zweitens ist der Sammelwert weithin unabhängig vom Wert, den die Gegenstände hätten, gäbe es keine Sammler. Wir können nun also den Sammler, um den es uns hier geht, versuchen zu definieren: Als Sammler gilt uns der, der entweder sonst wertlose Gegenstände als solche als Gegenstand der Betrachtung oder auch bloß aufgrund der Freude an ihrem Besitz sammelt oder der Gegenstände, die auch sonst eine Gebrauchsfunktion hätten, aus diesem Kontext endgültig befreit und sie ohne die ernsthafte Absicht, sie in diesen Kontext zurückzuführen, hortet. Ein Büchersammler zum Beispiel wäre in unserem Sinne nicht jeder Gelehrte, der eine große Bibliothek unterhält, weil er die Bücher zu seiner Arbeit braucht. Der hier gemeinte Büchersammler benutzt nicht eigentlich Bücher, sondern freut sich an ihrem Dasein (ein wirklicher Bibliophiler natürlich nur dann, wenn dem ein schönes Sosein entspricht). Dass er die Bücher auch liest, ist für den idealtypischen Büchersammler fast schon die Ausnahme, ja eine Entweihung. Er streichelt sie, allenfalls blättert er vorsichtig in ihnen. Das, was Kant als ethische Maxime für den Umgang mit Menschen aufstellt, dass man sie nicht als Mittel zum Zweck benutzen soll, das gilt dem Sammler auch für seine Sammlungen. Die Benutzung hat fast schon den Charakter des Sakrilegs, wenn auch die Möglichkeit der Benutzung oft die conditio sine qua non für den Sammelwert ist. Die gelegentliche Benutzung (also bei einem Buch: die Lektüre) hat dann nicht den profanen Charakter der Anwendung eines Mittels zur Erfüllung eines Zweckes, sondern eher den einer rituellen Begehung eines Festaktes – oder des körperlichen Vollzugs einer eigentlich »geistigen« Liebe.

Gewiss gibt es hier »fließende« Übergänge. Wer eine Sammlung von alten Burgundern angelegt, wird vielleicht gelegentlich eine Flasche öffnen. Aber je mehr er Sammler ist, desto mehr gerät die Freude am köstlichen Tropfen in Widerstreit mit dem Gefühl des Verlustes, den der Genuss der Sammlung zufügt. Bisweilen – etwa bei einer Pfeifensammlung – wird auch kein direkter Widerspruch zwischen Sammlung und Benutzung erlebt. Man könnte ja jede Pfeife rauchen, ohne ihr zu schaden, aber hier wird aufgrund der großen Zahl der zum Rauchen verfügbaren Pfeifen schon bald die Zahl der benutzbaren die der wirklich benutzten weit überwiegen. Die vielleicht drastischste Form des Sammlers mag an der Gestalt des Geizigen illustriert sein, wie ihn Molière darstellt. Derjenige, der Geld sammelt, nicht spart, macht eben den Besitz jenes Mittels zum Zweck, dessen Wesen eigentlich darin besteht, Sein für Anderes zu sein. Das Mittel schlechthin, insofern es Mittel für alles oder doch für alle Waren ist, wird hier zum höchsten Zweck. Damit ist nicht die ökonomisch in Grenzen rationale Liquiditätspräferenz gemeint, sondern jene eigentümliche Verliebtheit in den Geldschatz. Die Doppeldeutigkeit des Wortes Schatz (ähnlich übrigens auch in anderen Sprachen zum Beispiel tesoro, treasure) deutet hier wie sonst etwas Wichtiges an: Ein Sammelobjekt wird das Geld, wenn es als solches erotisch besetzt wird, ohne Rücksicht auf konkrete Käufe. Immerhin bleibt die Möglichkeit dieser Käufe präsent. Aber das eigentümliche Glücksgefühl des Schatzbildners ergibt sich gerade daraus, dass die Möglichkeit unzähliger Käufe, die natürlich nur so lange besteht, wie auch nicht eine verwirklicht wird, erhalten bleibt.

Wie kommt es zu dieser Möglichkeit, Mittel in Zwecke zu verwandeln, aus nützlichen Gegenständen Lustobjekte oder Objekte des interesselosen Wohlgefallens zu machen? Wie vollzieht sich diese Transposition von Dingen aus dem pragmatischen in einen ästhetischen oder erotischen Kontext?

Der letzte Grund für diese Verschiebung liegt in dem eigentümlich proteusartigen Charakter der menschlichen Antriebe und Triebziele, der Nietzsche zu der Feststellung veranlasste, der Mensch sei das nicht festgestellte Tier: Für den Menschen liegt nicht von Natur aus fest, was Mittel und was Zweck seines Handelns ist. Es gibt keine artspezifisch konstanten Befriedigungsformen. Sigmund Freud hat den gleichen Zusammenhang in seiner Theorie von den menschlichen Triebschicksalen zu fassen versucht. Die »polymorphe Perversität«, von der Freud spricht, meint, dass »von Natur« nicht festliegt, welche Erlebnisse als erotisch befriedigend empfunden werden. Der Fetischismus zum Beispiel wäre im Bereich des Sexuellen eine solche Verschiebung von Mittel und Zweck. Arnold Gehlens Kategorie der »Umkehr der Antriebsrichtung«[324] steht im gleichen Erklärungskontext. Er meint damit ein Verhalten, »[…] das die Veränderung des eigenen Innenzustandes, der eigenen Bewusstseins- oder Antriebslage erstrebt [...]«[325]. Bei dem hier besprochenen Phänomen handelt es sich nämlich darum, dass ein ursprünglich auf ein äußeres Handlungsziel geordnetes Mittel nunmehr als solches Auslöser für Glücksgefühle wird. Diese Auslöser selbst können dann durchaus zweckhaft aufgesucht werden. Aber ihre Bedeutung hat sich geändert. Bereits La Rochefoucauld hat diese anthropologische Einsicht deutlich formuliert: »La félicité est dans le goût, et non pas dans les choses; et c'est par avoir ce qu'on aime qu'on est heureux, et non par avoir ce que les autres trouvent aimable«[326].

Der Sammler hat eine besonders große Affinität zur Kunst, ja er erzeugt im eigentlichen Sinne Kunst. Das mag paradox erscheinen. Denn ist die Erzeugung von Kunst nicht das Privileg des schaffenden Künstlers? Ist der Sammler nicht bestenfalls Konsument oder Rezipient, Käufer oder Besitzer von Gegenständen, die auch ohne die Tätigkeit des Sammlers Kunst wären? Ja und nein! Wenn man die Kunst nicht aus objektiven Eigenschaften der Kunstprodukte, der Bilder,

---

324   Vgl. Arnold Gehlen, »Urmensch und Spätkultur. Philosophische Ergebnisse und Aussagen«,
        Bonn 1956, S. 70-105 und passim.
325   Ebd. S. 105.
326   Francois VI., duc de La Rochefoucauld, »Oeuvres complètes«, Paris 1964, ed. Pléiade, S. 409.
        Es handelt sich um die 48. Maxime der Ausgabe von 1678. »Das Glück liegt in der Empfin-
        dung, nicht in den Dingen; und deshalb ist man glücklich, wenn man hat, was man liebt, nicht
        aber, wenn man hat, was die anderen liebenswert finden«.

Statuen usw. ableitet, sondern aus ihren Wirkungen, dann ist eine der wesentlichen Voraussetzungen dafür, dass etwas Kunst ist, seine soziale Anerkennung als solche. Oder anders formuliert, das ästhetische Erlebnis des Kunstbetrachters ist dann das Entscheidungskriterium. Kunst wird dann von einer Dingeigenschaft zu einer Beziehungsqualität. Wenn etwa dieses ästhetische Erlebnis im kantischen interesselosen Wohlgefallen bestünde, den ein Gegenstand in uns auslöst, dann könnte man wohl auch sagen, dass nur durch dieses Wohlgefallen etwas zur Kunst wird. Nun erfahren wir aber gerade in der Gegenwart besonders drastisch, dass keineswegs dieselben Gegenstände bei allen Menschen die gleichen ästhetischen Empfindungen auslösen. Die Auslösbarkeit solcher Regungen scheint im Gegenteil viel stärker gruppen- als gegenstands- (bzw. werk-) abhängig zu sein. Kunst wäre also immer: Kunst für jemanden. Eine der zentralen Aufgaben der Kunstsoziologie besteht denn gerade darin, herauszufinden, welche Gruppen welche Gegenstände als Kunst wahrnehmen. Dabei wird man »natürliche« Eigenschaften des Kunstwerks nicht außer acht lassen dürfen. Denkbar wäre ja, dass bestimmte Gegenstandsmerkmale anthropologisch universale ästhetische Reize ausstrahlen. Aber ebensowenig wird man die Wahrnehmungsgewohnheiten, die ästhetischen Traditionen, die Geschmackskriterien, die Erfahrungslage, die Bildung usw. der Rezipienten als Korrelat des Kunstwerks vernachlässigen dürfen. Der Einwand gegen einen solchen Kunstbegriff liegt natürlich auf der Hand. Er abstrahiert von dem jenseits aller Wirkung dem Kunstwerk inhärenten Anspruch und Rang. Der Vorwurf Adornos: »Wenig hat zur Enthumanisierung so viel beigetragen wie der an der Vorherrschaft der schaltenden Vernunft gebildete, allmenschliche Glaube, geistige Gebilde empfingen ihre Rechtfertigung nur, insoweit sie für anderes da sind«[327], trifft vielleicht auch unsere Definition. Indessen geht es hier ja nicht um Rechtfertigung von Kunstwerken oder um ihre Ablehnung, sondern um die Behauptung, dass der Kunstcharakter des Kunstwerks nicht unabhängig von der Beziehung auf die Rezipienten bestimmt werden kann; selbst wenn diesen selbst verborgen ist, dass sie es sind, die einen Gegenstand zum Kunstwerk »erheben«. Ähnlich wie nach Marx der Wert einer Ware keine dieser inhärente Eigenschaft ist, obwohl es aufgrund der Fetischisierung so scheint. Doch zurück zum Sammeln! Wir sagten, dass der Sammler sonst wertlose Dinge zu Selbstzwecken mache bzw. Gebrauchsgegenstände des alltäglichen Lebens zu funktionslosen Korrelaten interesselosen Wohlgefallens umdefiniere. Wir können jetzt folglich auch sagen, die Sammler hätten eine Art Midasfähigkeit: Sie verwandeln (jedenfalls bisweilen) Alltägliches in Kunst. Der Sammler, der Blechdosen sammelt, Bierdeckel oder Ofenrohre, hat eigentlich längst vorweg genommen, was in der nun schon nicht mehr ganz so modernen Kunst sol-

---

327 Theodor W. Adorno, »Prismen. Kulturkritik und Gesellschaft«, Frankfurt 1976 (1955), S. 227.

chen Aufruhr erregte. Wenn Andy Warhol als Leitsatz seiner Kunst verkündet: »Everything is beautiful«, dann ist damit gemeint, dass man alle Gegenstände so betrachten kann, dass sie als bloße Objekte der Betrachtung thematisiert werden. Dazu muss man sie freilich aus ihren gewohnten Funktionsumgebungen herauslösen. Die berühmt-berüchtigte Badewanne des Herrn Beuys wird in der Tat dadurch zur Kunst, dass sie aufhört, zum Baden von Kindern genutzt zu werden. Als Museumsstück, als Sammelobjekt also, wird sie, was sie sonst nie hätte werden können. Das Neue an der modernen Kunst ist lediglich die Direktheit, mit der die Umfunktionierung von Gegenständen des Alltags in Sammelobjekte durchgeführt wurde. Auch die Niederländer, wenn sie ein Stilleben malten, haben sich des gleichen Mechanismus bedient, freilich nur sehr viel vermittelter. Aber auch sie haben etwa einen Apfel oder eine Traube aus einem Eßzeug in einen Gegenstand der Betrachtung verwandelt. Diese Verwandlung selbst ist aber nicht an die virtuose Malkunst etwa der Niederländer gebunden, jedenfalls nicht prinzipiell. Man mag zwar der Meinung sein, eine Verwandlung von Früchten oder Gemüsen in Malerei, wie sie Aelst, Beuckelar, Metsu oder Snyders gelungen ist, sei der Ausstellung von Gemüsesuppendosen in jedem Falle vorzuziehen. Dazu habe ich zwar auch ein privates Werturteil, das ich aber wegen der möglichen Rückschlüsse auf meinen reaktionären Kunstgeschmack nicht äußern möchte. Als Soziologe jedenfalls kann ich zunächst nur feststellen, dass die ästhetische Transformation sowohl durch malerisches Darstellen von Alltagsgegenständen möglich ist, wie durch bloßes Hinstellen dieser Gegenstände in Ausstellungsräume. Ich will nicht soweit gehen zu behaupten, heute sei das Darstellen durchs Hinstellen ersetzt worden. Aber immerhin kann man doch sagen, dass früher wohl eher Darstellungen Anlass zum Sammeln waren, wohingegen heute durch die bereits existierenden institutionalisierten Sammlungen bloßes Hinstellen Darstellungswirkungen hat. Wie dem auch sei: Eigentümlich für den Sammler ist jedenfalls, dass er Gegenstände wie Darstellungen behandelt.

4   Die Sammler und ihre soziale Organisation

Bislang war ausschließlich vom Sammler im Singular die Rede. Vom Plural sprachen wir nur im Zusammenhang mit den Objekten des Sammelns. Das war natürlich eine grobe Verkürzung. Für den Soziologen jedenfalls wäre der Sammler kein Objekt, wenn es nicht auch ihn im Plural gäbe. Kein Sammler sammelt allein. Er ist stets auf Mitsammler bezogen. Schon die Definition der Sammelwürdigkeit eines Gegenstandes lässt sich kaum von einem einzelnen über längere Zeit durchhalten. Dass der Sammler von Bierdeckeln sich nicht als Geisteskranken empfinden muss, den man günstigstenfalls belächelt, verdankt er der Tatsache, dass es andere Menschen gibt, die ihn im Gefühl bestärken, dass es sinn- und wertvoll ist, Zeit, Energie, Geld und Liebe an Bierdeckel zu verschwenden. Ohne Mitsammler bliebe die Welt des Sammlers eine Konstruktion, die ihres Wirklichkeitscharakters kaum gewiss wäre. Friedrich H. Tenbruck hat diese Abhängigkeit des Realitätsgehaltes unserer Vorstellungen von sozialer Bestätigung besonders eindringlich aufgezeigt. Er wies darauf hin, »daß der Mensch für die Realität seiner Vorstellungen und Emotionen weitgehendst auf die sozialen Gruppen angewiesen ist. So wie das Kind zum Erwerb geformter Vorstellungen und Empfindungen der menschlichen Gruppe bedarf, so bedarf der Erwachsene ihrer, um sich der Realität seines Bewußtseins zu versichern. Je weniger konkret die Gegenstände von Bewußtseinsinhalten sind und je weiter diese von der form- losen und impulsiven Basis individuellen Erlebens entfernt liegen, das heißt, je stärker sie kultureller Erwerb sind, um so mehr ist ihre Realität in der Gruppe investiert. Ihrer Wirklichkeit versichert sich der Mensch, indem er die mit ihnen gesetzten Formen sprachlich, emotionell, vorstellungshaft und in Handlungen am sozialen Gegenüber erlebt, und diese wiederholt und vorhersehbar zu erleben und mitzuteilen sind. Die soziale Realität vertritt die objektive Realität«[328].

Der Sammler sieht in den Gegenständen etwas, das der Profane in ihnen nicht sieht. Die Differenz zwischen der Definition, die dem Kosmos des Samm- lers zugrunde liegt, und der Auffassung des Außenstehenden entspringt einer spezifischen Bedeutungsinvestition. In dem Maße, wie diese sich nicht anthropo- logisch zwingend ergibt oder durch Wirklichkeitsverständnisse der Gesamtkultur abgesichert ist, bedarf sie der Bestätigung durch die Sammlergemeinde. So wie keine Religion ohne Kirche, so auch kein Sammler ohne eine Gemeinschaft von Gläubigen.

Der einfachste Fall ist tatsächlich der vereinsmäßige Zusammenschluss von Sammlern. Der Verein ist dann das Forum, auf dem die eigene Sammlertätigkeit sich tauschend, kritisierend und bewundernd entfalten kann. Hier werden neue Rangordnungen gebildet, die etwa nach der tätigkeitsspezifischen Kompetenz oder nach Besitz formiert sein können. So kann z.B. die Geltung des einzelnen Entomologen davon abhängen, was er über Schmetterlinge weiß, oder davon, wieviele und welche er sein eigen nennt. Ähnlich wie andere Hobbys Vereins- gründungen nach sich ziehen, so auch das Sammeln. Je nach Spezialität und Verbreitung des Hobbys beschränkt sich die Organisation auf eher lockere gele- gentliche lokale Kontakte, oder aber es werden überregionale, ja übernationale Organisationen aufgebaut. Zeitschriften entstehen, Märkte und Tauschsysteme entwickeln sich. Es kommt zu hobbyspezifischen Angebots- und Nachfragerela-

---

328 Friedrich H. Tenbruck, »Die Kirchengemeinde in der entkirchlichten Gesellschaft. Ergebnisse und Deutungen der ›Reutlinger Studie‹«, in: Dietrich Goldschmidt u. a. (Hg.), »Soziologie der Kirchengemeinde«, Stuttgart 1960, S. 131.

tionen, die eine eigene Welt von Knappheiten erzeugen. Je nach der Zahl der Sammler lohnt es sich, vom einfachen Naturaltausch zur Geldwirtschaft überzugehen. Es gibt unentwickelte Sammelformen, in denen der Markt nur Endverbraucher verknüpft, wo man etwa Doppelexemplare eintauscht. Es gibt aber auch hoch differenzierte Sammlerbranchen, wo neben dem Hobbysammler der voll professionalisierte Händler steht. In welchem Verhältnis das Sammelobjekt immer zur Glücksfindung des Sammlers stehen mag, die Kommerzialisierung bleibt nicht aus. Warum sollte es auch den Objekten der Sammlerlust anders gehen als anderen Erzeugnissen des Geistes?

5   Der Sammler und die Lust an der Vermehrung seiner Objekte oder Sammeln und Erotik (mit einem Exkurs über Casanova und das Museum als Haus der ästhetischen Freuden)

Wir haben bis jetzt vermieden, ein für alles Sammeln ganz charakteristisches Moment zu behandeln. Der Sammler hält es mit seinen Objekten wie Mephisto mit den Frauen: »Ich sage Frauen; denn ein für allemal/ Denk' ich die Schönen im Plural«[329]. Und so wie die herbe Kritik Fausts an solcher Einstellung: »Schlecht und modern! Sardanapal!« nicht den Teufel, so würde ein ähnlicher Vorwurf nicht den Sammler umstimmen können. Es ist für ihn wesentlich, dass er nicht nur ein Objekt besitzt, sondern viele, immer mehr. Vielleicht ist es gestattet, an dieser Stelle einen kurzen Exkurs über Casanova als Sammler einzuschieben. Das Recht dazu scheint mir in zwei Gründen zu liegen, einmal darin, dass die Sammelobjekte jeden Sammlers für ihn lustbesetzt sind, andererseits darin, dass bei keinem Sammler ein einziges Sammelobjekt seine jeweilige erotische Besetzung zu monopolisieren vermag. Wer selbst nicht sammelt, fühlt sich angesichts solcher Manie oft peinlich berührt. Ja, selbst dem, der etwa Bilder sammelt, gilt zumindest der, der Bierdeckel oder Briefmarken sammelt, als unverständlich, fast wie jemand, der unter einem krankhaften Wiederholungszwang steht. Umgekehrt kann das Sammeln gerade erhabener und bedeutender Kunstwerke, gar ihre Zur-Schau-Stellung im Museum, dem Rang jeden einzelnen Werkes als eigentümlich unangemessen scheinen, ebenso wie einem Liebenden Casanova ewig unverständlich bleiben müsste. Vielleicht sollte man hinzufügen, wenn es einen Liebenden gäbe, so wie ihn der zumindest seit dem 17. Jh. gängige Code d'amour beschreibt: Für ihn dürfte ja der Singular nicht Resignation bedeuten, sondern Erfüllung. Im Plural dürfte nicht einmal ein Gran von Verlockung liegen. Tatsächlich scheint es aber doch so zu sein, dass die mit der Liebe

---

329   Johann Wolfgang von Goethe, »Faust, Der Tragödie zweiter Teil«, zitiert nach: Karl Goedeke (Hg.): »Goethes Sämmtliche Werke«, 3. Bd., Stuttgart 1885, S. 478.

gegebene Verheißung sich nur zu oft nicht erfüllt. Derjenige, dem der Augenblick, zu dem man sagte: »Verweile doch! Du bist so schön«, den Gefallen täte und bliebe, würde sicher schon bald spüren, wie schnell auf Dauer gestelltes Glück dem Gratifikationsverschleiß verfällt. Wo Lust nicht nur Ewigkeit will, sondern zumindest ihren irdischen Abglanz, lebenslange Dauer, erreicht, scheint dies nur möglich aufgrund des Wechsels der Objekte. Doch hier stock ich schon. Wäre der Wechsel der Reize nicht vereinbar mit dem Festhalten des gleichen Objektes, das freilich so vielgestaltig sich zeigt, dass es sich immer neu präsentiert? Der Grund solcher Unerschöpflichkeit der ästhetischen oder erotischen Attraktivität läge entweder in der Komplexität des Stimulus oder aber in der des korrespondierenden Bewusstseins, dessen schöpferische Phantasie selbst dem Unwandelbaren stets neue Perspektiven abgewönne: Kreativität der Rezeption (Nous Poiätikós). Wer nur eine Geliebte hätte, ohne zu resignieren, hätte also in Wirklichkeit viele, sei es, weil er selbst in der gleichen alle sähe oder umgekehrt, weil diese stets eine andere wäre. Die Alternative zu Casanovas makrokosmischem erotischen Sammlertrieb bestünde dann in einer gleichsam mikroskopischen Fähigkeit, die den Makrokosmos im Mikrokosmos erlebt. Die Wiederholung scheint eine Ersatzform von Dauer zu sein. Der Sammler neigt zur Wiederholung aus dem gleichen Grund, wie jede erotische Besetzung von Objekten deren wiederholte Inbesitznahme anspornt. Dem damit einhergehenden Gratifikationsverfall scheint man nur dadurch entgehen zu können, dass das Objekt sich wandelt. Es wird normalerweise nicht schlechthin durch etwas anderes ausgetauscht (etwa Briefmarken durch Bierdeckel), sondern durch individuelle Variation des gleichen Typus als Einheit von Mannigfaltigkeit oder vielfältige Einheit erfahrbar gemacht. Je nach Sensibilität des liebenden Betrachters oder nach innerer Komplexität des Gegenstandes allerdings braucht es nicht des Plurals von Gegenständen. Die Wiederholung erfährt Abwechslung genug aus der inneren Vielfalt des Objekts oder der Beziehung zu ihm. Dann gilt: Denn zwei Liebende sind füreinander ein versammelt Volk. Wenn dies gegeben ist, wäre Wechsel des Objekts schmerzhaft und widersinnig.

Freilich: Die Parallele zwischen Casanovas Sammeltrieb und dem hier behandelten Sammler scheint ihre Grenzen zu haben. Das eigentlich erstaunliche Phänomen an Casanovas Erotomanie ist ja nicht die Vielzahl von Eroberungen. Übrigens ist sie gar nicht so groß (von Bettina, seiner ersten Eroberung im Jahre 1735, bis zur letzten, von der Casanova uns berichtet, im Jahre 1774, waren es 122, also etwa 3 pro Jahr), vergleicht man diese Zahl mit dem Register, das Leporello für Casanovas poetisches Pendant, den Don Giovanni von Casanovas Freund Lorenzo Da Ponte, angelegt hat: Schließlich waren es da allein »In Italia seicento quaranta … ma in Ispagna … già mille e tre« (I,5). Nein, das, was Casanova vom Sammler trennt, ist die Leichtigkeit, mit der er die erotische Besetzung von jenen Eroberungen abzieht, seine Fähigkeit, Frauen aufzugeben: »Le tempérament sanguin me rendit très sensible aux attraits de la volupté; j'étais toujours joyeux et toujours disposé à passer d'une jouissance à une jouissance nouvelle, en même temps que j'étais fort ingénieux à en inventer. C'est de là que me vint sans doute mon inclination et ma grande facilité à les rompre ... «[330]

Anders auch als ein wirklicher Sammler, dem es ja um maximale Vielfältigkeit geht, scheint Casanova – dürfen wir in diesem Punkte Henri Regnier und Eugene Marsant glauben – eine extreme Präferenz für junge Mädchen unter 20 und für Brünette gehabt zu haben. Auch hierin übrigens im Gegensatz zu Don Giovanni, dessen, erotische Sammelleidenschaft sich ja auf »contadine, cameriere, cittadine, ... contesse, baronesse, marchesine, principesse« kurz auf »donne d'ogni grado, d'ogni forma, d'ogni età« erstreckte, wenn freilich auch er von sich sagen lässt: »Sua passion predominante è la giovin principiante« und die Eroberung älterer Damen vor allem macht »per piacer di porle in lista«. Aber vielleicht gilt hier – und das würde die Differenz zum Sammler wieder aufheben – ganz generell, dass nicht Frauen gesammelt werden, sondern Erfahrungen. Es werden nicht die verführten Mädchen geliebt, sondern die Liebe zu ihnen ist Gegenstand der Liebe. Die Casanovasche und die Don Giovannische Liebe sind reflexiv im Sinne Luhmanns: Liebe des Liebens. Es werden dementsprechend zwar Beziehungen aufgegeben, nicht aber Erlebnisse. Diese werden gerade gespeichert, sei es im Register des Leporello, sei es in den Memoiren Casanovas, wo die Generalbeichte als Katalog fungiert. Die Flüchtigkeit des Augenblicks und alle erotische Treulosigkeit würden durch Dauer und Treue des Gedächtnisses kompensiert. Die eigentliche Sammlung Casanovas wären dann nicht die von ihm eroberten Frauen, sondern seine Erinnerungen: Biographie als Sammlung oder Sammlung als temps retrouvé.

Kehren wir noch einmal von der Liebe zurück zur Ästhetik, von der glücklichen Ehe zum Museum! Gerade der Rang des Einzelkunstwerks macht den Wechsel von einem zum anderen problematischer als den von einer Briefmarke zur anderen. Hier liegt die ästhetische und erotische Crux des Museums. Das

---

330   Giacomo Casanova, »Mémoires«, éd. Pléiade, Paris 1958, S. 6. (Casanova sagt von sich: »Mein sanguinisches Temperament macht mich für die Reize der Lust sehr empfänglich. Ich war immer geneigt, von einem Vergnügen zu einem neuen überzugehen. Gleichzeitig war ich sehr begabt darin, Vergnügen zu erfinden. Daher rührte ohne Zweifel meine Neigung und meine große Leichtigkeit, mit ihnen zu brechen.«) Und hier auch die deutsche Übersetzung der anschließenden Zitate aus Mozarts Oper: Leporello singt, Don Giovanni habe es »In Italien auf 640 ... aber in Spanien schon auf 1003« Eroberungen gebracht. Dabei habe es sich um »Bäuerinnen, Zimmermädchen, Bürgerfrauen ... Gräfinnen, Baronessen, Markgräfinnen und Fürstinnen, kurz um Frauen jeden Ranges, jeder Gestalt und jeden Alters« gehandelt. Allerdings: »Seine beherrschende Leidenschaft ist das unerfahrene junge Mädchen«, und ältere Frauen nimmt er nur »aus Freude an der Vervollständigung der Liste«.

Problem der Museen hat Paul Valéry eindrucksvoll dargestellt[331]. Es hängt eben mit jenem Charakter des Sammelsuriums zusammen, den auch die bestgeordneten Sammlungen für eine sensible Seele nie verlieren, der Valéry bestimmt zu sagen: »Je n'aime pas trop les musées«. Immerhin spricht er wohl vom Louvre, wenn er meint: »Un buste éblouissant apparaît entre les jambes d'un athlète de bronze [...] Je suis dans un tumulte de créatures congelées, dont chacune exige, sans l'obtenir, l'inexistence de toutes les autres. Et je ne parle pas du chaos de toutes ces grandeurs sans mesure commune, du mélange inexplicable des nains et des géants, ni même de ce raccourci de l'évolution que nous offre une telle assemblée d'êtres parfaits et d'inachevés, de mutilés et de restaurés, de monstres et de messieurs ...«[332]. Das Fragwürdige, ja Empörende des Museums liegt für Valéry schon darin, dass hier ein Zusammenhang durch pure Nachbarschaft hergestellt wird, der vom Gehalt der Werke sich ausschlösse. Mehr noch aber beunruhigt Valéry, dass der Anspruch gerade der schönsten Werke darin besteht, keine Götter neben sich zu dulden. Sie verlangen die ungeteilte Aufmerksamkeit des Betrachters (»indivisible attention«). Das Museum, so könnte man Valéry paraphrasieren, zwingt die Bilder zur eifersüchtigen Konkurrenz um den Blick des Besuchers[333]. Der Sinn des Kunstwerks zerbricht, wenn man es seiner Einzigartigkeit beraubt, es duldet keinen Plural: »Plus elles sont belles plus ... doivent elles être distinctes. Elles sont des objets rares dont les auteurs auraient bien voulu qu'ils fussent uniques«[334]. Die Sammlung stellt also gegenüber dem Einzigartigen eine Art Treulosigkeit dar. Der Ausdruck Eifersucht stellt sich nicht zufällig ein. Die Paradoxie des ästhetischen wie des erotischen Sammelns – jedenfalls da, wo es vom bloßen Hobby zur existentiellen Leidenschaft wird – liegt eben darin, dass sich zu sammeln nur lohnt, was in Sammlungen notwendig um seinen Sinn gebracht wird. Nur Singuläres wird des Plurals für wert gehalten.

Valéry knüpft an diese Paradoxie eine kulturkritische Betrachtung. Das Museum erweist sich ihm als Dekadenzphänomen. Weder in Ägypten noch in China

---

331 Paul Valèry, »Le Problème des musées«, in: »Œuvres« (éd. Pléiade), Paris 1960, II. Bd., S. 1290 ff.

332 Ebd., S. 1290. (»Ich liebe die Museen nicht sonderlich ... Eine strahlende Büste erscheint zwischen den Beinen eines Athleten aus Bronze ... Ich bin von einem Ansturm von eingefrorenen Geschöpfen umgeben, von denen jedes erfolglos die Nichtexistenz aller anderen verlangt. Und ich rede nicht (einmal) von dem Chaos all dieser großartigen Dinge, die kein gemeinsames Maß verbindet, dieser unerklärlichen Mischung aus Zwergen und Riesen, dieser Kurzfassung der Evolution, die uns eine solche Ansammlung von vollkommenen und unvollendeten, von verstümmelten und restaurierten Gestalten, von Monstern und feinen Herren bietet«).

333 »Elles se jalousent, et se disputent le regard qui leur apporte l'existence« (ebd., S. 1291). (»Sie sind eifersüchtig aufeinander und streiten sich um den Blick, der sie zur Existenz bringt«).

334 Ebd., S. 1292. (»Je schöner sie sind, desto mehr müssen sie von den anderen getrennt erscheinen. Sie sind erlesene Gegenstände, von denen ihre Urheber gewünscht hätten, dass sie die einzigen seien«).

oder Griechenland (»qui furent sages et raffinées«) wäre man auf die Idee eines Museums gekommen: »Elles ne rangeaient pas des unités de plaisirs incompatibles sous des numéros matricules, et selon des principes abstraits«[335]. Der Grund liegt nach Valéry in der Überforderung unserer Epoche durch ein übermächtiges kulturelles Erbe, so dass uns als Reaktion nur die Oberflächlichkeit oder die Gelehrsamkeit bleibt. Beides aber seien Niederlagen angesichts des Anspruchs der Kunstwerke: Die Gelehrsamkeit füge lediglich dem unermesslichen Museum noch die unbegrenzte Bibliothek hinzu und verwandle die Venus in ein Dokument[336]. Was immer Menschen schufen oder geschaffen hätten, ende schließlich an der Wand oder in der Vitrine des Museums, das wie eine Spielbank immer gewinne. Adorno, der dieses Bild Valérys aufgreift, sieht im »großartigen Chaos des Museums« ein Gleichnis für die Anarchie der Warenproduktion[337], die sich allem An-sich-Sein der Gegenstände gegenüber uninteressiert zeige.

Man könnte an dieser Stelle die Analogie zur Marx'schen Entfremdungstheorie weiterspinnen. So wie im Kapitalismus Reichtum Elend und hohes Niveau der gesellschaftlichen Produktion oft Kretinismus der Produzenten bedeutet, so erweist sich auch das Verhältnis unserer Gesellschaft zu ihrer Vergangenheit als widersprüchlich: Je mehr wir von ihr erhalten, desto weniger besitzen wir wirklich; je mehr wir sammeln, desto weniger eignen wir uns an. Oder vielleicht müsste man sogar sagen, weil wir uns nichts aneignen, sammeln wir. Wer sich auf einzelnes ganz einließe, würde auch bei ihm verweilen können.

Aber warum können wir das nicht? Im hier erörterten Beispiel hängt das Problem damit zusammen, dass wir, nähmen wir unsere kulturelle Vergangenheit ernst, auf sie verzichten müssten, oder wie Adorno die eigentlich unvermeidliche Konsequenz des radikalen Kulturkonservativen beschreibt, die dieser eben nur durch Inkonsequenz vermeidet: Er müsste »die Kultur kündigen, um ihr treu zu bleiben«[338]. Das Museum entzieht sich in analoger Art dem Anspruch des Kunstwerks (wie ihn etwa Rilkes archaischer Torso des Apolls formuliert) wie Casanova dem Anspruch der romantischen Liebe. Man könnte auch sagen, es sei ein ästhetisches Freudenhaus. Ich bekenne mich – freilich nur halb beschämt – zu seinen häufigen Besuchern.

---

335 Ebd., S. 1292. (»In China und Griechenland, wo man klug und feinfühlig war, wurden nicht miteinander unvereinbare Gegenstände der Lust nach Inventarnummern und abstrakten Prinzipien nebeneinander angeordnet«).
336 Ebd., S. 1293.
337 Theodor W. Adorno, »Prismen. Kulturkritik und Gesellschaft«, Frankfurt 1976, S. 219.
338 Ebd., S. 219.

6   Sammeln, Glück und Spiel

Die hohe Arbeitsteiligkeit unserer Gesellschaft lässt es nur selten zu, dass jemand in seiner Tätigkeit den ganzen Handlungszusammenhang von Mitteln und Zwecken umfasst. Wir sind alle Spezialisten. Die Kette der Mittel, an denen wir mitwirken, ist unübersehbar lang. Wir wissen oft nicht, welchen Zwecken unser Tun dient, ja ob überhaupt eindeutig Zwecke für es existieren. Die alteuropäische Philosophie hat nun – zumindest seit Aristoteles – als Wurzel des menschlichen Handelns das Glücksstreben angesehen, Glück aber als Erreichung letzter Zwecke definiert. Dabei galt als ausgemacht, dass jenes letzte Um-Zu, von wo all unser Handeln seinen Sinn empfängt, objektiv bestimmt sei. Im Grunde kamen eigentlich nur religiöse Ziele als letzte in Frage. Geht man davon aus, dass sich jene religiöse Letztbegründung des Sinns menschlichen Handelns aus hier im Einzelnen nicht zu bestimmenden Ursachen für immer weniger Menschen der Gegenwart als subjektiv tragbar oder erforderlich erweist, so müsste – wenn man im Übrigen an der aristotelischen Eudämonie-Lehre festhielte – eine massive Umdeutung von Zielen die Folge sein. Ehedem allenfalls als sehr partielle Ziele akzeptierte Handlungen oder Zustände würden nunmehr zu Letztzielen. Ja, mit der unendlichen Vermehrung von Mitteln, die unsere Kultur bereitstellt, die keinem eindeutigen Ziel mehr zugeordnet werden können, wird eine objektive Bestimmung von Mitteln und Zwecken über weite Strecken gänzlich unmöglich. Was die einen allenfalls als Mittel akzeptieren, wird für die anderen Lebenszweck. Diese Situation mögen viele als absurd empfinden, aber sie besteht. Das, was glücklich macht, hängt dann weitgehend von der Definition ab. Es bleibt insofern jedem selbst überlassen, wie er sich seinen Lebenssinn schafft. So wie sich im Camus'schen Mythos des Sisyphos die Absurdität der ewigen Strafe in dem Moment auflöst, wo Sisyphos sich entschließt, die an sich sinnlose Tätigkeit als sinnvoll zu unterstellen, so wird generell der vorher belanglose Gegenstand durch eine Bedeutungsinvestition von großer Relevanz. Dass ein Bierdeckel aufhört, das zu sein, wozu er dient, und Element einer Sammlung wird, gelingt aufgrund einer solchen Umdeutung der Wirklichkeit. Die lange Kette von Mitteln, die man ehedem durchlaufen musste, um zu Letztzielen zu gelangen, wird durch solche Bedeutungsinvestitionen, die am alltäglichen Trivialen ansetzen, sozusagen kurzgeschlossen. Eine absurde Situation besteht aus absurden Elementen. Die Sinnstiftung kann deshalb bei jedem dieser Elemente einsetzen. Dessen ursprüngliche Trivialität muss kein Hindernis sein.

Wie wir sehen, nähere ich mich beängstigend dem Punkt der Argumentation, wo ich dem Sammeln von Briefmarken oder gar Bierdeckeln eine quasireligiöse Funktion zuspreche. Soweit muss man aber nicht gehen. Es reicht vielleicht der Hinweis auf die Parallelität zum Spiel. Eigentümlich ist sowohl für die

Sammlertätigkeit als auch für viele Spiele, dass – solange man sie betreibt – die Frage nach dem Zweck dieses Tuns eigentlich sinnlos wird, jedenfalls stellt man sie sich nicht, wenn man bei der Sache ist. Auch bei Spielen ist es ja im Übrigen so, dass ganz triviale Dinge durch die spielerische Weltdefinition neue Bedeutungen gewinnen können. Ähnlich wie beim Spielen vollziehen sich beim Sammeln Umwertungen der sonst geltenden Mittel-Zweck-Relationen (So wird z.B. das Laufen, das sonst ein Mittel der Fortbewegung ist, beim Fangenspielen Selbstzweck usw.). Das Glück des Sammlers besteht zum großen Teil wohl in jenen Elementen, die es mit dem Spiel gemeinsam hat. Der Vergleich mit der Religion zeigt demgegenüber wohl ebenfalls funktionale Äquivalente; denn gerade dass etwas, obwohl es zu nichts dient, doch nicht als sinnlos erfahren wird, verknüpft es mit religiösen Erfahrungen, deren tieferen Sinn ebenfalls in der Bannung der Absurdität besteht. Aber während die religiöse Sinngebung das ganze Dasein und vielleicht nicht nur das eigene, sondern den Kosmos insgesamt umspannt, weist das Spiel und wohl auch das Glück des Sammelns kaum über sich hinaus. Es ist eine Welt à part, eine »geschlossene Sinnprovinz« (Schütz), innerhalb derer zwar die Sinnfrage suspendiert ist, von der sich aber kein Sinn für das ganze Leben ergibt. Wo dies doch der Fall wäre, wo wirklich jemand für seine Sammlungen lebte, vielleicht sogar ihretwegen, da wäre freilich die Grenze überschritten. Da wären die Sammelobjekte nicht nur im metaphorischen Sinne zu Kultgegenständen geworden. Unmöglich ist das nicht. Denn auch die wirklichen Kultgegenstände verdanken ihren Rang ja nicht sich selbst, sondern der Bedeutungsinvestition, deren Träger sie sind. Das leuchtet uns vor allem bei primitiven Religionen durchaus ein, deren fetischistischer Charakter uns leichter durchschaubar ist. Wieviele Menschen es bei uns gibt, die aus ihren Sammlungen ihre Götzen gemacht haben, darüber gibt es keine Untersuchungen.

Entscheidend bei alldem ist aber, dass durch Sammeln eine in sich sinnvolle Welt entsteht. Die Vollständigkeit als Sammlerziel hängt eng mit diesem Aspekt zusammen. Teilweise lässt sich auch der Hang zum Plural beim Sammler – und insofern ist die obige Abhandlung über Wiederholung und Erotik zu ergänzen und vielleicht auch einzuschränken – aus diesem Motiv symbolischer Vollständigkeit erklären. Die Sammlung ist eine Weltabbreviatur, quodammodo omnia. In diesem Sinne rechtfertigt sich der Vergleich von Sammlungen mit irdischen Paradiesen, waren sie doch wohl im Persischen ursprünglich Gärten mit Sammlungen, in denen symbolisch die ganze Tier- und Pflanzenwelt um das Weltzentrum des herrscherlichen Sammlers herumgruppiert war[339]. Diese Paradiese und die Arche Noah waren nicht als wissenschaftliche Zoos gedacht, sondern als

---

339   Auch diesen Hinweis aufs Paradies verdanke ich Heinz Heinen. Meine Auffassungen zum Paradies habe ich ausführlicher dargestellt in: Alois Hahn, »Soziologie der Paradiesvorstellungen«, Trierer Universitätsreden, 7. Bd., Trier 1976.

symbolische Repräsentanten des Kosmos. Der Weg von Noah zu Professor Grzimek ist weit. Die Entzauberung der Welt ist auch eine Entzauberung der irdischen Paradiese. Aber ein Rest reicht von jener Bedeutung in diese hinüber. Nur: Die moderne Vollständigkeit des Zoos oder des Museums hat kein individuelles Zentrum. Da wo einst Adam und Eva oder der Großkönig, ja vielleicht auch noch da, wo – in seinem Löwengarten, das Kampfspiel zu erwarten – König Franz saß, da haust eben jetzt die Wissenschaft. Die Idee der Vollständigkeit der Erfassung der Welt ist zwar geblieben, aber, und das ist ein Aspekt der Krisis der europäischen Wissenschaft, die mit anderen Hoffnungen aufbrach: Ihre Perfektion baut keinen sinnlich erfahrbaren Kosmos um den Menschen herum auf. Sie ist enterotisierend. Ihre Gärten sind vollständiger als Eden, aber keine Paradiese.

MIX
Papier aus verantwortungsvollen Quellen
Paper from responsible sources
FSC® C105338

If you have any concerns about our products,
you can contact us on
ProductSafety@springernature.com

In case Publisher is established outside the EU,
the EU authorized representative is:
**Springer Nature Customer Service Center GmbH
Europaplatz 3, 69115 Heidelberg, Germany**

Printed by Libri Plureos GmbH
in Hamburg, Germany